러시아지역 한인언론과
민족운동

이 책은 방일영문화재단의 지원을 받아 연구 · 저술되었습니다.

러시아지역 한인언론과 민족운동

박 환

경인문화사

러시아지역 최초의 한글신문 『해조신문』 창간 100주년을 기념하며

러시아지역에 살고 있는 우리 동포들은 한말부터 현재에 이르기까지 끊임없이 언론기관을 조직하여 신문과 잡지들을 간행하여 왔다. 그 결과 조국의 국권회복과 독립, 그리고 재러한인의 삶의 질 향상에도 크게 기여하여 왔던 것이다. 특히 우리가 흔히 들어서 알고 있는 독립운동가들인 장지연, 신채호, 장도빈, 박은식, 이상설, 이강 등은 바로 이곳 러시아 땅에서 언론활동을 전개하며 독립운동을 전개하였다. 이들의 언론 활동이 없었다면 조국의 독립은 불가능하였을 것이다. 더구나 안중근은 이 지역 신문인 대동공보의 통신원이었으며, 안중근 의거는 대동공보 주필 이강에 의하여 주도되었던 것이다. 그리고 러시아에서 간행된 한글 신문들이 국내 및 미주, 중국 등지에도 배달되어 민족의식 고취에도 크게 기여하여 왔다.

그럼에도 불구하고 학계에서는 이에 대하여 별 관심을 기울이지 못하여 아직까지 이 분야는 연구의 황무지라고 하여도 과언이 아니다. 이것은 한국과 러시아 간에 국교수교가 늦게 이루어져 자료 수집 등의 한계 때문이라고도 할 수 있다.

올해 2008년은 러시아에서 처음으로 간행된 한글신문인 『해조신문』의 창간 100주년이며, 사회주의 신문인 『선봉』의 창간 85주년인 뜻깊은 해이다. 이에 어둡고 암울했던 시절, 우리 동포들의 길잡이 역할을 하였던 러시아지역 한인언론에 대한 연구가 본격적으로 이루어져야 할 때라고 생각된다. 이것은 지금까지 소외되고 잊혀졌던 한국언론사의 한 부분을 복원시킨다는 차원에서 일차적으로 그 의미가 크다. 아울러 러시아지역 한인의 역사와 한국 근현대사의 복원 그리고 한민족 공동체 형성과 한민족 동질성 회복을 위해서도 그러하다.

러시아에 가 보면 한국에서 취재 나온 기자들을 만나는 경우가 종종 있다. 그리고 한국에서도 러시아로 취재하러 가는 기자들을 도울 기회가 더러 있다. 이들은 대부분 항일독립운동 사적지나 시베리아 횡단 철도와 천연가스 등의 문제에 깊은 관심을 가지고 있다. 그러나 그들의 머리와 가슴 속에는 시베리아의 찬바람 속에서 추위에 떨며 언론활동을 전개한 선배 언론인들과 신문, 잡지들에 대한 지식은 별로 없는 것 같았다. 그러므로 러시아지역 한인언론인과 언론기관의 역사를 복원시킨다는 것은 후배 한국 언론들을 위해서도 중차대한 일들이 아닌가 한다.

앞으로 러시아와 중앙아시아 지역을 중심으로 한인들의 소식과 이해를 좀더 대변해줄 수 있는 신문과 잡지 등의 지속적인 간행을 희망하며, 이들 지역에서 간행되고 있는 한글신문에 대한 보다 깊은 애정과 적극적인 후원 또한 기대한다.

본서는 한말부터 현재에 이르기까지 러시아지역에서 간행된 한글신문들을 민족운동의 관점에서 체계적으로 정리하기 위하여 모두 6장으로 구성되었다. 1장에서는 한말 블라디보스톡에서 간행된 최초의 한글 신문인 해조신문과 안중근 의거와 밀접한 관련을 맺고 있는 대동공보를 살펴보았다. 한말의 한인언론은 이 지역의 의병활동과 안중근 의거 등을 이해하는데 큰 도움을 주고 있다.

2장에서는 신채호, 이상설, 장도빈 등이 주필이었던 권업회의 기관지인 권업신문과 이강과 춘원 이광수 등이 주필이었고, 치타에서 간행된 대한인국민회 시베리아지방총회의 기관지인 대한인정교보 등을 다루었다. 이들 언론들은 1910년대 국내외에서 가장 활발하게 전개되었던 러시아지역 한인독립운동의 원동력이 되었던 점에서 각별히 주목된다.

3장에서는 러시아 혁명기의 한인언론을 다루었다. 청구신보, 한인신보, 국민성, 자유보, 동아공산, 붉은긔, 새세계, 신생활, 로동쟈 등이 그것이다. 청구신보와 한인신보에서는 러시아 혁명기 한인들의 진로에 대한 고뇌를 읽을 수 있으며, 국민성, 붉은긔 등에서는 새로운 사회주의 건설을 위한 한인들의 가열찬 투쟁을 짐작해 볼 수 있다. 이들 중 국민성, 자유보, 신생활, 새세계 등은 이번에 처음으로 소개되는 것으로 신선감을 더해줄 것이다.

4장에서는 러시아혁명 이후의 한글 신문으로 선봉을 비롯하여 연해주 어부, 광부, 당교육, 동방꼼무나, 공격대원, 쓰딸린녜츠, 레닌광선 등을, 잡지로는 말과 칼, 앞으로 등을 살펴보았다. 이 중 선봉은 올해 창간 85주년을 맞는 가장 오랫동안 간행된 신문이다. 러시아혁명 이후 사회주의체제로 편입되어 가는 한인들의 삶을 살펴볼 수 있어 흥미롭다.

5장에서는 1937년 중앙아시아로의 강제이주 후 그곳에서 간행된 대표적인 신문 레닌기치와 그 후신 고려일보 등을 중점적으로 다루었다. 전자는 중앙아시아에서 스탈린 체제하에 살고 있던 한인들의 이해에 도움을 주며, 후자에서는 개혁 개방 이후 새로운 체제로 적응해가는 한인들의 생동감을 엿볼 수 있다. 아울러 본장에서는 우즈베키스탄에서 새로이 발간된 고려신문, 러시아에서 간행되고 있는 러시아고려인, 겨레일보, 새고려신문 등에 대하여도 알아보았다.

6장에서는 러시아지역 한인언론의 성격을 시기별로 나누어 검토하였다. 한말과 러시아혁명 이전에는 국권의 회복과 조선의 독립, 러시아 혁명기에는 조선의 독립과 새로운 이상사회 건설, 혁명 이후에는 사회주의 국가 건설, 1937년 강제이주 후에는 소련의 공산주의 체제 유지 및 정책적 지도에 대한 협조, 그리고 1991년 구소련 몰락 이후에는 한인들의 새로운 삶을 개척하기 위한 개혁 개방의 노력들이 신문에 잘 나타나 있다.

본서에서는 러시아 한인언론 100년사를 다루면서 주로 한인들의 민족운동에 주목하고자 하였다. 항일독립운동 시기인 한말부터 1922년 러시아 내전이 끝나는 시기까지에 더욱 비중을 두게 된 것은 이 때문이다. 그 결과 연해주 지역의 의병활동, 안중근 의거, 성명회, 13도의군, 애국계몽운동, 권업회, 대한인국민회 시베리아지방총회 등 이 지역의 독립운동을 좀더 심층적으로 이해하는 데 기여할 수 있을 것으로 판단된다. 그러나 민족운동에 주목한 결과 한인들의 이민, 일상 생활사, 문화, 러시아의 대한인정책 등 다양한 부분들을 간과하는 우를 범하였다.

본서의 간행을 통하여 러시아지역 한인언론의 전체상이 어느 정도 개략적이나마 체계화된 만큼 앞으로 이를 토대로 러시아와 중앙아시아의 한인들의 삶의 모습들을 보다 다양하고 심도 있게 밝힐 것을 다짐해 본다.

끝으로 본서의 간행을 위하여 수고해주신 여러분들께 감사드린다. 특히 이 책의 간행을 흔쾌히 허락해주신 한정희 사장님과 깔끔한 책으로 만들어 주신 신학태 부장님과 한정주님께 고마움을 전한다. 아울러 항상 힘이 되어준 부모님과 아이들 박경 박찬에게 따뜻한 인사를 전한다.

시베리아 벌판에서 풍찬노숙하며 동포들의 계몽과 민족의식 고취를 위해 노력해 왔던 수많은 언론인들께 이 책을 바친다.

2008. 5. 26.

청도 수야 귀일골을 바라보며 필자

목 차

제2장 1910년대 한인언론

제3장 러시아 혁명기 한인언론

제4장 러시아 혁명 이후 한인언론

제5장 강제이주 후 중앙아시아와 러시아의 한인언론

제6장 러시아지역 한인언론의 성격과 역사적 의의

제 1 장

구한말 한인언론

Ⅰ.『해조신문』

1908년 국내에서 일제의 침략이 더욱 노골화되어 통감정치가 실시되고 있을 무렵 러시아 연해주 블라디보스톡(Владивосток 해삼위)에 살고 있는 동포들에 의하여 『해조신문』이[1] 간행되었다. 이 신문은 러시아에 거주하던 한국인들이 만든 최초의 신문으로, 1908년 2월 26일부터 동년 5월 26일까지 3개월 동안 총 75호가 간행되었다.[2]

비록 짧은 기간 동안 발행된 신문이기는 하지만 『해조신문』은 재러한인의 민족운동 발전에 일익을 담당하였다. 뿐만 아니라 국내에도 전달되어 동포들의 민족의식을 고양시키는 데에도 큰 기여를 하였다. 이는 『황성신문』 1908년 4월 9일자 논설 「讀海朝新聞」에,

> 今에 該報를 讀홈이 二十四號에 至혼지라. 嗚呼라 海朝新聞이여. 從何而生者며 緣何而來者오. 其遞傳을 計호면 海港에서 發送호야 城津과 元港을 經호야 漢城에 到着혼者이나, 其原因을 究호건디 海外居留호신는 同包有志의 愛國熱心으로 發生호야 內地同胞의 自由思想과 獨立精神을 喚起호기 爲호야 辛勤來訪호는 者로다. (중략) 此一幅 新聞紙는 卽 我海外同胞의 愛國熱血이오 自由警鍾이니 孰不愛之寶之며 誦之傳之哉아.

라고 하여, 국내동포들에게 『해조신문』을 읽을 것을 권유하고 있음을 통해서도 알 수 있다.

---

1) 『해조신문』의 정식명칭은 '海朝新聞'이 아니라 '히죠신문' 또는 '히됴신문'이다.
2) 崔埈氏는 『해조신문』이 총 62호 간행되었다고 하였다(1976, 「교포신문과 일본의 침략정책－주로 한재말의 언론투쟁을 중심하여－」 『한국신문사논고』, 일조각, 267쪽). 그러나 이것은 최준씨의 착오가 아닌가 한다. 국사편찬위원회 소장 『주한일본공사관기록』 「明治四十一年在露韓人發行新聞幷排日行動」(이하 재로한인 발행신문으로 약함) 중에 있는 '露國浦潮斯德在留崔晩學發行海朝新聞第七十五號'를 보아도 적어도 75호가 간행되었던 것이다.

『해조신문』 창간호(1908.2.26)

『해조신문』 사주 최봉준 기사(1908.3.26)

『해조신문』은 이처럼 국내동포들에게도 자유사상과 독립정신을 환기시키고자 하였기 때문에 국내에서 발매가 금지되기도 하였다. 이를테면 黃玹의 『梅泉野錄』 隆熙 3년 4월조에,

> 時新聞十有數種 而皆암아迎媚 惟每日申報 往往有激昂悲憤之辭 及布와寓民所刊新韓報 海蔘威寓民所刊海朝新聞 特其隔遠 亦時有排外之論 倭人첨위以治安妨害 禁其發賣 故有志人士 相偶語曰 治安妨害四字 實是亡國之符.

라 나와 있듯이, '치안방해'라는 명목으로 번번이 일제의 탄압을 받았던 것이다.

『해조신문』이 이처럼 구한말 국내외 동포들의 민족운동 발전에 기여하였음에도 불구하고 지금까지 학계에서는 이 신문에 관하여 주목하고 있지 않다.[3] 그것은 그 중요성에도 불구하고 『해조신문』에 대한 자료가 별로 없었기 때문일 것이다. 그런데 러시아로부터 이 신문과 관련된 자료들이 속속 국내에 알려지게 되었다. 우선 한국학중앙연구원에서는 러시아공화국 뻬쩨르부르크(Петербург) 공공도서관에 소장되어 있는 『해조신문』을 모두 입수하여 학계에 제공하였다. 다음으로 필자는 러시아 여행을 통하여 러시아 똠스크(Томск) 극동문서보관소로부터 『해조신문』과 관련된 러시아 문헌들을 입수하였다. 한편 『해조신문』과 관련된 자료집이 출간되기도 하였다. 『해조신문』에 대한 일본측의 첩보기록이 수록되어 있는 『주한일본공사관기록』 33권이 국사편찬위원회에 의하여 영인 간행되었던 것이다.

본고는 이와 같이 새롭게 입수된 신문과 자료들을 첨가하여 기존에 필자가 발표한 바 있는 『해조신문』을 재조명하고자 하는 것이다. 우선 신문의 간행에 얽힌 이야기 그리고 몇 사람의 사원이 있었으며 그들이

---

3) 최준씨는 앞에 언급한 논고에서 『해조신문』의 압수기사에 관하여 간략히 언급하고 있을 뿐이다.

누구였던가 등에 대해서, 다음으로는 신문의 내용 및 폐간 등에 대하여 알아보고자 한다. 이러한 작업을 통하여 1900년대 후반 연해주에서의 민족운동, 나아가 러시아지역의 한인민족운동의 일면을 밝혀보고자 한다.

1. 『해조신문』의 간행

『해조신문』 간행지 블라디보스톡 개척리

『해조신문』이 태동을 준비하던 1900년대는 러시아에 있어서 큰 격변기였다. 1905년 1월 뻬쩨르부르크에서 노동자들에 의해 러시아 제1차 혁명이 발생한 이후 러시아 전 지역에는 상당한 혼란이 일어났다. 시베리아 지역도 예외일 수 없었고[4] 더불어 그 중심도시의 하나인 블라디보스

4) 김창순 · 김준엽, 1986, 『한국공산주의운동사』 1, 청계연구소, 69~70쪽.

톡 지역도 1905년부터 1907년에 걸쳐 혁명의 소용돌이 속에 들어갔다.[5]

이러한 혁명운동은 비록 짜르정부에서 파견한 정벌군에 의하여 진압되기는 하였으나, 러시아의 한인들에게도 큰 자극을 주었다. 초기의 이주민 시대와는 달리 다소의 생활 근거도 생기고, 일정한 세력도 형성되어 있던 그들에게 자신들을 지켜야겠다는 의지와 사상이 자연 발생하게 되었던 것이다.[6] 또한 혁명은 군주제에 반대하는 사상의 형성에도 영향을 미쳤을 것으로 보인다.

이러한 시기에 沿黑龍州 총독 운떼르베르게르(П. Ф. Унтербергер, 1842~1918)는 한인 탄압을 강화하였다. 1905년 연흑룡주 총독으로 부임한 그는 한국인에 대하여 부정적인 입장을 취하였다. 즉 그는 1900년에 출판된 자신의 저서 『연해주, 1856~1898』에서 한민족은 30년 이상 노령에 거주하였으나 그들은 신앙, 풍속, 습관, 세계관, 경제상태 등 모든 면에서 러시아인과 전혀 다르고 쉽게 러시아에 동화되지 않는다고 하였다.[7] 또한 한국인을 태평양 해안의 육군과 해군 병사로도 부적당할 뿐만 아니라, 일본이나 청과 전쟁을 할 경우 첩보활동을 할 위험이 크므로 연해주 시민으로 부적당하다고 주장하였다. 따라서 그는 총독이 된 이후 한민족에게 더이상 러시아국적을 허가하지 않았을 뿐 아니라 귀화한 한민족에게도 관유지를 대여하지 않았다. 그리고 어장과[8] 금광에서 한민족 노동자를 고용하지 못하게 함으로써 한민족의 생활에 큰 타격을 주었다.[9] 그는 1908년 러시아가 일본이나 청과 전쟁할 경우 한민족이 광범위한 간첩망을 조직할 수 있다는 의견을 제시하기도 하였다.[10]

---

5) 한길사 편역, 1992, 『러시아와 독립국가연합을 아는 사전』, 한길사, 346쪽.
6) 김창순 · 김준엽, 앞의 책, 69~70쪽.
7) 현규환, 1967, 『한국유이민사』 상, 어문각, 789~790쪽.
8) 임계순, 1987, 「만주 · 노령동포사회」 『한민족독립운동사』 2, 국사편찬위원회, 609~610쪽.
9) 『해조신문』 1908년 4월 14일 본항정보 「鑛役勿用한 人」 ; 1908년 5월 14일 본항정보 「宜尊禁令」.

한편 당시 한국은 러일전쟁에서 승리한 일본에 의하여 식민지화 과정을 밟고 있었다. 1905년 을사조약이 체결된 이후, 조선에 대한 일제의 탄압은 한층 격화되었다. 1907년 6월 네덜란드 헤이그에서 만국 평화회의가 열리게 되자 高宗은 李相卨, 李儁, 李瑋鍾 등 3인에게 신임장을 주어서 회의에 참석하여 한국의 억울한 사정을 호소하게 하였다. 그러나 일제는 이를 계기로 고종에게 왕위를 강제로 양위케 하였다. 뿐만 아니라 1907년 7월에는 한일신협약을 체결하여 통감이 한국의 내정에 일일이 간섭할 수 있는 권한을 정식으로 가지게 되었다. 또한 1907년 8월에는 드디어 얼마남지 않은 한국의 군대를 완전히 해산시켜 버렸다.

이처럼 조국이 일제에 의하여 식민지가 될 운명에 처하게 되자 재러동포들은 크게 격분하여 각처에서 의병을 준비하기도 하였다. 특히 1907년 헤이그에서 이준이 순국했다는 소식이 전해지자 재러한인들은 흥분하였다. 이준은 헤이그로 떠나기 전 블라디보스톡에 와서 이상설, 이종호 등과 함께 국권회복을 의논한 일이 있었으므로 재러동포 사회에도 널리 알려져 있었던 것이다.[11] 이러한 때에 국내에서 鄭淳萬 등 많은 애국지사들이 러시아지역으로 망명하였고, 그들은 재러동포들에게 조국의 위기를 설명하고 국권회복운동에 적극 참여할 것을 주장하였다.[12]

이에 재러동포들은 자신들의 안위와 조국의 국권회복을 위해 국권회복운동에 관심을 갖게 되었다. 특히 재러동포들의 이러한 관심은 자신들의 생존의 문제와도 직결되는 것이었다. 당시 러시아는 러일전쟁에서 패배한 이후 일본에 대해 강한 적개심을 갖고 있었다. 따라서 재러동포들의 반일운동은 곧 러시아 정부의 대조선인에 대한 정책에 긍정적으로 작용할 수 있는 소지가 있는 것이었다. 더구나 재러동포들에 대한 부정적

10) 임계순, 앞의 논문, 609~610쪽.

11) 『한인신보』 1917년 10월 7일 '강동쉰해'.

12) 박영석, 1984, 「만주·노령지역의 독립운동」, 『한민족독립운동사연구』, 일조각, 245쪽.

인 입장에서 그들이 일본의 간첩으로 이용당할 수 있다고 보고 있던 운떼르베르게르 총독 치하에서는 더욱 그러하였다.

이러한 시기에(1907년) 한러 국경지대인 노보끼예브스크(Новокиевск 현재의 Краскино, 연추), 빠르띠잔스크(Партизанск 수청, 소성) 등과 러시아와 중국의 국경지대인 수이푼(СуиФун 추풍) 등 한국과 가까운 국경부근 농촌 지역을 중심으로 李範允, 崔才亨, 嚴仁燮, 安重根 등에 의하여 의병운동을 위한 준비가 활발히 진행되고 있었다.[13] 또한 극동의 주요 도시인 블라디보스톡을 중심으로 하여서는 국권회복을 위하여 신문, 잡지 등을 간행하려는 움직임이 일어났다. 먼저 블라디보스톡 한인촌에서 車錫甫, 이종익 등을 중심으로 「晨鍾」이라는 잡지가 간행되었으나 러시아 관청에 의해 금지되고 말았다.[14] 그러나 재러동포들은 이에 굴하지 않고 이번에는 신문의 간행을 추진하였다. 이러한 움직임은 미국본토와 하와이에는 한인 신문과 잡지가 있음에 반하여 러시아 지역에는 다수의 조선인들이 거주하고 있음에도 불구하고 신문이 간행되고 있지 못하다는 자성에 의한 것이었다. 가령 前駐露韓國公使였던 李範晋은,

> 현금 한국인으로서 외국에 재류하는 자가 북미에 약 3만인, 하와이에 약 1만인이 있고, 북미 재류자는 공립신보를 가지고 있고 하와이에도 역시 한 잡지가 있어 동포를 지도한다. 그러나 浦港(블라디보스톡－필자주)에는 이미 4만 5천의 한인이 있으면서도 아직도 하나의 신문도 없다. 표면으로 노국인이 경영하는 하나의 신문을 세우고 국권회복에 공고한 사상을 가진 張志淵을 초빙하여 일본의 통감 정치를 공격하고 한편 지방 폭도를 선동해서 일본인의 구축에 힘써야 한다.[15]

---

13) 박민영, 1993, 「연해주의병에 대한 고찰」『인하사학』 1, 83~98쪽.
14) 『한인신보』 1917년 10월 7일 '강동쉰해'.
15) 『주한일본공사관기록』 「재러한인발행신문」 중 '浦潮에 있어서 신문지 발행의 건' 참조.

라고 하여, 블라디보스톡에서의 신문 간행의 필요성을 주장하였다.

신문 간행의 필요성에 대하여 이를 적극적으로 추진한 인물은 정순만이었던 것 같다. 정순만은 충남 청주 출신으로 일찍이 田愚 밑에서 공부한 한학자였다.[16] 그는 1895년 을미사변 때에는 柳寅爀 등과 함께 의병에 참여하였으며,[17] 러일 전쟁시에는 李儁, 이현석 등과 함께 적십자사를 만들어 일제에 대항하다가 투옥되었고, 1904년 일제가 한국정부에 대하여 황무지 개척권을 요구하자 保安會를 조직, 이를 적극 저지하였다. 또한 남대문 상동 기독교 청년회 부회장으로 활동하였으며, 일제가 우리 동포 1,300명을 멕시코에 팔아넘길 때에 정부에 장서를 올려 이를 항의하였다. 또한 정순만은 1905년 일제가 을사조약을 강행하자 전국에 있는 지사들과 단합하여 정부에 상소를 올리는 한편 종로에 나가 직접 일병들에 대항하기도 하였다.[18] 이처럼 국내에서 의병, 또는 계몽운동을 전개하던 정순만은 1906년 6월경 러시아 블라디보스톡으로 망명, 그 곳에서 먼저 망명한 이상설 등과 회합하고, 1906년 10월 北間島 龍井村에 가서 瑞甸書塾을 설립, 그 곳 동포들의 민족의식을 고취시키기 위하여 노력하였다.[19] 이러한 정순만이 다시 러시아지역을 찾은 것은 1907년 4월 3일경으로 이상설이 이준과 함께 헤이그 밀사로 파견될 때 이상설, 李東寧과 함께 연해주를 방문하였을 때이다.[20]

다시 블라디보스톡으로 망명한 정순만은 그 곳의 주민들로부터 크게 신임을 받았던 것 같다. 특히 그의 항일경력은 그 곳 토착 주민의 신뢰를 받기에 충분했던 것이다. 그리하여 블라디보스톡 지역의 부호인 崔鳳俊의 장조카로서 그 곳 주민들로 구성된 民會의 재무를 맡고 있던 崔

16) 『대동공보』 1909년 5월 5일자 '정순만씨의 역사'.
17) 金鉉九, 『儉隱遺傳』, 하와이대학 사회과학연구소 소장, 81쪽.
18) 『대동공보』 1909년 5월 5일자 '정순만씨의 역사'.
19) 윤병석, 1984, 『이상설전』, 일조각, 49~56쪽.
20) 『대동공보』 1909년 5월 5일자 '정순만씨의 역사'.

禮簿와 민회의 회장인 揚成春과 친밀한 관계를 유지하게 되었다. 그 결과 그는 민회에서 총무겸 서기로 실질적인 책임을 맡았던 것이다.[21)]

민회에서 적극적으로 활동하고, 최봉준의 장조카인 최예부와 긴밀한 관계를 맺고 있던 정순만이 그 지역의 유지이며 실질적인 민회지도자인 최봉준과[22)] 접촉하게 된 것은 자연스러운 귀결이었다. 이에 정순만은 최봉준의 경제적인 부를 이용하여 국권회복운동의 일환으로 신문의 간행을 추진하고자 하였다. 이는 1900년 후반 그와 함께 러시아에서 활동했던 金鉉九가 쓴 『儉隱遺傳』에,

> 此際의 검은의 주선으로 해삼위에서 해조신문이라는 일보를 간행하게 되었고, 암암리에 장지연을 청하여 편집을 전담케 되었는데 ….

라고 하고 있고, 블라디보스톡에서 간행된 한인신문 『한인신보』 1917년 10월 7일자 기사 중 '강동쉰해'에,

> 최봉준은 활자기계를 사서 노코 해죠신문을 창간하야 매일보를 발행하니 아령으로는 처음사업이라. 동포에게 조국사샹을 너어주며 이목을 새롭게 하니 이에 신문 저술은 졍슌만, 장지연 등이 주쟝하다.

라고 한 내용과 『해조신문』이 창간된 후 그가 신문의 실질적인 책임자인 총무의 일을 담당하고 있는 점을 통해서도 이것을 확인할 수 있다.[23)]

정순만의 이러한 의도는 최봉준에 의하여 기꺼이 받아들여졌다. 왜냐하면 그 역시 항일의식을 갖고 있었으며 신문 간행의 필요성을 느끼고 있었기 때문이었다. 최봉준은 『해조신문』 창간호에 기고한 「발간ᄒᆞᄂᆞᆫ 말」에서,

---

21) 김현구, 『검은유전』, 87쪽.
22) 국사편찬위원회, 1968, 『한국독립운동사』 1, 986쪽.
23) 『대동공보』 1909년 5월 5일자 '정순만씨의 역사'.

> 우리나라는 우리의 문명제도를 본바다가던 일본의게 보호라ᄒᆞᄂᆞᆫ 더러운 칭호를 바드니 상하차등의 관계가 과연 엇더ᄒᆞᆫ고. 깁히 싱각ᄒᆞ여 볼지어다. 우리동표여 이것이 다 우리는 교듀고슬로 고법만 딕히고 구습만 숭상ᄒᆞᆫ 싸닭이오. 뎌는 수시변통ᄒᆞ야 자긔의 의무를 힝ᄒᆞᆫ연고니 그 의무를 완젼히 힝ᄒᆞ고 그 권리를 굿건이 보젼ᄒᆞᆷ은 불필타구라. 오쟉 우리의 지식을 발달ᄒᆞᄒᆞ고 우리의 견문을 넓하미 잇는고로 본인이 분격ᄒᆞ고 통한ᄒᆞᆷ을 이긔지 못ᄒᆞ야 본샤를 창셜ᄒᆞ고 춘츄의 딕필을 잡아 원근쇼식과 시비곡딕을 평론긔지ᄒᆞᆯ식 우리벗 유지ᄒᆞᆫ 졔군으로 협십동력ᄒᆞ야 오늘놀 비로소 발간ᄒᆞᆷ을 엇으니 실로 쳔지의 한 됴흔 긔회라. 이 신보를 익독ᄒᆞ시ᄂᆞᆫ 졔군ᄌᆞᄂᆞᆫ 이 긔회를 일치말으시고 식지식을 발달ᄒᆞ며 식견문을 넓히기에 힘을 쓰고 마음을 다ᄒᆞ야 남의 치쇼와 남의 수모를 면ᄒᆞ기로 힘쓸지어다.

라고 하여, 일본에게 보호라는 더러운 칭호를 받고 있다고 개탄하고, 국권의 회복을 위하여 우리의 지식을 발달시켜 우리의 견문을 넓히기 위하여 신문을 발간함을 밝히고 있다. 또한 『해조신문』 1908년 2월 27일자 '복수초부 김학만 긔서'에서도,

> 최봉준군은 세상에 유지ᄒᆞᆫ 신사라. 서로 마음이 갓고 뜻이 합ᄒᆞ야 주소로 원원히 상종ᄒᆞ더니 하로는 씨가 강긔히 말ᄒᆞ야 가로ᄃᆡ 사람이 세상에 나서 의식주 세가지(옷닙고 음식먹고 거쳐ᄒᆞᄂᆞᆫ 것)외에도 허다한 산업이 잇스나 오늘날 우리동포에 당한 형편을 살피건ᄃᆡ 국가이ᄒᆞᄂᆞᆫ 사상이 전무ᄒᆞ니 이는 다름이 아니라 듣고 보는 것이 업서서 그러ᄒᆞ나니 교육과 견문을 엇지 ᄒᆞ로나 잇틀에 사람마다 알게ᄒᆞᄂᆞᆫ 방법이 잇스리오. 이는 사실상에 도-져히 능치 못할 것이어니와 위선 신문이라ᄒᆞᄂᆞᆫ 것은 일반인민을 ᄌᆞ유ᄒᆞᄂᆞᆫ 기초에 뎨일이 되는 지라. 오늘날 힘쓸 것이 이에 더ᄒᆞᆷ이 없다ᄒᆞ고 씨가 주비다소를 담당ᄒᆞ야 한보관을 창설할세 어시에 협찬ᄒᆞᆫ는 유지제군이 씨의 지극ᄒᆞᆫ 공심에 감동ᄒᆞ야 ….

라 하고 있듯이, 최봉준은 국가를 이롭게 하는 사상 즉 국권 회복 사상을 기르기 위하여 신문을 간행하여야 한다고 역설하였음을 알 수 있다.

여기에 더하여 최봉준이 신문을 발간하게 된 데에는 당시 러시아 정부의 반일적인 입장과도 관련이 있었다고 볼 수 있다. 즉 러일전쟁 이후

러시아 정부는 내면적으로 반일적인 태도를 취하고 있었으며, 더구나 운떼르베르게르총독은 한국인들을 일본의 간첩으로 인식하고 있을 정도였던 것이다. 그러므로 최봉준 등 재러동포들은 생존의 일환으로서도 반일을 표방할 필요성이 있었던 것이다.

그리하여 블라디보스톡에 살고 있는 동포들의 지지 하에 정순만의 주선으로 최봉준 등 러시아지역의 토착세력과 정순만으로 대표되는 정치적 망명자들이 힘을 합하여 블라디보스톡의 민회를 중심으로 신문의 발간이 적극 추진되었다.

우선 최봉준, 정순만 등은 한국어에 능통하여[24] 한인들의 처지를 이해하고 있던 동시베리아 제13보병연대의 중위 이반 페도또비치 듀꼬프(Ивана Федотовича Дюкова) 를 통하여 軍知事에게 1907년 9월 25일(러시아력)자로 신문의 간행을 청원하였다. 그 청원 내용을 보면 다음과 같다.

> 청 원 서
>
> 각하께 블라디보스톡에서 한국어 신문 소위 해조신문 즉 블라디보스톡 한국소식의 발행을 청원합니다. 이 신문은 한국·일본·중국 그리고 한국인들이 관심을 갖고 있는 유럽 국가들의 현안들에 관한 기사를 실을 것입니다. 그 외에도 이 신문은 해외의 소식과 한국 및 인접 국가들의 소식들을 게재할 예정입니다. 1년 구독료는 4루블이고, 1부 가격은 5 꼬뻬이까입니다. 신문은 일요일과 한국인 고유명절을 제외한 거의 매일 발행됩니다. 신문은 崔의 개인 인쇄실에서 인쇄할 것입니다. 편집 발행인인 레드뻬뜨로비치 최는 블라디보스톡의 마르헬롭그끼 골목 83호에 살며 책임 편집인 이반 페도또비치 듀꼬프 중위는 마뜨로스까야 2번가에 거주하고 있습니다.
>
> 1907년 9월 25일 듀꼬프 중위[25]

---

24) 박보리스, 1992,「국권피탈 전후시기 재소한인의 항일투쟁」『수촌박영석교수화갑기념 한민족독립운동사논총』, 1063쪽.

25) ЕГО ПРЕВОСхОДИТЕЛЬСТВУ Военному Губернатору Приморской

그리고 이어서 듀꼬프는 다음과 같은 신청서를 제시하고 있다.

> 아래 서명한 자인 저는 소위 블라디보스톡 한국 소식지라는 한국어신문 편집에 관한 전적인 책임 편집을 담당하였음을 증명합니다.
>
> 블라디보스톡시 1907년 9월 25일 중위 이반 페도또비치 듀꼬프[26)]

위와 같이 최봉준은 효율적으로 연해주 군지사의 허가를 얻기 위하여 러시아인 듀꼬프를 통하여 청원하였고, 『해조신문』의 간행은 허가되었다. 이에 따라 드디어 블라디보스톡에서 신문이 간행되게 되었는데, 신문의 명칭을 '해삼위에 살고 있는 조선인들이 만든 신문'이라는 뜻에서 '해조신문'(한자로는 '海朝新聞')이라고 하였고,[27)] 러시아어로는 'XAE－TEШИН－БO'라고 하였다.

곧이어 신문의 취지서를 발간하였다. 취지서에는 '융희 이년 이월 일'이라고만 표기되어 있어 구체적인 간행 날짜를 알기는 어렵지만 『해조신문』의 창간호가 1908년 2월 26일에 간행되고 있는 점으로 미루어[28)] 취지서는 그 이전에 발행되었을 것으로 짐작된다. 간행장소는 블라디보스톡 한인거류지(кореиская слободка) 344호였다.[29)]

발간 취지서에는 『해조신문』을 간행하려는 목적이 잘 나타나 있다. 즉,

Области(연해주 군지사 각하께), 동시베리아 13보병 연대 중위 이반 페도또비치 듀꼬프 중위가 1907년 9월 25일에 올린 청원서(ПРОШЕНИЕ), 러시아 똠스크 문서보관소 소장.

26) 듀꼬프 중위가 1907년 9월 25일에 연해주 군지사께 올린 ЗАЯВЛЕНИЕ(신청서).

27) 『해조신문』 1908년 2월 26일자 및 『공립신보』 1908년 3월 11일자 참조. 한편 『해조신문』의 간행 취지서에는 「신문 일홈은 히죠신문이라 홈」이라고 되어 있다. 그러나 제1호와 제2호의 題號는 '히됴신문'이라고 되어 있다. 그 밖에 제52호부터 제57호까지는 모두 '히죠신문'이라고 하고 있다. 따라서 신문의 명칭에는 일정한 규칙이 있었던 것은 아닌 듯하다.

28) 『해조신문』 1908년 2월 26일자.

29) 『해조신문』 츄지서.

> 우리 국문과 우리 방언으로 알기 쉽고 보기 쉽게ᄒᆞ야 우리나라 국민이 어ᄂᆞ 디경된 것과 우리나라가 엇더ᄒᆞᆫ 나라와 관계되ᄂᆞᆫ 것과 여러나라에 정치로 교섭ᄒᆞᄂᆞᆫ 일이며 교육ᄒᆞᄂᆞᆫ 일이며 교육ᄒᆞᄂᆞᆫ 리치와 농사ᄒᆞᄂᆞᆫ 리치와 쟝사ᄒᆞᄂᆞᆫ 리치와 나무와 즘싱 기르ᄂᆞᆫ 법과 우리나라 츙신 렬ᄉᆞ의 ᄉᆞ젹과 서양 력ᄉᆞ에 유명ᄒᆞᆫ 사ᄅᆞᆷ의 힝ᄒᆞᆫ 일을 모다 긔록ᄒᆞ야 ᄌᆞ미잇게 날마다 발간ᄒᆞ야 우리동포의 학문과 지식을 넓히고 실업이 늘어감을 권쟝ᄒᆞ야 국민의 정신을 배양ᄒᆞ고 국권의 회복을 쥬장ᄒᆞ야 우리 이천만 일반 국민의 당당ᄒᆞᆫ 하ᄂᆞᆯ이 주신 ᄌᆞ유권리를 세계렬강과 ᄒᆞᆷᄭᅴ 태평복락을 누리기로 목뎍ᄒᆞ오니 ….

라고 하여 『해조신문』이 국권의 회복을 위해 간행되는 것임을 알 수 있다. 또한 『해조신문』의 창간호에 실린 정순만(이명: 자오싱)[30]의 논설 「우리동포의게 경고ᄒᆞᆷ」에서도,

> 국권회복ᄒᆞ기와 동포구졔ᄒᆞ기로 힘을 다ᄒᆞ며 마음을 갓히ᄒᆞ되 몬져 우리의 지식을 발달ᄒᆞ고 문견을 넓히ᄂᆞᆫ 것은 신문을 구람ᄒᆞᄂᆞᆫ 밧게 다른 방법이 업ᄂᆞᆫ지라.

라고 하여, 국권회복과 동포를 구제하기 위하여 신문을 간행하고 있음을 밝히고 있다.

아울러 위의 목적을 달성하기 위하여 다음과 같이 세부적인 편집방침을 정하기도 하였다.

> 1. 일반국민의 보통지식을 발달하며 국권을 회복하여 독립을 완전케 하기로 목적함
> 1. 본국과 열국의 소문을 널리 탐지하여 날마다 발간함
> 1. 정치와 법률과 학문과 상업과 공업과 농업의 새 문자를 날마다 번역 게재함
> 1. 국문과 국어와 재미있는 이야기로 알기 쉽도록 발간함

---

30) 장지연이 블라디보스톡에 오기 전까지 논설은 신문의 중심인물인 정순만이 작성한 것으로 보인다.

1. 실업상 진보와 기타 좋은 사업의 발달을 위하여 광고를 청하는 일이 있으면 상의 게재함(맞춤법－필자)[31]

이러한 간행취지서를 『대한매일신보』에서는 1908년 3월 10일과 12일자의 「긔서」에, 황성신문에서는 동년 3월 3일의 「별보」에 각각 그 전문을 싣고 있다.[32] 또한 미국 샌프란시스코에서 발행되던 『공립신보』에서도 동년 3월 13일자 「별보」에 이를 게재하였다. 그리하여 『해조신문』의 간행취지는 국내 및 해외동포들에게 널리 홍보되었다.

한편 최봉준, 정순만 등은 신문 간행의 경험이 있던 국내 인사들의 영입을 추진하였다. 먼저 주필로는 장지연을 초빙하고자 하였다. 장지연은 황성신문사의 사장으로서 1905년 11월 17일에 일제에 의하여 강제로 체결된 을사조약에 반대하여 '是日也放聲大哭'을 기고한 인물이었다. 그를 초빙하고자 제안한 이는 이범진이었다.[33] 이에 최봉준 등은 서울에 거주하고 있던 李鍾浩에게 장지연과의 교섭을 부탁하였다. 부탁을 받은 이종호는 곧 朴殷植과 상의하여 장지연과 교섭하였다.[34] 이종호와

『해조신문』의 간행을 주창한 주러한국공사 이범진

31) 위와 같음.

32) 『황성신문』에 실려 있는 취지서에는 일부 내용이 삭제되어 있다.

33) 『주한일본공사관기록』 「재러한인발행신문」 중 '浦潮에 있어서 신문지 발간의 건' 참조.

34) 『주한일본공사관기록』 「재러한인발행신문」 중 '신문지발행 기타의 건'에 "오늘날 浦鹽 斯德에서 러시아인이 경영하는 韓我新聞을 발행할 계획이 있고 한국인 가

박은식과의 교섭으로 장지연은 최봉준과 원산에서 직접 만나 계약을 하기에 이르렀다. 『주한일본공사관기록』의 「明治四十一年在露韓人發行新聞幷排日行動」 중에서 2월 20일부로 '警視總監 丸山重俊이 統監代理 副統監에게 보고한 외국 신문발행 기타의 건'에

> 장지연은 그 후 원산에서 이 신문의 主宰 최봉준과 회견해서 발간에 관하여 상의하고 최는 매년 1만원을 내고 향후 10년간 이 사업에 투자하겠다고 하고 장지연의 봉급은 그의 희망에 따르기로 계약하고 장지연은 하루 저녁에 귀경, 본월(2월—필자주)에 블라디보스톡를 향해 떠났다.

라고 있는 것을 통하여 알 수 있듯이, 이 계약에서 최봉준은 매년 1만원씩 10년간 『해조신문』의 간행에 투자하기로 하고 장지연의 봉급은 그의 희망에 따르기로 하였다.

이에 서울로 돌아온 장지연은 1908년 2월 2일(음력 정월 1일) 서울을 떠나 원산과 성진을 거쳐 동년 2월 28일에 블라디보스톡에 도착하였다.[35] 그리고 3월 2일에 해조신문사에 입사하여 주필로서 활약하게 되었다.[36]

한편 미국의 공립협회에서 활동하던 이강도 국내를 거쳐 1908년 3월

운데 학식이 탁월한 사람을 초빙할 뜻으로 동지로부터 京城居住 이종호(李容翊의 孫)에 의뢰하였다. 이종호는 박은식과 협의하여 함경도인 金某, 경상인 장지연 양인과 교섭해서 1908년 1월 7일에 서대문 太平洞 李某집에서 만나고"라고 한 데서, 당시의 상황을 잘 살필 수 있다. 한편 이종호는 1905년에 內藏院卿을 역임하고 을사조약 이후 러시아로 망명하여 항일운동을 전개했던 이용익의 손자로(申國柱, 1987, 「한말 선각자 이용익에 관한 연구」 『불교와 제과학』 동국대학교 개교80주년기념논총, 동국대학교 출판부, 922~927쪽) 그도 최봉준과 같은 함경북도 출신이었다[최봉준은 함경북도 慶興 사람이며(金成德, 1967, 『咸北大觀』, 正文社, 343쪽), 이종호는 함경북도 明川郡 출신이다(신국주, 앞의 논문, 922~925쪽)]. 따라서 이종호를 통한 움직임이 가능하지 않았을까 한다.

35) 장지연, 『韋庵文庫』(1971, 국사편찬위원회) 연보 및 『주한일본공사관기록』 「재러한인발행신문」 중 '해조신문사원 취조의 건 조창용'.

36) 장지연, 1986, 「海港日記」 『張志淵全書』 8, 단국대학교부설 동양학연구소, 1908년 3월 2일조.

24일 블라디보스톡으로 와 해조신문사에서 집무하게 되었다.[37]

또한 金河球도 기자로서 초빙되었다. 그것은 『주한일본공사관기록』의 「倭政文書 甲九 在露韓人關係 明治四十三年 自一月至九月」 중에서 1월 13일부로 블라디보스톡 총영사 大鳥富士太郎이 외무대신 小村壽太郎에게 보고한 「배일적 한인명부 송부의 건」에,

> 김하구는 함경도 인물로서 2·3년 전에 경성으로부터 블라디보스톡에 오고 해조신문의 기자를 한 일이 있고 ….

라고 있는 데서 알 수 있다.

김하구는 함경북도 明川郡 출신으로 구한말에 同鄕의 인물인 李容翊의 도움을 얻어 宮內府主事를 역임한 바 있었다. 아울러 1910년에는 이용익의 손자인 이종호의 후원으로 일본에 있는 早稻田大學 정치경제학과에서 수학하기도 하였다.[38] 이러한 점들로 미루어 김하구는 이용익의 집안과 매우 밀접한 관련을 맺고 있었던 인물이었던 것 같다. 이렇게 볼 때 김하구가 해조신문사에서 활약한 것도 이종호의 교섭에 의한 것이 아니었나 한다.

文選工으로는 朴永鎭을 초빙하였다. 그가 해조신문사에서 일하게 된 경위는 일본측 기록에 잘 나타나 있다. 즉 '명치사십일년 재로한인관계 신문병배일행동' 중에서 7월 9일부로 경시총감 환산중준이 외무부장 鍋島桂次郞에게 보고한 '해조신문사원의 申供 박영진'에 보면,

> 자신은 議政府 관보과, 一進會會報 발행소, 大韓日報(일찍이 諺文신문 발행 시대), 廣文社 등에서 植字文選의 직에 歷從하였다. 을사년(지금으로부터 4년 전) 5월에 대한매일신보사에 들어가서 문선으로 종사하던 중 지난

---

37) 장지연, 「해항일기」 1908년 3월 24일조.

38) 『재외배일선인유력자명부』(하와이 대학 도서관 소장).

> 융희원년 음력 12월 22일에 황성신문사의 문선 柳九用의 소개로 장지연과 면회했는데 장은 今回 러시아령 블라디보스톡에서 배일주의의 신문을 발간해서 국권회복에 공헌하려고 한다. 국가를 위해서 함께 이 사업에서 일할 것을 권유하므로 여기에 찬동하였다. 그리고 블라디보스톡행을 결심하고 여권은 원산항에서 타인의 것을 사서 본년 1월 27일에 도항하였다.

라고 있듯이, 박영진은 해조신문사의 주필로 촉탁된 장지연의 권유로 문선공으로 일하게 되었던 것이다.

한편 최봉준은 '한보관'이라는 신문사 건물을 신축하였다.[39] 아울러 인쇄기와 활자는 원산에서 1906년 9월에 창간되었다가 1908년 1월에 폐간된 『北韓實業新報』의 것을[40] 일본인인 吉田秀次郞으로부터 구입하였다.[41]

이러한 노력 끝에 1908년 2월 26일에 『해조신문』의 창간호가 간행되기에 이르자, 재러동포들은 신문의 간행을 적극 환영하였다.[42] 아울러 국내의 『황성신문』에서도 1908년 3월 14일자 논설 「축하해조신문」에서,

> 以該地情形으로 言ᄒᆞ면 五六年以前에는 凡我韓人及淸人이 駐在該地者가 俄人의 制限을 被ᄒᆞ야 一般兒童이 但 俄語만 學ᄒᆞ고 漢文學習은 不能自由라 ᄒᆞ더니 數年前부터 此制限을 開放ᄒᆞ야 我韓人同胞의 啓東學校가 創立되야 敎育上 自由를 得ᄒᆞ니 此는 該地文化開進의 萌芽가 發露ᄒᆞᆷ이라. 吾人의 固有ᄒᆞᆫ 希望이 深ᄒᆞ더니 乃者 有地人士의 通達識見과 公益義務로 一般同胞의 祖國精神을 培養ᄒᆞ며 文明事業을 開導ᄒᆞ기 위ᄒᆞ야 巨疑를 不惜ᄒᆞ고 器械와

39) 『해조신문』 1908년 2월 27일 긔서 '복수초부 김학만' 참조. 한편 황성신문 1908년 3월 4일자 논설 「축하해조신문」에는 '一報館'이라고 되어 있다.

40) 1908년 『統監府公報』, 168쪽 ; 1909년 『통감부공보』, 241쪽 및 함경남도지편찬위원회, 1968, 『함경남도지』, 삼화인쇄주식회사, 36쪽.

41) 『주한일본공사관기록』 「재러한인발행신문」 중 '旣報(5월 28일) 해조신문 발간의 건에 관한 원산경찰서장으로부터 左의 보고가 있음' 참조.

42) 차석보는 1908년 2월 28일자에, 류세창은 2월 29일자에, 이종익과 윤병국은 3월 3일자에, 서상귀는 3월 12일자에, 이치권은 3월 14일자에 각각 『해조신문』의 간행 축사를 싣고 있다.

> 活字를 準備ᄒᆞ야 一報館을 建設ᄒᆞ고 民智를 啓發ᄒᆞ며 事業을 增進ᄒᆞ며 國權을 回復ᄒᆞᆯ 目的으로 新聞紙를 發行ᄒᆞ야 普通敎育을 擴張ᄒᆞ니 其前途希望이 一層幷進ᄒᆞ도다.

라고 하여 그 간행을 축하하였고, 일본에서도 역시 유학생들이 간행하는 大韓學會月報에서 文尙宇가 '聞海朝新聞發刊有感'이라는 축사를 게재하였다.[43] 또한 미국에서도 『공립신보』 1908년 3월 11일자 기사에서 '해삼위에 거류ᄒᆞ는 동포가 신문을 창간함'이라 하여 그 간행을 축하하였다.

『해조신문』은 한글로 발행되었다.[44] 그것은 러시아에 거주하고 있는 한인들이 대부분 빈농 또는 노동자들이었기 때문이었을 것이다.[45] 그리고 일요일과 부활절 다음날만을 제외하고는 매일 간행되는 일간 신문이었다.[46] 그 이유는 당시 러시아의 국교가 러시아정교였기 때문일 것이다.[47]

『해조신문』의 체제는 논설·잡보·外報·電報·寄書·소설·漫筆·本港情報·광고·別報 등으로 이루어져 있다. 논설에서는 주로 러시아지역에 거주하고 있는 한인들에 대한 계몽적인 글을 게재하고 있다. 아울러 국내의 정치 상황에 대한 평론도 싣고 있다. 잡보의 주요 내용은 조선 국내의 사정을 전하는 본국통신이다. 중앙의 정치 상황, 지방관의 활동, 그리고 일제의 만행과 의병의 활동상을 주로 다루고 있다.[48]

---

43) 『대한학회월보』 제3호(1908.4.25).

44) 그러나 오늘날 우리가 생각하는 한글 신문은 아니다. 논설이라는 명칭 및 논설의 제목, 각지 전보, 잡보 등의 명칭은 모두 한글과 한자를 병기하고 있다. 그 밖에 외보, 본국 통신 등의 각 항은 한자로 되어 있다.

45) 고승제, 1971, 「연해주 이민의 사회사적 분석」 『백산학보』 11, 157~161쪽.

46) 『주한일본공사관기록』 「재로한인발행신문」 중 '韓語신문발간에 관한 건'.

47) 고승제, 앞의 논문, 162~163쪽.

48) 『주한일본공사관기록』 「재러한인발행신문」 중 '한국외무고문 스티븐슨씨 사건에 대한 당지 韓字신문의 논조에 관한 건' 참조. 한편 의병활동에 관한 기사는 淸津

외보와 전보는 외국에서 있었던 일들을 보도하고 있다. 그러나 『해조신문』에서는 직접 외국에 통신원을 두고 있지는 못하였던 것 같다. 따라서 대부분 국내에서 발행되는 신문의 기사 내용, 미주에서 간행되는 공립신보, 일본에서 간행되는 신문, 러시아에서 간행되는 신문의 내용을 인용 보도하고 있다. 기서는 블라디보스톡이나 북한지역에 살고 있는 지식인들에 의해 주로 작성되었다. 주요 내용은 국권의 회복에 관한 것이며,[49] 그 밖에 소설・만필・광고 그리고 별보 등이 있었다.[50]

그러면 해조신문사는 재정적으로 어떻게 운영되었을까. 이는 구독료, 광고료, 기부금 등의 측면에서 살펴볼 수 있지 않을까 한다. 먼저 『해조신문』의 창간호에 의하면 구독료는 한장에 러시아돈으로 5전(꼬뻬이까, Копейка)이다. 1개월 선금은 50전이고, 6개월에는 2원(루블, Рбурь) 75전이라고 되어 있다. 그리고 일년에는 5원이라고 한다.[51] 그런데 『해조신문』의 발행부수는 400~500부에 불과하였다.[52] 그러므로 구독료만으로써는 도저히 해조신문사를 정상적으로 운영할 수 없었을 것으로 생각된다.

광고료도 역시 운영에 큰 도움이 되지는 못하였던 것 같다. 그것은 창간호의 본사 광고에서 광고료에 대해,

> 사호 활자 매월 일행에 오전이오 글자의 다소와 기한의 장단을 따라서 가감함(맞춤법－필자).

에서 간행되는 『북한신보』와 원산항에서 간행되는 『원산일보』 등 일본인이 간행하는 신문 기사를 인용 보도하는 경우도 있다. 예컨대 1908년 2월 27일자 잡보 「강원도의병격문」, 1908년 2월 26일자 본국통신 「함성의병봉기」 등이 그러하다.

49) 위와 같음. 기고 가운데는 국권회복을 주장한 安應七(安重根)의 글도 있어 주목된다(『해조신문』 3월 21일자).

50) 위의 인용 자료와 같음.

51) 『해조신문』 1908년 2월 26일자 본사광고.

52) 『주한일본공사관기록』 「재러한인발행신문」 중 '한국외무고문 스티븐슨씨 사건에 대한 당지한자신문의 논조에 관한 건' 참조.

이라고 있는 것으로 보아 짐작할 수 있다.

기부금과 관련하여 대표적인 인물로 최봉준을 들 수 있다. 그는 북한에서 生牛를 사서 블라디보스톡의 군대와 시중에 판매하는 牛肉商이었다.[53] 한편 최봉준은 800톤급의 俊昌號라는 선박도 소유하고 있었다. 이 배는 블라디보스톡을 모항으로 하여 청진・성진・원산간을 왕복하였고, 때로는 일본의 長崎・函館 및 중국 上海 등지까지도 운항하는 큰 배였다.[54] 이처럼 생우상과 船主로서 활동하고 있던 최봉준의 재산은 30만 루블 정도였다고 한다.[55] 이러한 그가 매년 1만원씩 『해조신문』에 자금을 제공하기로 하였던 것이다. 그러므로 해조신문사의 운영은 대부분 최봉준의 기부에 의하여 이루어졌다고 할 수 있겠다.

2. 해조신문사의 구성원

『해조신문』의 간행과 더불어 우리의 관심을 끄는 것은 이 신문사에서 일하였던 인물들이 누구였느냐 하는 것이다. 일간으로 간행되었으므로 적지 않은 인원이 필요했을 것으로 생각된다. 그러나 현재 밝혀진 인물들을 중심으로 해조신문사의 구성원을 도표로서 작성해보면 다음과 같다.

〈표 1〉 해조신문사의 구성원 일람표(1908년)

성 명	지 위	학 력	재산정도	출신지역	입사이전활동	비 고
崔晩學 (崔萬學)	발행인 편집인			咸北 慶興		최봉준의 생질, 귀화인
崔鳳俊	사장	無學文盲者	30만루불	咸北 慶興	民會 회장	귀화인

53) 국사편찬위원회, 『한국독립운동사』 1, 986쪽.

54) 김성덕, 『함북대관』, 343~344쪽.

55) 『주한일본공사관기록』 「倭政文書甲九 在露韓人關係 明治四十三年(1910) 自一月至九月」 중 '배일적 한인명부 송부의 건' 참조.

鄭淳萬 (王昌東 자오싱)	주간 주필 총무	田愚의 문인		忠北 淸州	의병, 保安會 민회 총무 겸 서기	同義會 瑞甸書塾 대동공보
李 剛	편집원	영어학교		平南 龍岡	共立協會 공립신문 주필	공립협회 특파원
張志淵	주필	張錫鳳 문하		慶北 尙州	황성신문 주필, 사장	
金河球	기자	早稻田대학		咸北 明川	宮內府 主事	
朴永鎭	文選工			서울	의정부 관보과, 대한매일신보 등	
大竹次郞	기계담당					일본인
李鍾雲 (이종원)	편집원	郭鍾錫의 문 인, 영어학교		慶南 晉州	대한매일신보사	
듀꼬프	발행인 겸 편집인	동양학연구소			군인	러시아인

<표 1>에서 보이는 바와 같이 최만학과 듀꼬프가 발행인 겸 편집인으로 되어 있다.[56] 그 중 듀꼬프는 1906년에 블라디보스톡에 있던 동양학연구소 중국·조선학과를 마치고[57] 동시베리아 제13보병연대의 중위로서 근무하던 인물이었다. 그는 앞서 살펴본 바와 같이 연해주 군지사에게 『해조신문』의 간행을 허락해줄 것을 청원했던 장본인이었다. 이러한 사실은 『해조신문』이 러시아지역에서 간행되었다는 점과 관련이 있는 듯하다. 한편 최봉준은 사장으로서 일하였으며,[58] 정순만은 총무 겸 주필 즉 논설기자로서 활약하였다.[59] 그 외에 이강, 장지연, 김하구 등

56) 『해조신문』 창간호. 최만학의 경우 한자로는 崔晩學이라고 하기도 하고(『황성신문』 1908년 5월 21일 관보) 崔萬學이라고도 한다(『주한일본공사관기록』 「재러한인발행신문」 '해조신문사원의 신공 박영진').

57) 박보리스, 앞의 논문, 1063쪽.

58) 국사편찬위원회, 『한국독립운동사』 1, 946쪽.

59) 정순만은 『해조신문』의 주간(『위암문고』, 연보) 또는 주필(뒤바보, 『俄領實記』, 상해판 『독립신문』 1920년 4월 8일) 또는 총무('해조신문사원의 신공 박영진')로 일하였다고 한다.

외부에서 온 인물들은 주필 또는 기자, 편집원 등으로서 일하였다.[60] 그 밖에 박영진은 문선, 이종운은 일어와 영어의 번역을 담당하였다.[61]

기계를 담당한 인물은 대죽차랑이라는 일본인이었다.[62] 일본인이 어떠한 경위를 통하여 기계를 담당하게 되었는지는 확실히 알 수 없다. 다만 해조신문사의 사장인 최봉준이 원산의 전 북한실업신보의 주인인 길전수차랑에게서 윤전기 등 인쇄기 일체를 구입했을 때 함께 영입한 것이 아닐까 하는 짐작이 갈 뿐이다. 기계를 담당한 인물 가운데에는 일본인 이외에 한국인 기술자도 있었다.[63] 하지만 그 한국인 기술자가 누구였는지 하는 것은 현재로선 알 수 없다.

구성원의 학력을 보면 한학과 신학문을 모두 공부한 인물이 다수인 것 같다. 정순만은 『儉隱遺傳』에,

> 鄭淳萬의 號는 儉隱이니 淸州 黑岩地方에서 高宗 丙子(1876)에 生하였다. 學問의 造詣와 言行의 謹愼으로 早年에 學者의 榮譽가 遠聞되었고 田簡齊의 門下에 執贄하였다.[64]

라고 있듯이, 기호학파의 중심인물인 전우 밑에서 공부하였다. 그러나 그는 전우의 다른 제자들과는 달리[65] 적극적인 현실참여파였던 것 같다.

---

60) 뒤바보, 『아령실기』, 상해판 『독립신문』 1920년 4월 8일자 참조. 이강은 『해조신문』(1908년 4월 3일자 등)에는 본사 편집원으로 기록되고 있다. 그리고 한형권도 편집원으로 되어 있는데 그는 주로 러시아어를 번역하였다(『해조신문』 1908년 4월 23일 별보).

61) 김현구, 『검은유전』, 102쪽. 『해조신문』에 이종운은 이종원으로 나오며 직책은 편집원이다(『해조신문』 1908년 4월 2일자 등).

62) '해조신문 사원의 신공 박영진'.

63) 『재러한인발행신문』 중에서 2월 2일부로 블라디보스톡 총영사 野村基信이 통감부 총무국장 鶴原定吉에게 보고한 '한어신문발행계획에 관한 건'에 "널리 한국인 가운데 구독자를 모집하고 일면 신문사에 충당하기 위한 가옥도 건축하고 윤전기 한대를 握付해서 한인의 기사 1인을 雇入하고"라고 한 내용이 이를 말하여 준다.

64) 김현구, 『검은유전』, 80쪽.

그는 유인혁, 李範錫 등과 함께 의병활동에 종사하였다.[66] 한편 정순만은 신학문에 대하여도 상당한 관심이 있었던 듯하다. 즉 그는 상동교회 청년회 부회장으로 일하였고, 또한 이상설 등과 함께 북간도 용정에 서전서숙을 설립, 학생들에게 근대적인 교육을 실시하였던 것이다.[67] 또한 그가 작성한 『해조신문』의 간행 취지서에서,[68] "정치와 법률과 학문과 상업과 공업과 농업의 새 문자를 날마다 번역 게재함"이라고 하여, 신학문을 강조하고 있는 것도 그의 신학문에 대한 관심을 짐작케 한다.

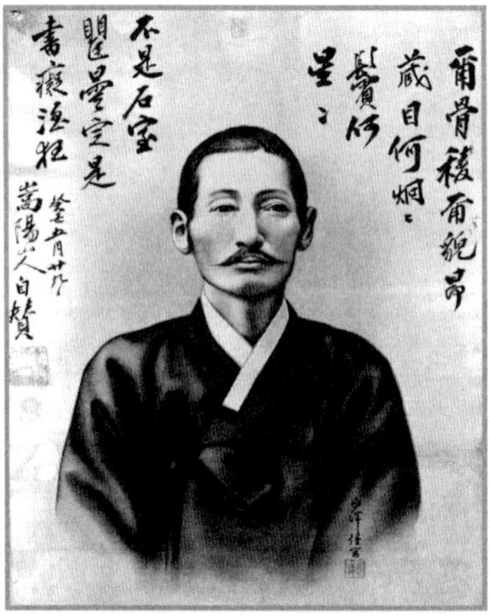
『해조신문』 주필 장지연

장지연은 장석봉·許薰·張福樞 등 退溪學派에 속한 성리학자들에게서 한학을 공부하였다. 그러나 1898년을 전후하여 史禮所·황성신문사 등에 몸을 담고 서울을 무대로 활약하면서 국제적 감각과 식견을 쌓는 한편, 청말 變法思想家들의 저서를 통해 신학문도 수용하였다.[69]

이종운은 영남의 대표적인 유학자인 寒州 李震相의 문인인 郭鍾錫

65) 금장태·고광식, 1984, 『유교근백년』, 박영사, 213~215쪽.
66) 김현구, 『검은유전』, 81쪽.
67) 윤병석, 『이상설전』, 49~51쪽.
68) 1908년 2월 26일 이전에 간행되었던 『해조신문』의 간행 취지서는 정순만에 의하여 간행된 것이 아닌가 한다. 장지연의 『위암문고』 연보에 장지연이 블라디보스톡에 도착한 때에 이미 정순만이 신문사의 주간으로 일하고 있었던 것이다. 따라서 간행 취지서 역시 그에 의하여 작성된 것이 아닌가 한다. 또한 1908년 2월 26일자 논설 「우리동포에게 경고홈」과 1908년 2월 27일자 논설 「교육이 업스면 이 시딕에 생존홈을 엇지 못홈」은 비록 저자가 '자오싱'이라고 되어 있으나 이 인물 역시 정순만이 아닌가 한다.
69) 유숭, 1985, 「위암 장지연의 생애와 자강사상」, 고려대학교 석사학위논문, 5~13쪽.

으로부터 수년간 한학을 공부하였다.[70] 그 후 서울로 상경하여 1894년 2월에 개교한 영어학교에[71] 입학하여 영어를 공부하였다.[72] 이와 같이 하여 이종운은 영어에 조예가 깊었기 때문에 영어 번역 담당으로 고용되었다고 생각된다.

이강은 7세부터 17세까지 향리인 平安南道 龍岡郡 池雲面 立城里에서 한문을 배웠다. 그 후 중국에 유학하기 위하여 압록강 대안인 安東縣까지 갔다가 목적을 달성하지 못하고 고향으로 되돌아 와서 기독교의 감리교에 입교하였다.[73] 1902년에는 미주개발회사에서 모집하는 이민에 들어서 하와이로 건너갔다. 그 곳에서 영어학교에 입학하여 1년간 영어 공부를 하였다.[74] 김하구는 조도전대학에서 수학하였다. 이와 같이 『해조신문』의 구성원 가운데에는 한학과 신학문을 모두 공부한 인물이 많았다. 이것은 『해조신문』의 내용 가운데 신교육의 보급 및 풍속의 교정에 관한 기사의 게재에 도움을 주었을 것으로 생각한다. 그 밖에 최만학은 1895년에 노보끼예브스크에 있는 러시아 중학교에 입학하였으며,[75] 최봉준은 '無學文盲者'로 알려져 있다.[76]

재산정도에 대하여 알 수 있는 인물은 거의 없다. 다만 앞서 살펴본 바와 같이 최봉준의 경우만 그 대략을 알 수 있을 뿐이다. 최봉준은 1900년 블라디보스톡 러시아 군대에 물품을 대는 사업으로 장사를 시작하여[77] 러일전쟁 시 특히 많은 돈을 벌게 되었다.[78] 그 후 그는 일본에

70) 금장태 · 고광식, 『유교근백년』, 464~466쪽.
71) 이광린, 1980, 「구한말의 관립외국어학교」 『개정판 한국개화사연구』, 일조각, 138~139쪽.
72) 김현구, 『검은유전』, 99쪽.
73) 이강훈, 1985, 『독립운동대사전』, 동아, 605쪽.
74) 독립유공자공훈록 편찬위원회, 1986, 『독립유공자공훈록』 1, 국가보훈처, 208~209쪽.
75) 『한인신보』 1917년 9월 30일 '강동쉬해'.
76) 『주한일본공사관기록』 「재러한인발행신문」 중 '외국신문 발행 기타의 건'.
77) 『한인신보』 1917년 9월 30일 '강동쉬해'.

가서 천 톤 급의 상선 복건환 1척을 7만원에 구입하여 俊昌號라 이름하고 태극기를 달고 원산, 성진, 블라디보스톡을 운행하는 한편, 소를 수입하여 큰 수입을 올렸다.[79] 그의 재산 정도에 대하여는 『해조신문』 1908년 3월 26일자 사설 「본 사주 최봉준씨 역사」에,

> 지금은 공의 ᄌᆡ산이 부요ᄒᆞ야 젼국에 상업가로 뎨일 명예를 엇은지라. 본항에 쥰창호샹졈을 크게 열어 연츄 셩진 원산등디에 지뎜을 셜립ᄒᆞ며 상히 연틱 하르빈 일본각디에도 오륙쳐 물화ᄆᆡ매ᄒᆞᄂᆞᆫ 샹뎜이 잇스며 ᄯᅩ 대소륜선도 수삼척이 잇셔 ᄂᆡ외국물화를 교통ᄒᆞ며 본국인과 아쳥일 삼국인의 교용ᄒᆞᆫ쟈도 수ᄇᆡᆨ여명이 다 공의 자본을 우러러 ᄉᆡᆼ업ᄒᆞᄂᆞᆫ쟈도 수ᄇᆡᆨ여명이오 ᄌᆞ녀도 ᄯᅩᄒᆞᆫ 오륙남ᄆᆡ가 잇ᄂᆞᆫᄃᆡ 모다 학교에 입학ᄒᆞ야 즁학교에 졸업ᄒᆞᆫ쟈도 잇고 가ᄐᆡᆨ도 四五쳐에 버려두엇스며 ….

라고 있고, 또한 『한인신보』 1917년 9월 30일자 '최봉준씨의 별세'에,

> 실업으로난 백만원 이샹 거래를 하야 쳔여돈되는 화륜션 준창호를 부리며 내외국항구에 상업지뎜이 즐비하얏스며 ….

라고 있는 데서 짐작해 볼 수 있다.[80]

그런데 주목할만한 점은 최봉준의 재산은 그의 생질인 최만학에 의하여 관리되었다는 것이다.[81] 최만학은 『해조신문』의 발행인 겸 편집인으로서 활동하였는데 이 점은 그가 최봉준의 재산관리인이었다는 점과도 관련이 있었을 것이다.

---

78) 『한인신보』 1917년 10월 7일 '강동쉰해'.

79) 『한인신보』 1917년 10월 7일 '강동쉰해'.

80) 최봉준의 사업은 1911년에 망하였으며, 그 후 최봉준은 칩거생활을 하였다고 한다(『한인신보』 1917년 10월 22일 '강동쉰해').

81) 일본외무성사료관에 소장되어 있는 『明治四十五年 六月調 露領沿海州移住鮮人の狀態』 중 「結社團體及排日鮮人」 가운데 '최만학조' 및 『한인신보』 1917년 10월 22일 '강동쉰해'.

출신지역을 보면 함경도 출신이 주류를 이루고 있다. 최만학・최봉준・김하구 등이 그들이다.[82] 당시 블라디보스톡에는 주민들도 함경도인이 다수를 차지하고 있었다.[83] 그러므로 대중적 기반을 갖고 있던 함경도출신의 세력들이 강하였을 것으로 추측된다. 더구나 『해조신문』은 함경도 출신인 최봉준이 재정후원자였으므로 함경도 토착세력의 영향력은 상당하였을 것이다. 그 밖에 이강은 평안도,[84] 장지연과 이종운은 경상도,[85] 정순만은 충청도, 박영진은 서울이다.[86] 『해조신문』의 창간 당시에는 지방에 따른 파벌 의식이 크게 작용하지 않았다. 그러나 국내에서 西北學會・關東學會・嶠南學會 등 학회들이 지방별로 조직되어 지방열이 고조되자 『해조신문』에도 그 영향이 미치기 시작하였다. 결국 이러한 여건 때문에 장지연은 목숨이 위태롭게 되어 상해로 이동하였던 것이다.[87] 당시 블라디보스톡에서 장지연과 함께 활동했던 趙昌容은 『白農實記』 「本港遊覽錄」에서 이에 대하여,

> 본국 京城人이 多潛入港來하야 誣譏海朝新聞社社主崔鳳俊하야 請殺張先生하고 夜半에 以亂類輩로 歐打逐出社外하고 其旅館을 嚴守不得出入케 하고 又外人를 不得入케 하다. 此는 前日 皇城新聞時에 北鄙之類等說이 是也라. 卽指李容益하야 言之也라 又張先生을 逐出하야 入於露市街俄館中이어늘 余卽問往求하야 扶携越來開拓里하고 ….

라고 하여 서울인들이 다수가 몰래 블라디보스톡으로 들어와 해조신문

82) 최만학의 출신지는 알려져 있지 않다. 그러나 그가 최봉준의 생질임을 고려할 때 최봉준과 마찬가지로 함경북도 경흥이 아닌가 한다. 김하구(『재외배일선인유력자명부』 김하구조).
83) 趙昌容, 「本港遊覽錄」 『白農實記』 참조.
84) 독립유공자공훈록 편찬위원회, 『독립유공자공훈록』 1, 208~209쪽.
85) 장지연(『위암문고』, 연보), 이종운(김현구, 『검은유전』, 99쪽).
86) '해조신문사원의 신공 박영진'.
87) 김현구, 『검은유전』, 89~95쪽.

사 사주 최봉준에게 모략하고 장지연을 죽일 것을 청하여 해조신문사에서 장지연을 구타하는 사건이 발생하였음을 알려 주고 있다. 즉 함경도인과 기호인이 경상도인인 장지연과 사이가 좋지 않은 듯하다.

특히 장지연은 정순만과 사이가 좋지 않았던 것 같다. 장지연이 저술한 「해항일기」 곳곳에 이러한 내용들이 산견되고 있다.[88] 특히 1908년 4월 29일 저녁에는 신문에 관한 일로 정순만과 크게 다투었다고 되어 있다. 또한 4월 30일에는 정순만과 다투던 중에 정순만이 장지연을 칼로 찌르려고 하였으나 민장인 양성춘의 만류로 제지되는 일까지 벌어지게 되었다. 이에 장지연은 1908년 5월 11일에는 해조신문사를 그만두고 떠나겠다는 입장을 밝히기에 이르렀다.

이러한 장지연과 정순만의 갈등은 단지 지역적인 문제에 의한 것만은 아니었던 것 같다. 장지연의 「해항일기」 1908년 3월 25일조를 보면,

> 처음 一初(정순만－필자주)와 뜻이 맞지 않아 은연히 嫌猜하는 기색이 보이니 한탄할 일이다.

라고 하고 있는 것이다. 즉 1908년 3월 2일 장지연이 블라디보스톡에 온 이후 얼마 되지 않아 이들의 갈등관계가 조성된 것 같다. 이 점은 장지연이 오기 전에는 『해조신문』의 논설 등을 정순만이 담당했던 점을 고려해 본다면 블라디보스톡 한인 사회에서의 이들의 위상에 관한 문제 때문에 갈등관계가 생긴 것이 아닌가 한다.

해조신문사의 구성원들이 해조신문사에서 활동하기 이전 구성원들의 경력을 보면 미국과 국내의 신문사에서 일하였던 인물이 상당수를 차지하였음을 알 수 있다. 이강은 샌프란시스코에서 1905년 11월 20일부터

---

88) 1908년 4월 9일자, 4월 26일자, 4월 29일자, 4월 30일자, 5월 11일자, 5월 22일자 등에서 살펴볼 수 있다.

공립협회의 기관지로서 발행된 『공립신보』의[89] 주필로서 활약하였다.[90] 그리고 장지연은 1899년에 『황성신문』의 주필로서 일하였으며, 1901년에는 이 신문사의 사장으로서 활동한[91] 국내의 대표적인 언론인이라고 할 수 있다. 박영진은 의정부 관보과, 일진회 회보의 발행소, 광문사, 대한매일신보사 등에서 문선공으로 일하였으며, 이종운은 대한매일신보사의 번역부에서 활동하였다.[92] 구성원 가운데 이처럼 과거에 신문사에서 일했던 경험의 소유자가 많았던 것은 매우 자연스러운 현상일 것이다. 더욱이 『해조신문』이 러시아에서 최초로 발행된 교포신문이었다는 점을 염두에 두고 보면 신문 간행의 경험이 있던 자들이 누구보다도 필요했을 것이기 때문이다.

그 밖에 블라디보스톡에 살고 있는 한인들이 조직한 민회에서 활동하였던 인물들도 참가하고 있었다. 최봉준은 그 대표적인 인물로서, 그는 이 민회의 회장으로 일했다.[93] 최만학 역시 민회에서 최봉준을 보필하였을 것으로 생각된다. 그 밖에 정순만도 민회에서 일하였다. 그는 1906년에 이동녕·이상설 등과 블라디보스톡으로 망명한 이후,[94] 최봉준의 장조카인 崔禮簿와 친하게 되었다. 최예부는 민회에서 재무를 맡고 있었다.[95]

이들 민회에서 활동하고 있던 인물들은 당시 러시아지역에서 활동하고 있던 의병들과는 좋은 관계를 유지하지 못하였던 것 같다. 이와 관련하여 조창용의 『백농실기』「본향유람록」에는,

89) 김원용, 1958, 『재미한인오십년사』, Readley Calif. U.S.A., 88쪽.
90) 독립유공자공훈록 편찬위원회, 『독립유공자공훈록』 1, 208~209쪽.
91) 『위암문고』, 연보.
92) 『검은유전』, 99쪽.
93) 국사편찬위원회, 『한국독립운동사』 1, 986쪽.
94) 宋相燾, 1971, 『騎驢隨筆』, 국사편찬위원회, 116쪽.
95) 김현구, 『검은유전』, 83쪽.

> 李範允 柳山林(유인석－필자주) 安應七 등이 以舊日韓國御使官馬牌로 假稱韓國勅使라하고 勒奪民財할새 老爺 金學萬 民長 楊成春氏가 命使居留巡使하야 卽捕縛此三人할새 李範允 安應七은 도주하다. 柳山林은 卽拿取於學校內하고 卽打碎骨하야 幾至死境이라. 其行裝內文簿를 調査則果然也라. 柳山林은 老者也라. 卽放送하고 其他同黨多數人은 被囚於露國警廳하니라.

라고 하여 재러한인 사회의 지도자인 노야 김학만과 민장 양성춘이 의병 지도자인 이범윤, 유인석, 안중근 등을 포박하고자 하였으며, 그 중 유인석을 잡아 심한 고문까지 행하였던 것이다. 더구나 신문사의 사주인 최봉준은 약간 후대의 기록이기는 하지만(1909년 6월 12일) 의병파들을 "폭도"라고 비난하고 있다.[96)]

그러나 민회 참여자 가운데 정순만은 국내외에서 의병운동에도 참여한 인물이었으므로 토착세력인 함경도 출신들과 점차 갈등관계가 형성되었을 것으로 짐작된다. 특히 정순만은 『해조신문』이 폐간될 무렵인 1908년 5월경 노보끼예브스크에서 최재형이 중심이 되어 조직한 의병조직인 同義會에 참여하고 있는 것이다.[97)]

한편 민회에 참여한 인물 가운데 최봉준과 최만학은 러시아에 귀화한 인물들이다.[98)] 1908년 당시 러시아에 살고 있던 한국인들 가운데 귀화한 사람은 16,007명이었고, 귀화하지 않은 사람의 수는 29,390명이었다.[99)] 한국인이 러시아에 귀화하면 러시아 정부에서는 약 15제샤찌나(Десятина)[100)]에 해당되는 농토를 무상으로 주었다. 또한 귀화한 한국인들은 러시아인과 동등한 권리를 누릴 수 있었다.[101)] 따라서 최봉준과 최

96) 국사편찬위원회, 1986, 『한국독립운동사』 자료 15, 160~161쪽.
97) 박민영, 앞의 논문, 79~81쪽.
98) 『明治四十五年 六月調 露領沿海州移住鮮人の 状態』「結事團體及排日鮮人」 중 '최만학조' 참조.
99) 고승제, 앞의 논문, 164쪽.
100) 미터법 이전의 러시아에서의 지적 단위. 1.092헥타르에 해당됨.
101) 박영석, 1984, 「노령지역의 항일민족독립운동」 『한로관계100년사』, 249~252쪽.

만학이 러시아지역에서 신문을 간행할 수 있었고 러시아인과 동등한 입장에서 富를 축적할 수 있었던 것이 아닌가 한다. 결국 블라디보스톡 민회에 참여하고 있던 함경도 출신 귀화한 인사들의 축적된 재산과 1905년 을사조약 이후 러시아로 망명한 인물과 국내 및 미국에서 활동하던 언론인들의 결합에 의해 『해조신문』은 간행되었던 것으로 생각된다.

그 밖에 주목할 점은 이강이 1908년 1월에 金成茂와 함께 共立協會에서 파견되어 온 인물이라는 사실이다.[102] 이로 미루어 볼 때 『공립신보』와 『해조신문』이 상호 밀접한 관련이 있는 것이 아닌가 한다. 그러나 현재로선 그 구체적인 실체에 대하여는 알 수 없다.

3. 『해조신문』의 내용과 그 성향

1) 국권의 회복

(1) 국권의 회복

『해조신문』은 러시아에 살고 있는 한인동포들에게 국권회복의 필요성을 강조하기 위하여 간행된 신문이었다. 그러므로 신문의 내용에서 특별히 주목되는 부분은 재러한인의 당시의 처지와 관련하여 국권의 회복을 강조한 부분이라고 하겠다. 『해조신문』 1908년 4월 30일자 '거류동포에 경고홈'에서 당시의 재러한인의 상황에 대하여,

> 이제는 아라스 령토에 잇는 동포의 정황도 이왕과 디단히 다른지라. 아일젼징을 지난 이후로붓터는 아국정부에서 극동디방에 식민할 문데가 일어나미에 이금 시베리아동북 흑룡강 연안일디로 아국 농민, 로동자가 날로 화물차에 긔빅명식 실녀와 금년붓터 미년에 긔쳔긔빅만명이 증식될지라. 글어흔즉 지기나라 빅셩의 리익을 발달흐기 위흐야 외국인은 불가불 비쳑할터인고로 위선 금광역부부텀 아청량국의 이외사람은 일졀 스용치

102) 김원용, 앞의 책, 81쪽.

> 아니할 공문을 고시ᄒᆞ얏스니 종차로 텰로와 기타 무슨 공역이든지 한국 로동자는 쓸ᄯᅦ없을 것이 분명한지라. 글어면 이 디방에 이주ᄒᆞᄂᆞᆫ 누십만 우리동포ᄂᆞᆫ 장ᄎᆞ 무엇을 영업ᄒᆞ야 생활할가. 전도(前途)를 추사(推思)ᄒᆞ건ᄃᆡ 실노 비참ᄒᆞ고 가련ᄒᆞ도다.

라고 하여 러일전쟁 이후 극동으로의 러시아 이민이 날로 증가하여 러시아 정부가 자국의 이익을 위하여 한국인들을 배척하므로 재러한인들은 이로 인하여 삶의 기반을 잃지나 않을까 하는 강한 위기의식을 느끼고 있다고 하고 있다. 이어서,

> ᄯᅩᄒᆞᆫ 그ᄲᅮᆫ 아니라 근ᄅᆡ에 집조(執照) 俄語(빌레드) 까닭으로 날노 경찰서에 잡혀가ᄂᆞᆫ 자 ㅣ 무수ᄒᆞ니 이디방에 들어온 ᄉᆞ람은 불가불 이나라 집조를 아니가지지 못할지라. 필경은 ᄒᆞ고 말 것인즉 아모리 ᄉᆞ졍이 곤란할지라도 잡혀가서 욕보지 말고 진작 ᄂᆡ여가질 것이라.

라고 하여 귀화하지 않은 한인들이 경찰서에 잡혀가는 사례가 다수임을 지적하고[103] 한국인들에게 귀화할 것을 요청하고 있다. 그러나 귀화할 경우 한국인들에게 오는 경제적 부담이 너무 커 한국인들의 생존을 위협하고 있으므로 한국인들이 곤란한 입장에 처해 있음을 지적하고 있다. 즉,

> 그러나 이것으로만 보아도 ᄆᆡ년에 집조의 세금이 5원에 닐을지니 가령 ᄒᆞᆫ집식구가 15세 이상 남자로서 5명이 될 지경이면 1년에 수 삽십원이 될 것이오, ᄯᅩᄒᆞᆫ 기 외에도 거류디 ᄂᆡ에 도로수축과 오예물 청결비 등속의 호젼응납할 것도 ᄌᆞᆷᄎᆞ 정도의 진보됨을 ᄯᅡ라 졈졈 증가할 터인즉 무릇 영업으로 버리ᄒᆞᄂᆞᆫ 것은 날로 줄어가고 의무상으로 무난 돈은 날로 늘어갈 것이니 장ᄅᆡ에 엇덧케 ᄉᆡᆼ존을 부지홀는지 ᄉᆡᆼ각ᄒᆞ면 가슴이 답답ᄒᆞ고 긔가 막히ᄂᆞᆫ 일이 아닌가.

---

103) 『해조신문』 1908년 3월 15일, 4월 25일자 본항정보 「無照被押」 등에서 이러한 것을 알 수 있다.

라고 하고 있는 것이다.

이와 같은 어려운 상황에 처해있던 재러동포들에 대하여 만약에 나라가 망하면 해외에 있는 망국민이 될 것이므로,

> ᄒᆡ마다 태평양바다에 조수ᄀᆞᆺ치 밀녀나오ᄂᆞᆫ 이라ᄉᆞ이민들이 극동디방에 충만할 것은 이믜 졍ᄒᆞᆫ 예산이라. 글어면 남의 령토에 ᄀᆡᆨ으로 부쳐잇ᄂᆞᆫ 한인은 ᄌᆞ연이 밀니여 갈 것인즉 긋ᄯᅢᄂᆞᆫ 어ᄃᆡ로 갈ᄂᆞᆫ가. 고국으로 가랴ᄒᆞ면 일본의 식민디오. 아국ᄇᆡᆨ셩이 될야ᄒᆞ야도 ᄆᆞᆼ국 인종을 어너 뉘가 용납ᄒᆞ겟ᄂᆞᆫ가.
>
> 슯흐다. 이러ᄒᆞ고로 우리ᄂᆞᆫ 아모죠록 우리 죠국이 멸ᄆᆞᆼ치 아니ᄒᆞ도록 어서 밧비 정신을 챠리고 ᄉᆞ상을 돌녀 단테력을 ᄆᆡ즌후에 ᄒᆞᆫ거름식 압흐로 나아가서 ᄂᆞᆷ의 속박을 벗고 독립국권을 회복ᄒᆞ랴고 날마다 크게 불너 권고ᄒᆞᆷ이오.

라고 하여 독립국권의 회복을 위하여 진력해야 함을 역설하고 있다. 또한 1908년 3월 7일자 논설 「고국을 도라다 보시오」에서도 역시,

> 만약 나라이 업셔지면 어ᄃᆡ가셔 감히 사ᄅᆞᆷ에 비견ᄒᆞ리오. 우마와 ᄒᆞᆫ가지 ᄲᅮᆫ이라. 우리가 날로 듯고보ᄂᆞᆫ 남의 ᄆᆞᆼ국인죵들을 ᄉᆡᆼ각ᄒᆞ야 볼지어다. 그러ᄒᆞᆫ즉 엇지ᄒᆞ여야 되겟소. 오늘날 우리들이 잠시 간편안ᄒᆞᆷ을 밋지말고 쟈나 ᄭᆡ나 시시각각으로 고국을 도라볼지어다.

라고 하여, 망국인이 되지 않기 위하여 고국을 생각해야 함을 강조하고 있다.

한편 『해조신문』에서는 국권회복운동 과정에서 나타날 수 있는 문제점에 대하여도 지적하고 있다. 이를 테면 1908년 5월 1일자(제55호) 논설 「일반 동포에게 경고ᄒᆞᆷ」 중에서 '단발쟈의 피의'라는 제목 하에,

> 근일 본디 항구에 ᄅᆡ도ᄒᆞᄂᆞᆫ 선편마다 우리 본국 인민의 남녀로소가 긔ᄇᆡᆨ명식 실녀오ᄂᆞᆫᄃᆡ 그 ᄉᆞ졍인 즉 ᄂᆡ디에서 ᄉᆡᆼ활ᄒᆞᄂᆞᆫ 형편이 견듸지 못할

> 비ᄎᆞᆷ한 디경이 만ᄒᆞᆫ고로 ᄎᆞᆷ아 잇지못ᄒᆞ야 어느곳에 혹 ᄉᆡᆼ활을 편안히 할까 밋고 ᄯᅥᄂᆞ기 어려온 고향친쳑을 이별ᄒᆞ고 위험ᄒᆞᆫ 바다를 건너오는줄을 동포간에 응당짐작할 것이로다.
>
> ᄃᆡ더 십여년ᄅᆡ로 신사상, 신풍죠가 졈졈 니러나ᄂᆞᆫ 시ᄃᆡ를 당ᄒᆞ야 머리 깍고 외국 복장ᄒᆞᆫ ᄉᆞ람과 우리 옛적의 복에 상투만 업는 ᄉᆞ람이 다수히 건너 오는 것을 모다 일진회원이라 의심ᄒᆞ고 혹 무수ᄒᆞᆫ 단련도 주며 혹 구타ᄒᆞ야 욕을 보이는 일도 잇스니 그 근본을 ᄉᆡᆼ각ᄒᆞ면 역시 ᄃᆡ국노ᄅᆡ를 공분히 녀기ᄂᆞᆫ 한국동포의 애기에서 나온 일이로되 그 일이 너무 과격ᄒᆞᆫ 거조(擧措)라.

라고 하여, 구한말 국내의 동포들의 경제적인 이유로 연해주 지역으로 다수 이주하고 있음을 지적하고, 그 중에 단발자를 모두 일진회원이라고 규정하고 욕을 보이는 것은 잘못된 일임을 지적하고 있다.

아울러 신문에서는 독립운동에 종사하는 사람도 남에게 생계를 의지하지 하여 피해를 주지 말고 직업을 가져 자신의 생계를 자신이 유지하도록 할 것을 은연히 암시하고 있다. 즉 1908년 3월 15일자 논설 「ᄋᆡ국ᄉᆞᆼ이 잇ᄂᆞᆫ 사ᄅᆞᆷ은 실업에 종ᄉᆞᄒᆞᆷ이 가ᄒᆞᆷ」에서,

> 지금 이 곳와셔 로동ᄒᆞᄂᆞᆫ 동포든지 잠시 ᄅᆡ왕ᄒᆞᄂᆞᆫ 동포든지 모다 열심으로 ᄋᆡ국ᄉᆞ상이 만ᄒᆞᆫ 줄은 본긔재도 듯고 보ᄂᆞᆫ것인 즉 이른 폐단이 쏙 잇다고 ᄒᆞᆷ은 아니로되 사ᄅᆞᆷ이 작업업시 공연히 우유도일ᄒᆞ면 ᄌᆞ연밋그러지기도 쉽고 ᄯᅩᄂᆞᆫ 실상이 업드ᄅᆡ도 공연이 남에게 의심을 밧어 후휴ᄒᆞᆫ다 잡긔ᄒᆞᆫ다 협잡군이라 ᄒᆞᄂᆞᆫ 지목을 밧기도 ᄒᆞ나니 본긔쟈ᄂᆞᆫ 실로 장ᄅᆡ를 념려ᄒᆞ야 여러 동포에게 츙고ᄒᆞ노니 무슨 실업이던지 ᄉᆡᆼ활ᄒᆞᆯ 방법을 강구ᄒᆞ야 일면으로 ᄉᆡᆼ계를 유지케ᄒᆞ고 일면으로ᄂᆞᆫ 억긔에 메인 의무를 저바리지 말어 ᄋᆡ국의 목젹을 도달ᄒᆞᆷ을 간절이 바라노라.

라고 하고 있는 것이다.

블라디보스톡에 거주하는 한인 동포들 ①

블라디보스톡에 거주하는 한인 동포들 ②

블라디보스톡에 거주하는 한인 동포들 ③

블라디보스톡에 거주하는 한인 동포들 ④

(2) 민족적 단결

1908년 3월 4일자 논설 「강동에 거류ᄒᆞᄂᆞᆫ 우리동포 ᄉᆡᆼ각ᄒᆞ야 보실일」에서는 망국민이 되지 않고 국권을 회복하기 위하여 재러동포들이 해야 할 일을 세 가지로 정리하고 있다.

> 쳣지 쥬의ᄒᆞᆯ 것은 아모됴록 동심ᄒᆞᆸ력ᄒᆞ야 셔로 ᄉᆞ랑ᄒᆞᄂᆞᆫ 덕의를 가지고 단톄를 밋고 ᄒᆞᆸᄒᆞᄂᆞᆫ것이 우리의 다ᄒᆡᆼᄒᆞᆫ 복이오, 둘지ᄂᆞᆫ 사ᄅᆞᆷ마다 졔나라 업셔지면 ᄉᆡᆼ명을 보존ᄒᆞᆯ 수 업ᄂᆞᆫ쥴 ᄉᆡᆼ각ᄒᆞ고 나라권리 차즐졍신을 길우어 ᄆᆞᆼ국인죵을 면ᄒᆞᄂᆞᆫ 것이 우리의 쥬야 희ᄆᆞᆼᄒᆞᄂᆞᆫ 바오, 셋지ᄂᆞᆫ 우리들이 놀지말고 부질런이 벌어 쳥년ᄌᆞ뎨의 교육을 발달ᄒᆞᄂᆞᆫ 것이 쟝ᄅᆡ에 나라를 독립ᄒᆞ고 문명ᄒᆞᆫ ᄒᆡᆼ복을 눌일 근본뎍 희ᄆᆞᆼ이라.

즉 단체를 합하는 것, 민족의식의 고양, 청년자제의 교육 등이 그것이다. 『해조신문』에서는 이 중 당파를 극복하고 단합하는 것이 제일 중요한 사업이라고 주장하였다. 그러므로 1908년 3월 5일, 3월 6일의 논설로서 「단톄 ᄒᆞᆸᄒᆞ는 것이 뎨일문제」를 게재하고 있는 것이다. 또한 3월 7일과 8일의 논설에서는 이에 대한 질문에 대한 답변인 「ᄀᆡᆨ의 문답」을 2회에 걸쳐 싣고 있다. 그리고 3월 12일자와 3월 13일자에는 재러한인 지도자 김학만과 김치삼의 단체를 조직하는 문제에 대한 찬성 기서를 1면에 각각 소개하고 있다. 즉 『해조신문』에서는 아무쪼록 서로 한마음으로 협력하고 사랑하며 단체를 만든 후에야 비로소 우리나라의 독립도 찾고 동포의 다행한 복이 된다고 강조하고 있다.

그러나 이러한 주장에 대하여 반대의 입장을 표하는 인물들도 있었던 것 같다.[104] 1908년 3월 18일자 논설 「여러동포제형ᄭᅴ 무러볼 말ᄉᆞᆷ」에,

> 드른즉 혹 반ᄃᆡᄒᆞ는 말이 단톄가 됴키는 됴컷마는 되지못ᄒᆞᆯ일을 쓸ᄃᆡ업시 헛말ᄒᆞᆫ다 ᄒᆞ는이도 잇다ᄒᆞ니 그럿케 ᄉᆡᆼ각ᄒᆞ기도 괴이ᄒᆞ지 안ᄒᆞᆫ지라.

라고 있는 데서 이를 짐작해 볼 수 있다. 이러한 상황 하에서 안중근은 1908년 3월 21일자에 실린 기서에서,

> 귀보론셜에 인심이 단ᄒᆞᆸᄒᆞ여야 국권을 홍복ᄒᆞ겟다는 귀절을 닑으ᄆᆡ 격졀ᄒᆞᆫᄉᆞ연과 고샹ᄒᆞᆫ 의미를 깁히 감복ᄒᆞ야 천격박식으로 ᄒᆞᆫ줄 글을 부치나이다. (중략) 사ᄅᆞᆷ이 셰상에 쳐ᄒᆞᄆᆡ 뎨일 몬져 ᄒᆡᆼᄒᆞᆯ것은 ᄌᆞ긔가 ᄌᆞ긔를 단ᄒᆞᆸᄒᆞ는것이오, 둘재는 ᄌᆞ긔집을 단ᄒᆞᆸᄒᆞ는 것이오, 셋재는 ᄌᆞ긔 국가를 단ᄒᆞᆸᄒᆞ는 것이니 그러ᄒᆞᆫ즉 사ᄅᆞᆷ마다 ᄆᆞᄋᆞᆷ과 육신이 련ᄒᆞᆸᄒᆞ여야 능히 ᄉᆡᆼ활ᄒᆞᆯ것이오, 집으로 말ᄒᆞ면 부모쳐ᄌᆞ가 화ᄒᆞᆸᄒᆞ여야 능히 유지ᄒᆞᆯ것이오, 국가는 국민상하가 상ᄒᆞᆸᄒᆞ여야 맛당히 보젼ᄒᆞᆯ지라.
>
> 슯흐다. 우리나라가 오늘날 이 참혹ᄒᆞᆫ 디경에 니른 것은 다름아니라 불ᄒᆞᆸ병이 깁히 든 연고로다. (중략) 여보시오 우리동포 ᄌᆞ금이후 시쟉ᄒᆞ여

---

104) 차석보는 반대 입장을 보였던 것 같다(1908년 3월 22일 기서 차석보). 이에 대하여 『해조신문』에서는 1908년 3월 24일자 논설 「답챠셕보씨 긔셔」를 통하여 차석보의 기서에 대하여 반박하고 있다.

불홉 이ᄌ 파괴ᄒᆞ고 단홉이자 급셩ᄒᆞ여 유치ᄌ질교육ᄒᆞ고 로인들은 뒷비보며 청년형뎨 결ᄉᆞᄒᆞ여 우리국권 어셔밧비 회복ᄒᆞ고 태극국긔 놉히 둔후 쳐ᄌ권쇽거나리고 독립관에 졔회ᄒᆞ여 대한졔국 만만셰를 륙ᄃᆡ부쥬 혼동ᄒᆞ게 일심단톄 불러보세.

라고 하고 인심의 단합을 통한 국권의 회복을 주장하기도 하였다.

안중근(안응칠)의 기서(1908.3.21)

(3) 민족의식의 고양

『해조신문』은 민족의식의 고양도 강조하였다. 이를 위하여 민족의식을 고취시키는 논설, 사건 등을 보도하는 한편 역사물을 연재하기도 하였다. 우선 민족의식 고양을 위한 논설을 보면 1908년 3월 10일 논설 「견원절(乾元節)」에서는,

> 오ᄂᆞᆯ은 엇더ᄒᆞᆫ ᄂᆞᆯ인고. 집집마다 태극국기를 놉히달고 만셰부르ᄂᆞᆫ 소리 우뢰갓히 텬디를 진동ᄒᆞ니 엇더ᄒᆞᆫ ᄂᆞᆯ인고. 우리 대황뎨 폐하 탄ᄉᆡᆼᄒᆞᆫ신 건원절이로다. (중략) 우리가 오ᄂᆞᆯᄀᆞᆺᄒᆞᆫ 경절을 당ᄒᆞ야 경츅ᄒᆞᄂᆞᆫ 열셩을 표ᄒᆞ지 아니ᄒᆞ면 남의 나라 사ᄅᆞᆷ이 보기에 붓그러옴을 가칠지라. 오ᄂᆞᆯ은 여러 동포들이 나라위ᄒᆞᄂᆞᆫ 졍신으로 만셰 만셰 만만셰로 경츅가나 불너보셰.

라고 하여 순종의 탄생을 경축하여 민족의식을 고취하고자 노력하였다.

전명운

장인환

전명운과 장인환

또한 1908년 3월 미국 샌프란시스코에서 친일 한국 외무고문 스티븐슨이 장인환, 전명운 의사들에 의해 암살되자 이를 대대적으로 보도하였다. 즉 1908년 4월 5일 논설 「정의단의 슈지분 포살츄보」, 1908년 4월 21일 별보 「슈지분씨의 포살샹보」, 1908년 5월 7일 별보 「슈티분포샬샹보」(공립신보초등) 등이 그것이다.[105]

슈티븐스의 포살(1908.5.7)

105) 『해조신문』에서는 처음에는 스티븐슨을 암살한 인물이 조신동과 현명운이라고 오보하였으나 1908년 4월 21자 「별보」부터는 장인환과 전명운이라고 기록하고 있다.

한편 『해조신문』에서는 국내에서 내각 대신들이 스티븐슨의 유가족을 도우려는 기미가 있자 이를 신랄히 비판하였다. 즉 1908년 4월 22일 논설 「슈지분 유족의게 휼금지츌 ᄉᆞ건」에서,

> 슯흐다. 뎌 ᄂᆡ각대신은 호을로 국민의 샹졍과 반ᄃᆡᄒᆞ야 슈지분씨를 위ᄒᆞ야 그 유족에게 구휼금 5만원을 지츌ᄒᆞ랴고 뎨의ᄒᆞ얏다ᄒᆞ고 ᄯᅩ 슈씨를 위ᄒᆞ야 됴례를 힝ᄒᆞ고 부의를 긔부ᄒᆞ며 츄도회 ᄭᆞ지 참예ᄒᆞ얏스니 이것은 쪗쪗ᄒᆞᆫ 인졍을 위반홈이라.

라고 하였던 것이다.

역사연재물에 관련해서는 1908년 3월 5일자부터 「본국 력사」난을 두어 단군조선부터 한국의 역사를 연재하였으며, 1908년 4월 5일부터 「동국명쟝」이라는 제목 하에 김유신의 업적과 활동을 소개하고 있다.

또한 1908년 5월 26일 폐간호에는 애국가를 싣기도 하였다. 그 내용을 보면 다음과 같다.

1. 성자신손 오백년은 우리황실이오
   신고수려 동반도는 우리본국일세

   (후 렴)
   무궁화 삼천리 화려강산
   대한사람 대한으로 길이 보전하세

2. 충군하는 열성의기 북악같이 높고
   애국하는 일편단심 동해같이 깊어
3. 천만인의 오직 한 맘 나라사랑하여
   사농공상 귀천없이 직분만 다하세
4. 우리나라 우리황실 황천이 도우사
   만민공락 만만세에 태평독립하세

애국가에서는 특별히 조선 황실을 강조하고 있다. 이 점은 앞서 소개한 건원절에 대한 경축과 관련하여 주목된다. 즉 『해조신문』에서는 당시 왕을 중심으로 한 입헌군주제를 주장한 것이 아닌가 한다. 그리고 이

러한 주장은 당시 주필이었던 장지연에 의하여 이루어졌던 것 같다. 그는 유학사상을 기본 축으로 삼아 사회변동을 이해하고 있었던 것이다.[106] 장지연의 이러한 입헌군주제적 성향은 재러한인 사회에서 반발을 샀던 것 같다. 장지연의 「해항일기」 1908년 5월 11일자를 보면,

> 이날 왕(정순만-필자주)이 또 國歌를 가지고 힐난하므로 나는 분노를 참지 못하여 이로부터 일을 그만두고 가련다 하니, 옆의 사람이 권고하여 풀게 하고 또 술을 마신후에 파하다.

라고 되어 있다. 즉 애국가 문제와 관련하여 정순만과 장지연은 불편한 관계를 보이고 있는 것이다. 정순만은 상동청년회에서 활동한 인물로 장지연보다 일찍 해외에 나와 공화주의 사상을 갖고 있었던 것 같다.

(4) 의병활동의 소개

『해조신문』에서는 당시의 의병활동을 거의 매일 자세히 보도하였다. 당시 국내에서는 『대한매일신보』만을 제외하고, 『황성신문』 등 다른 신문들은 의병을 "暴徒·匪類" 등으로 부르고 있었다.[107] 그런데 『해조신문』에서는 이들을 "의병"이라고 지칭하였다. 예컨대 1908년 2월 26일자(제1호) 「본국통신」에는 '咸省義兵峰起'라는 제목하에,

> 원산보를 거흔즉 갑산의병 이백명과 북청의병 팔백명이 전일부터 합세ᄒᆞ얏는ᄃᆡ 날싀고리ᄒᆞᆫ 병긔는 우리 일본 병긔보담 비나나흔고로 세번씩와 세번패ᄒᆞᆫ 중에 일병군사사 죽고 상ᄒᆞᆫ지 칠백명이 되고 그 중에 일진회원이 삼백명가량이라 ᄒᆞ얏더라.

라고 한 것이 그것이다. 그리고 『해조신문』에서는 의병의 활동상황도

106) 구자혁, 1993, 「장지연의 자강사상」 『위암 장지연의 사상과 활동』, 천관우·최준·구자혁 외 11인, 민음사, 87쪽.
107) 황현, 1955, 『梅泉野錄』, 국사편찬위원회, 광무 10년(1906) 9월조.

상세히 보도하고 있다. 1908년 2월 27일자(제2호) 잡보의 「강원도의병 격문」에서,

> 원산셔 일인이 발간ᄒᆞᄂᆞᆫ 북한신보를 거ᄒᆞᆫ 즉 일본수비ᄃᆡ에 쟝전부부대ᄂᆞᆫ ᄀᆡ월 이십오일 간셩군에셔 민긍호씨 발포ᄒᆞᆫ 격셔을 습득ᄒᆞ얏ᄂᆞᆫᄃᆡ 그 대략 일너스되 우리한인된 동포ᄂᆞᆫ 오날날 시국이 당ᄒᆞ야 이십세이상 오십세이ᄒᆞ 남자ᄂᆞᆫ 물론 모인ᄒᆞ고 흰옷슬 입고 도라오ᄂᆞᆫ 이월이십일 ᄒᆞᆫ곳에 모혀 ᄒᆞᆫ번 국긔를 놉히들고 져 흉악ᄒᆞᆫ 왜적의 긔반을 면코ᄌᆞ ᄒᆞ얏다ᄒᆞ고 그글에 ᄯᅩᄒᆞ얏스되 그 비샹ᄒᆞᆫ 혈셩과 그 민활ᄒᆞᆫ 수단은 능히 감당치 못ᄒᆞ깃고 경거히 보지못ᄒᆞᆯ 터이니 우리뎨국은 극히 주의ᄒᆞᆯ비라 ᄒᆞ얏더라.

라고 강원도 간성의병 민긍호가 발표한 격문을 소개하고 있다. 아울러 민긍호가 일본군에 체포되어 순국하자 1908년 4월 7일자 논설에서는 '통곡 민긍호군'이라는 제목하에 1면 전체에 걸쳐 그의 행적과 죽음을 추도하고 있다. 또한 1908년 2월 27일자 잡보의 「咸省義兵蜂起」, 「安山初戰」, 「義勝自敗」 등에서 함경도 갑산, 북청의병, 평안도 안산의병, 강원도 삼척, 양양 등 북한지방의 의병활동을 상세히 소개하고 있다. 심지어 『해조신문』에서는 「의병소식」, 「의병소식 一束」, 「戰信一通」란을 따로 만들어 의병의 활동상을 보도하기도 하였다. 이처럼 『해조신문』에서 의병에 관하여 관심을 가진 것은 『해조신문』의 창간과 운영에 있어서 중심적인 역할을 한 정순만이 국내에서 의병운동을 한 경력이 있었던 점과 무관하지 않을 것이다.

또한 『해조신문』에서는 정순만이 회원으로 활동한 1908년 5월경 노보끼예브스크에서 결성된 것으로 보이는 의병단체[108] 동의회의 취지서도 1908년 5월 10일자 1면에 별보로 크게 보도하고 있다.

이처럼 국내외의 의병활동을 상세히 소개한 『해조신문』에서는 이와 함께 의병의 부작용에 대하여도 언급하였다.[109]

---

108) 박민영, 앞의 논문, 79~81쪽.

大韓隆熙二年五月十日 俄曆一千九百八年四月廿七日 日曜 海朝新聞 第六十三號 (一)

해죠신문

Хэче-синмунъ

ВЛАДИВОСТОКЪ,

Корейская слободка

◉별보別報

▲同義會趣旨書

▲동의회츄지서

동의회총장 최지형

부총장 리범윤

회장 리위죵

부회장 엄인셥 등

동의회 취지서(1908.5.10)

---

109) 장지연, 「해항일기」, 1908년 7월 25일.

(5) 일제의 만행비판

『해조신문』에서는 일제의 만행에 대하여 매일같이 상세히 보도하고 있다. 창간호에서는 특별히 별보를 통해 일제가 을사조약을 강제로 체결하였음을 밝혔다. 즉 '오조약맷기를 늑협훈 사실'이라는 제목 하에 1905년 11월 27일에 『대한매일신보』에서 호외로 발행한 「한일신조약전말」을 傳載하였던 것이다.

또한 잡보와 본국통신란에서도 의병 소식과 함께 일제의 만행을 거의 매일 기사화하고 있다. 1908년 4월 29일(제53호) 「본국통신」에서는 '日兵蠻行'이라는 제목하에,

> 음성수비디 일병 십일명과 통ᄉ일명이 삼월초사일에 쳥안군 서면 여우늬 동리에 와서 ᄒ동 남녀노소를 결박ᄒ야 동늬어귀에 갓다안치고 남자와 다못 늙은 녀인과 아ᄒ들은 도로 보늬고 졀문 녀인과 시악씨는 붓잡아 가지고 동늬로 드러가 겁간을 무쌍히ᄒ며 잇트로 유숙ᄒ고 갓스며 일병 중 일런 괴악훈것들이 괴산 쳥안 음성 디촌면등디 촌락에 다니며 졀문 부녀들을 겁간ᄒᄂ데 혹엇든 지각잇는 녀인들은 욕을 안보랴고 닷더러져 졸가리만 나믄 치마와 젹삼을 입고 쏭걸늬를 머리에 쓰고 병든 모양으로 화로를 씌고 안ᄶ와 혹 솟밋의 검졍을 얼골에 바르고 잇슨 즉 일병이 들어와 보고 납분것이라 ᄒ며 발로 ᄎ기도 ᄒ고 혹 무서워서 스스로 나가기도 ᄒ다더라.

라고 하여, 일제의 만행을 더욱 적나라하게 묘사하고 있는 것이다.

또한 1908년 5월 26일자 폐간호에 실린 북간도의 이홍국이 작성한 기서 「北間島 瑞甸學校 瓦散實錄」이라는 제목 하에,

> 그 후 칠월 ᄉ변이 나고 리쥰씨가 히아평화회에서 결사훈 쇼문을 듯고 학교 임원과 교사들과 학싱 흡 빅여인이 학과를 젼폐ᄒ고 셔로 붓들고 방셩대곡ᄒ니 이 ᄶ 당훈일이야 젼국인민이 뉘가 통분욕사ᄒ랴는 마암이 업스리오. 그러ᄒᄂ 다만 슯흔 눈물로 능히 우리의 원슈를 토멸키란ᄒ다ᄒ

> 고 익일붓허 다시 학과시간을 정ᄒᆞ고 일반학싱이 샹학케ᄒᆞ야 슈일을 지닉더니 (중략) 홀연 일죠에 야만의 악습을 ᄆᆞᄋᆞᆷ디로 힝ᄒᆞᄂᆞ 일인이여. 한국이쳔리강토를 다먹고 북간도 셔젼학교를 마져먹는도다. 문명ᄒᆞ여 그러ᄒᆞᆫ가. 강셩ᄒᆞ여 그러ᄒᆞᆫ가. 교육은 문명의 근본이오, 학교는 교육은 샤회라ᄒᆞ더니 이졔 일인은 교육의 원수오, 학교의 도젹이로다.

라고 하여 서전서숙의 폐교와 관련하여 일본인은 교육의 원수이며, 학교의 도적이라고 비판하였던 것이다. 이와 같은 비판은 서전서숙의 설립자의 한 사람인 정순만이 이 신문의 주요 인물이었다는 점과 관련하여 주목된다.

한편 『해조신문』에서는 일본 후작 桂太郞이 동양척식회사의 설립문제를 일본 국회 중의원에 제출하자 법안 내용을 상세히 소개하는 한편,[110] 그 회사의 설립원인과 전후 사실을 4회에 걸쳐 논설을 게재하여 상세히 폭로하고 있다.[111] 즉 동양척식회사를 "그 회샤가 우리한국인죵을 ᄌᆞ연히 쇼마시멸(消磨시滅)케ᄒᆞᄂᆞᆫ 절대뎍기관(絶大的機關)"[112]이라고 규정하였던 것이다.

2) 재러한인의 계몽

(1) 교육의 강조

『해조신문』은 일반국민의 교육도 강조하고 있다. 이 신문의 간행취지서에 보이는 편집방침에서 우선 찾아볼 수 있다. 즉

> 일반국민의 보통지식을 발달ᄒᆞ며 국권을 회복ᄒᆞ야 독립을 완젼케 ᄒᆞ기로 목뎍홈.

---

110) 『해조신문』 1908년 4월 2일 논설 「동양척식회샤의 설립문뎨」.

111) 『해조신문』 1908년 4월 14일, 4월 15일, 4월 16일, 4월 17일 논설 「동양척식회샤의 관계」.

112) 『해조신문』 1908년 4월 15일 논설 「동양척식회샤의 관계」(젼호쇽).

이라고 하여 교육의 필요성을 강조하고 있는 것이다. 이 점은 이 시기에 러시아에 거주하고 있는 동포들의 대다수가 무지한 소작농과 노동자였다는 사실과 관련이 있을 것이다.

『해조신문』의 교육에 대한 강조는 그 후에 간행된 신문기사에도 그대로 나타나고 있다. 1908년 2월 27일자 논설에서 「교육이 업스면 이 시딕에 생존홈을 엇지 못홈」(자오싱)이라는 제목 아래,

> 일언이 폐지ᄒᆞ고 이시딕를 당ᄒᆞ야 교육을 힘쓰지 아니ᄒᆞ면 생존홈을 엇지 못ᄒᆞ리니 우리형제는 서로 분발ᄒᆞ고 서로 권면ᄒᆞ야 열심으로 자제를 교육ᄒᆞ딕 이믜 설립한 학교는 영구히 유지할 방침을 강구ᄒᆞ고 아직 학교가 업는 지방에는 쌜리 설립키를 강구할지니 그 설립규모와 교육ᄒᆞ는 방법은 곳 우리무리의 책임이라. 이에 심혈을 토ᄒᆞ야써 구습을 노치지 아니ᄒᆞ는 형제에게 경고ᄒᆞ며 두손을 들어써 각 지방의 청년을 교육ᄒᆞ기를 열심ᄒᆞ시는 유지군자에 찬ᄒᆞ노니 경계ᄒᆞ고 힘쓸지어다.

라고 한 내용을 참조할 수 있다.

교육의 필요성과 더불어 교육의 발달은 설비를 완전히 갖추는 데 있다고 하고,[113] 설비란 첫째 학교, 둘째 교사, 셋째 교과라고 하고 이들이 완전히 갖추어진 연후에야 완전한 교육이 만들어질 수 있다고 강조하였다.[114]

특히 정신교육과 관련, 교과서의 중요성을 강조하여 1908년 5월 13일 논설 「혹교의 정신은 교과셔에 직홈」에서는,

> 학교를 셜립ᄒᆞ고 교육을 발달코져홀진딕 몬져 그 학교의 정신붓터 완젼케ᄒᆞᆫ 연후에 교육의 효력을 엇을 지니 학교의 졍신은 다름아니라 즉 완젼ᄒᆞᆫ 교과셔에 잇는 것이오. 교과셔도 여러가지가 잇스ᄂᆞ 뎨일정신은 국어와 본국력ᄉᆞ와 본국디지 이샹 삼죵에 잇ᄂᆞ니 비록 학교의 셜비는 광하

113) 『해조신문』 1908년 4월 9일 논설 「교육의 발달은 셜비완젼에 직홈」.
114) 『해조신문』 1908년 4월 10일, 4월 11일 논설 「교육의 발달은 셜비완젼에 직홈」.

> 쳔만간이 잇고 졔반 물품도 다 완젼히 구비홀지라도 만약 졍신상 교과셔가 혼잡샨란ᄒᆞ야 균일ᄒᆞᆫ 본국졍신이 업슬디경이면 아모리 대학교 ᄭᅡ지 비셜ᄒᆞᆫ다ᄒᆞ야도 쓸ᄃᆡ업ᄂᆞᆫ 무졍신교육이라. 국가에 무슴보익이 잇겟ᄂᆞᆫ가.

라고 하여 국어, 국사, 한국지리 등을 공부하여야 함을 역설하고 있다.

정신교육과 더불어 신체 교육의 중요성도 언급하였다. 1908년 5월 23일 논설 「톄육의 필요」에서는,

> 신톄의 건쟝홈과 근골의 강경홈과 병긔스용ᄒᆞᄂᆞᆫ 법과 용감ᄌᆞ격ᄒᆞᄂᆞᆫ 슐이 다 쟝릭 민병되ᄂᆞᆫ 죠련이라. 여러가지 관계에 즁요홈이 이갓ᄒᆞᆫ고로 국민교육에 가쟝 쥬의홀것이 톄육이니 ….

라고 하여 장래 독립군으로 양성하는 데 중요하다고 하였다.

또한 여성교육의 중요성도 강조하고 있다. 1908년 2월 28일자 논설 「녀자교육」(자오싱)에서는,

> 교육초보ᄂᆞᆫ 가뎡지학이라. 우리인싱이 어릴 ᄯᅢ를 지ᄂᆡ지 온이ᄒᆞ고 쟝년에 니른자가 잇지온이ᄒᆞᆫ즉 어린ᄯᅢ에 도덕으로ᄡᅥ 사람을 감화케 ᄒᆞᄂᆞᆫ 녀자의게 교육을 밧은 즉 녀자가 교육이 업스면 엇지 사람을 가화케ᄒᆞᄂᆞᆫ 능력이 잇스리오.

라고 하여, 교육의 초보는 가정교육인 만큼 가정교육을 담당하는 여성들에게 교육을 시켜야 함을 강조하였다.

『해조신문』의 이러한 노력의 결과, 러시아지역에는 많은 신교육 기관이 설립되기에 이르렀다. 그에 대하여는 1908년 5월 3일자 논설 「각디졍도의 진보샹황」에,

> 본항 거듯디ᄂᆡ 일반풍속에 기명졍도의 진보되ᄂᆞᆫ 현상(現狀)은 작일 본보에 ᄃᆡ략 론셜ᄒᆞ야 거니와 본항이외에 거주ᄒᆞᄂᆞᆫ 동포의 졍도를 살펴보건

> 뎌 또한 ᄎᄎ 진보되는 상태가 잇도다. 대기 들어 말ᄒ건ᄃ 근일 이리로 각쳐에서 설립흔 학교의 수가 좌와 갓타니 리포의 명동학교(明東學校), 영안평 동흥학교(東興學校), 스왕령 중동학교(중東學校), 의동학교(義東學校). 이 의동학교는 방금 의정ᄒ는 중이오. 락렬평의 락렬의숙(樂悅義塾) 향림동 션흥의숙(鮮興義塾) · 련추 련추학교(蓮秋학교) · 감토지 모현의숙(모峴義塾) · 슈청 신영동 슈청학교(水淸학교) · 금당촌 금당서숙(金塘書塾) · 회령봉 흥원학교(興源學校) 이상에 긔록함과 갓치 11개교숙이 이믜 발성ᄒ얏스니 장차 쏘 긔십쳐가 될는지 알수엇는지라. 일로써 추상ᄒ건ᄃ 그 긔명의 정도가 춘풍에 푸른풀 움나듯 일신 월성함을 가히 장흠할지도다.

라고 하여, 러시아 각 지역에 신학교가 설립되고 있음을 밝혀 주고 있다.

아울러 학부형 간친회의 조직도 주장하였다. 1908년 5월 2일자 논설 「기명정도의 진보」에,

> 또 제삼은 학부형 간친회니 ᄃ기 교육이 발달ᄒ는 방칙은 그 학교를 확장ᄒ도록 쥬력ᄒ야 첫째 경비를 주관ᄒ고, 둘째 교과를 완젼케홈에 달렷ᄂ니 만약 본거류디ᄂ에 학도의 부원쳠원이 공동협력ᄒ야 학교 확장할 방침을 강구 실행할 경우면 교육의 발달됨을 날로 뎡ᄒ고 긔필할지리니, 이문데는 개명정도의 가장 유력한 일ᄃ기관이라. 엇지 감화할 일이 아니리오. 쏘한 본디에 거류ᄒ는 제공은 학도의 부형이 아니되실니가 적을 것이요, 비록 학도에는 자믜가 업드러도 일반풍속 제공은 다 학부형의 의무와 칙임이 업다할 수 업슨즉 일제로 협찬ᄒ야 자기의 목적을 도달ᄒ면 이거이 곳 단테를 결홉ᄒ는 기초라. 원ᄅ 문명ᄉ회의 발달되는 근본이 이에 잇스니 실로 제공은 깁히 탄복할 일이로다. 이일로만 보아도 개명졍도의 진보되는 것이 세가지 증거요.

라고 한 내용이 이를 말하여 준다.

(2) 풍속의 교정

『해조신문』에서는 연해주에 거주하고 있는 동포들의 풍속 교정도 주장하고 있다. 우선 부패한 습관을 버려야 한다고 강조하였다. 1908년 3

월 1일자 논설 「긔회를 일치마시오」(자오ᄉᆡᆼ)에서는,

> 부패ᄒᆞᆫ 습관을 싯처바라고 신션ᄒᆞᆫ 공긔를 듸려마셔 ᄂᆡ디의 동포와 ᄒᆡ외의 동포가 일심단톄ᄒᆞ면 대한국의 명예가 세계에 요양ᄒᆞ야 독립의 권을 가히 회복ᄒᆞᆯ지오, 자유의 복을 가히 누릴지니 이것은 천직 일시에 엇기 어려운 한 큰 긔회라.

라고 하고 있는 것이다. 다음으로는 옛날의 태도를 버릴 것을 주장하고 있다. 1908년 5월 26일에 실린 「운동가」에,

> 옛날 ᄐᆡ도 급히 버셔 바리고셔
> 날낸 용ᄆᆡᆼ으로 나아가누ᄂᆞ
> 지식을 넓히고 신체건강ᄒᆞᄂᆞᆫ
> 동셔렬강 신학문 신기예를
> 일시 밧비 쉬지말고 나아가셔
> 죠국졍신 뇌슈에 깁히넣코
> 와신상담ᄒᆞᆫ는 오늘 우리시ᄃᆡ
> 열심ᄒᆞᄂᆞᆫ 의긔 우리갑듀일세
> 호셔갓ᄒᆞᆫ 적국을 물이치고셔
> 우리독립 우리숀에 심어셔
> 아셰아 동북에 우리대한국을
> 셰계상에 뎨일등 문명으로
> 우리학도 국민의무 다ᄒᆞᆫ후에
> 이천만즁 ᄌᆞ유ᄒᆡᆼ복 누리셰

라고 싣고 있다.

실제로 이렇게 풍속교정을 위해 노력한 결과, 좋은 성과를 거두었던 것으로 보인다. 당시 블라디보스톡의 민족학교인 한민학교의 교사로 일하였던 조창용은 그의 저서 『백농실기』 「본항유람록」(1908년 3월 在海港時)에서 이에 대하여,

> 풍속제도는 自海朝新聞發刊後로 多改良하고 治民은 與露官憲으로 相互參照行政하다.

라고 하여, 『해조신문』의 공로를 인정하고 있다. 또한 『해조신문』 1908년 5월 2일자(제56호) 논설 「긔명경도의 진보」에서는 연해주에 거주하고 있는 동포들에 의하여 斷煙同盟會가 결성되고,[115] 야회의 혁파,[116] 협잡의 폐를 금지하는 일들이 나타나고 있다고 보도하고 있다.

지금까지 살펴본 바와 같이 『해조신문』의 주된 내용은 국권의 회복과 재러동포의 계몽에 관한 것이다. 민족적 단결, 민족의식의 고양, 의병활동의 소개, 일제의 만행비판, 교육강조, 풍속교정 등이 바로 그러하다. 이 중에서도 특히 국권회복을 위하여 민족적 단결, 교육, 풍속교정, 민족의식의 고양 등을 강조한 점은 『해조신문』에서 계몽운동에 치중하고 있음을 나타내는 것이라고 할 수 있다. 그렇다고 하여 『해조신문』에서 의병운동을 부정하고 있는 것은 아니다. 앞서 살펴본 바와 같이 의병운동에 대하여 거의 매일 상세히 보도하고 있으니 이 점은 『해조신문』에서 의병운동도 중요시 여기고 있었음을 반증하는 것이라고 생각된다. 다만 『해조신문』이 간행된 블라디보스톡이 국경에서 다소 떨어진 연해주 지역의 대표적인 도시이고, 도시에 살고 있는 동포들의 단체인 민회를 중심으로 발간된 신문이므로 계몽적인 부분을 보다 강조한 것이 아닌가 한다. 즉 국경과 떨어져 있는 대도시에 살고 있는 동포들이 무장투쟁을 전개한다는 것은 사실상 불가능하였을 것이다. 반면 한국과 국경을 연해있

---

115) 『해조신문』 1908년 3월 24일 잡보 「단연동맹서」에서 단연동맹회 취지서와 회원 명단을 기록하고 있다. 그리고 1908년 4월 16일 연추의 최재형도 기서를 보내어 단연동맹회의 취지를 축하하고 있다.

116) 『해조신문』 1908년 4월 17일 본항정보 「야회혁파」 등에도 야회 혁파 기사가 보이고 있다. 또 1908년 4월 18일자 잡보에서는 「야회해산증명서」를 싣고 있다.

는 농촌 지역인 노보끼예브스크 등지에서는 의병운동이 활발하였다.

『해조신문』의 논설은 창간호부터 제5호(3월 1일자)까지는 정순만이 담당하였으나, 제6호(3월 3일)부터는 장지연이 담당하였다. 그러므로 신문의 내용은 장지연의 영향을 많이 받았을 것이다. 그런데 평소 장지연은 국권회복을 위한 장기적 전략에서 자강교육, 식산흥업, 폐습타파론을 주장하였으며, 특히 교육을 강조하였다. 교육론에서 장지연은 조국정신의 함양을 위해 국학을 중심으로 한 국어, 국사, 지리 등 민족교육과 신학문교육, 여성교육, 교과서의 중시 등을 역설하였는데,[117] 그러한 장지연의 사상은 『해조신문』의 곳곳에서 산견되고 있다.

그러나 『해조신문』에서는 국권회복을 강조한 나머지 재러한인들의 이익을 대변해주는 것에는 소홀하였던 것 같다. 당시 재러한인들에게는 국권회복도 중요하지만 그들이 당면한 현실적인 문제 해결 역시 중요하였을 것인즉 재러한인들에게 러시아는 바로 자신들의 삶의 터전이기 때문이다. 그런데 『해조신문』에서는 러시아당국의 한인배척에 대하여 한국인들이 취할 태도 등에 대하여는 전혀 언급하고 있지 않다. 다만 1908년 3월 15일자 본항정보 「한청인 출입제한」, 「無照被押」, 1908년 4월 25일자 본항정보 「무조피압」, 1908년 5월 14일자 본항정보 「宜尊禁令」 등에서 러시아의 한인 이민제한, 탄압, 금광출입 금지 등에 대하여 간단히 보도하고 있을 뿐이다. 또한 재러한인의 생활과 관련하여서도 1908년 5월 24일자 논설 「류힝병 예방의 주의」 외에는 별다른 관심을 보이고 있지 않다.

이처럼 『해조신문』은 국권회복을 강조한 나머지 국권회복의 주체인 재러동포의 생존 문제를 등한시하였다. 결국 『해조신문』의 이러한 한계는 이 신문의 폐간에 하나의 요인이 되었으며, 국권회복과 재러동포들의 생존이라는 두 가지 문제는 『대동공보』에 이르러 그 조화미를 찾게 된다.

---

117) 구자혁, 앞의 논문, 86~102쪽.

4. 『해조신문』의 폐간

『해조신문』은 1908년 2월 26일에 창간된 이후, 연해주에 거주하고 있던 동포들의 계몽과 민족의식의 고양에 노력하였다. 아울러 해조신문사에서는 창립시 국내에도 지국을 두어 동포들에게도 『해조신문』을 보급하였다. 그 내역을 보면,

> 성진항 최운학(최봉준의 장자－필자주),[118] 원산항 전승경, 한성 대한매일신보사, 인천 항축현 개신칙사, 평양 일신학교 김수철, 개성 남문내 홍학서포, 삼화(진남포－필자주), 김원섭, 재령읍 재중원 유동택, 안주읍 법교 김형식, 숙천읍 시무학교 강원달, 중화읍 사립학교 이항식, 선전읍 안준[119] (맞춤법－필자).

등 서울 경기도・황해도・평안도 등지에 지국을 둔 것 같다. 즉 「명치사십일년 재러한인발행 신문과 배일행동」 중에서, 1월 15일부로 경시총감 환산중준이 부통감 자작 증니황조에게 보고한 「신문발행기타의 건」에,

> 今回 선전위원으로서 다시 각도에 파견한 사람의 인명과 부서는 左와 같고, 각자 여비로 오백원을 받고 대략 준비를 마치고 출발했다고 한다.
>
> 충청남도 崔秉憲, 충청북도 宋綺用, 전라북도 尹道淳, 전라남도 趙哲九, 경기도 金基煥・李喆榮, 강원도 韓宜東・朴義斌

---

118) 김성덕, 『함북대관』, 392쪽.

119) 『해조신문』 1908년 2월 26일 본샤광고. 한편 '서울 남대문닉 샹동교회압 박문셔관'도 해조신문의 지국이었다(『대한매일신보』 1908년 4월 26일부터 5월 26일까지의 광고 참조).

라고 있듯이, 『해조신문』을 구독하도록 이들 지역에 선전위원을 파견하였던 것이다. 따라서 충청도·전라도·강원도 지역에도 해조신문사의 지국이 있지 않았나 한다.

이렇게 국내의 각지에 지국을 두고 있는 『해조신문』은 준창호를 통해 원산항에 전달되었다. 그리고 이 항구를 통해 전국 각지에 배포되었을 것으로 보인다.[120)]

한편 『해조신문』이 전국 각지에 전달되자 일제의 탄압이 시작되었다. 통감부는 일찍이 李完用內閣으로 하여금 1907년 7월 24일에 법률 제1호로써 이른바 光武新聞紙法을 제정 공포하였다. 이 법에 의하여 국내에서 발행되는 신문들은 모두 규제를 받게 되었다. 그러나 『해조신문』은 해외교포가 발행하는 신문이었으므로 이 법의 규제를 받지 않았다.

이에 일제는 1908년 4월 29일에 이완용 내각에 명하여 신문지법을 개정하도록 하였다. 개정된 법에서는 국내에서 발행되는 외국인 名義의 신문과 해외교포가 발행하는 신문에 대하여도 발매금지와 압수를 할 수 있도록 하였다. 이에 따라 『해조신문』도 『대한매일신보』·『공립신보』·『합성신보』 등과 함께 그 법률의 규제를 받게 되었다.[121)]

이 가운데서도 특히 『해조신문』은 많은 탄압을 받았던 것 같다. 1908년의 「경찰사무개요」에 수록된 신문의 압수 상황을 보면 아래와 같다.

〈표 2〉 1908년 「警察事務概要」 신문의 압수상황

신문 / 규제 내역	대한매일신보		공립신보	합성신보	해조신문	대동공보	계
	諺文	漢諺文					
發賣頒布禁止道數	7	8	18	11	17	3	64
同上押收紙數	4,936	6,727	10,264	542	1,569	668	24,706

120) 『주한일본공사관기록』 「재러한인발행신문」 중 '한자신문 발간의 건' 참조.
121) 최기영, 1981, 「광무신문지법에 관한 연구」 『역사학보』 92, 91~97쪽.

즉 『해조신문』이 거의 가장 빈번하게 일본 통감부에 의하여 압수당했던 것이다.[122)] 이 『해조신문』에서는 1908년 5월 16일자 논설 「신문지법기경ᄉ건」에서 이를 '이갓흔 속박은 실노 감졍을 불감ᄒᆞᆷ으로 일ᄎᆞ 경고ᄒᆞᆷ을 마지 못ᄒᆞ노라'라고 비판하였다.

통감부에서는 또한 준창호의 사무장인 朴應昌을 통하여 최봉준에게 압력을 가하였다. 즉, 「명치사십일년 재러한인발행 신문과 배일행동」 중에서 6월 5일부로 內部警務局長 松井茂가 統監 公爵 伊藤博文에게 보고한 「旣報(5월 28일) 해조신문폐간의 건에 관하여 원산경찰서로부터 左의 보고가 있었음」에,

> 원산경찰서는 최의 近親으로서 최의 소유기선 준창호의 사무장인 박응창을 회견했을 때 해조신문의 기사가 왕왕 國安에 해롭다는 점을 설명하고 박에게 최의 반성을 촉구할 것을 말하니 박이 허락하였다. 박은 浦港에 가서 지난달 27일 또 준창호로서 원산에 입항했는데 그에 따르면 최는 크게 반성하는 바가 있고, 5월 25일(26일-필자주)의 지상으로 폐간하기에 이르렀다고 한다.

라고 한 것이 이를 말하여 준다.

한편 당시 국내 즉 원산에서 생우를 사서 러시아에 팔고 있었던 최봉준은 일제의 이러한 요청을 거부할 수 없었을 것이다. 최봉준은 과격한 항일적인 논조들을 자제하면서 국민의 계몽에만 주력하고자 하였다.[123)] 그러나 『해조신문』의 이러한 계몽적인 성향은 1908년 들어 노보끼예브

122) 압수된 『해조신문』은 다음과 같다. 제47호(『구한국관보』 융희 2년 5월 7일 告示), 제53호(『구한국관보』, 융희2년 5월 20일), 제54호・제55호・제57호(『주한일본공사관기록』 「재러한인발행신문」 중 '신문지압수에 관한 건'), 제58호~제67호(『구한국관보, 융희 2년 5월 28일), 제68호~제70호(『구한국관보』, 융희 2년 6월 4일), 제75호(『주한일본공사관기록』, 「재러한인발행신문」 중 '노국포조사덕재류최민학발행해조신문제75호').

123) 송정환, 1985, 『안중근』, 료녕민족출판사, 131~133쪽.

스크를 중심으로 활발한 의병활동을 전개하던[124] 인물들에 의하여 심한 공격을 받았으며,[125] 『해조신문』은 독자를 잃게 되었다.

한편 러시아 당국에서도 『해조신문』에 대하여 부정적인 입장을 취하였다. 당시 『해조신문』을 감시하고 있던 블라디보스톡의 러시아 헌병대위 스찌후르(Стихур)는 『해조신문』이 창간 당시에는 한국 민중을 괴롭히는 일본에 관한 소식들을 러시아어와 기타 외국어로 된 신문에서 轉載하여 한국인들에게 정신적 지원을 해줄 것이라고 약속했었다고 한다. 그러나 점차 『해조신문』은 발행인 최봉준의 재력과 사업적 수완, 신용능력에 관한 기사들만을 게재하고 있다고 비판하고 있다.[126] 아울러 그는 다음과 같이 최봉준의 행적을 지적하면서 『해조신문』의 정간을 요구하고 있다. 즉,

> 최봉준은 한국 땅에 상점을 가지고 있으며, 그 곳에서 군대를 위한 가축을 사기도 하고 일본인들에게서 배를 구입하기도 한다. 이 배는 일본인들로 구성된 승무원들을 태우고 있어서 최봉준이 고기거래를 하고 있는 군대로부터 러시아 사정에 관한 새롭고 보다 신선한 정보들을 알아내어 일본이들에게만 제공할 수 있다. 한마디로 이 글을 쓰고 있는 본인은 최의 행각에 대해 모두 알고 있다. 따라서 필자는 보다 정확한 조사를 바람과 아울러 이 신문을 더 늦기 전에 당분간 정간시켜 줄 것과 또한 승무원 전원이 일본인인 최의 선박을 감시할 것을 요구하는 바다. 승무원들 중에는 간첩임무를 띠고 신분을 속이고 있는 이들이 분명히 있다. 이러한 의혹은 이 선박이 전에는 일본 국기를 달고 항해했으나 이제는 한국의 국기를 달고 한국과 일본의 항구들을 교역하고 있다. (중략) 선박소유자 니꼴라이 최가 선박의 일본인 승무원 고용을 저렴한 급료라는 이유로 설명하지만 이 사실은 최가 이 배를 일본주식회사에서 특혜 조건으로 구입했다는 사

---

124) 박민영, 앞의 논문, 102~105쪽.

125) 『주한일본공사관기록』 「재러한인발행신문」 중 '해조신문사원의 신공 박영진'.

126) ЕГО ПРЕВОСхОДИТЕЛЬСТВУ Военному Губернатору Приморской Области(연해주 군지사 각하께), 헌병대위 Стихур의 보고문(러시아 똠스크 문서보고서 소장), 『해조신문』 1908년 3월 26일, 3월 27일자 1면 샤셜 「본샤쥬 최봉준공 력ᄉ」에서 최봉준에 대하여 선전하고 있다.

> 실 때문에 믿기 어렵다. 따라서 문제를 무지함에서 온 것으로 생각하는 것은 현명하지 못하다. 내가 생각하기에는 러시아 국적을 갖고 있으며 러시아어를 구사하는 사람에게 비용은 비록 더 요구되더라도 러시아인 승무원을 갖는 것이 보다 편하고 신뢰할 만할 것이다.[127)]

라고 하며 최봉준이 운영하는 준창호의 승무원들이 일본인인 점을 들어 『해조신문』의 발행인인 최봉준이 일본인의 러시아에 대한 간첩행위를 묵인하고 있는 것이 아닌가 우려를 표명하고 있는 것이다.

또한 포츠머드 평화조약체결 이후 일본과의 긴장관계 해소에 신경을 기울이고 있던 러시아는 러시아에서 한인의 항일투쟁을 막기 위한 조치를 취했다.[128)] 1908년 5월 7일자 제781호 전보에 의하면 前내무부장관이며 국무대신(Статс－Секретарь)인 스똘리삔(Столыпин)이 프리아무르주 총독이며 육군중장인 마르또스(Мартос)에게 러시아영토내에서의 반일운동을 허용하지 말 것과 필요한 경우에는 한국인 망명객들을 노보끼에브스크에서 추방하여 한국으로부터 더 멀리 떨어진 지역들에 그들을 정착시키도록 부탁하였다. 그리하여 이범윤과 그의 동료들은 5월 초에 노보끼예브스크를 떠나 훈춘으로 이동하였던 것이다. 그러나 여기에 그치지 않고 러시아 당국에서는 러시아영토에서 조선인들의 의병운동의 부활을 막기 위하여 남부 우수리주지역의 책임자에게 한인들의 무장부대 형성과 선전활동을 허용하지 말라는 명령을 전달하였고, 세관소들에서는 조선국경을 통과하여 운반되는 무기들을 몰수하라는 명령들이 전해졌다. 그리고 국경에는 소규모의 까자크부대가 배치되었다.[129)]

127) 위와 같음.

128) 박보리스, 앞의 논문, 1067쪽.

129) ЕГО Высокопревосходительству Господину Приамурскому Генерал-Губернатору(친애하는 프리아무르주 총독께), 1914년 3월 18일자로 프리아무르주 총독 산하 외교관의 Доклад(보고서), No.154, Гор. хабаровск. 똠스크 문서보관소.

한편 신문의 폐간에는 한인들 사이의 갈등 또한 작용한 것 같다. 이와 관련하여 장지연은 「해항일기」 1908년 5월 1일자에서,

> 조반후 주인 崔公이 匿名書에 관한 일로 좋지 않은 말을 하여 나는 奸人이 모함임을 알았으나 어찌할 도리가 없어 論草를 내보이다.

라고 하여 익명서가 한인 사회의 단합을 해치고 있음을 지적하고 있다. 아울러 『해조신문』 1908년 5월1일 자의 논설 「일반 동포에게 경고홈」 중 '익명서의 폐'에서도 익명의 폐단을 언급하고 마지막 부분에서,

> 그러ᄂᆞ 본 거류디에 잇ᄂᆞᆫ 일반동포ᄂᆞᆫ 이러ᄒᆞᆫ 일이 업실줄노 밋거니와 혹 잠시 ᄅᆞᄣᅳ류ᄒᆞᄂᆞᆫ 자즁에서 이러ᄒᆞᆫ 폐습이 잇드러도 본디 동포ᄂᆞᆫ 특별 쥬의ᄒᆞ야 보고듯ᄂᆞᆫ디로 즉시 현발 ᄒᆞᄂᆞᆫ 것이 그 후폐를 막ᄂᆞᆫ 것인쥴노 경고ᄒᆞ노라.

라고 하여 블라디보스톡에 거주하는 동포들에게 이에 대하여 각별히 주의할 것을 경계하고 있다.

한편 장지연은 익명서 등으로 인한 갈등관계로 1908년 6월 24일 블라디보스톡을 떠나 상해로 향하였다.[130] 그러나 그 후 상해에서 그는 정순만, 咸東哲 등이 파견한 인물들에 의하여 수차례 죽을 고비를 넘기게 된다.[131] 그 이유는 장지연에 따르면,[132]

> 某가 과연 해조신문기자로 있으면서 그때 倡義를 빙자하여 토색을 자행하는 자에 대해 반대하는 기사를 쓴 일이 있는데, 저들이 이로 인하여 협오하고 지나인을 일부러 보내서 이러한 惡言을 퍼트리는 것이다.

---

130) 장지연, 「해항일기」 1908년 6월 24일.
131) 「해항일기」 1908년 8월 1일.
132) 「해항일기」 1908년 7월 25일.

라고 하여 자신이 '倡義'를 빙자하여 토색을 자행하는 자들, 즉 정순만 등을 비난한 것이 화근이 된 것으로 보인다고 했다.

이와 같은 일본의 압력 그리고 러시아당국의 한인독립운동세력에 대한 압박, 한국인들 간의 갈등 등으로 인하여 토착세력으로 구성된 민회의 중심인물인 최봉준은 『해조신문』을 폐간하고자 하였던 것 같다. 장지연의 「해항일기」 1908년 5월 24일자에,

> 일요일이므로 金也忍를 찾아가서 주인 崔公을 만나 그 신문 亭廢한 일을 물으니 답답하기 그지 없으나 사세는 짐작한 바이라. 남을 모함하기를 이처럼 하는가.

라고 있는 것을 통하여 볼 때, 최봉준이 신문을 폐간하고자 하였음을 짐작할 수 있다. 그러나 이에 대하여 1905년 이후 러시아로 정치적 망명을 한 장지연, 이강, 박영진 등은 반대하였던 것 같다. 박영진이 작성한 1908년 5월 26일자 폐간호에 실린 「리별가」에,[133]

슯흐도다 슯흐도다　　ᄒᆡ텬풍우 슯흐도다
이쳔만즁 우리혈심　　밤낫으로 심터니
샹뎨 씌셔 권고ᄒᆞ샤　　깃분소식 도라왓네
나라ᄉᆞ랑 동포위ᄒᆡ　　최봉쥰씨 혈셩으로
ᄒᆡ죠신문 챵셜ᄒᆞ니　　금음밤에 명월이라
아ᄎᆞᆷ마다 신문보고　　사ᄅᆞᆷ마다 칭송터니
오젼에ᄂᆞᆫ 청명튼날　　셕양풍우 왼일긴가
신문뎡지 ᄒᆞᆫ단말이　　풍편으로 불녀오니
몽즁에 드럿나　　취즁에 드럿나
한심ᄒᆞ고 긔막히네　　신문뎡지 왼말인가
ᄒᆡ죠신문 업셔지면　　우리이목 업셔지네
우리이목 업셔지면　　국권회복 어이ᄒᆞ나
오ᄂᆞᆯ신문 ᄒᆞᆫ쟝보면　　ᄒᆡ죠신문 리별이요

133) 『해조신문』 1908년 5월 26일 '리별가 박영진'.

최공의 협심전력 산쳔도 흚허ᄒᆞ오
유지군ᄌᆞ 분발ᄒᆞ여 계속방침 연구ᄒᆞ후
다시발간 ᄒᆞ옵시면 대한영광 엇더ᄒᆞ오

라고 하여 『해조신문』의 폐간을 반대하는 뜻과 아울러 신문의 재간을 기대하였던 것이다.

Ⅱ. 『대동공보』

구한말 국내에서는 일제의 조선 침략이 더욱 노골화되고, 러시아에서는 한인들에 대한 배척이 더욱 심화되던 시기에 러시아에 거주하고 있던 동포들에 의하여 구국운동의 일환으로 신문이 간행되기 시작하였다. 1908년 2월 26일에 간행된 『해조신문』은 그 첫걸음이었다. 그러나 이 신문은 일제의 회유와 간섭, 러시아측의 압력, 한국인들 사이의 갈등 등이 복합적으로 작용하여 동년 5월 26일 폐간되고 말았다.[1] 러시아지역에 거주하는 동포들은 이에 굴하지 않고 다시 신문의 간행을 추진하였다. 그 결과 1908년 11월 18일 러시아 연해주 블라디보스톡에서 그 창간호를 발행하기에 이르렀고, 이름을 大東共報라고 하였다.[2] 그 신문 1910년 4월 24일자 논설「본보가 다시 발간홈을 축하홈」에,

> 오날 우리의 신문계를 살피건딕 닉디에 몃가지 종류가 잇스나 외인의 검열을 밧아 주유로 츌간치 못ᄒᆞ며 주유로 발간치 못ᄒᆞ미 션한쟈를 찬양치 못ᄒᆞ며 악흔쟈를공격치 못홀 뿐 아니라 신문지 폭에 먹 덤이 반반ᄒᆞ니 이는 붓을 잡은 쟈의 통곡홀 바이오 보는 쟈의 눈물 흘닐 바이니 ….

라고 있듯이, 『대동공보』는 일본의 신문 검열로 국내에서 자유로이 신문을 간행하지 못하던 시대적 상황 속에서 간행된 것이다.

---

1) 졸고, 『해조신문』, 1994.

2) 1910년 8월 21일자부터 『대동공보』를 『大東新報』라고 하였음. 명칭을 변경하기 위하여 유진률과 듀꼬프는 1910년 7월 17일자로 연해주 군지사에게 명칭변경을 허락해 줄 것을 요청하는 청원서를 제출하였음[(ЕГО ПРЕВОСхОДИТЕЛЬСТВУ Господину Военному Губернатору Приморской Области(연해주 군지사 각하께), 한국어신문 대동공보의 발행인 니깔라이 뻬뜨로비치 유가이(Николая Петровича Югай)와 상기 신문의 편집자 이반 표도또비치 듀꼬프가 연해주 군지사에게 올린 Прошение(청원서) 1910년 7월 17일」, 러시아 똠스크 문서보관소 소장)].

『대동공보』(1909.3.24)

그리고 『대동공보』 1909년 6월 13일자 「고본금 모집광고」에,

> 본샤의 죵지ᄂᆞᆫ 동포의 ᄉᆞ상을 ᄀᆡ도ᄒᆞ야 문명ᄒᆞᆫ ᄃᆡ로 나아가게 ᄒᆞ며, 국가의 독립을 홍복ᄒᆞ야 부강한ᄃᆡ로 나아가게 ᄒᆞᆷ인 즉 ….

이라고 있듯이, 그 宗旨가 동포의 사상 계몽과 국가의 독립에 있었다.

이와 같은 『대동공보』는 러시아에 거주하고 있는 한인들에게 항일의식을 고취하고자 노력하였다. 즉 일본측에서 작성한 『倭政文書 甲 九 在露韓人關係 明治四十三年 自一月 至九月』 중 1910년 4월 4일 보고 「한인배일사상의 유래」에서,

> 한자보 대동공보가 항상 과격한 논조로서 배일고취에 노력하고 있고, 이에 노령재주한인의 배일사상은 날로 그 도를 높혀가고 ….

라고 보고하였던 것이다. 『대동공보』는 이처럼 항일적인 신문이었으므로 일제는 1909년과 1910년 동안 총 88회에 걸쳐 이를 압수하였다. 특히 1909년에는 57회에 걸쳐 2,235부가 압수되어[3] 국외에서 간행된 신문 중 가장 자주 압수당하였다.

한편 『대동공보』는 러시아에 살고 있는 동포들뿐만 아니라 만주에 거주하고 있는 동포들로부터도 적극적인 지지를 받았다. 하얼빈소재 東興學校 교장인 金成玉은 1909년 5월 26일자 『대동공보』에 실린 寄書에서,

> 쟝ᄒᆞ도다 대동공보여 아쳥령디에 거류ᄒᆞᄂᆞᆫ 수십ᄆᆞᆫ 동포의 이목이요 션생이라 대동공보여 ᄆᆞᆫ일 대동공보가 아니면 극동에 거류ᄒᆞᄂᆞᆫ 동포즁에 누가 능히 조국 ᄉᆞ상을 알게 ᄒᆞ며 누가 능히 조국 형편을 젼ᄒᆞ여 주리오 알게 ᄒᆞ며 젼ᄒᆞᆫ다 ᄒᆞᆯ지라도 바로 하지 못ᄒᆞᆯ 분더러 수십ᄆᆞᆫ 동포에게 ᄶᆞ초ᄒᆞᆯ 수 업ᄂᆞᆫ도다. 쟝ᄒᆞ도다 대동공보여 혹이 ᄆᆞᆯᄒᆞ기를 대한ᄆᆡ일신보와 신한민

3) 조선총독부, 1909, 『조선통감부시정연보』, 68쪽.

> 보를 밧아 보는딕 대동공보가 감ᄉᆞᄒᆞᆯ 바 업다ᄒᆞ나 당초에 대동공보가 아니면 누가 능히 우리로 하여금 신문보고 십흔 마ᄋᆞᆷ을 격동ᄒᆞ야스리오, 감ᄉᆞᄒᆞ도다 대동공보여 극동에 잇는 동포들로 ᄒᆞ여금 수십학교를 셜립ᄒᆞ야 지식을 발달케 ᄒᆞ얏도다. 혹이 물ᄒᆞ기를 학교를 셜립ᄒᆞ야 지식을 발달ᄒᆞᆷ은 교장과 각 임원의게 잇다ᄒᆞ나 당초에 대동공보가 아니면 누가 능히 우리로 ᄒᆞ여금 학교 셜립ᄒᆞᆯᄉᆞ상ᄋᆞᆯ 격발ᄒᆞ여슬이오.

라고 하여 극동지역에서의 역할을 높이 평가하였다.

이와 같이 『대동공보』는 1908년 11월 창간된 이후 1910년 9월 1일 폐간될 때까지 국내외의 동포들에게 항일의식을 심어준 대표적인 민족지의 하나였다. 그럼에도 불구하고 지금까지 학계에서는 이 신문에 대하여 전혀 주목하지 않고 있는데 그 이유는 『대동공보』가 지금까지 국내에 소개되지 않았기 때문일 것이다.

필자는 1992년에 두 차례 러시아공화국을 방문할 기회를 가졌으며 이때 『대동공보』를 접할 수 있게 되었다. 그리고 1993년 12월에는 국가보훈처에 의하여 『대동공보』가 영인 간행되어 학계에 제공되었다.[4] 이에 필자는 이 자료들을 중심으로 『대동공보』에 대하여 살펴보고자 하는 것이다. 신문의 발간, 신문사의 구성원, 신문의 내용 등이 그 주요 검토 대상이 될 것이다.

1. 『대동공보』의 간행

1904~1905년 러일전쟁에서 승리한 일본은 러시아의 양해 아래 한국에 대한 점령정책을 추진해 나갔다. 이 정책은 1907년 러일 간의 비밀협정에 의해서 더욱 확고히 추진되었다.[5] 이러한 안정된 러일 관계를 바탕

---

4) 국가보훈처에서는 1993년 12월에 『대동공보』를 영인 간행하여 학계에 기여하고 있다.

5) 김창순 · 김준엽, 1986, 『한국공산주의운동사』 1, 청계연구소, 11~15쪽.

으로 일본이 러시아 정부에 러시아지역에서 전개되고 있는 한인독립운동을 억압해줄 것을 요청하자 러시아는 이에 응하였던 것이다.[6]

한편 재러한인의 입장은 1905년 러시아 극동 지역에 운떼르베르게르 장군이 연흑룡주 총독으로 부임함으로써 더욱 곤란해지게 되었다.[7] 당시 총독은 그 지역의 행정관이자 총사령관이었는데,[8] 새로 온 총독은 1900년에 '조선인경계론'을 주장한 인물이었다. 그의 저서 『연해주, 1856~1898』에서 그는 "모든 면에서 살펴볼 때(종교, 관습, 습관, 사고방식, 경제적 생활실태) 조선인들은 우리에게는 완전한 이방인이며 러시아인과의 융합은 극히 힘들다"라는 입장을 보이고 있었다. 그리하여 그는 부임하자 러시아 극동의 한국인들에게 억압정책을 추진하였다. 한국인들에게 더이상 러시아 국적을 얻을 수 없게 하였고, 귀화인들이 정부소작지를 경작하는 것도 금지하였으며, 조선인 노동자들을 금광으로부터 해고시켰던 것이다.[9]

이처럼 재러한인들이 어려움에 처하여 있었으나 1905년 11월 을사늑약이 체결된 이후 다수의 한인들이 정치·경제적 이유로 러시아지역으로 이동하였다. 이들은 정치적 망명을 한 인사들을 중심으로 재러한인들에게 민족의식을 고취하고자 하였고, 그들의 그러한 노력은 어느 정도 성공을 거두게 되었다. 다시 말해 재러한인 사회는 그 이전시대에 비하여 항일의식이 고양된 상태였다.[10]

이러한 상황을 배경으로 하여 1908년 재러한인들에 의하여 블라디보스톡에서 한글신문인 『해조신문』이 간행되었다. 그러나 이 신문은

---

6) 하라 테루유키, 1989, 「러시아연해주에서의 한인운동」, 서대숙 엮음, 이서구 옮김, 『소비에트한인 백년사』, 도서출판 태암, 16쪽.
7) 와다 하루키, 「소비에트 극동의 조선인들」, 앞의 책, 45쪽.
8) 조선총독부, 1918.4, 『朝鮮彙報』 西伯利號, 202쪽.
9) 와다 하루키, 앞의 논문, 45~46쪽.
10) 이명화, 1989, 「노령지방에서의 한인 민족주의 교육운동」 『한국독립운동사연구』 3, 125쪽.

1908년 5월 26일에 제75호로 폐간되고 말았다. 이에 러시아지역에서 활동하던 兪鎭律, 車錫甫, 文昌範 등은 신문의 재간을 위하여 노력하였으며,[11] 특히 유진률은 1908년 5월 28일자로 沿海州 軍知事에게 『대동공보』의 간행을 허락해줄 것을 청원하였다. 그 내용을 보면 다음과 같다.

연해주 군지사 각하께 드림

연해주 남우수리강 아디민스까야의 농부이며 마뜨로스까야 6번지 24-2호에 거주하는 니깔라이 뻬뜨로비치 유가이 올림

청 원 서

각하께 삼가 부탁드리건데 블라디보스톡에서 발행하고 있는 한국어 신문인 최봉준이 출판하는 해조신문의 발행을 계속하기 위하여 제가 최가 소유하고 있는 인쇄소를 양도하는 것을 허락해 주십시오. 이 신문의 편집자는 퇴역 중령 깐스딴찐 뻬뜨로비치 미하일로프가 맡게 될 것입니다. 이 신문은 각하께서 허가한 종전의 원칙하에 대동공보(한국의 소식)라는 이름으로 발행될 것입니다. 본인과 미하일로프 중령의 신분 증명서를 첨부합니다. 양도와 신문 인수에 대한 전체적인 합의는 자필 서명으로 증명합니다.[12]

이처럼 유진률은 연해주 군무지사에게 『대동공보』를 간행할 수 있도록 호소하였고, 유진률의 청원이 있은 후 신문 간행이 허가되었다. 그 허가 내용을 연해주 내무부 제1부 제2과 과장이 확인한 것을 보면 다음과 같다.[13]

---

11) 『대동공보』 1909년 6월 6일자 기서 「討宿虎衝鼻」.

12) ЕГО ПРЕВОСхОДИТЕЛЬСТВУ Господину Военному Губернатору Приморской Области(연해주 군지사 각하께), 연해주 남우수리강 아디민스까야 읍의 농부이며 마뜨로스까야 6번지 24-2호에 거주하는 니깔라이 뻬뜨로비치 유가이가 1908년 5월 28일자에 올린 Прошение(청원서), 러시아 똠스크 문서보관소 소장.

13) М. В. Д. ВОЕННОМУ ГУБЕРНАТОРУ Приморской Области по Обл

증 명 서

연해주 군지사(총독)에 의해 1905년 11월 24일 칙명에 따라 연해주 남우수리군 농부 니깔라이 빼뜨로비치 유가이에게 발급한 것의 내용은 그에게 한인 거주지에 소재하는 개인 인쇄소에서 편집자 감독하에 블라디보스톡에서 오늘부터 신문 발행을 허가한다. 이 신문은 축제일 다음날을 제외한 매일 대동공보라는 이름으로 다음과 같은 목표를 가지고 발행된다. 첫째, 한국, 중국, 일본 그리고 여타 한인의 관심 대상이 되는 유럽국가들의 현안에 관한 기사, 둘째, 해외의 소식들, 셋째, 한국과 인접 국가의 뉴스 등을 게재할 계획이다. 정기 구독료는 1년에 5루블이며, 한 부당 가격은 5꼬뻬이까이다. 상기 내용을 서명으로 증명하고 도장을 추가한다.

과 장

신문의 간행이 허가되자 1908년 8월 15일(러시아력)에 제1차 발기인 총회를 개최하였고,[14] 그 회의에서 유진률, 차석보, 문창범 등 35인이 발기로 신문을 간행하기로 결정하였다.[15] 그리고 『해조신문』의 사장이었던 최봉준으로부터 인쇄기, 활자 등 신문의 간행에 필요한 제반 기계를 구입하기 위하여 자본금을 모으기로 하였다. 그리고 9월 1일에 창간호를 간행하고자 하였으나 자금이 여의치 않아 지연되던 중 발기인 가운데 1인인 차석보의 담보로 최봉준으로부터 인쇄시설 등을 구입하여[16] 1908년 11월 18일 그 창간호를 간행하기에 이르렀다.[17]

『대동공보』의 창간 취지는 창간호를 현재 갖고 있지 못하기 때문에 명확히 알 수 없다. 다만 후에 간행된 신문에 산견된 내용을 통하여 이를 짐작해볼 수있다. 『대동공보』 1909년 12월 23일자 「社告」에,

---

астному Управлению Отделение Ⅰ. Стол Ⅱ. 16 Марта 1910 No. 12163 Г. Владивосток(내무부 지방행정담당 연해주 군지사 제1부 제2과 1910년 3월 16일 12163번 블라디보스톡시)의 증명서 (똠스크 문서보관소 소장).

14) 『대동공보』 1909년 6월 6일자 기서 「討宿虎衡鼻」.

15) 『공립신보』 1908년 10월 21일자 잡보.

16) 『대동공보』 1909년 6월 6일자 기서.

17) 『대동공보』 1909년 5월 24일자 1면 참조.

구람쟈 쳠군아 당초에 본신문샤를 창립홈은 닉외동포의 지식을 개발ᄒᆞ며, 문명을 챵도ᄒᆞ야 조국의 비참흔 운명을 만회코져 홈인가 아닌가.

라고 하여 그 취지를 암시하고 있다. 즉 지식 개발 등을 통한 국권회복을 추구하였던 것이다.

이처럼 국권을 회복하기 위하여 재러동포들에 의하여 『대동공보』가 간행되자 국내외에서는 이 신문의 간행을 축하하였다. 특히 국내에서 가장 항일적인 성격을 띠고 있던 『대한매일신보』에서는 1908년 12월 25일 「대동공보의 창셜홈을 하례홈」이라는 논설을 통하여 신문의 간행을 축하하는 한편 국권회복을 위하여 분발하여 지위와 책임을 잊지 말 것을 당부하였다.

블라디보스톡 항구

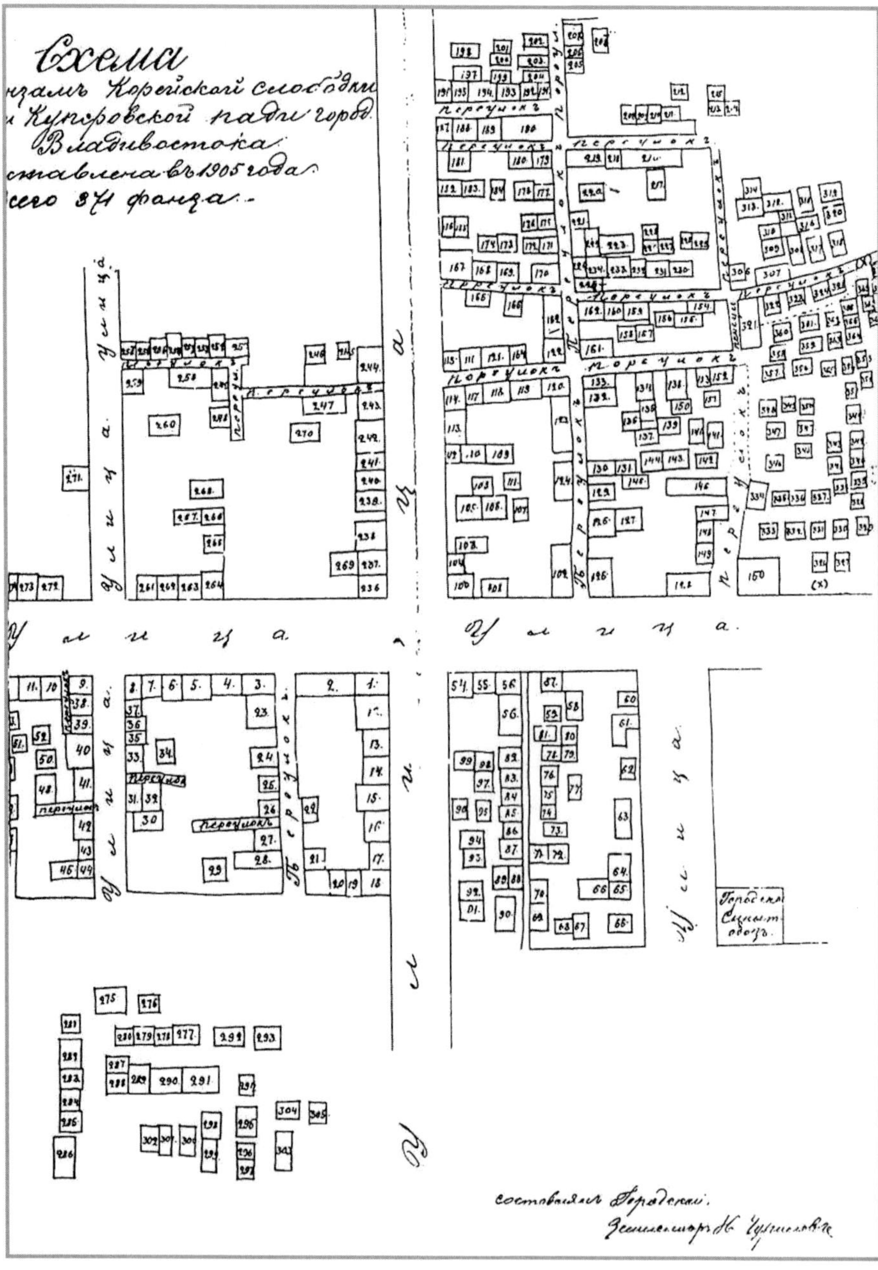

블라디보스톡 한인 거주지와 쿠베르스키 지역(1905년)

신문사가 창립되자 대동공보사에서는 신문의 주요 간부를 임명하였다. 사장에는 활자 및 기계 구입에 노력한 차석보가, 발행인 겸 편집인은 유진률이, 주필은 尹弼鳳이, 회계는 李春植이, 지방계는 朴馨柳, 기자는 이강, 발행 명의인은 러시아인 미하일로프(К. М. Михайлов)가 각각 담당하였다.[18]

대동공보사는 처음에는 사무소를 블라디보스톡 한인 거류지 제600호로 정하였다.[19] 그 후 1909년 5월에는 블라디보스톡 한인 거류지 제469호로 이전하였다가[20] 1910년 4월 24일에는 다시 블라디보스톡 까레이스까야(Корейская) 제67호로 옮기었다.[21]

『대동공보』는 『해조신문』과 마찬가지로 한글로 되어 있다. 그것은 러시아지역에 거주하고 있는 우리 동포들이 대부분 농민과 노동자들이기 때문일 것이다.[22] 그리고 『해조신문』이 일간 신문임에 비하여 『대동공보』는 매주 2회 간행되었다. 처음에는 일요일과 수요일에 간행하다가 1909년 5월 30일부터 신문을 확장하면서 일요일과 목요일에 간행하였다. 신문의 지면은 4면으로 이루어져 있었으며 때에 따라서는 6면을 간행하기도 하였다. 그리고 각 면은 처음에는 6단이었으나 1909년 5월 23일부터 8단으로 바뀌었다.

『대동공보』의 발행부수는 1910년의 한 일본측 기록에서는 300부,[23] 1909년 일본측 기록에는 1,000부[24] 등으로 기록되어 있다. 대동공보사측에서는 1909년 8월 19일자 『대동공보』 논설 「우수리에 잇는 우리 동

---

18) 『倭政文書 甲九 在露韓人關係 明治 四十三年 自一月至九月』(이하 왜정갑구로 약칭) 1910년 1월 20일 보고.
19) 『대동공보』 1909년 1월 17일자 본샤광고.
20) 『대동공보』 1909년 5월 23일자 1면.
21) 『대동공보』 1910년 4월 24일자 광고.
22) 국사편찬위원회, 1968, 『한국독립운동사』 1, 975쪽.
23) 『왜정갑구』 1910년 4월 4일자 보고.
24) 국사편찬위원회, 『한국독립운동사』 1, 977쪽.

포에게 경고홈」에서 1,500부 정도 발행되었다고 하고 있다. 구독자는 러시아지역을 주로 하여 국내외에 걸쳐 있었던 것 같다. 이는 『대동공보』에 4면에 실리는 신문발매소를 통하여 추측해볼 수 있다.

『대동공보』 1909년 1월 17일자에는 신문발매소와 담당자를 다음과 같이 기록하고 있다.

> 동영 보동학교, 리푸어 박셩륙, 다젼지 안준현, 홍모우 리계텬, 쇼왕령 김노멧쌔, 허발포 박우연, 채문경, 리인빅, 닛골누업쓰크 한교, 김쥬악, 슈청큰령 원사집, 멍고기 한광텩, 챰호 박안력산들, 방쳔목 최드로피, 린동 김락셔, 강허지 김셩구, 츌남 한명셩, 하룡평 김명화, 샹룡평 황로야, 챵동 고여길, 남셕동 김 쌔로쇼쎄, 디신허 박영근, 디룡운 김슌지, 연츄 박쥰보, 바드쇠 한긔학, 감투뫼 쟝문익, 회룡봉 한규량, 금당촌 오즈영, 휘춘 최병쥰, 향산동 유희극, 최상진, 와봉 강순여, 록동 홍셕즁, 온봉갑, 쟝셔지 최인삼, 연도 김싸베우, 하루빈 리셜빅, 강봉주, 이만 한안렉산들, 막리허 리방근

즉 초창기에는 러시아 극동지역이 그 주요 발매소였던 것 같다. 그리고 만주 지역에서도 일부 구독되었다. 그 외 일부가 국내에 몰래 밀송되어 배포되었을 것이다.[25)]

그런데 1909년 6월 17일자 본보발매소 광고를 보면, 러시아지역 외에 하마탕, 하얼빈, 훈춘 등 만주 지역, 국내의 황성신문사, 대한매일신보사, 만국기독청년회관, 영국구세군본영, 교육월보사, 서북학회, 경향신보사, 러시아 총영사관, 성진항 러시아 영사관, 원산항, 인천항, 마산포 러시아 영사관, 개성 한영서원, 평양 대성학교, 평북 정주 오산학교, 함남 함흥 대한협회, 아쇼교당, 함북 경성 함일학교, 성진의 기독교 중학교, 보통학교, 중학교, 측량학교, 박문학교 등과 폴란드 바르샤바 만국신보 발매소, 미국본토의 뉴욕, 로스엔젤레스, 네부라스카, 오레곤, 호놀로루 등지, 멕

25) 국사편찬위원회, 『한국독립운동사』 1, 547쪽. 1908년 국내에서 3회 『대동공보』가 압수되었음을 통하여 『대동공보』가 국내에 반입되었음을 알 수 있다.

시코 유카단, 중국의 상해, 북경, 그 밖에 영국, 일본 등지로 그 발매소를 확장하고 있다.

이들 각 지역에 『대동공보』가 어느 정도 구독되었는지는 알 수 없다. 다만 1909년 하얼빈의 경우를 보면 하얼빈 거주 한국인 가운데 지식인과 노동자 중 문자를 해독할 수 있는 사람들이 신문을 구독하고 있었다고 한다. 그 중 『대동공보』를 구독하는 수는 10매였다고 하며, 그 밖에 『신한민보』 20매, 『韓成新報』 34매, 러시아신문 『노우에지유지니』 2매 등이라고 한다.[26]

한편 신문사에서는 독자들에게 신문이 보다 잘 배달되도록 하기 위하여 지사원제도를 도입하기도 하였다. 1910년 5월 5일자 '본사광고'에서, "본사는 본보를 다시 발간함에 신문을 구독하는 제씨의 편리를 위하여 각 지역에 지사원을 정함"이라고 하였던 것이다.

『대동공보』의 체재는 논설, 전보, 외보, 제국통신, 잡보, 비유소설, 광고, 특별광고, 잡동산, 별보, 기서 등으로 이루어져 있다. 이 가운데 제국통신은 국내의 소식을 전하는 난으로서 일제에 대한 비판 기사도 상당량 싣고 있다. 잡보에서는 재러한인 사회의 동정과 러시아 총독의 동정 등에 관심을 보이고 있으며, 기서는 러시아에 거주하고 있는 동포 지도자들에 의해 주로 작성되었다.

『대동공보』는 국내외의 신문에 실린 항일관련 기사를 참조하여 기사를 작성하는 경우가 많았다. 러시아 신문, 중국신문, 국내신문, 해외동포의 신문, 일본에서 간행되는 일본 신문 등이 그 주요한 것이다. 구체적으로 그 신문들을 들어보면, 하바로브스크 『원변보』, 하얼빈 『원동보』, 미국의 『신한민보』, 국내의 『대한매일신보』, 『북한신보』, 일본 오사카 『조일신문』, 남만주 『철로기관신문』, 러시아의 『노와야슈즈니신문』 등을 들 수 있다.

---

26) 국사편찬위원회, 『한국독립운동사』 1, 955쪽.

특히 『대동공보』에서는 미국 샌프란시스코에서 간행된 『신한민보』의 기사를 다수 게재하고 있다. 그 가운데는 『신한민보』에 근거했음을 밝히고 있는 것도 있고 그렇지 않고 게재한 것들도 있다. 우선 『신한민보』의 기사임을 밝히고 그것을 요약 정리한 기사로서는 『대동공보』 1909년 4월 21일자 「별보」의 경우를 들 수 있는데 이것은 『신한민보』 1909년 3월 3일자를, 1909년 8월 26일, 8월 29일자 논설은 『신한민보』 1909년 7월 21일자를, 1909년 11월 18일자, 21일자, 25일자 논설은 『신한민보』 1909년 9월 22일, 10월 6일자를, 1910년 8월 28일자 논설은 『신한민보』 1910년 7월 13일자를 그렇게 한 것이다.

그리고 『신한민보』에 근거했음을 밝히고 있지 않으나 『신한민보』에 근거한 기사로는 1909년 4월 28일자 하와이 특보가 『신한민보』 1909년 3월 10일자를, 1909년 6월 13일자, 6월 17일자의 논설이 『신한민보』 1909년 3월 31일자를, 1909년 7월 29일자 논설이 『신한민보』 1909년 6월 9일자를, 1909년 1월 2일자 논설이 『신한민보』 1909년 11월 17일자를 근거로 하여 작성되었던 것이다. 아울러 『대동공보』에 1909년 5월 26일부터 동년 6월 17일까지 연재된 「량의사합뎐」은 『신한민보』 1909년 4월 7일 史叢에 실린 것이다.

한편 『대동공보』에서는 『대한매일신보』의 논설을 수록한 경우도 있다. 『대동공보』 1909년 4월 25일, 4월 28일자의 경우는 그러한 예로서 이는 『대한매일신보』 1909년 3월 16일자 논설인 것이다. 그 밖에 블라디보스톡 『원변보』에 실린 것을 1909년 11월 7일자 아보번역으로 『대동공보』에 게재하고 있으며, 청인의 『대동일보』를 『대동공보』 1909년 12월 12일 논설로, 그리고 1910년 8월 21일자에는 러시아의 관보를 번역하여 싣고 있다. 그리고 1910년 8월 4일자에는 국내에서 1908년에 崔南善 등이 간행한 『소년』의 「바다를 보라」를 싣고 있다.

『대동공보』는 기부금을 주된 재원으로 하여 운영되었다. 대동공보사는 1만루블의 주식으로 시작하고자 하였다. 이를 위하여 처음에는 1주에 50루블로 하여 모금하였으나 모이지 않은 돈이 3,500루블이나 되었다.[27] 이에 대동공보사에서는 재정난을 극복하기 위하여 1909년 6월 13일자 '고본모집광고'를 통하여 1주당 5루블로 나누어 모집한다고 밝히고 있다. 또한 1909년 11월 4일부터 사고로 재정의 어려움을 호소하는 한편 1909년 1월 17일에는 「본샤특별고빅」이란 제목아래

> 본샤에 지졍이 군졸ᄒᆞ야 뎡간홀 디경을 당ᄒᆞ엿ᄉᆞ오니 각쳐에 계신 고주와 익독ᄒᆞᄂᆞᆫ 쳠위덜은 지졍을 속히 보닉주시오.

라고 호소하였다. 한편 대동공보사에서는 有志壇도 조직하였다. 이 단체는 대동공보사 주주와 기타의 자로서 구성되었으며, 신문의 유지를 위하여 다소의 의연금을 갹출하는 조직이었다.[28] 대동공보사에서는 이들에게 재정적인 지원을 호소하였으며, 이들 역시 자금을 희사하였으며, 명단과 희사금액을 신문에 게재하였다.

또한 『대동공보』는 광고를 통하여 수입을 얻고자 하였는데, 그 광고료는 『대동공보』 1909년 5월 2일자에 따르면 다음과 같다.

> 본보 1면에 매일 1행에 아화 10전, 본보 중간에는 동 7전, 본보 4면에는 동 5전, 반삭에는 10에 1을 감하고, 1삭에는 10에 2을 감하고, 3삭에는 10에 3을 감하고, 6삭에는 10에 4를 감하고, 각 학교 연조광고와 노력과 고용을 구하는 광고는 특감하여 4면에 매일 1행에 3전으로 정함. 아라사 사람의 광고는 한문과 국문으로 번역하여 소원대로 게재함, 대서로 게재하는 광고는 1면에는 매일 4방 1듀임에 8전, 4면에는 4방 1듀임에 4전이오, 부장 본보에 속성하는 광고는 1로드 안에 드는 것은 매 1백장에 75전이오, 1로드 넘는 광고는 매 1백장에 2원.[29]

---

27) 위의 책, 977쪽.
28) 『왜정문서』 1910년 3월 21일 보고.
29) 원은 루블을 의미하여 전은 꼬뻬이까를 의미한다.

또한 구독료를 통하여서도 신문을 유지하고자 하였다. 구독료는 블라디보스톡은 1년 선금이 3원 50전, 6개월 선금은 1원 80전, 3개월 선금은 1원, 1개월에는 38전, 1장 대금은 5전이었다. 블라디보스톡 외의 러시아지역의 경우는 1년 대금 4원 50전, 6개월 대금 2원 40전, 3개월 대금 1원 35전, 1개월 대금 58전이었다. 그리고 한국의 경우는 1년에 4원이었다. 그리고 러시아지역과 국내의 경우를 제외한 외국의 경우는 1년에 4원, 6개월에 2원 10전, 3개월에 1원 15전 등으로 되어 있었다.[30] 그러나 재정난 때문에 1909년 12월부터는 블라디보스톡의 경우 1년 구독 시 50전을 올려 4원으로 하였다.[31]

『대동공보』는 1908년 11월 18일 창간된 이후 재정적인 어려움에도 불구하고 꾸준히 간행되었으나 여러번 우여곡절로 인하여 정간되는 사태가 벌어졌다. 『신한민보』 1909년 4월 14일자 기사에서는 이에 대하여,

> 해삼위 동포의 이목으로 발간되는 신문은 아직껏 임자를 만나지 못하여 여러 번 발간하다가 여러 번 정간이 됨으로 우리가 심히 애닯게 알던 바더니 ….

라고 하였다.

재정문제로 1909년 1월 20일에 신문이 간행된 이후 1달여 동안 신문이 간행되지 못하자[32] 주인 최재형, 유진률, 이상운, 박인협, 차석보, 고상준 등의 발기로 1909년 1월 31일 특별 고주회를 개최하였다. 이 회의에서 참석한 70여 명의 고주들은 『대동공보』를 다시 발간하기로 결정하고 앞으로 행할 일을 다음과 같이 공포하였다.

---

30) 『대동공보』 1909년 1월 17일자 샤고.
31) 『대동공보』 1909년 12월 2일자 본사특별광고.
32) 『대동공보』 1909년 3월 3일자.

1. 본사에서 새로 선정한 임원은 사장에 최재형, 부사장에 이상운, 발행인에 유진률, 총무에 박인협, 재무에 이상운.
1. 본사에서 고금을 거두는 데 편의함을 위하여 매달 5원씩 나누어 받되 매달 초 일일에 받게 한다.
1. 본사에서는 주필 미하일로프씨의 성의를 치하하기 위하여 본사사장 이하 각 임원과 고주들이 모여 연회를 열고 씨를 청하여 치하하는 글을 써주다. 주필 미하일로프가 재정난을 알고 월급 100원을 받지 않고 명예로 시무.
1. 본사에서 신문 기계와 잡물을 매입하였는데 기금은 차석보에게 대용하고 매달 백원씩 감보하기로 한다(맞춤법－필자).[33]

그리고 1909년 3월 3일부터 신문을 재간하였다. 이후 『대동공보』의 내용은 그 이전보다 항일적인 성격을 지니는데 그것은 후술하는 바와 같이 사장에 과격파로 알려진 최재형이 취임하였기 때문인 듯하다. 아울러 1909년 5월 23일부터는 4면이지만 8단으로 하여 내용을 더 많이 실었다. 그리고 1면에도 한글로 대동공보, 한자로 대동공보라고 하고 지구위에 닭이 우는 형상을 그렸으며, 러시아어로 대동공보(ТЭДОНГ КОНГ БО)라고 썼고, 닭의 그림 위에 단군개국 사천이백사십일년 십일월 십팔일 창간이라고 기록하였다. 그리고 1909년 5월 26일자부터 「사기」 동국사략, 학부 가정교육, 농학입문 등을 게재함으로써 그 이전보다 재러한인의 민족의식 고취에 더욱 적극성을 보이고 있다.

『대동공보』는 1910년 1월 2일자(2권 제13호)가 간행된 이후 또 한번 정간되었다가 1910년 4월 24일부터 다시 간행되었다. 이 신문은 1910년 4월 24일자 『대동공보』에 실린 논설 「본보가 다시 발간홈을 츅하홈」에서,

> 슯흐다. 본항에 거류ᄒᆞᄂᆞᆫ 한인들이 당파를 나누와 서로 싸홈이 소쟝안에 큰 화란이 니러 초한 젼징과 ᄀᆞᆺ치 소요ᄒᆞ며 (중략) 이로 말ᄆᆡ암아 본보가 폐간되며 기타 사회가 뎡졍톄되야 아령에 잇ᄂᆞᆫ 수십만 동포가 다 흑암시ᄃᆡ에 드러 ….

33) 『대동공보』 1909년 3월 3일자 샤설.

라고 있듯이 블라디보스톡에 거주하는 동포들 간의 당파싸움으로 인하여 신문이 정간되었었음을 말하고 있다.[34] 이에 『대동공보』에서는 1910년 4월 28일자 「本港에 잇는 同胞志士는 黨派의 分爭을 速히 平和홀지에다」라는 논설을 게재하여 기호파와 평양파가 싸움을 근절할 것을 촉구하였다. 그리고 『대동공보』 1910년 4월 24일자 「본보 계간의 력사」에서는 1910년 4월 『대동공보』를 다시 발간하기 위하여 주주총회를 여러번 개최하였으나 지역 갈등으로 유회되었다가 결국 함경도 출신인 최재형이 사장이 되어 다시 간행하기에 이르렀다고 밝히고 있는 것이다. 다시 간행된 『대동공보』는 제호와 지면을 그대로 하고 매주 목요일과 일요일 2회에 걸쳐 간행하기로 하였다. 그 후 1910년 4월 24일 제1호를 간행한 다음 1910년 9월 1일자를 마지막으로 러시아 관헌에 의하여 강제로 폐간당할 때까지 계속 발행되었다.

2. 대동공보사의 관여자

사장 최재형

기자 이강

34) 신문이 폐간된 이유는 후술하는 바와 같이 당파싸움을 한 평안도파와 기호파가 신문의 주필 등 기사를 작성하는 일을 담당하고 있었기 때문이었다.

대동공보사의 구성원은 몇 차례에 걸쳐 변동되었다. 이를 표로서 작성하면 다음과 같다.

〈표 1〉『대동공보』의 구성원 변동일람표

시 기	직원 명단
1908년 창간시	사장 차석보, 발행인 겸 편집인 유진률, 주필 윤필봉, 鄭淳萬, 회계 이춘식, 지방계 박형유, 기자 이강, 발행명의인 겸 주필 미하일로프
1909년 1월 31일	사장 최재형, 부사장 李尙雲, 발행인 유진률, 서기 김만식, 총무 박인협, 재무 이상운, 주필 미하일로프, 주필대행 이강
1909년 9월 13일	총무, 재무만 차석보로 변경
1909년 11월 14일	발행명의인만 미하일로프에서 유진률로 변경
1910년 4월 24일	발행인 겸 편집 유진률, 사장 최재형, 부사장 이상운, 총무 金圭燮, 재무 차석보, 서기 金晩植, 노문과 韓馨權, 일문 김모 주필 대리 鄭在寬
1910년 6월 9일	편집인 듀꼬프, 발행인 유진률

* 1908년 창간시(『왜정 갑구』, 1910년 1월 20일 보고), 1909년 1월 31일(『대동공보』 1909년 3월 3일, 3월 7일, 3월 10일, 『신한민보』 1909년 4월 14일), 1909년 9월 13일(『대동공보』 1909년 9월 16일), 1910년 4월 24일(『왜정갑구』 1910년 4월 29일, 『대동공보』 1910년 4월 24일), 1910년 6월 9일(『대동공보』, 1910년 6월 9일)

<표 1>에서 보는 바와 같이 1908년 11월 『대동공보』가 창간할 때에는 사장 차석보, 발행인 겸 편집인 유진률, 주필 윤필봉, 정순만, 발행명의인 미하일로프, 기자 이강 등이었다.[35] 여기서 특히 주목되는 점은 발행명의인 겸 주필이 러시아인이라는 사실이다. 이것은 당시 러시아인의 한인 배척이 이루어지는 가운데 러시아군 휴직 중령으로서 당시 소송대리인으로 일하고 있었던 인물인 미하일로프를[36] 내세움으로써 러시아 당국과의 마찰을 피하고 보다 효과적으로 신문을 간행하기 위해서였을 것이다. 미하일로프가 『대동공보』에 관여하게 된 것은 유진률에 의해서

35) 국사편찬위원회, 『한국독립운동사』 1, 546~547쪽 ; 『왜정갑구』 1910년 1월 20일 보고 ; 『대동공보』 1909년 5월 5일자 잡보 참조.

36) 국사편찬위원회, 『한국독립운동사』 1, 980쪽.

인 것 같다. 유진률은 그와 가장 친밀한 인물로 파악되고 있는데,[37] 미하일로프는 자신이 안중근의 변호를 담당하기 위하여 여순으로 떠나는 1909년 11월 13일까지 발행인을 담당하였다.[38] 그리고 아울러 주목되는 점은 사장에 차석보가 임명되었다는 사실이다. 그는 러시아지역에 있는 평안도 출신을 대표하는 인물로서[39] 1907년 블라디보스톡에서 『晨鍾』이라는 잡지를 간행한 바 있으며[40] 최봉준의 소유인 『해조신문』의 기계 활자 등을 자신의 담보로 구입하여 『대동공보』를 간행하게 됨에[41] 사장에 임명되었다. 『대동공보』의 주필은 윤필봉, 미하일로프 그리고 『해조신문』의 주필이었던 정순만 등이었다.

『대동공보』의 구성원은 1909년 1월 31일 특별 고주총회를 통하여 많은 변동이 이루어졌다. 그 구체적인 동기는 재정적인 어려움 때문이었다.[42] 여기에서는 차석보가 사장에서 물러나고 최재형이 사장으로 그 자리를 대신하여 『대동공보』를 운영하게 되었다.[43] 이것은 『대동공보』의 재정권이 평안도 출신에서 함경도 출신으로 넘어간 것을 의미한다. 또한 투쟁방략이 창간시 지식계발을 주장하는 차원에서 무장투쟁이 보다 중요시되는 방향으로 전환될 것임을 시사하는 것이라고 할 수 있다. 왜냐하면 최재형은 1908년 李瑋鍾, 李範允 등과 함께 노보끼예브스크에서 同義會를 조직하여 활동한 인물로서[44] 『해조신문』의 사장이었던 최봉준이 온건파로 분류되는 데 반하여[45] 과격파로 알려져 있기 때문이

37) 위의 책, 980~981쪽.

38) 위의 책, 977~978쪽.

39) 朝鮮駐箚憲兵司令部, 『明治四十五年六月調 露領沿海州移住朝鮮人の狀態』(이하 노령이주상태로 약함), 169~170쪽.

40) 『아령실기』 「교육」.

41) 『대동공보』 1909년 6월 6일 기서.

42) 『대동공보』 1909년 3월 3일자 사설.

43) 『대동공보』 1909년 3월 3일, 3월 7일, 3월 10일자 ; 『신한민보』 1909년 4월 14일자.

44) 『재외배일선인유력자명부』(하와이대 소장), 25쪽.

다. 그는 재러한인 사회, 특히 노보끼예브스크 지역 한인 사회에서 가장 자산이 많으며 한인 사회의 비중 있는 지도자였다. 18세 때에 러시아 병영의 통역이 되었고, 다음에 러시아 해군 소위, 경무원 등에 봉직하였으며, 노보끼예브스크에서 러시아 군대의 군납상인으로서 牛肉을 납품하여 돈을 벌었다. 25세시에는 수백호를 거느리는 老爺에 임명되었고 나중에는 노야의 대표격인 都憲으로 근무하면서 두 번에 걸쳐 뻬쩨르부르크에 가서 러시아 황제를 알현할 정도였다. 그런 그가 1905년 이후에는 국내와 간도로부터 이동하여 온 의병들을 규합하여 자신의 수많은 재산을 배경으로 의병운동을 지원하였던 것이다.[46)]

『대동공보』는 그 뒤 1910년 1월 초순부터 1910년 4월 23일까지 신문사 내의 당파 싸움으로 일시 정간되기는 하였으나 위의 표에서 보는 바와 같이 신문사의 구성원에 커다란 변동은 없었다.

다음에는 『대동공보』의 주요 구성원을 도표화하면 다음과 같다.

〈표 2〉 『대동공보』의 주요 구성원 일람표

성 명	생몰연대	직 위	학 력	출신지역	입사전 활동	직 업	비 고
최재형	1858~1920	사장		함북 경원	동의회	우육청부	귀화인
유진률	1866~	발행인 편집인	신학교	함북 경흥		(재산가)	귀화인, 청년회
이 강	1878~1964	기자 주필	영어학교	평남 용강	공립협회 신민회		공립협회의 특파원
정순만	1873~1928	주필	한학	충북 청주	독립협회 공립협회 동의회		
차석보	1866~	사장 총무 재무		평안도	신종	객주, 인부청부업, 대차업	귀화인

45) 『왜정갑구』 1910년 1월 20일 보고.

46) 독립유공자공훈록편찬위원회, 『독립유공자공훈록』 5, 국가보훈처, 806~808쪽 ; 『재외배일선인유력자명부』, 25쪽.

이상운	1878~	부사장		함경도		잡화상	
정재관	1880~1930	주필		평북	공립협회, 신한민보, 대한인국민회		
이춘식	1885~	회계		함경도			
박인협		총무				가게 운영	
김만식		서기					
김규섭	1879~	총무		함경도		약국 운영	
윤필봉		주필					
한형권		로어 담당		경성로 어학교		해삼위 세금징수원	
미하일로프		발행인 주필				소송대리인	러시아군 휴직중좌 전 참령
듀꼬프		편집인	동양학 연구소			군인	

<표 2>에서 보는 바와 같이 『대동공보』의 사장으로 일한 인물은 차석보와 최재형이다. 그리고 발행인은 미하일로프와 유진률이 담당하였으며, 편집인은 처음에는 유진률이, 다음에는 러시아인으로서 『해조신문』의 고문이었던 듀꼬프가 담당하였다. 그리고 신문의 내용과 관련하여 특별히 주목되는 주필의 경우는 정순만, 윤필봉, 이강, 정재관, 미하일로프 등이 담당하였다.

구성원의 학력을 알 수 있는 인물은 거의 없다. 다만 『대동공보』의 중심인물인 유진률과 주필이었던 정순만과 이강 그리고 편집인인 듀꼬프의 경우만 알 수 있을 뿐이다. 유진률은 블라고베쉔스크(Благовещенск)의 신학교를 졸업하였다.[47] 정순만은 한학과 아울러 신학문을 공부하였으며, 이강은 하와이에서 1년간 영어학교를 다녔다.[48] 그리고 듀꼬프는 블라디보스톡에 있는 동양학연구소를 졸업하였다.[49] 그 후에 주필

47) 신용하, 1985, 「안중근의 사상과 의병운동」 『한국민족독립운동사연구』, 을유문화사, 185쪽.
48) 졸고, 앞의 논문, 309~310쪽.

로 일한 윤필봉, 정재관 등도 주필의 업무의 성격상 한학과 신학문을 아울러 공부한 인물로 생각된다. 한편 1910년 4월부터 『대동공보』에서 로어 번역을 담당했던 한형권은 서울에서 경성노어학교를 다닌 것으로 알려지고 있다.[50]

출신지역을 보면 크게 함경도 출신과 평안도 출신, 기호 출신 등으로 나누어 볼 수 있다. 당시 러시아 연해주지역에서는 이들 3지역이 북한파(북파), 경성파(경파), 평안도파(서파) 등으로 나누어져 있었다고 한다.[51]

우선 함경도 출신으로는 최재형, 유진률, 이상운, 이춘식, 김규섭 등인데,[52] 이들은 사장, 부사장, 발행인, 편집인, 회계, 총무 등을 담당함으로써 실질적으로 신문의 운영과 재정을 담당하였다고 하겠다. 즉 『대동공보』는 소위 북한파라고 불리우는 함경도 출신의 인물들이 주도하고 있었으며 아울러 그 수령으로 일컬어지는 최재형의 영향력이 강하게 작용하였을 것으로 추측된다.[53]

평안도 출신은 이강, 차석보, 정재관 등이 있었다.[54] 그 중 차석보가 그 중심인물로 알려져 있다.[55] 그 밖에 평안도파로는 金成武, 咸東哲 등을 들 수 있다.[56]

기호 지방 출신으로는 정순만을 들 수 있으며,[57] 그 밖에 『대동공보』에 관여한 기호파로서 정순만을 추종하던 세력들이 있다. 李致權, 李民福, 李基, 安漢周,[58] 尹日炳, 金顯土, 강순기, 권유상 등이 그들이다.[59]

---

49) 박보리스, 1992, 「국권피탈 전후시기 재소한인의 항일투쟁」 『수촌박영석교수화갑기념 한민족독립운동사논총』, 1063쪽.

50) 『노령이주상태』 134쪽.

51) 『노령이주상태』 169~170쪽.

52) 위와 같음.

53) 위와 같음.

54) 독립유공자공훈록편찬위원회, 1986, 『독립유공자공훈록』 1, 205쪽, 208~209쪽.

55) 『노령이주상태』, 169~170쪽.

56) 『대동공보』 1910년 4월 24일자 제국통신.

57) 『대동공보』 1909년 5월 5일자 잡보.

그들 가운데 이치권, 이민복, 이기, 안한주 등은 양성춘의 살해 사건으로 1910년 9월 12일 투옥 중이었다.[60)]

『대동공보』에 근무하고 있는 이들 사이에 지역적인 갈등과 대립이 있었던 것 같다. 그리고 그것은 정순만 등에 의하여 한인 전 거류민 단장인 양성춘이 피살됨으로써 그 절정에 이르게 된다. 『대동공보』에서는 1910년 4월 24일자 「양씨피살상보」에서 1909년 러시아력 12월 26일 밤에 이 사건이 벌어졌으며, 그 이유는 평안도파와 기호파와의 대립에서 발생된 것이라고 보도하고 있다.[61)] 그리하여 1909년 11월에는 『대동공보』가 정간되는 사태에까지 이르게 되었던 것이다.[62)]

이에 1910년 1월 2일 이후 정간되었던 신문을 다시 간행함에 있어서 『대동공보』에서는 1910년 4월 28일자에 「本港에 있는 同胞志士는 黨派의 分爭을 速히 平和홀 지에다」라는 논설을 게재하고 특히 기호파와 평양파가 싸우는 것을 금지할 것을 촉구하였다.

입사 전 활동단체를 보면 공립협회에서 활동하였던 인물들이 다수임을 알 수 있다. 이강, 정재관 등은 1905년 4월 5일 안창호 등과 함께, 샌프란시스코에서 공립협회를 창립한 인물이다.[63)] 특히 정재관은 공립

---

58) 『노령이주상태』, 117~168쪽.
59) 『대동공보』 1910년 4월 24일자 제국통신.
60) 『노령이주상태』, 117~168쪽.
61) 정순만의 양성춘 살해 사건은 기호파와 평안도파의 갈등과 대립에서 발생하였다. 당시 평안도파에 속한 인물은 차석보, 양성춘, 유진률, 정재관, 김성무, 이강, 함동철 등이었고, 기호파는 정순만, 윤일병, 김현토, 안한, 강순기, 권유상 등이었다. 정순만 등 기호파에서는 김성무가 미국에서 대동공보에 연조한 돈을, 그리고 윤일병은 정재관이 미주 태동실업회사의 돈을 착복했다고 비난하였다. 그리고 김현토는 평안도 인사들이 불공평하다고 비판하였다. 이와 더불어 정순만은 평안도파에게 타격을 입히기 위하여 결사대를 조직하였는데 그 구성원은 안한, 강순기, 권유상 등이었다(『대동공보』 1909년 4월 24일자 제국통신).
62) 『대동공보』 1910년 4월 24일 논설.
63) 김도훈, 1989, 「공립협회(1905~1909)의 민족운동연구」 『한국민족운동사연구』 4, 12쪽.

협회 2대서기, 3대 총무, 4대 총회장 등을 역임한 공립협회의 중심적인 인물이었다.[64] 그는 1909년 4월 헤이그 밀사로서 미국을 순방하고 있던 이상설과 블라디보스톡으로 왔다.[65] 정순만은 1908년 11월 15일경 공립협회에 가입, 1909년 1월 7일에는 블라디보스톡 지방회의 부의장으로 일하였다.[66] 그리고 이강과 정재관은 공립협회에서 발행하던 『공립신문』에서 활동하였다. 특히 그들은 주필로서 활동하였다.[67] 정재관은 1909년 2월 공립협회와 하와이에 있는 合成協會가 합쳐 대한인국민회로 개편되자 여기에도 참여하여 북미지방 총회장으로 활동하였다.[68]

『대동공보』가 샌프란시스코에서 간행되는 『신한민보』와 밀접한 관련을 맺고 있던 것은 바로 『신한민보』의 전신인 『공립신보』에서 중심적인 역할을 한 이강, 정재관과의 관련에 의해서일 것이다. 더욱이 정재관은 1909년 그 곳에서 조직된 『신한민보』의 발행기관인 대한인국민회의 중심인물로서 활동하였다.

한편 『대동공보』의 사장인 최재형은 1908년 노보끼예브스크에서 同義會를 조직하여 회장이 되었으며,[69] 정순만 역시 이 단체에서 활동하였다.[70] 유진률은 블라디보스톡에서 青年敦義會에서 활동하였다. 이 회는 국권회복을 목적으로 1909년 4월에 창립된 단체로서 회장은 金致寶가 담당하고 있었다.[71]

---

64) 위의 논문, 15쪽.
65) 독립유공자공훈록편찬위원회, 『독립유공자공훈록』 1, 225쪽.
66) 김도훈, 앞의 논문, 29~30쪽.
67) 이강(『독립유공자공훈록』 1, 208쪽), 정재관(최기영, 1991, 「미주 교포의 반일언론: 『공립신보』·『신한민보』의 간행」『대한제국시기 신문연구』, 일조각, 205쪽).
68) 윤병석, 1990, 「미주 한인사회의 성립과 민족운동」『국외한인사회와 민족운동』, 일조각, 295~296쪽.
69) 독립유공자공훈록편찬위원회, 1988, 『독립유공자공훈록』 5, 806쪽 ; 『왜정갑구』 1910년 1월 20일 보고.
70) 국사편찬위원회, 1978, 『한국독립운동사사료』 7, 256~257쪽.
71) 『왜정갑구』 1910년 1월 20일 보고.

직업을 보면, 알 수 있는 인물들은 대체로 상업에 종사하고 있다. 최재형은 牛肉청부업,[72] 차석보는 객주, 인부청부업, 貸車業,[73] 이상운은 잡화상,[74] 박인협은 블라디보스톡 한인 거류지 제487호에서 가게를 운영하고 있었으며,[75] 김대섭은 약국을[76] 운영하고 있었다. 이들은 자신의 사업을 통하여 모은 자산을 가지고 『대동공보』의 주주가 되어 자금을 투자하고 있었으므로, 『대동공보』는 주로 이들 임원진의 조력에 의하여 운영되었을 것으로 보인다.

한편 러시아인인 미하일로프는 러시아 휴직 중좌로서 소송대리인으로 일하였다.[77] 그리고 『대동공보』의 발행인 겸 편집인인 유진률 역시 약간의 자산이 있었다. 그는 블라디보스톡 개척리에 두 채의 집이 있었으며, 200루블 정도를 융통할 수 있었다고 한다.[78]

상업에 종사했던 대부분의 한국인들은 러시아에 귀화한 인물들이었다. 최재형의 러시아 이름은 최 뻬쨔(Петя)이며,[79] 차석보는 니콜라이 미하이로위치 차가이이다.[80] 그 밖에 유진률은 니콜라이 뻬뜨로위치 유가이이다.[81] 이들은 대부분 일찍부터 러시아로 이주하여 살던 인물들이 아닌가 한다. 최재형의 경우 9세에 연해주로 망명한 인물이었으며,[82] 이

---

72) 독립유공자공훈록편찬위원회, 『독립유공자공훈록』 5, 806쪽.
73) 국사편찬위원회, 『한국독립운동사』 1, 951쪽 ; 『노령이주상태』, 166쪽 ; 『대동공보』 1909년 4월 7일자 광고를 보면 차석보의 명의로 캄차카 반도에 고기 잡으로 갈 인부를 모집하고 있다.
74) 『노령이주상태』, 125쪽.
75) 『대동공보』 1909년 3월 31일자 특별광고.
76) 『대동공보』 1909년 3월 3일자 광고를 보면 광제국이라는 약국을 운영하고 있음을 알 수 있다.
77) 국사편찬위원회, 『한국독립운동사』 1, 980쪽.
78) 위의 책, 978쪽, 980~981쪽.
79) 독립유공자공훈록편찬위원회, 『독립유공자공훈록』 5, 806쪽.
80) 『노령이주상태』, 166쪽.
81) 위와 같음.
82) 독립유공자공훈록편찬위원회, 『독립유공자공훈록』 5, 806쪽.

들이 대체로 『대동공보』의 운영을 맡았던 것이 아닌가 추측된다.

지금까지 살펴본 바를 검토해 볼 때 『대동공보』의 구성원의 학력은 주필 등만이 구학문과 신학문을 공부한 인물들이며, 출신지역은 함경도, 평안도, 충청도 등으로 나누어 볼 수 있다. 그 가운데 특히 함경도 출신이 다수를 이루고 있으며 그들은 바로 『대동공보』를 재정적으로 뒷받침해 주던 인물들이었다. 그리고 평안도, 충청도 출신이 주필 등의 업무를 담당하였다. 입사 전 활동을 보면 주필로 활동하던 인물들 가운데 『해조신문』, 그리고 미주에서 간행된 『공립신보』 등에서 일한 인물들이 보이는 점이 주목된다. 직업을 보면 대체로 상업에 종사하는 인물들이 다수 보이며, 이들은 『대동공보』의 운영을 담당하는 간부들로서, 재정을 담당하는 주주들이었다. 그리고 그들 중 대다수는 러시아에 귀화한 인물들로 생각된다.

결국 『대동공보』는 러시아에 거주하고 있는 함경도, 평안도, 충청도 출신의 인물들이 중심이 되어 간행한 신문이라고 할 수 있다. 그들은 비록 출신 지역은 다르나 각각 항일이라는 공감대를 형성하고 국권회복을 위하여 신문간행에 동참하였던 것이다. 다만 그들이 국권회복을 주장한 이유는 당시 그들 각 인사들이 처한 입장에 따라 약간 차이가 있었던 것이 아닌가 추측된다. 예컨대 1860년대부터 경제적 이유로 러시아지역에 이주하여 살고 있는 최재형 등 다수의 함경도 출신들과 1905년을 전후하여 조선의 국권회복을 위하여 국내, 미주 등지에서 이 곳으로 온 이강 등 평안도 출신, 정순만 등 기호 출신들은 차이가 있지 않을까 하는 것이다. 전자의 경우 재러한인의 최대 당면 과제인 러시아인의 한인 배척론을 극복해야 러시아에서 안정된 삶을 추구할 수 있다는 생존의 문제에서 항일에 보다 적극적이고 그 투쟁 방법 또한 강렬하였던 것이 아닐까 짐작된다. 즉 그들은 한국인들이 이처럼 일본에 반대하고 있다는 것을 러시아인들에 가시적으로 보이고 싶어 했을 것이라는 것이다. 이에 비하면 정치적 망명을 한 후자의 경우는 재러한인들 가운데 자신들의 출신 지역 동포들이 함경도파에 비하여 상대적으로 적었으므로 생존의 문제보다는 국권회복이라는 대의명분에 강한 집착을 보인 것이 아닌가 한다. 왜냐하면 러시아지역은 함경도 출신들에게는 삶의 현장이지만 평안도, 충청도 출신들의 입장에서는 독립운동을 위한 기지건설 지역이라는 인식이 강하였을 것이기 때문이다.

그리고 이들 3파 가운데 평안도, 충청도 출신들은 대립 갈등이 심하였으므로 상대적으로 함경도 출신 인사들의 입지가 강화될 수 있었던 것 같다. 더구나 함경도 출신들은 재력가이면서 대중적 기반을 갖고 있었으므로 『대동공보』의 내용에도 함경도 출신들의 입장이 보다 많이 반영되었을 것이라고 짐작된다. 러시아의 한인배척에 대한 『대동공보』의 대응은 이와 관련하여 주목된다.[83]

3. 『대동공보』의 내용과 그 성향

1) 국권의 회복과 재러한인의 계몽

『대동공보』의 내용을 살펴봄에 있어서 우리가 일차적으로 염두에 두어야 할 사실은 『대동공보』가 러시아 블라디보스톡 지역에서 간행된 지역신문이라는 사실이다. 그러나 『대동공보』는 지역 신문임에도 불구하고 국내는 물론 미국, 멕시코, 중국, 영국, 일본 등지에도 배부되어 지역 신문으로서의 역할 이상을 담당하였다.

---

83) 그렇다고 하여 러시아의 한인 배척에 대하여 평안도, 충청도 출신들이 찬성하였다는 뜻은 아니다. 그들 역시 이에 반대하였다. 다만 러시아의 한인 배척에 대하여 느끼는 위기감이 그 지역에 삶의 기반을 둔 함경도 출신이 타 지역 출신들에 비하여 보다 강했을 것이라는 것이다.

러시아 연해주 하산 학교

러시아정교 학교 한인 학생들

안중근 의사가 의거를 일으킨 하얼빈역
(우측 하단 사진은 역구내 안중근 의사의 저격지점)

안중근 의사의 순국지인 여순감옥

이와 동시에 『대동공보』는 구한말 한국의 국권회복을 위하여 크게 기여하였다. 『대동공보』의 국권회복에 대한 강조는 조선의 국권회복이라는 한민족으로서의 사명 외에 당시 재러한인들이 현지에서 당면하고 있던 현실적인 문제인 러시아인들의 한인 배척 논리를 극복하기 위한 일환으로서의 성격 또한 갖고 있는 것이라고 할 수 있다.

『대동공보』는 국권의 회복을 위하여 재러동포들에게 국내소식을 전하여 주는 한편 교육, 일반국민의 계몽, 일제의 만행, 친일파 비판, 민족의식의 고취 등과 관련된 기사들을 다량으로 수록하고 있다. 먼저 국내소식의 전달 면에서, 이 신문은 재러동포들에게 국내 소식을 올바르게 전달해주는 유일한 창구의 역할을 담당하였다. 국내 소식은 이 곳을 왕래하는 상인들을 통하여, 또는 이주민을 통하여 이 곳에 전달될 수 있었다. 그러나 보다 정확하고 올바른 내용이 전달되기는 쉽지 않았을 것이다. 그런데 『대동공보』의 '제국통신'란이 국내의 소식을 전해주는 역할을 담당하였던 것이다. 그리하여 앞서 언급한 바 있는 하얼빈 동흥학교 교장 김성옥은 『대동공보』 1909년 5월 26일자에 실은 기고문에서 『대동공보』는 국내의 소식을 러시아뿐만 아니라 만주 지역에까지 올바르게 전달해주는 유일한 신문이라고 찬양하였던 것이다.

『대동공보』에서는 동포의 지식 개발, 즉 교육도 강조하였다. 그 점은 대동공보사의 종지에서도 볼 수 있으며,[84] 또한 1909년 10월 31일자 논설 「권고 히삼위 거류급 닉왕동포」에서도,

> 오날 우리나라를 위ᄒᆞ야 흥복홀 방칙을 말ᄒᆞᄂᆞ쟈 혹왈 정치기혁이 급ᄒᆞ다ᄒᆞ며, 혹왈 군ᄃᆡ확장이 급ᄒᆞ다ᄒᆞ며 혹왈 농업기량이 급ᄒᆞ며 혹왈 상업발달이 급ᄒᆞ다ᄒᆞ며 혹왈 공업권장이 급ᄒᆞ다ᄒᆞ나니 이 여러가지 방칙이 올치 아님은 아니로되 하나만 알고 둘은 아지 못ᄒᆞ며 닉죵만 알고 근본은 아지 못ᄒᆞ얏도다. 일직이 학교를 셜립ᄒᆞ야 가라치지 아니ᄒᆞ고 정치와 군

84) 『대동공보』 1909년 6월 13일자 고본금 모집광고.

> 딕와 농업과 상업과 공업을 엇지 알며 아지 못ᄒᆞ고 엇지 실힝ᄒᆞ기를 바라리오.
> 이럼으로 동셔와 고금을 물론ᄒᆞ고 나라를 건셜ᄒᆞ며 나라를 흥복코져 ᄒᆞ는쟈 몬저 국민 교육으로 뎨일 방칙 삼앗나니 월왕 구쳔은 십년 교육ᄒᆞᆫ 후에 회계의 붓그럼을 씨셧고, 덕국 명장 모긔는 법국을 이기고 도라와 젼승ᄒᆞᆫ 공을 쇼학교에 돌려보니엿스니 이룰 말미암아 보건딕 우리 나라와 민족을 구ᄒᆞᆯ 방칙은 쳣지왈 교육이요 둘지왈 교육이로다.

라고 하여 교육의 중요성을 강조하고 있다.

뿐만 아니라 대동공보사에서는 1909년 9월 23일자 「교육비를 捐補ᄒᆞᆷ이 可ᄒᆞᆷ」이라는 논설을 통하여 재러동포들에게 학교 설립 또는 학교 운영에 필요한 기부금을 낼 것을 요청하였으며, 여기에 많은 동포들이 호응하였고, 신문사에서는 이들 기부자 명단을 신문에 자주 게재하기도 하였다. 한편 블라디보스톡에 거류하는 동포들은 교육비를 얼마씩 내겠다는 立約書를 작성하기도 하였으며, 그 내용은 1909년 9월 9일자 잡보 「海參威 韓人居留民의 教育費에 對立約書」라는 제목 하에 자세히 실렸다.

이와 같은 『대동공보』의 노력에 의해 러시아지역에는 많은 학교들이 설립된 것 같다. 역시 하얼빈 동흥학교 교장인 김성옥이 1909년 5월 26일에 기고한 기서에,

> 대동공보여 극동에 잇는 동포들로 ᄒᆞ여금 수십학교를 셜립ᄒᆞ야 지식을 발달케 ᄒᆞ얏도다. 혹이 말ᄒᆞ기를 학교를 셜립ᄒᆞ야 지식을 발달ᄒᆞᆷ은 교쟝과 각 임원의게 잇다 ᄒᆞ야 당초에 대동공보가 아니면 누가 능히 우리로 ᄒᆞ여금 학교 셜립ᄉᆞ샹을 격발ᄒᆞ야 슬이오.

라고 하여 『대동공보』가 학교 설립사상을 야기하는 데 일익을 담당하였음을 찬양하고 있다.

大韓隆熙三年三月十四日 俄曆一千九百九年三月一日 日曜日 大東共報 第二十二號 (一)

대동공보

◉론셜(論說)

흥一改良의急先務

◉뎐보 電報

◉米國의稀有훈大風雪

◉大統領就任式

◉新大統領의視務

◉리푸트씨의評論

◉淸佛境界의획定

◉英帝法京到

◉英帝欣迎

◉英國軍備更張

흥一개량의 급선무(1909.3.14)

『대동공보』는 재러동포들의 계몽에도 노력하였다. 특히 재러동포들의 잘못된 습관들을 고치고자 애썼다. 1909년 3월 14일자 논설「홍－改良의 急先務」에서는 개량은 진취의 어머니며, 문명의 근본이라고 전제하고 한국인에게 있어 개량할 것이 많이 있으나 그 가운데서도 가장 먼저 개량해야 할 것이 있으니 그것은 다름이 아니라 "홍, 홍"하는 것이라고 지적하였다. 즉 단체의 조직, 학교와 회사와 민회의 설립, 신문의 발행 등에 있어서 다 "홍"하는 방관적이고 냉소적인 자세가 방해가 되므로 이를 먼저 개량해야 된다는 것을 강조하였던 것이다.

그리고 1910년 5월 5일자 논설「遊衣遊食ᄒᆞᄂᆞᆫ 者를 責ᄒᆞᆷ」에서는 놀고 먹는 게으른 습관을 비판하였다. 아울러 1909년 5월 9일자에는「懶惰者 萬難之源」이라는 논설을, 1909년 10월 10일자에는「迷惑心은 自信力의 敵」이라는 논설을 실어 마찬가지로 게으른 습관을 비판하였으며, 미혹심을 갖지 말 것을 당부하였다. 아울러『대동공보』에서는 이러한 문제점을 극복하고 재러동포들이 新民으로서 거듭날 것을 주장하였다. 그리하여 1909년 3월 31일, 4월 4일, 4월 7일 등 3회에 걸친 논설「新韓國을 造成ᄒᆞ랴면 新民이 되어야 ᄒᆞᆯ 일」을 통하여 이를 강조하였고, 특히 4월 7일자 논설에서는,

> 대저 텬도가 식롭지 못ᄒᆞ면 만물이 나지 못ᄒᆞ고 인ᄉᆞ가 식롭지 못ᄒᆞ면 만ᄉᆞ가 불셩이라 우리의 몽미간에 닛지못ᄒᆞᆯ 대한이여 우리의 싱ᄉᆞ간에 버리지못ᄒᆞᆯ 대한이여 우리 빅셩을 식롭게 못ᄒᆞ면 누가 우리 대한을 ᄉᆞ랑ᄒᆞ며 우리 빅셩이 식롭지 못ᄒᆞ면 누가 우리 대한을 보젼ᄒᆞ리오 오나라 대한신민이여 오 나라 대한신민이여 슈화ᄀᆞᆺ치 험한ᄃᆡ도 나아가고 물러가지 말며 부월이 당뎐ᄒᆞᆯ지라도 빅절불굴ᄒᆞ야 압셔나아가며 뒤에셔 계속ᄒᆞ야 대한을 위ᄒᆞ야 몸을 밧칠지어다.

라고 하여 신민이 될 것을 강조하였다.

한편『대동공보』에서는 일제의 만행을 비판하는 기사들도 싣고 있다.

1909년 10월 24일자 잡보에서는 「일본우편국만행」을, 1909년 4월 11일자 제국통신에서는 「무례한 일장관」이라는 제목하에 일본을 비판하고 있다. 1909년 4월 28일자에서는 「日官의 獸行」으로 일제를 비판하였는데, 특히 1910년 4월 24일자 외보에서는 「何止一隻」에서는,

> 동경통신에 운 아력 4월 6일 ᄒᆡ즁연습에 일본슈뎌선 일쳑이 침몰되야 션뎡이 락루업시 함몰되얏다다라.

라고 하여 일본배의 침몰을 고소하게 생각하는 기사를 게재하고 있다.

또한 『대동공보』에서는 친일파에 대해서도 신랄히 비판하였다. 1908년 4월 18일자 제국통신 「日黨의 狂言」이라는 기사에서는 그들의 언행을 미친 자로서 규정하고 있다. 아울러 1909년 10월 3일자 「喝醒賣國者」란 논설에서는 을사오적과 칠적뿐만 아니라 몸과 집을 온전히 보존하려는 기회주의자들에 대하여도 비판하였다.

『대동공보』는 재러동포의 민족의식의 고양을 위하여 노력하였다. 1909년 3월 21일자 논설 「大聲疾呼大韓國魂」에서,

> 이졔 우리 이천만이 크게 한 소릐로 쌜리 불으기를 대한국혼 대한국혼 ᄒᆞᆯ지어다. 대한국혼이 도라오면 대한이 다시 살고 도라오지 아니ᄒᆞ면 대한이 여영 죽을터이니 ᄒᆞᆫ번 불너오지 아니ᄒᆞ면 두번 셰번 네번 열번 빅번 쳔번 만번ᄭᆞ지라도 불너 도라오는 날이면 원수의 병긔가 비록 졍미하ᄂᆞ니 우리의 더은 졍셩과 ᄭᅳᆯ는 피를 이긔지 못ᄒᆞ여 대한은 대한 사ᄅᆞᆷ의 대한이 되야 억만년이ᄂᆡ 우리의 ᄌᆞ숀이 복락을 누일줄노 밋ᄂᆞ니 동포여 동포여.

라고 하여 민족혼의 환기를 주창하였다. 또한 이를 위하여 한국의 역사 및 국내외 각지에서 전개된 의열투사들의 사건 내용과 공판 기록들을 연재하였다. 우선 1909년 5월 26일부터 1906년 玄采가 지은 동국사략을 연재하여 재러동포들에게 한국의 역사를 알도록 하였다. 이 책은 국내에

서 1909년 5월 7일 치안 방해죄로 발매 반포가 금지된 책이었다.[85] 이완용을 저격한 이재명의 공판 기록을 1910년 4월 24일부터 1910년 8월 4일까지, 또한 1908년 3월 23일에 스티븐슨을 암살한 張仁煥, 田明雲의 생애에 주목하여 이상설이 『신한민보』에 기고한 「량의사합뎐」을[86] 1909년 5월 26일부터 6월 17일까지 연재하기도 하였다.

한편 『대동공보』에서는 러시아지역의 한인들 간에 당파를 지어 싸우는 것에 대하여 국권회복에 방해가 된다고 비판하였다. 1909년 5월 5일자 논설 「未開黨派論의 可懼」에서는,

> 오늘날 외양에 나아와셔 문명ᄒᆞ신 공긔를 흡슈ᄒᆞᆫ 동포들도 원근을 물론ᄒᆞ고 모히는 곳마다 아편쟝이의 인이 오듯시 딜알쟝이의 증셰가 나듯이 젼릭하던 당파의 습관이 복발되야 셔울파 평양파를 갈으며 압ᄃᆡ 사ᄅᆞᆷ 뒷뒤 사ᄅᆞᆷ을 구별ᄒᆞ야 말ᄒᆞ기를 우리ᄂᆞᆫ 권리를 일ᄂᆞᆫ다 져들이 권리를 잡ᄂᆞᆫ다 우리ᄂᆞᆫ 명예를 일ᄂᆞᆫ다 져들이 명예를 엇ᄂᆞᆫ다ᄒᆞ야 왕왕히 불호ᄒᆞᆫ 광경을 외국사ᄅᆞᆷ에게 뵈이며 ….

라고 지적하고, 이어서

> 동포 동포여 외양에 있ᄂᆞᆫ 동포여 두세번 깁이 ᄉᆡᆼ각ᄒᆞ야 셔로 당파를 갈으며 셔로 싸홈ᄒᆞᄂᆞᆫ 것이 우리 국권회복에 큰 방히물이 될 것을 확실히 아실터인즉 다시 묵ᄒᆞᆫ 박휘를 ᄇᆞᆲ지 말고 크게 단합ᄒᆞ야 ᄒᆞᆫ 큰 당파가 일본으로 더부러 구별되기를 힘쓸지어다.

라고 하여 동포들 간에 국권의 회복을 위하여 크게 단합할 것을 강조하고 있다.

---

85) 관보 1909년 5월 7일자.

86) 윤병석, 「구미에서의 의열투쟁－이상설의 유문과 이준, 장인환, 전명운의 의열－」 『국외한인사회와 민족운동』, 375~392쪽.

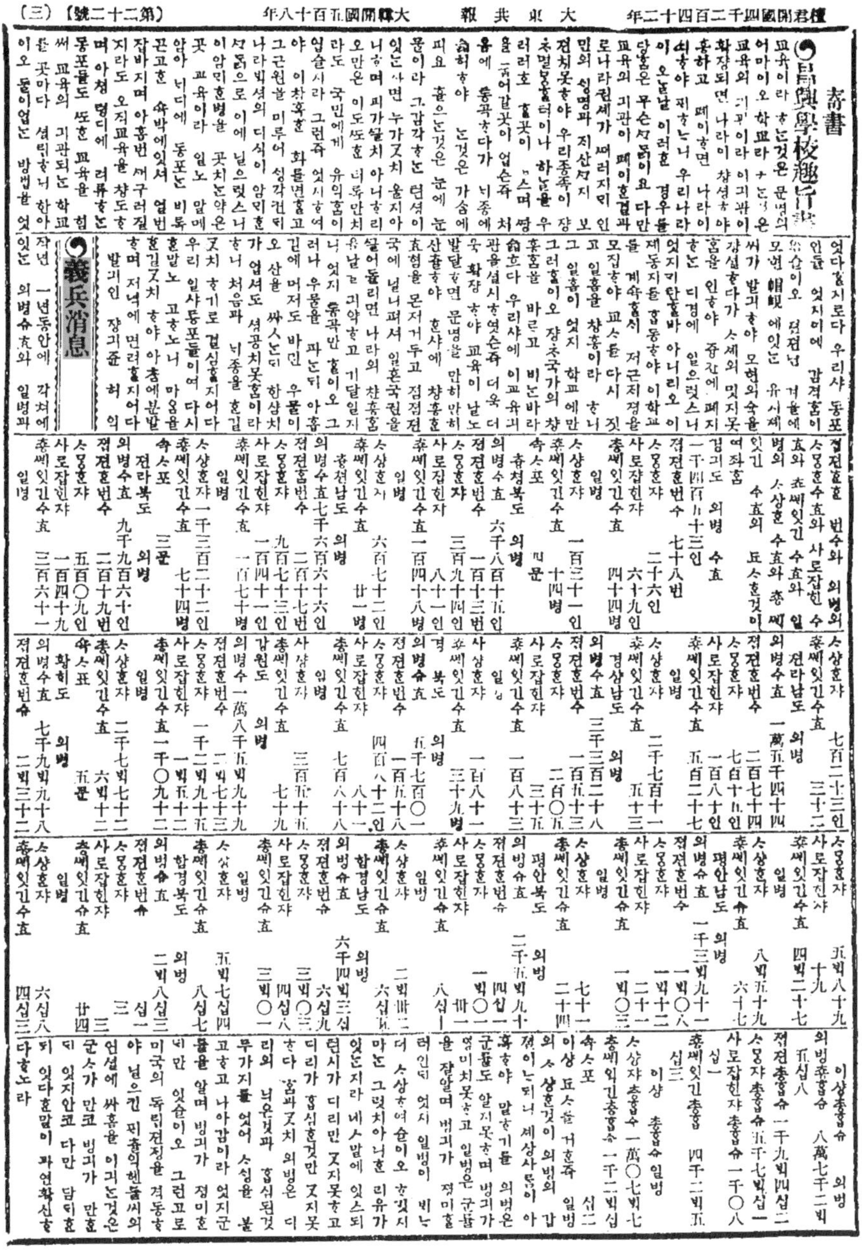

(三)【第二十二號】 年八十百五國開韓大 報 共 東 大 年二十四百二千四國開君檀

寄書

興學校趣旨(續)

교육이라 ᄒᆞᄂᆞᆫ것은 문명의 어머니오 학교라 ᄒᆞᄂᆞᆫ것은 교육의 긔관이라 이긔관이 확장되면 나라이 챵셩ᄒᆞ야 흥ᄒᆞ고 폐ᄒᆞ면 나라이 쇠ᄒᆞ야 망ᄒᆞᄂᆞ니 우리나라이 오ᄂᆞᆯ날 이러ᄒᆞᆫ 경우를 당ᄒᆞᆷ은 무ᄉᆞᆫ 연고이뇨 다만 교육의 긔관이 폐ᄒᆞᆫ 결과로 나라 권세가 ᄯᅥ러지미 인민의 싱명과 직산을 지 보젼치 못ᄒᆞ야 우리 종족이 장ᄎᆞᆺ 멸망ᄒᆞᆯ터이니 하ᄂᆞᆯ을 우러러 호곡ᄒᆞᆯ 곳이 ᄡᅳ며 ᄯᅡᆼ을 굽어 갈 곳이 업ᄉᆞᆫ즉 처음에 통곡ᄒᆞ다가 나죵에 슯허ᄒᆞ야 눈것은 가슴에 피요 흘으ᄂᆞᆫ것은 눈에 눈물이라 그 감각ᄒᆞᄂᆞᆫ 텬셩이 잇ᄂᆞᆫ 사ᄅᆞᆷ이면 누가 ᄀᆞᆺ치 울지 아니ᄒᆞ며 피가 ᄭᅳᆯᄂᆞᆫ치 아니ᄒᆞ리오 만은 이도 ᄯᅩᄒᆞᆫ 너무 만치라도 국민에게 유익ᄒᆞᆷ이 업슬지라 그런즉 엇지ᄒᆞ여야 이 참혹ᄒᆞᆫ 화를 변ᄒᆞ고 그 근원을 미루어 싱각건ᄃᆡ 나라 빈셕의 ᄃᆡ식이 암미ᄒᆞᆫ 연고으로 이에 닐으럿스니 이 암미ᄒᆞᆫ 병을 곳치ᄂᆞᆫ 약은 곳 교육이라 일노 말ᄆᆡ암아 니디에 동포ᄂᆞᆫ 비록 곤고ᄒᆞᆫ 속박에 잇셔셔 엄번 잡바지며 아홉번 ᄭᅥ구러질지라도 오직 교육을 창도ᄒᆞ며 아쳥텬디에 려류ᄒᆞᄂᆞᆫ 동포들도 ᄯᅩᄒᆞᆫ 교육을 힘써 교육의 긔관되ᄂᆞᆫ 학교를 곳마다 셜립ᄒᆞ나 한아이오 돈이 업ᄂᆞᆫ 방법을 엇엇다 ᄒᆞ지로다 우리샤 동포인들 엇지 이에 감격ᄒᆞᆷ이 업슴이오 뎌졈남 겨울에 모연에 잇ᄂᆞᆫ 유시제ᄡᅥ가 발긔ᄒᆞ야 모현와 숙을 강셜ᄒᆞ다가 ᄉᆞ세의 밋지 못ᄒᆞᆷ을 인ᄒᆞ야 즁간에 폐지ᄒᆞᄂᆞᆫ 디경에 일으럿스니 엇지 미탄ᄒᆞᆯ 바 아니리오 이제 동지를 합동ᄒᆞ야 이학교를 계속ᄒᆞᆯ식 저근 직정을 모집ᄒᆞ야 교ᄉᆞ를 다시 짓고 일흠을 창흥이라 ᄒᆞ니 그 일흠이 엇지 학교에만 그러ᄒᆞᆷ이오 쟝ᄎᆞ 국가의 창흥ᄒᆞᆷ을 바ᄅᆞ고 비ᄂᆞᆫ바라 슯흐다 우리샤에 이 교육긔관을 셜시ᄒᆞᆫ 연ᄉᆞᆫ즉 더욱 더욱 확장ᄒᆞ야 교육이 날노 발달ᄒᆞ면 문명을 만히 만히 산츌ᄒᆞ야 ᄒᆞᆫ샤에 창흥ᄒᆞᆫ 효험을 몬저 거두고 졈졈 젼국에 널니 펴셔 일흔 국권을 살어 돌리면 나라의 챵흥ᄒᆞᆷ을 날을 긔약ᄒᆞ고 기달일지니 엇지 통곡만 ᄒᆞᆯ 이오 그러나 우물을 파ᄂᆞᆫ디 아홉길에 머저도 바린 우물이오 산을 ᄊᆞᄂᆞᆫ디 한 삼치가 업셔도 셩공치 못ᄒᆞᆷ이라 ᄒᆞ니 처음과 나종을 ᄒᆞᆫ길ᄀᆞᆺ치 ᄒᆞ기로 결심ᄒᆞᆯ지어다 우리 일샤 동포들이여 다시 ᄒᆞᆫ 발노 고ᄒᆞ노니 마ᄋᆞᆷ을 ᄒᆞᆫ길ᄀᆞᆺ치 ᄒᆞ야 아ᄎᆞᆷ에 분발ᄒᆞ며 저녁에 면려ᄒᆞᆯ지어다

발긔인 쟝긔쥰 허 익

義兵消息

작년 一년동안에 각쳐에 잇ᄂᆞᆫ 의병슈효와 일병과 졉젼ᄒᆞᆫ 번수와 의병의 ᄉᆞ몽ᄒᆞᆫ수효와 사로잡힌 수효와 총ᄲᅵ잇긴 수효와 일병의 ᄉᆞ샹ᄒᆞᆫ 수효와 총ᄲᅵ잇긴 수효와 됴ᄉᆞᄒᆞᆫ것이 여좌ᄒᆞᆷ

경긔도 의병 수효 一千四百八十三인
졉젼ᄒᆞᆫ번수 七十八번
ᄉᆞ몽ᄒᆞᆫ자 二十六인
사로잡힌자 六十九인
총ᄲᅵ잇긴수효 四十四병
일병
ᄉᆞ샹ᄒᆞᆫ자 一百三十一인
총ᄲᅵ잇긴수효 十四병
속ᄉᆞ포 四문

츙청북도 의병
의병수효 六千八百十五인
졉젼ᄒᆞᆫ번수 一百十三번
ᄉᆞ몽ᄒᆞᆫ쟈 三百九十四인
사로잡힌자 八十一인
총ᄲᅵ잇긴수효 一百四十八병
일병
ᄉᆞ샹ᄒᆞᆫ자 六百七十二인
총ᄲᅵ잇긴수효 卄一병

츙쳥남도 의병
의병수효 七千六百六十六인
졉젼ᄒᆞᆷ번수 二百十七번
ᄉᆞ몽ᄒᆞᆫ쟈 九百七十三인
사로잡힌자 一百四十一인
총ᄲᅵ잇긴수효 一百七十병
일병
ᄉᆞ샹ᄒᆞᆫ자 一千三百二十二인
총ᄲᅵ잇긴수효 七十四병
속ᄉᆞ포 三문

젼라북도 의병
의병수효 九千九百六十인
졉젼ᄒᆞᆫ번수 二百十九번
ᄉᆞ몽ᄒᆞᆫ쟈 五百○九인
사로잡힌자 一百四十九
총ᄲᅵ잇긴수효 三百六十一
일병
ᄉᆞ샹ᄒᆞᆫ자 七百二十三인
총ᄲᅵ잇긴수효 三十二

젼라남도 의병
의병수효 一萬五千四十四
졉젼ᄒᆞᆫ번수 二百七十四
ᄉᆞ몽ᄒᆞᆫ자 七百十五인
사로잡힌자 一百八十인
총ᄲᅵ잇긴수효 五百二十七
일병
ᄉᆞ샹ᄒᆞᆫ쟈 二千七百十一
총ᄲᅵ잇긴수효 五十三

경상남도 의병
의병수효 三千三百二十八
졉젼ᄒᆞᆫ번수 一百五十三
ᄉᆞ몽ᄒᆞᆫ자 二百○五
사로잡힌쟈 三十五
총ᄲᅵ잇긴수효 一百八十三
일병
ᄉᆞ샹ᄒᆞᆫ쟈 一百八十一
총ᄲᅵ잇긴수효 三十九병

경 북도 의병
의병슈효 五千七百○一
졉젼ᄒᆞᆫ번수 一百五十八
ᄉᆞ몽ᄒᆞᆫ자 四百八十二인
사로잡힌쟈 八十一
총ᄲᅵ잇긴수효 七百八十八
일병
사상ᄒᆞᆫ자 三百五十五
총ᄲᅵ잇긴수효 七十九

강원도 의병
의병수 一萬八千五百九十九
졉젼ᄒᆞᆫ번수 二百七十三
ᄉᆞ몽ᄒᆞᆫ자 一千二百九十五
사로잡힌자 一百五十二
총ᄲᅵ잇긴수효 一千○九十二
일병
ᄉᆞ샹ᄒᆞᆫ쟈 二千七百七十二
총ᄲᅵ잇긴수효 六百十二
속ᄉᆞ포 五문

황히도 의병
의병수효 七千九百九十八
졉젼ᄒᆞᆫ번슈 二百三十二
ᄉᆞ몽ᄒᆞᆫ자 五百八十九
사로잡진샤 十九
총ᄲᅵ잇긴수효 四百二十七
일병
ᄉᆞ샹ᄒᆞᆫ쟈 八百五十九
총ᄲᅵ잇긴슈효 六十七

평안남도 의병
의병슈효 一千三百九十一
졉젼ᄒᆞᆫ번수 一百○八
ᄉᆞ몽ᄒᆞᆫ자 一百十二
사로잡힌자 二十一
총ᄲᅵ잇긴슈효 一百○三
일병
ᄉᆞ샹ᄒᆞᆫ자 七十一
총ᄲᅵ잇긴슈효 二十四

평안북도 의병
의병슈효 二千五百九十
졉젼ᄒᆞᆫ번슈 四十一
ᄉᆞ몽ᄒᆞᆫ자 一百○一
사로잡힌쟈 卌一
총ᄲᅵ잇긴슈효 八十一
일병
ᄉᆞ샹ᄒᆞᆫ쟈 二百卌二
총ᄲᅵ잇긴슈효 六十五

함경남도 의병
의병슈효 六千四百三十
졉젼ᄒᆞᆫ번슈 六十九
ᄉᆞ몽ᄒᆞᆫ쟈 三百○三
사로잡힌쟈 四十八
총ᄲᅵ잇긴슈효 三百○一
일병
ᄉᆞ샹ᄒᆞᆫ자 五百七十四
총ᄲᅵ잇긴슈효 八十七

함경북도 의병
의병슈효 二百八十三
졉젼ᄒᆞᆫ번슈 十一
ᄉᆞ몽ᄒᆞᆫ자 三
사로잡힌자 三
총ᄲᅵ잇긴슈효 卄四
일병
ᄉᆞ샹ᄒᆞᆫ쟈 六十八
총ᄲᅵ잇긴수효 四十三

이상총합슈 의병
의병총합슈 八萬七千二百五十八
졉젼총합슈 一千九百四十二
ᄉᆞ몽자 총합슈 五千七百십一
사로잡힌쟈 총합슈 一千○八십一
총ᄲᅵ잇긴 총합 四千二百五십三
이상 총합슈 일병
ᄉᆞ상자 총합슈 一萬○七百七십
총ᄲᅵ외긴총합슈 一千二百십二
속ᄉᆞ포

이상 됴ᄉᆞᄒᆞᆫ 거ᄒᆞᆫ즉 일병외 ᄉᆞ샹ᄒᆞᆫ것이 의병의 갑졀이 ᄂᆞ되니 셰상사ᄅᆞᆷ이 아혹ᄒᆞ야 말ᄒᆞ기를 의병은 군률도 알지 못ᄒᆞ며 병긔가 졍미치 못ᄒᆞ고 일병은 군률을 잘 알며 병긔가 졍미ᄒᆞᆫ터인ᄃᆡ 엇지 일병이 비ᄂᆞᆫ 더 ᄉᆞ상ᄒᆞ여슴이오 ᄒᆞ깃시마ᄂᆞᆫ 그럿치 아니ᄒᆞᆫ 리유가 잇ᄂᆞᆫ지라 네 ᄉᆞ발에 잇스되 텬시가 디리만 ᄀᆞᆺ지 못ᄒᆞ고 디리가 ᄒᆞᆸ심ᄒᆞᆫ것만 ᄀᆞᆺ지 못ᄒᆞ다 ᄒᆞᆷ과 ᄀᆞᆺ치 의병은 디리와 ᄂᆡ운것과 ᄒᆞᆸ심된것 무가지를 엇어 ᄉᆞ싱을 불고ᄒᆞ고 나아감이라 엇지 군률을 알며 병긔가 졍미ᄒᆞᆫᄃᆡ만 잇슴이오 그런고로 미국의 독립전쟁을 격동ᄒᆞ야 넘으킨 퓌ᄎᆞᆯ의 헨듈씨의 연셜에 싸홈을 이긔ᄂᆞᆫ것은 군ᄉᆞ가 만코 병긔가 만흔ᄃᆡ 잇지 안코 다만 담ᄃᆡᄒᆞᆫᄃᆡ 잇다ᄒᆞᆫ말이 과연 확신ᄒᆞ다ᄒᆞ노라

의병소식(1909.3.14)

또한 『대동공보』에서는 국내의 의병활동에 대하여 상세히 보도하였다. 당시 국내에서는 『대한매일신보』를 제외하고는 의병이라는 표현을 거의 사용하지 못하던 시기였다.[87)]

그런데 『대동공보』에서는 최재형이 사장으로 취임하여 1909년 3월 3일자로 신문을 재간하면서부터 그전보다 본격적으로 의병에 관한 기사들을 다루고 있다. 1909년 3월 10일자에서 제국통신란에 義徒襲日, 全北快戰 등 국내 의병 기사를 싣고 있을 뿐만 아니라 3면에 의병소식란을 따로 만들어 破殺日兵, 哀哉慘命, 松亭一戰, 義兵連戰 등의 기사를 싣고 있다. 또한 3월 14일자에서는 의병소식란을 만들어 3면의 6분의 5를 이에 할당할 정도로 국내의 의병 활동에 깊은 관심을 보이고 있다. 여기서는 1908년 1년 동안 각처에서 활동한 의병의 수효와 일병과의 접전횟수, 의병 사망자수와 포로된 수, 일본군의 사상자 수, 총 빼앗긴 수효 등의 조사내용을 게재하였다. 또한 1909년 3월 21일자에서는 「戰事追錄」란을 새로이 설정하여 이형기, 권찬규 의병의 전사를 3면 반면에 걸쳐 수록하고 있다. 의병소식은 그 후 1910년 8월 14일까지 꾸준히 계속 신문에 게재되었다.

한편 『대동공보』에서는 국내 의병뿐만 아니라 간도 지역에서의 의병 활동도 1909년 6월 6일자 제국통신 「의병소식 一束」에서 게재하였다. 아울러 1909년 4월 28일 잡보에서는 「義兵驚動日本」이라는 제목 하에 대만에서 원주민들이 일본에 항거하는 기사도 싣고 있다.

이처럼 『대동공보』에서는 국권회복을 위한 방략으로 교육이 선행되어야 한다는 실력양성론을 제시하고 있는 한편 의병기사 등을 통하여 무장투쟁이 시급하다는 독립전쟁론 또한 시사하고 있다. 특히 『대동공보』는 일반 청년들에게는 교육이, 장년들에게는 무장투쟁이 중요하다고 하

87) 이광린, 1986, 「대한매일신보 간행에 대한 일고찰」 『대한매일신보연구』, 서강대학교 인문과학연구소, 35쪽.

여 전체적인 조화를 강조하고 있는 듯하다.『대동공보』1909년 8월 8일 자 논설「國民의 義務」(강기싱)에서,

> 오늘날 우리의 급급ᄒᆞᆫ 의무ᄂᆞᆫ 일왈 교육이요, 이왈 샤회요, 삼왈 폭동이니 청년들은 교육을 장려ᄒᆞ며 노년들은 샤회를 조직ᄒᆞ며 장년들은 폭동을 진취ᄒᆞ야 동일ᄒᆞᆫ 끌ᄂᆞᆫ 피와 더운 마음으로 이천만 동포가 한 단톄가 되면 우로ᄂᆞᆫ 하ᄂᆞ님이 도우시고 아ᄅᆡ로ᄂᆞᆫ 만국공법이 자지하니 독립도 ᄂᆡ의 독립이요 자유도 ᄂᆡ의 자유이니 의무 두자를 닛지 말고 뢰슈에 부은 듯 마음에 삭인 듯 ᄇᆡᆨ절불굴할 용ᄆᆡᆼ으로 젼진ᄒᆞ면 오늘 이쳔만 민족이 ᄅᆡ일 사쳔만 인구를 쇼멸ᄒᆞᆯ 것은 젼감불월이라.

라고 하고 있는 것이다.

그러나『대동공보』의 무장투쟁에 대한 입장은『대동공보』사장인 최재형과 같은 단체 소속인 안중근이 이등박문을 사살함으로써 보다 강조된다. 안중근은 러시아지역에서 의병활동을 전개한 인물로서[88] 대동공보사 사장 최재형이 회장인 동의회의 구성원이었다.[89] 그리고 이등박문의 암살 모의가 대동공보사에서 이루어졌던 것이다. 즉 1909년 10월 10일 대동공보사의 사무실에서 대동공보사의 유진률, 정재관, 이강, 윤일병, 정순만, 禹德淳 등이 모인 가운데 이등박문의 암살을 위한 조직이 이루어졌다.[90] 그리고 그와 가까운 동료들이 대동공보사에서 일하고 있었는데, 특히 주필인 이강은 안중근과 의형제라는 설이 있을 정도였다.[91] 뿐만 아니라 안중근과 함께 의거에 참여했던 우덕순, 曺道先 등도『대동공보』와 관련이 있는 인물들이었다.[92]

---

88) 신용하,「안중근의 사상과 의병운동」앞의 책, 164~193쪽.
89) 주한일본공사관 기록 1909년 安重根及合邦에 관한 서류 (2) 12748.
90) 위의 논문, 179~180쪽.
91) 국사편찬위원회,『한국독립운동사』1, 981쪽.
92) 위와 같음.

대동공보

大東共報

ТЭ ДОНГ КОНГ БО

КОРЕЙСКІЯ ИЗВѢСТІЯ

◎日人 伊藤이가 韓人의 銃을 마자

「日人 伊藤이가 韓人의 銃을 마자」(1909.10.28)

그러므로 『대동공보』에서는 이 사건에 보다 특별한 관심을 보여 연일 대서 특필하였으며 주필인 미하일로프를 변호사로서 여순에 파견까지 하였던 것이다.[93] 또한 국내에서는 안중근의사에 대한 기사가 신속 정확히 보도되지 못한 데 비하여 해외에 있던 이 신문에서는 이를 신속 정확하게 보도하여 그 사실이 내외에 널리 알려지게 되었다.

안중근 의거가 『대동공보』에 처음 게재된 것은 1909년 10월 28일이었다. 즉 사건이 발생한 지 이틀 후였다. 『대동공보』에서는 하얼빈에서 간행되는 원변보를 인용하여 별보에서 「日人 伊藤이가 韓人의 銃을 마자」라는 제목 하에 제1호 활자 크기로 1면에 다음과 같이 보도하였던 것이다.

> 할빈소식을 졉ᄒᆞᆫ즉 일본에 졍치가로 유명ᄒᆞᆫ 이등이가 아라ᄉᆞ 탁지대신 ᄭᅩᄭᅩ체프씨와 서로 만나기 위ᄒᆞ야 할빈으로 오난길에 마참 뎡거장에 ᄂᆡ일 ᄯᅢ에 ᄒᆞᆫ 한국사ᄅᆞᆷ ᄒᆞ나이 이등을 향ᄒᆞ야 총으로 쏘아 즁상ᄒᆞᆫ고로 이등이 ᄂᆞᆫ화차ᄅᆞᆯ 타고 관쳥지로 돌아가고 발총ᄒᆞᆫ 한인은 붓잡혓다더라.

이어서 『대동공보』에서는 1909년 10월 31일자, 11월 1일자 별보에 「伊藤公爵被殺後聞」, 「詳記伊藤被殺後聞」이라는 제목하에 원변보 기사를 인용하여 사건 정황에 대하여 상세히 보도하고 있다. 특히 前者 기사에서는 암살자를 의사라고 불러 일제의 주목을 받았다.[94] 아울러 1909년 11월 1일자 논설 「ᄉᆞ법이 어ᄃᆡ 잇ᄂᆞᆫ가」라는 제목하에,

> 실샹뎍으로 한국을 통감ᄒᆞ던 일본인 이등공쟉이 근일피살을 당ᄒᆞ야 비챵ᄒᆞᆫ 졍샹즁이나 우리ᄂᆞᆫ 그 죽기를 돌아보지 아니ᄒᆞ고 호혈로 들어가듯ᄒᆞᆫ ᄋᆡ국쟈의 직판당ᄒᆞᆯ쳐소를 어ᄃᆡ로 뎡ᄒᆞᄂᆞᆫ 문뎨가 ᄆᆡ오 긴즁ᄒᆞ다ᄒᆞ노라. 그러나 그 ᄋᆡ국쟈의 젼졍이 엇더케 판결될 것은 다 명확히 알바에 아라사나

93) 『대동공보』 1909년 12월 5일자 제국통신.
94) 주한일본공사관기록 1909년 안중근급합방에 관한 서류 (2) 12748.

> 일본이나 심지어 청국법률로 다스리던지 사형을 당ᄒᆞᄂᆞᆫ 것은 ᄯᅥᆺᄯᅥᆺᄒᆞᆫ골리라 홀지라. 그려나 우리ᄂᆞᆫ ᄉᆡᆼ각건ᄃᆡ 그 ᄋᆡ국쟈를 아라ᄉᆞ 법률로 다ᄉᆞ릴 리유를 들어말ᄒᆞ노라.
>
> 대져 一千八百九十六年에 톄결된 아쳥양국죠약을 의지ᄒᆞ야 청정부에셔 동청텰도회사가 텰도구역을 팔십년 한뎡으로 조세맛흔 분명ᄒᆞᆫ 아라사 디방에셔 이 ᄉᆞ건이 닐어나신즉 그 죠약에 실샹인즉 어ᄂᆡ구졀에 하등 형ᄉᆞ에 범죄쟈가 무삼 법률에 쳐ᄒᆞᆫ다고 쇼상이 가라친것은 업스나 이 죠약이 아청량국간에 북만쥬에셔 교섭ᄒᆞᄂᆞᆫᄃᆡ 근원을 삼앗다홀지로다. 이 죠약 뎨五에 불란셔의 글 ᄯᅳᆺ시 현명치못ᄒᆞ게 가르치기를 동청텰도 회샤 텰도 구역ᄂᆡ에셔 각항 사법샹 사건이 닐어나ᄂᆞᆫ 경우에ᄂᆞᆫ 약죠를 의지ᄒᆞ야 아라사 정부에셔 판결ᄒᆞᆫ다 ᄒᆞ얏고 기후에 一千八百九十六年과 一千九百二年과 금년 四월 二十七일에 부측을 더 반포ᄒᆞ야시ᄂᆞ 사법샹 관계의 여하ᄒᆞ다ᄂᆞᆫ 구졀은 가라치지 아니ᄒᆞ얏ᄂᆞᆫ지라 ᄯᅩ 그 ᄲᅮᆫ이 아니라 만국공법으로 평론홀진ᄃᆡ 문명ᄒᆞᆫ 나라의 관계로ᄂᆞᆫ 죄인들을 범죄ᄒᆞᆫ 그나라디방의 법률노 다ᄉᆞ리ᄂᆞᆫ 규모가 만타홀지며 ….

라고 하여 안중근이 1896년 러시아와 청국 간에 맺은 조약으로 보나 국제공법에 의하더라도 러시아 법정에 서야 한다고 주장하여 안중근에게 유리한 재판이 이루어지도록 노력하였다.

아울러 『대동공보』에서는 1909년 11월 18일자 외보 「의사의 素性」이라는 기사에서부터 1910년 5월 12일자 제국통신에서 안중근의 사형광경을 보도하기까지 체포시부터 사형에 이르기까지 안중근의 동향과 재판과정, 신문과정 등에 대하여 소상히 보도하고 있다.

안중근의 이러한 의거는 재러동포들에게 민족의식의 고취라는 측면에서 많은 영향을 주었다. 즉 대동공보사 또는 러시아 각 지역의 재러한인사회 주최로 안의사 추도회가 개최되었다.[95] 그리고 연해주 지역에서는

95) 『대동공보』 1910년 4월 24일자 제국통신에 「은근추도회」, 잡보에 「안의사추도회」 등의 기사가 보인다. 그리고 1910년 4월 24일 광고에서는 1910년 4월 26일 안중근추도회를 한민학교에서 개최할 것임을 공고하기도 하였다. 이외에도 안중근 추도회는 러시아의 각 지역에서 개최되었으며 이에 대한 기사는 『대동공보』에 자주 산견되고 있다.

최봉준, 金秉學, 金學滿, 유진률 등에 의하여 안응칠유족구제회가 결성되기도 하였다.[96]

『대동공보』에서는 1909년 12월 2일자 「博浪一椎가 喚起半島英雄」이라는 논설에서 안중근의 의거를 칭송하였다. 뿐만 아니라 중국 또는 해외에 있는 중국인들이 간행한 신문에서 안의사의 의거를 찬양하는 논설을 전재하기도 하였다. 1909년 12월 12일자 『대동공보』에서는 1면과 2면을 완전히 여기에 할애하였다. 1면에서는 「快哉一擊高麗尙有人也」라는 청국의 대동일보 논설을, 2면에서는 미국 샌프란시스코에서 청국인이 경영하는 『세계일보』의 논설 「韓人其不亡矣」와 청인의 『중서일보』 논설 「論伊藤之被暗殺」을 번역 게재하였다. 그 중 『중서일보』의 논설을 보면,

> 이제 할빈에서 죠선 유민의 춍으로 다시 한국을 멸망케ᄒᆞ든 이등박문을 격살ᄒᆞ야 삼도국민(일인)의 담이 쩌동지게 ᄒᆞ얏스니 그 발ᄒᆞᄂᆞᆫ바 반다시 명즁ᄒᆞ는 것은 형경의 정밀치 못ᄒᆞᆫ 검슐에 견쥴바 아니며 그 용밍스러히 나라의 원슈ᄅᆞᆯ 갑ᄂᆞᆫ 것은 더욱히 극밍의 사험으로 ᄉᆞᆯ인ᄒᆞᆫ데ᄀᆞᆺ치 말ᄒᆞᆯ슈 업ᄂᆞᆫ지라. 오호라 한국사람의 의렬스러온 뎡도ᄂᆞᆫ 가히 공경ᄒᆞᆯ만ᄒᆞᆷ 이여.

라고 하여 안중근의 이등박문 암살의 정당성을 인정하고 안중근에게 공경심을 표하고 있는 것이다. 그리고 『대동공보』에서는 1910년 1월 2일에 논설 「高麗不亡矣」를 실었다. 이 논설은 하와이 호놀로루에서 중국인이 발행하는 『자유신보』 1909년 12월 27일에 실린 내용을 번역 게재한 것이었다.

안중근의 이등박문 사살이 있은 후 『대동공보』의 논지는 무장 투쟁을 더욱 강조하는 방향으로 나아가게 되는 것 같다. 1910년 5월 26일자 논

---

96) 왜정갑구 1910년 1월 20일 보고.

설 「急進과 완진」에서 노령지역에는 급진과 완진당이 있는데 두 파는 서로 반목하고 있으나 상호 보완적이어야 한다고 지적하나, 오늘 국가가 망하고 민족이 진멸하는 지경에 이르렀으니 급진당은 기회와 형세를 돌아볼 필요 없이 한 사람이라도 나아가 죽음이 마땅하다고 주장하였다. 그리고 이어서,

> 급진당이여 오날은 급진당의 급진ᄒᆞᆯ 시ᄃᆡ라 지금 일인이 안으로ᄂᆞᆫ 한인의 ᄒᆡᆼ동을 숣히며 밧그로ᄂᆞᆫ 렬국의 정형을 보아 한일합방을 실ᄒᆡᆼ코져 ᄒᆞᄂᆞ니 이ᄣᆡ를 당ᄒᆞ야 반도강산에 흑운폭뢰ᄀᆞ 한번 닐지 아니ᄒᆞ면 뎌 강뎍이 긔탄할 바 업시 야심 만ᄒᆡᆼ을 발포ᄒᆞᆯ지라. 이후로ᄂᆞᆫ 나라 일홈이 아주 업슬 것이오, 닌군의 위ᄀᆞ 아주 업슬 것이오 ᄇᆡᆨ셩이 ᄉᆡᆼ명 ᄌᆡ산이 아주 업슬 것이니 이갓치 위급ᄒᆞᆷ을 보고 엇지 급진치 아니ᄒᆞ며 이가치 참혹ᄒᆞᆷ을 당ᄒᆞ고 엇지 죽지 아니ᄒᆞ며 이 갓치 절박ᄒᆞᆷ을 듯고 엇지 나가지 아니 ᄒᆞ리오. 오날 한번 급진ᄒᆞᆷ은 완진의 젼녕을 ᄀᆡ도ᄒᆞᆷ이며 강뎍의 긔염을 지샹ᄒᆞᆷ이며, 셰계의 동정을 불음이며, 국민의 취몽을 경셩ᄒᆞᆷ이니 쥬뎌ᄒᆞ지 말고 급진ᄒᆞ며 유예ᄒᆞ지 말고 급진ᄒᆞ며 한사ᄅᆞᆷ이라도 급진ᄒᆞ며 두사ᄅᆞᆷ이라도 급진ᄒᆞ며 젹수공권으로도 급진ᄒᆞ며 필마 단긔로도 급진ᄒᆞᆯ 지여다.
>
> 만일 졔군이 오ᄂᆞᆯ 급진치 아니ᄒᆞ면 우리ᄂᆞᆫ 급진으로 허락지 아니ᄒᆞᆯ지며 젼일 쟝담을 허언으로 알지며 용ᄆᆡᆼ이 업ᄂᆞᆫ 쟈 알지며 ᄉᆡᆼ명을 앗기ᄂᆞᆫ 쟈로 알지며 겁약ᄒᆞᆫ 쟈로 알지며 잔인ᄒᆞᆫ 쟈로 알지로다. 반도 풍운이 졔군을 불으는듯 반도 강산이 졔군을 기다리ᄂᆞᆫ 듯 날은 힘들고 길은 멀도다. 급진당이여 긔회는 갓갑고 ᄉᆞ셰ᄂᆞᆫ 절박ᄒᆞ다. 급진당이여.

라고 하여 무장투쟁을 강력히 주장하였다. 이와 같은 안중근의 극단적인 방법에 의한 투쟁과 『대동공보』의 무장투쟁에 대한 강조는 재러한인의 러시아에서의 입지를 강화하여 주었을 것으로 생각된다. 즉 한인을 일본의 앞잡이 정도로 파악하고 있던 러시아인들에게 한인들이 반일적인 인물로 비쳤을 것이기 때문이다.

한편 1910년 일제에 의한 조선 강점이 더욱 현실화되자 『대동공보』에서는 일제의 조선 강점에 반대하는 각지의 의견을 기사화하였다.

1910년 7월 17일자 논설에서는 수찬에 거주하는 金敏奎 등이 한일합방에 반대하여 청나라와 러시아 각지를 순방하여 그 지역에 거주하는 270여 명의 서명을 받아[97] 일본정부에 보내는 글을 게재하였으며, 1910년 8월 11일에는 우수리지방에 거주하는 李範錫 등이 일본정부에 보내는 글을 싣고 있다. 아울러 1910년 8월 14일에는 미국 샌프란시스코에서 합방을 반대하는 한인들의 결의문을 싣고 있다. 또한 8월 28일에는 잡보에서 「대한국일반인민의 ᄃᆡ표 류린셕씨ᄀᆞ 구미렬국 정부에 ᄃᆡ하여 한일합방의 반ᄃᆡ를 법문으로 뎐보ᄒᆞᆷ이 여좌ᄒᆞ니라」는 기사를, 그리고 1910년 8월 21일 기서에서는 金一澤의 「警告俄淸等地在留同胞」라는 글을 실어 민족의식을 고취시키고 있다. 그 중 김일택은,

> 바라건ᄃᆡ 유지졔군은 쓸ᄂᆞᆫ피를 어ᄂᆞ ᄯᅢ에 ᄲᅮ리리오. 이라ᄒᆞᆫ 됴흔긔회를 일치말고 나갑시다. ᄒᆞᆫ사ᄅᆞᆷ이라도 나아가고 열사ᄅᆞᆷ 빅사ᄅᆞᆷ 쳔사ᄅᆞᆷ 만사ᄅᆞᆷ 수 잇ᄂᆞᆫᄃᆡ로 듀뎨말고 다 나아갑세다. 범의 굴에 가지 아니ᄒᆞ면 범의 식기를 어들수 업스니 우리ᄀᆞ 피흘리ᄂᆞᆫ 계칙을 쓰지 아니ᄒᆞ면 독립을 어들수 업슨즉 쥬의ᄒᆞᆯ 지어다.

라고 하여 적의 소굴로 들어가 피로써 싸울 것을 주장하였던 것이다. 이러한 김일택의 주장에 대하여 블라디보스톡에 거주하는 일본인들은 상당히 겁에 질렸던 것 같다. 1910년 8월 17일자로 내무부 검열부 산하 해외 검열부에서 문서 NO.228로 연해주 군지사에게 보고한 다음의 보고 내용을 보면 단적으로 알 수 있다.

> 블라디보스톡에서 간행되는 한국어 신문 대동공보 47호에 러시아와 중국에 사는 한국인 동포들에게 보내는 호소문을 게재하였음을 삼가 보고드리는 바입니다. 호소문은 현지의 일본인들에게 한국인들보다 더 큰 인상을 주었기에 본인은 이 호소문의 일부를 아래에 인용하는 것이 필요하다

97) 왜정갑구 1910년 7월 23일 보고.

고 생각합니다.

호소문을 작성한 사람은 가증스러운 일본인들의 압제를 받는 조국의 비극적 상황을 매우 애국적인 측면에서 묘사하면서 독자들에게 철천지 원수들을 격퇴하기 위해 방도를 구할 것을 호소하고 있다. 그는 수가 적은 것에 당황하지 말라고 하고 있다. (중략) 독자들 여러분은 피를 흘리고 뜨거운 눈물을 쏟아야 하는 뚜렷한 목표를 가지고 있습니다. 일어나 우리와 함께 갑시다. 지금과 같이 좋은 기회를 놓쳐서는 안됩니다. 호랑이 새끼를 잡으려거든 호랑이 굴에 들어가야 합니다. 지금 피 흘리지 않는 다면 훗날 우리는 해방된 한국을 볼 수 없을 것입니다. 일본인들에 대한 위 신문의 기사들은 그 정신이 위에 인용한 호소문과 유사하여 서로 무관하지 않아 한쪽 주민들과 다른 한쪽 주민들 사이를 나쁘게 하기 때문에 본인은 위 사실을 각하의 재량을 판단을 바라는 바입니다.[98]

이처럼 활발한 언론 활동을 전개하던 『대동공보』도 일제에 의하여 1910년 8월 29일 조선이 강점당하자 1910년 9월 1일자를 마지막으로 러시아 정부에 의하여 폐간되기에 이르렀다.[99] 마지막 호에서 논설 「今日」을 통하여 『대동공보』에서는 일제의 조선 강점에 반대하였다. 그리고 조선이 나아갈 길에 대하여,

본긔쟈ᄀᆞ ᄇᆞᆺ을 잡고 글을 쓰ᄂᆞᆫ 이 ᄂᆞᆯ은 무슴 날인고 과연 우리에게 ᄃᆡᄒᆞ야 비관적 오날이오, 왜적에게 ᄃᆡᄒᆞ야ᄂᆞᆫ 락관뎍 오ᄂᆞᆯ이니 엇지ᄒᆞ면 락관뎍으로 보ᄂᆡᄂᆞᆫ 일본이 비관뎍으로 보ᄂᆡ게 ᄒᆞᄂᆞᆫ 날을 보거ᄂᆞ 비관뎍으로 보ᄂᆡᄂᆞᆫ 우리 대한이 락관뎍으로 보내게 ᄒᆞᄂᆞᆫ ᄂᆞᆯ을 다시 보리오 칼을 집ᄒᆞ며 창을 메고 피를 흘녀야 락관을 보ᄂᆞᆫ 오날이 잇슬 것이며, 청년을 교육ᄒᆞ며 동족을 단합ᄒᆞ고 죽기를 결단ᄒᆞ여야 영구ᄒᆞᆫ 락관에 유지ᄒᆞᄂᆞᆫ 오늘이 잇깃ᄂᆞᆫ가. 이 비관ᄒᆞᆫ 오늘ᄂᆞᆯ을 당하야 대한사ᄅᆞᆷ된쟈ᄀᆞ 어제 마음과 갓치 ᄒᆞ고 어제 ᄒᆡᆼ위와 갓치 ᄒᆞ고 어제 심술과 ᄀᆞᆺ치 ᄒᆞ면 쟝차 락관보기ᄂᆞᆫ 고사ᄒᆞ고 살아 잇ᄂᆞᆫ 나의 형뎨ᄀᆞ 모다 죽을 것이며 졍졍ᄒᆞᆫ 우리 부녀ᄀᆞ 모다

98) (연해주군지사각하께), 내무부 검열부 해외검열부 NO.228 1910년 8월 17일 블라지워스또크시, 똠스크문서보관소 소장.

99) 연해주 지방행정 담당 제1부 제1과에서 1910년 8월 25일자로 블라디보스톡 경찰에게 보낸 문서, NO.39325.

> 더러온 욕을 보아 죵즈도 업슬 것이니 슯흐다 동포 동포여 사ᄉᆞ혼 혐의는 고만두고 공공홀 의무를 실힝홀 지어다. 한국 한즈는 업서지고 왜놈 왜즈 되얏스니 이롤 엇지홀ㄱ. 당쟝에 잇는 부모를 혼번 다시 돌아보라.

라고 하여 칼을 잡으며 창을 메고 피를 흘려야 조선의 독립이 이루어질 것임을 주창하였다.

27 러시아의 한인 배척에 대한 대응

『대동공보』는 러일관계가 안정된 상태에서 극동총독이 한인에 대한 억압정책을 실시하는 가운데 간행된 신문이다. 그러므로 신문기사의 작성에 있어서 상당한 어려움이 있었을 것으로 생각된다. 더구나 러시아인들이 한국인들을 일본의 앞잡이로 보는 분위기였다.

『대동공보』가 간행되는 시점에 있어서 재러한인들이 당면한 가장 현실적인 문제는 러시아 당국의 한인에 대한 배척문제였다. 이러한 사례를 한두가지 『대동공보』의 기사를 통해 보면 다음과 같다.

1909년 3월 14일 잡보 「韓淸勞動不許」에,

> 아라ᄉᆞ 롱학박사 모씨가 즈긔 롱장에 한청량국 뢰동쟈를 고용ᄒᆞ야 긔경ᄒᆞ겟다고 허발포총독에게 청원ᄒᆞ엿더니 허락지 아니ᄒᆞ얏다더라.

라고 한 것처럼 한국인들이 러시아인의 농장에서 일하는 것을 금지하고 있으며, 또한 1909년 3월 24일 잡보 「韓淸兩國人의 航業禁止」라는 기사에서 알 수 있듯이, 3월 2일부터는 한청 양국인이 피득만에서 항해하는 것을 금지하였다.

당시 러시아인의 한인 배척은 비귀화 조선인은 물론 귀화조선인에게도 해당되는 전체 재러한인의 당면 문제로서[100] 한인의 생존과 직결된

---

100) 와다 하루키, 앞의 논문, 46쪽.

것이었으므로 『대동공보』는 이에 깊은 관심을 갖고 있었다. 특히 재러 한인의 다수를 이루고 있는 함경도 출신 동포들에게는 치명적인 것이었으므로 신문 곳곳에 이와 관련된 기사들이 다수 보도되었던 것이다. 1909년 1월 17일자 잡보 「同胞請願」에,

> 각쥬 금광에 류ᄒᆞᄂᆞᆫ 동포들이 아라사 너부에 청원ᄒᆞ되 슈만인구를 졸디에 츅송ᄒᆞᄂᆞ 본방으로 도라가셔 일본의 보호ᄂᆞᆫ 결단코 밧지안이 홀터이오며 타국으로 다시 향ᄒᆞᆯ즉 거만의 지졍을 허비되겟스니 각금광에셔 젼과ᄀᆞᆺ치 거류ᄒᆞ기를 원한다고 본항 원 변보에 게직ᄒᆞ엿더라

라고 있듯이, 각 지역의 금광에 거주하는 한인들이 러시아 내부에 한인 배척을 금지해줄 것을 호소하는 글을 실었다. 이러한 내용은 1909년 4월 21일자 잡보 「黑龍沿海兩州 各金鑛韓人 勞動會総代가 俄國內部에셔 呈ᄒᆞᆫ 請願書의 젼문이 여좌ᄒᆞ더라」에도 있다.

한편 재러동포들은 러시아의 수도 뻬쩨르부르크까지 가서 이 문제의 해결을 호소하기도 하였다. 즉 1909년 3월 7일자 잡보 「同포輪告文」에 따르면 한인들 가운데에는 흑룡강 도백, 총독부를 거쳐 뻬쩨르부르크까지 가서 러시아 총리에게도 호소하였던 것이다. 그러나 러시아 총리는 1906년 신장정에 의하여 이를 허락할 수 없다고 하였다.

한편 금광의 경우 극동지역에서 금광을 운영하는 러시아인들도 한국인들을 금광에서 강제적으로 축출하지 말 것을 청원하였다. 1909년 3월 14일 잡보 「韓人逐出에 關ᄒᆞᆫ事項」에 보면 흑룡주 일대의 여러 금광에서 남작 페던코프와 그라우만을 총리 쓰똘티셉에게 파견하여 러시아 노동자들은 힘 드는 일을 하지 않을 뿐만 아니라, 임금이 한인들에 비하여 높으므로 한인을 배척할 경우 금광들은 파산할 것이므로 한인들을 배척하지 말 것을 요구하였다.

블라디보스톡 한인들

블라디보스톡 한인 어린이들

한인들의 이러한 노력에도 불구하고 러시아 정부는 1910년 7월 4일부로 「외국인 노동자 사용제한에 관한 규정」을 발표하였다.[101] 그러나 외국인, 특히 한인들에 대한 노동력의 배척은 사실 러시아의 불이익을 자초하였으므로 이 법은 결국 1911년 3월 23일부로 폐지되었다.[102]

한편 러시아 정부에서는 1909년과 1910년 양차에 걸쳐 총독의 명령으로 러시아 국적 한인에 대한 권리 심사도 행하였다. 이에 귀화한인들도 불안하게 되었다.[103]

러시아인의 한인 배척에 대하여 『대동공보』에서는 재러한인들이 러시아에 위험한 존재가 아님을 각종 논설을 통하여 밝히고 있다. 1909년 6월 10일자 별보 「황인의 위헉론」의 끝부분에서, 러시아의 한국인과 청국인에 대한 방어방침을 비판하고 이익상, 정치상, 도덕상보더라도 한국인들을 방어할 필요가 없다고 주장하였다. 즉 우선 이익적인 측면에서 다음과 같이 주장하였다.

> 한인이 이 나라에 들어온쟈가 몃만명이라ᄒᆞ지만은 ᄉᆡᆨ업은 각 금광과 텰도의 로동ᄒᆞᆷ과 토디를 경작ᄒᆞᄂᆞᆫᄃᆡ셔 지나지 못ᄒᆞ고 다른 나라 사ᄅᆞᆷ과 ᄀᆞᆺ치 샹업을 확쟝ᄒᆞ며 공쟝을 챵슈ᄒᆞᆷ은 젼무ᄒᆞᆯ ᄲᅮᆫ 더러 ᄯᅩ 다른 나라 사ᄅᆞᆷ과 ᄀᆞᆺ치 의복음식품을 자긔 나라에셔 가져오ᄂᆞᆫ일이 업고 다 이나라의 물품을 슈용ᄒᆞᆫ 즉 이 나라에셔 엇은 돈은 도로 이 나라에셔 허비ᄒᆞ야 지금ᄭᅡ지 남은 것은 다만 젹슈공권 ᄲᅮᆫ이라 그런 즉 이나라의 리익 ᄲᅮᆫ이오. 한인의 리익될 것은 업스며 ….

이어서 정치적인 측면에서도 한인이 러시아에 해로움이 될 것이 없음을 다음과 같이 설파하였다.

---

101) 현규환, 앞의 책, 790~791쪽.
102) 현규환, 앞의 책, 793쪽.
103) 현규환, 앞의 책, 825~826쪽.

> 훈번 동을 도라보아 강포훈 나라를 억제후며 쇠약훈 나라를 붓들어 동양의 평화를 유지후며 만국의 리익을 균텸케 후고져 훌지면 죠만간 동으로 일이 이슬터즉 그 쩍에는 이 나라를 짜라 죽는 것을 도라보지 안코 열심으로 젼장에 죵스훌 한인이 몃만명이 될 것은 확연훈 리치라. 지금 빅쳑후지 안코 둘디경이면 은근히 정병을 양성홈에셔 다름이 업슬터이며 ….

즉 만약 다시 러일전쟁이 일어난다면 한국인 몇 만 명은 죽음을 무릅쓰고 러시아를 위하여 목숨을 바칠 것이라고 하였다. 아울러 도덕적인 측면에서 보아도 한국인을 배척해서는 안 된다고 주장하였다. 즉,

> 스면으로 쇽박후야 갈곳이 업고 만가지 학졍에 살길이 업셔 독스의 독을 피후며 호랑이의 입을 피후야 오직 한길 쁜되는 이 곳으로 들어오는 불샹훈 민족을 빅쳑후면 진퇴유곡의 참샹을 면치 못후고 진멸을 당훌터이니 대자대비훈 하느님의 교를 슝봉후는 나라에셔 훈번 구휼을 베풀만후도다.

라고 하여 일제의 학정을 피하여 이 곳에 온 불쌍한 민족을 배척하지 말 것을 호소하였던 것이다.

『대동공보』에서는 러시아인들의 한인들에 대한 오해를 풀려고 노력하였다. 1910년 5월 19일자 논설 「아인의 오해를 설명홈」에서 러일전쟁 이후 한국이 일본의 보호국이 되면서 러시아의 극동 정책이 변하였으며, 한인들을 대우함이 전만 같지 못할 뿐만 아니라 다음과 같은 네 가지 점에서 오해를 하고 있다고 지적하였다.

> 1. 한국이 일본의 보호국이 된 후 일인과 친하고 러시아인을 배척할까 의심함이 한 오해요.
> 2. 한인과 일인은 황인종이오, 러시아인은 백인종이라. 인종을 분별하여 일인과 친하고 러시아인을 배척할까 의심함이 한 오해요.
> 3. 일진회 일이명이 일본의 정탐비를 받고 종종 이 부근에 출입하는 것을 보고 이 곳에 있는 한인 전체를 의심함이 한 오해요.
> 4. 동양은 동양사람의 동양이라 하여 일인을 친하고 러시아인을 배척할까 의심함이 한 오해요(맞춤법－필자).

그리고 이같은 오해를 모든 러시아인들이 갖고 있기 때문에 러시아 정부가 흑룡강 이남에 거주하는 한인들을 노동계, 농업계, 상업계, 광산계 등에서 배척하고 있다고 보고 있다. 그리고 이같은 러시아 측의 오해는 한국인의 불행일 뿐만 아니라 결국 러시아인의 불행이 될 것이라고 전망하였다. 그 근거로서 『대동공보』에서는 다음과 같은 주장을 전개하고 있다.

우선 첫 번째, 두 번째 오해와 관련하여 앞의 논설에서는,

> 한인이 일인의 보호를 ᄌᆞ원ᄒᆞ엿얏ᄂᆞᆫ지 일인이 억지로 ᄒᆞ얏ᄂᆞᆫ지 이ᄂᆞᆫ 세상이 다 아ᄂᆞᆫ바라. 일인이 병력으로 우리의 군상을 협박ᄒᆞ며 우리의 츙신을 살히ᄒᆞ며 우리의 군ᄃᆡ를 히산하고 보호됴박을 톄결ᄒᆞᆫ 후로 외교권을 강탈ᄒᆞ며 ᄉᆞ법권을 강탈ᄒᆞ며 교육권을 강탈ᄒᆞ며 직정권을 강탈ᄒᆞ며 텰도, 광산, 산림권을 강탈ᄒᆞ야 우리로 ᄒᆞ야곰 이갓치 비참ᄒᆞᆫ 짜에 빠치니 일인은 일반 우리 불공텬지 원수라 엇지 친ᄒᆞᆫ다 ᄒᆞᆯ수잇으며, 우리와 일인은 수쳔년 븟허 력ᄉᆞ샹 원슈라 일인보기를 사갈ᄀᆞᆺ치 ᄒᆞᆯ ᄲᅮᆫ아니라 현금 노예의 학ᄃᆡ를 밧으며 우마의 고초를 당ᄒᆞ니 동부모형뎨라도 간괘로 셔로 향ᄒᆞᆯ것이어ᄂᆞᆯ 엇지 동식인죵이라 친ᄒᆞᆫ다 ᄒᆞᆯ수잇쓰며 ….

라고 하여 한국인이 일본인과 친하기는커녕 도리어 불공천지의 원수라는 점을 밝히고 있다. 이어서 세 번째 오해와 관련해서는 일진회 회원 몇 명이 러시아를 정탐했다고 해서 한국인 전체를 의심한다는 것은 있을 수 없는 일이라고 지적하고 있다. 그러나 이 부분에 대한 러시아 측의 오해는 컸던 것 같다. 1910년 5월 22일자 논설 제목으로 「뎡탐쟈를 가살」이 등장할 정도였다. 여기서,

> 우리ᄀᆞ 뎡탐군을 업시ᄒᆞᆫ 이후에야 능히 아인과 친밀ᄒᆞ야 금젼도 벌것이오, 농사도 질것이오, 교육도 힘쓸 것이오, 단톄도 결합ᄒᆞ야 우리의 목뎍을 일울것이니 뎡탑군이 잇스면 부형이라도 죽이며, ᄌᆞ뎨라도 죽이며 친쳑이라도 죽이며 고구라도 죽임이 가ᄒᆞ도다.

라고 하여 우리가 정탐꾼을 제거한 후에야 러시아에서 안정된 생활을 누릴 수 있으므로 이일을 위해서는 부모, 친척, 자제, 오랜 친구 등 아무리 가까운 사람이라도 죽여야 된다고 강조하고 있는 것이다. 이 내용을 통해서 볼 때 당시 한국인들이 이 문제로 인하여 입은 피해의 정도를 짐작해 볼 수 있다.

이어서 네 번째 오해와 관련하여 1910년 5월 19일자 앞의 논설에서는,

> 우리ᄂᆞᆫ 한국이 잇슨후에 동양이 잇슴을 원ᄒᆞ며 한국이 망ᄒᆞᆫ후에 동양이 잇슴을 원치안ᄂᆞᆫ바라. 이졔 일인이 우리의 ᄌᆞ유를 압제ᄒᆞ며 우리의 독립을 륵탈ᄒᆞ야 국가ᄀᆞ 망ᄒᆞ고 민족이 멸ᄒᆞ게 되얏스니 엇지 우리에게 동양쥬의로 일인을 친ᄒᆞᆫ다ᄒᆞᆯ수이스리오.

라고 하여 일본이 한국인의 자유를 압제하고 국가의 독립을 강제로 빼앗아 국가와 민족을 망하게 하였는데 한국인이 동양주의를 내세워 일본과 친하겠는가라고 반박하고 있다.

끝으로 논설에서는 이와 같은 점에서 볼 때, 한국인이 일본을 배척함은 명약관화한 것이라고 지적하고, 이에 대한 증거로서 일본에 대한 투쟁을 밝혀 러시아인들의 오해를 풀고자 하였다. 즉,

> 현금 한국ᄂᆡ디에셔 의병은 四쳐에 봉긔ᄒᆞ야 죵죵 혈젼이 잇스며 츙신의ᄉᆞᄂᆞᆫ 일쳑비수와 륙혈 단총으로 원수와 역적을 간간 격살ᄒᆞ며 인인지사ᄂᆞᆫ 동포를 규합ᄒᆞ며 샤회를 조직ᄒᆞ야 독립 ᄌᆞ유를 데챵ᄒᆞ니 불구에 二千만 국민이 합심동력ᄒᆞ야 ᄌᆞ유의 죵을 울니며 독립긔를 들것이오.

라고 하고 있는 것이다. 이어서 러시아와 일본이 전쟁을 할 경우 한국과 러시아는 순치보거의 관계이므로, 그때 한국인들은 한국의 독립을 위하여 러시아 편에 서서 싸울것이니 사소한 오해를 풀 것을 요망하였다.

아울러 『대동공보』에서는 1905년 이후 일본의 학정에 못 이겨 러시아지역으로 망명하는 한인들을 러시아 정부가 배려하여 줄 것을 호소하였다. 1909년 3월 17일자 논설 「時事의 大悲觀」에서,

> 슯흐다. 오늘날 한국사ᄅᆞᆷ의 권리ᄂᆞᆫ 우마만 ᄀᆞᆺ지 못ᄒᆞ고 ᄉᆡᆼ명을 ᄭᅳᆯᄂᆞᆫ 가마안에 물고기와 ᄀᆞᆺᄒᆞ야 오오ᄒᆞᆫ 민졍이 피란ᄒᆞᆯᄉᆡᆼ각 ᄲᅮᆫ이라. 고로 이번션편에도 삼ᄇᆡᆨ여명이 들어왓ᄂᆞᆫᄃᆡ 다 분묘를 바라며 친쳑을 ᄯᅥ나 늙은이를 붓들며 어린이를 잇글고 ᄒᆞᆫ쥴눈물노 조국읋딕ᄒᆞ고 긔후가 달으고 산슈가 ᄉᆡᆼ소ᄒᆞᆫ 외국을 향ᄒᆞᆷ은 실노원ᄒᆞᄂᆞᆫ 바 아니오 다만 학정을 피ᄒᆞ며 ᄉᆡᆼ활을 도모ᄒᆞᆷ이여날 불ᄒᆡᆼ히 이나라에셔 극동에 황인죵을 방어ᄒᆞᄂᆞᆫ 문뎨가 잇ᄂᆞᆫ지라. 속담에 ᄀᆡᆼ길이 가ᄂᆞᄃᆡᄂᆞᆫ 봄도 가을이라 ᄒᆞᆷ과 ᄀᆞᆺ치 압길의 불ᄒᆡᆼᄒᆞᆷ이 이럿틋ᄒᆞ니 갈곳이 이득ᄒᆞ고 ᄉᆡᆼᄋᆡ가 무로ᄒᆞ니 진퇴가 량란이라.

라고 하여 일본의 학정을 피하여 러시아에 왔는데 러시아에서는 황인종을 방어한다고 하여 배척하므로 한국인들이 진퇴양난의 입장에 처했음을 밝히고 러시아 정부에서 선처해줄 것을 바랐다.

한편 『대동공보』에서는 재러한인들에게 러시아 정부의 정책에 적극 협조할 것을 당부하였다. 특히 귀화한 한인들에게 1909년 9월 1일자 논설 「俄籍에 在ᄒᆞᆫ 韓人은 俄國兵役에 잘服從ᄒᆞᆷ이 可ᄒᆞᆫ일」에서 귀화한 인들이 병역의 의무를 등지어 도망하지 말고 한국의 독립과 재러한인들의 이익을 위하여 병역의 의무에 복종할 것을 호소하였다. 이러한 『대동공보』의 주장은 러시아의 한인 억압정책 하에서 한인이 취할 방도를 제시한 것으로 『대동공보』가 『해조신문』과는 달리 적극적으로 재러한인의 이익을 대변하기 위하여 노력하였음을 알 수 있다.

4. 일제의 조선강점과 『대동공보』의 폐간, 『대양보』의 발간

안창호

이 갑

이위종

『대동공보』는 1910년 8월 러시아 관헌으로부터 발행금지를 통고받았다. 이러한 사실은 내무부 연해주 군지사 산하의 블라디보스톡시 지방행정담당 제1부 제2과에서 러시아력 1910년 8월 25일자 NO.39325로 블라디보스톡시 경찰에게 보낸 다음과 같은 내용의 문서를 통하여 잘 알 수 있다. 즉,

> 군사규정 19조 14항에 근거하여 올해 8월 24일 22호로 나온 아무르연안 총지사의 명령에 따라 블라디보스톡에서 발행되는 한국어 신문 대동공보를 폐간시킵니다.
>
> 본인은 이 사실을 전하면서 각하께 편집 및 발행인에게 신문 발행 중단에 대한 서명을 의무적으로 하게하고 이행치 않을 시에는 발행된 신문을 압수하고 그 이후 상황에 대하여는 본인에게 통보해줄 것을 제안합니다.[104]

---

104) Владивостокскому Полиций мей стеру(블라디보스톡 경찰에게), 내무부 연해주 군지사 지방행정담당 제1부 제2과 1910년 8월 25일 NO.39325 블라디보스톡시, 똠스크 문서보관소 소장.

라고 하여 군사규정 19조 14항에 근거하여 러시아력 1910년 8월 24일 자로 발표된 아무르연안 총지사의 명령에 따라 1910년 9월 1일 폐간되었다.[105] 이에 安昌浩, 최재형, 이종호, 김병학, 이강 등이 주동이 되어 러시아력 1911년 4월 26일에 유진률의 명의로 軍知事에게 다음과 같이 『대양보』 간행을 위한 청원서를 제출하였다. 그 내용은 다음과 같다.[106]

> 본인은 각하께 삼가 바라옵건데, 블라디보스톡시에서 이미 허락하신 인쇄소를 이용, "대양보"라는 제명의 한국어신문을 발행하도록 허락해 주십시오. 이름은 "큰 바다 소식"이라는 뜻이며, 이 신문의 편집은 제 개인의 책임 하에 이루어질 것입니다.
>
> 아무르연안 지방 한국인 주민 사이의 한국어 신문 발행의 욕구는 매우 강렬합니다. "대양보"는 유일한 도덕 교육 및 진보적 경제 교육의 수단이 될 수 있을 뿐만 아니라 동시에 아시아 유일의 친러시아적 신문이 되어 간첩 활동과 무력에 기초하는 일본의 극동정책을 유럽의 문명세계 앞에 밝힐 수 있을 것입니다.
>
> 블라디보스톡시 1911년 4월 26일

즉 유진률 등은 『대양보』가 아시아 유일의 친 러시아적인 신문이 될 것이라고까지 주장하면서 군지사에게 신문 발행을 허락해줄 것을 요청하였다. 그러나 이에 대하여 러시아 당국에서는 아무런 회답이 없었다. 그것은 1910년 7월 4일에 일러양국 사이에 제2회 일러 조약이 체결됨으로써 러시아가 일본의 한국 지배를 승인하였기 때문이었다. 또한 당시 러시아 측은 일본 측이 요구한 한인취체 및 일본인의 보호 요청을 허락한 상태였기 때문이었다.[107]

---

105) 꼰스딴찐 뻬뜨로비치 미하일로프도 1910년 2월 15일자로 연해주 군지시에게 대동공보가 폐간되었음을 보고하고 있다(Господину Военному Губернатору Приморской Области, 15 Февраля 1910 года).

106) ЕГО ПРЕВОСхОДИТЕЛЬСТВУ Господину Военному Губернатору Приморской Области(연해주 군지사 각하께), 한국 인쇄소 소유주 연해주 남우수리군 시디미 아디민스까야읍 농민 니콜라이 뻬뜨로비치 유가이의 청원서, 똠스크 문서보관소 소장.

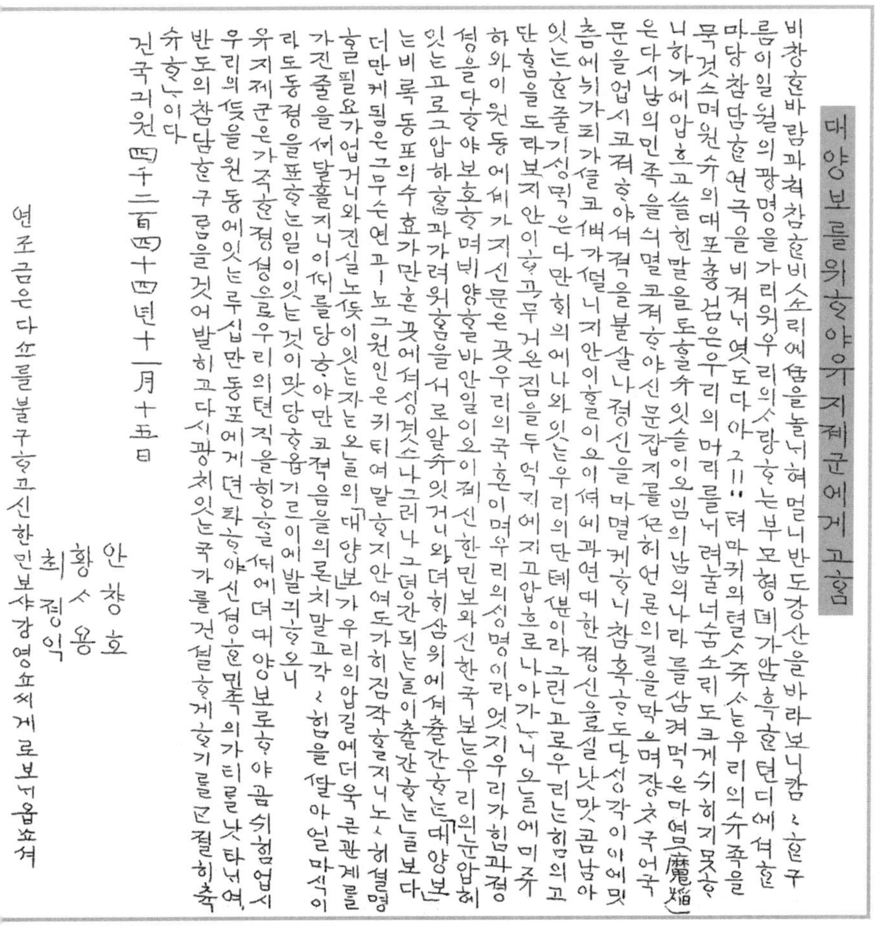

대양보를위ᄒᆞ야유지졔군에게고ᄒᆞᆷ

비창ᄒᆞᆫ바람과쳐참ᄒᆞᆫ비ᄉᆞ리에ᄭᅮᆷ을놀니혀멀니반도강산을바라보니캄캄ᄒᆞᆫ구
름이일월의광명을가리워우리의ᄉᆞ랑ᄒᆞ는부모형뎨가암흑ᄒᆞᆫ텬디에셔ᄒᆞᆫ
마당참담ᄒᆞᆫ연극을비져ᄂᆡ엿도다아그!!ᄯᅥ마귀의텰ᄉᆞ쥬ᄉᆞ는우리의슈족을
묵것스며원슈의대포총검은우리의머리를ᄂᆡ려눌너숨소리도크게쉬히지못ᄒᆞ
니하가에압ᄒᆞ고슯흔말을토ᄒᆞᆯ슈잇스리오임의남의나라를삼켜먹은마염(魔焰)
은다시남의민족을식멸코져ᄒᆞ야신문잡지를금ᄒᆞ며언론의길을막으며장ᄎᆞᆺ국어국
문을업시코져ᄒᆞ야셔젹을불살나졍신을마멸케ᄒᆞ니참혹ᄒᆞ도다싱각이이에밋
ᄎᆞᆷ에누가피가ᄭᅳᆯ코ᄲᅧ가ᄯᅥᆯ니지안이ᄒᆞᆯ이오이ᄯᅢ에과연대한졍신을실낫만콤남아
잇는ᄒᆞᆫ줄기싱맥은다만히외에나와잇는우리의단톄ᄲᅮᆫ이라그런고로우리는힘의고
단ᄒᆞᆷ을도라보지안이ᄒᆞ고무거온짐을두엇ᄭᅢ에지고압흐로나아가ᄂᆞ니오ᄂᆞᆯ에미쥬
하와이원동에셰가지신문은곳우리의국혼이며우리의싱명이라엇지우리가힘과졍
셩을다ᄒᆞ야보호ᄒᆞ며빈양ᄒᆞᆯ바안일이오이졔신한민보와신한국보는우리의눈압헤
잇는고로그압하ᄒᆞᆷ과가려워ᄒᆞᆷ을서로알슈잇거니와더히삼위에셔츌간ᄒᆞ는「대양보」
는비록동포의수효가만흔곳에셔싱겻스나그러나그뎡간되는날이츌간ᄒᆞ는날보다
더만케됨은그무슨연고ㅣ뇨그원인은키티여말ᄒᆞ지안여도가히짐작ᄒᆞᆯ지니노ᄂᆞ히셜명
ᄒᆞᆯ필요가업거니와진실노뜻이잇는자는오ᄂᆞᆯ의「대양보」가우리의압길에더욱큰관계를
가진줄을세달ᄒᆞᆯ지니이ᄯᅢ를당ᄒᆞ야만코젹음을의론치말고각각힘을ᄯᅡ라얼마식이
라도동졍을표ᄒᆞ는일이잇는것이맛당ᄒᆞ옵기로이에발긔ᄒᆞ오니
유지졔군은가쟝ᄒᆞᆫ졍셩으로우리의편직을향ᄒᆞᆯᄯᅢ에더대양보로ᄒᆞ야곰쉬험업시
우리의ᄯᅳᆺ을원동에잇는루십만동포에게뎐파ᄒᆞ야신셩ᄒᆞᆫ민족의가티를나타내여
반도의참담ᄒᆞᆫ구름을것어발히고다시광채잇는국가를건셜ᄒᆞ게ᄒᆞ기를간졀히츅
슈ᄒᆞᄂᆞ이다

건국긔원四千二百四十四년十一月十五日

안창호
황ᄉᆞ용
최졍익

연조금은다소를불구ᄒᆞ고신한민보샤강영소씨게로보내옵쇼셔

『대양보』 연간을 위한 찬조금 협조문

107) 尹孝鍾, 「極東ロシアにおける朝鮮民族運動」 『조선사연구회논문집』 22, 1985, 137~144쪽.

이에 그들은 러시아의 수도 뻬쩨르부르그에 사람을 파견하여 李甲, 이위종 등에게 협력을 요청하였다.[108] 중앙정부에서 어떤 교섭이 있었는지 알 수 없으나 그 결과 러시아력 1911년 5월 5일에 이르러 군지사로부터 신문발행 허가증명서를 얻게 되었다.[109] 그 내용은 러시아력 1905년 11월 24일 공포 칙령에 기초해서 니코리스크 우스리스크(Никольск－Уссрийск)군에 거주하는 유진률에 대해서 러시아력 1911년 5월 5일부터 매주 일요일과 목요일 2회 조선어 신문 『대양보』를 인쇄해서 간행하는 일을 허가한다는 것이었다. 아울러 신문의 내용과 가격에 대하여도 규정하고 있다. 즉, 내용은 조선, 일본, 청국, 기타 조선인의 이해관계가 있는 구주 제국의 시사문제, 외보, 조선 및 이웃나라의 잡보 등으로 제한하고 있다. 그리고 신문 가격은 1년에 4루블, 6개월에 2루블 50꼬뻬이까, 1개월에 50꼬뻬이까, 1부에 4꼬뻬이까 등이었다.[110]

발행소는 신개척리에 신축하기로 하고 일부는 신문사로, 일부는 도서관으로 하기로 예정하였다. 그리고 건축비는 이종호와 최재형이 부담하기로 하고, 가옥 낙성에 이르기까지는 一番川(아무르스카야 89번지, 신개척리로 가는 북방 10정여의 지점)에 있는 러시아인의 집을 빌려 사용하기로 하였다. 이 곳은 일번천 정거장 앞 러시아 소학교 2층이다.[111] 그리고 신문의 명칭은 『大洋報』라고 개칭하였으며, 러시아력 6월 2일자로 제1호를 발간하기로 결의하고 임원을 다음과 같이 선정하였다.

> 사장 최재형, 주필 신채호, 총무 차석보, 발행인 金大奎, 노문번역 유진률, 회계 김규섭, 서기 김만식, 集金係 이춘식[112]

---

108) 『노령이주상태』, 86쪽.
109) 위의 자료, 86쪽.
110) 위의 자료, 87쪽.
111) 「조선인 상황보고－조선자 신문의 발간」 『한국독립운동사』 자료 37, 3쪽.
112) 위의 자료, 87~88쪽. 독립기념관 한국독립운동사연구소에서 1990년, 1992년에 간행된 『도산안창호자료집』 (1), 『도산안창호자료집』 (3)에 실린 편지중, 유진률

명단에서 보는 바와 같이 신채호를 제외하고는 대부분 『대동공보』에서 일한 사람들이 주류를 이루고 있다. 그리고 이들은 이 지역의 한인단체인 靑年勤業會의 기관지로서 이 신문을 발행하였던 것이다.[113] 청년근업회는 소위 30인파로 불리우는 러시아상점원 등 청년들이 조직한 것이다.[114]

『대양보』는 白元甫가 갑자기 경찰서에 구인되는 사건이 발생하여 6월 2일에 그 첫 호를 발행하고자 하였으나 연기되어 러시아력 1911년 6월 5일에 창간호가 발행되었다.[115]

경비는 안중근 의거 당시 갹출금 가운데 잔여금 약 3천 루불과 1910년 5월 샌프란시스코로부터 金章鎬가 가져온 돈 1천 루불을 사용하였다. 그는 정재관의 친구로서 샌프란시스코에서 거둔 돈을 가져왔던 것이다.[116]

『대양보』의 발행인 겸 편집인에는 유진률이 취임하였는데 유진률과 재정적 후원자였던 이종호 사이에 의견 충돌이 일어나 9월 14일자로 유진률이 사임하고 말았다. 『대양보』는 국내로도 반입되었으나 창간 직후부터 조선총독부는 들어오는 모든 신문을 압수하기 시작했다. 『대양보』는 현재 실물이 발견되지 않았으므로 정확한 지면을 알 수 없다. 그러나 『조선총독부 관보』와 『警務月報』에 실린 기록에 의하면, 총독부 경무국은 7월 2일부터 발행된 제3호를 7월 12일자로 치안 방해라 하여 압수한 뒤로부터 국내로 반입되는 『대양보』를 모두 압수하였다.

『대양보』는 모두 13호가 발행되었다. 실물은 없지만 총독부가 압수한 기록을 토대로 창간 이후의 발행 상황을 보면 제7호가 발행된 후 제8호

이 1911년 8월 23일자로 안창호에 부친 편지에 따르면 유진률이 발행인으로 되어 있다.

113) 독립기념관 한국독립운동사연구소, 『도산안창호자료집』 (1), 378~379쪽.

114) 「조선인 상황보고－조선자 신문의 발간」 『한국독립운동사』 자료 37, 3쪽.

115) 『노령이주상태』, 88~90쪽.

116) 「조선인 상황보고－조선자 신문의 발간」 『한국독립운동사』 자료 37, 3쪽.

는 약 1개월 후에 발간되는 등 경영이 순탄하지 못하였다. 유진률이 사임한 직후 9월 17일 밤중에 약 1만 5,000개의 활자를 도난당하는 사건이 발생하여 4개월 10일간 13호가 발행되었던 『대양보』는 더이상 신문을 발간할 수 없게 되고 말았다.117)

『대양보』는 1911년 7월 3일(러시아력) 青年勤業會가 勸業會 발기회와 합하여 권업회의 기관지로 발전하였다.118)

『대양보』의 형태는 『대동공보』와 유사하다. 창간호의 경우 사설, 내국전보(러시아), 외국전보, 각국통신, 최근 시사, 논설, 잡보, 대한통신, 만필, 기서 등으로 이루어져 있다.119)

1910년 7월 2일에 발행된 제3호의 내용을 보면, 내국전보, 외국전보, 각국통신, 금과옥, 멕시코의 혁명당, 논설 삼가 총독각하에게 감사한다, 잡보 독자에게, 권업회 취지서 등으로 구성되어 있다. 금과옥에서는 김유신 장군에 대하여, 잡보에서는 권업회 상점, 희랍교당 신축, 정군만 살해 후보 등에 대하여 보도하고 있다. 아울러 권업회 취지서를 게제하고 있음이 주목된다.120)

1910년 7월 9일 발행된 제4호의 내용을 보면, 시사평론, 각국통신, 금과옥, 묵국의 혁명, 논설(吾人과 외국어), 잡보, 대한통신, 잡보, 談叢 등으로 구성되어 있다. 금과옥에서는 이순신 장군에 대하여, 잡보에서는 권업회의 확장, 담총에서는 申雪禮傳을 실었다.121)

1910년 7월 18일에 발행된 제5호의 경우, 『대양보』 축가, 外電, 각국통신, 금과옥(최영장군 이야기), 멕시코의 혁명, 논설(권업회에 대하여), 잡보, 담총, 기서, 대한통신, 잡보, 신설례전 등으로 이루어져 있다.

---

117) 이정은, 「대양보」 『독립운동사전』, 독립기념관.
118) 졸고, 1993, 「『勸業新聞』에 대한 일고찰」 『사학연구』 46, 157~158쪽.
119) 「조선인 상황보고－조선자 신문의 발간」 『한국독립운동사』 자료 37, 3쪽.
120) 「대양보 제3호 번역의 건」 『한국독립운동사』 자료 37, 3~9쪽.
121) 「대양보 제4호 번역」 『한국독립운동사』 자료 37, 9~13쪽.

1910년 7월 23일의 제6호의 경우, 내국통신, 외국전보, 각국통신, 금과 옥(임진왜란), 광고(한민학교 야학부 생도모집), 논설(블라디보스톡 청년에게 고한다), 잡보(권업회와 근업회의 합동결의), 대한통신, 잡보(이범윤 등 블라디보스톡으로 돌아옴), 담총(신설례전), 기서(민회제위에게 드린다) 등이다.

1910년 7월 30일 제7호의 내용을 보면, 외국전보, 각국통신, 잡보, 대한통신, 별보(大隈重信 만주에 오다), 기서(국민의 元氣) 등이다. 동년 8월 27일 발행된 제8호의 경우, 본지 주임, 발행겸 편집담임 유진률, 주필 신채호, 발행소 해삼위 신한촌 하바로브스가야 거리 12번지 대양보사, 본지 발행기일 1주일 2회 일요일 목요일 등을 밝히고 있다. 논설(한민학교 생도의 부형에게 고한다), 잡보, 대한통신(엄비의 훙거, 안명근씨 종신 금고에 처한다, 의병이 일본인을 살해하다, 양기탁씨 감금 1년), 축사(金尹厚가 『대양보』의 재발행을 축하), 금과 옥(서경덕 전), 각국통신, 담총(신설례전), 러시아 귀화에 대한 공시 등이다. 제8호의 경우 재발행된 것이며, 그 이전 호수에 비하여 항일적인 기사들이 많이 실리고 있음을 볼 수 있다.[122] 그 뒤 『대양보』는 활자 절취사건이 있어, 제10호가 9월 3일에, 제11호가 9월 7일, 제12호가 9월 10일, 제13호가 9월 14일에 각각 발행되었다.[123]

제10호의 경우 「아동양육자에게 고함」, 「한국과 일본의 仇敵史 梗概」, 대한통신, 국문애국가, 전보, 잡보 등이 있다. 이들 중 「한국과 일본의 仇敵史 梗概」, 국문 애국가 등은 주목된다.[124]

『대양보』에서 주필인 신채호는 논설과 '금과 옥'·'담총' 등을 담당하였을 것으로 짐작된다. 논설은 대체로 노령의 한인들을 대상으로 「삼가 총독각하에게 감사한다」(제3호)·「오인(吾人)과 외국어」(제4호)·「권업

---

122) 『한국독립운동사』 자료 37, 『대양보』 참조.
123) 『한국독립운동사』 자료 37, 31쪽.
124) 위와 같음.

회에 대하여」(제5호)·「블라디보스토크의 청년에게 고함」(제6호)·「한민학교 생도의 부형에게 고함」(제8호)·「아동양육자에게 고함」(제10호)·「재노령의 풍장(風長)에게 정(呈)한다」(제11호)·「청년노동자에게 망(望)함」(제13호) 등이 게재되었다.125)

지금까지 『대동공보』의 간행, 신문사의 구성원, 내용, 폐간, 『대양보』의 발간 등에 대하여 살펴보았다. 이를 간단히 요약함으로써 결어에 대신하고자 한다.

『대동공보』는 구한말 일제의 조선침략이 더욱 노골화되던 시기에 러시아에 거주하고 있던 동포들에 의하여 구국운동의 일환으로 1908년 11월 18일 그 창간호를 간행하여 1910년 9월 1일까지 약 2년동안 간행된 한글 민족지였다. 이 신문의 종지는 동포의 사상을 계몽하여 문명한 곳으로 나아가게 하며 국가의 독립을 쟁취하는 것이다. 그리고 신문사의 주요 임원은 차석보, 최재형, 유진률, 윤필봉, 이강 그리고 러시아인 미하일로프 등이었다. 신문은 주 2회 간행되었으며, 발행 부수는 1,500부 정도였고, 러시아지역은 물론 국내, 중국본토, 만주, 미국, 멕시코, 영국, 일본 등지에도 발송되었다.

신문의 체재는 논설, 전보, 외보, 제국통신, 잡보, 기서 등으로 이루어져 있으며, 이 가운데 제국통신은 국내의 소식을 전하는 난으로서 일제에 대한 비판 기사도 상당량 싣고 있다. 잡보에서는 재러한인 사회의 동정과 러시아 극동 총독의 동정에도 관심을 보이고 있다.

신문의 주요 구성원의 학력은 주필 등만이 구학문과 신학문을 공부한 인물이며, 출신지역은 함경도, 평안도, 충청도 등으로 나누어 볼 수 있다. 그 가운데 특히 함경도 출신이 다수를 이루고 있으며, 그들은 바로 『대동공보』를 재정적으로 뒷받침해주던 인물들이었다. 그리고 평안도,

125) 『한국독립운동사』 자료 37, 『대양보』 참조.

충청도 출신이 주필 등의 업무를 담당하였다. 입사전 활동을 보면 주필로 활동했던 인사들 가운데 『해조신문』, 그리고 미국에서 간행된 『공립신보』 등에서 일한 사람들이 보이고 있는 점이 주목된다. 직업을 보면 대체로 상업에 종사하는 인물들이 다수 보이며, 이들은 신문의 운영을 담당한 간부들로서, 재정을 담당하는 주주들이었다. 그리고 그들 중 대다수는 러시아에 귀화한 자들로 생각된다.

신문의 내용 중 우리의 주목을 끄는 것은 크게 네 가지로 나누어 볼 수 있다. 국권회복, 러시아지역 한인 사회에 대한 소식, 국내 소식, 러시아의 한인 배척과 재러한인의 대응 등에 관한 것이 그것이다. 그 가운데 특히 중요하게 생각되는 것은 국권회복과 러시아의 한인 배척과 재러한인의 대응에 관한 것이다. 우선 전자를 보면 『대동공보』에서는 국권회복을 위하여 교육을 강조하는 한편 일반국민의 의무, 의병활동, 민족의식의 고취와 관련된 기사들을 다량으로 게재하고 있다. 특히 이 가운데서 안중근과 관련된 부분은 타 신문에서 볼 수 없는 것들이 많다. 후자와 관련해서는 『대동공보』에서는 정치적, 도덕적, 이익적 차원에서 러시아의 한인 배척 정책이 타당한 정책이 아님을 증명하고 있다. 또한 러시아인들이 한국인을 일본의 앞잡이로 보는 관점에 대해 일일이 사례를 들어 비판하였다.

이처럼 재러한인의 권익과 조선의 국권회복을 위하여 활발한 언론활동을 전개하던 『대동공보』는 일제의 요청에 의해 1910년 9월 1일 폐간되고 말았다. 그러나 재러한인들은 이에 굴하지 않고 1910년대에 『대양보』, 『권업신문』, 『대한인정교보』 등의 교포 신문과 잡지 등을 계속 간행, 조국의 해방을 위하여 언론투쟁을 지속적으로 전개하였다.

결국 『대동공보』는 넓게는 구한말 일제에 대항하여 국내외에서 활발한 항일언론 활동을 전개한 민족지 가운데 하나이며, 좁게는 러시아지역에서 간행된 유일한 민족지였다고 하겠다.

블라디보스톡 중심거리 스베트란스카야

놀고 있는 한인 아이들

한복 입은 한인 아이들(블라디보스톡)

한인 아이들

한인 마을과 한인들

한인 마을의 아이들

밝은 모습의 한인 아이들

블라디보스톡항에 정박 중인 한인 배들

전통적인 한인 집

집 앞에 서 있는 한인 노인

한인 어린이 캐디들

제2장 1910년대 한인언론

Ⅰ. 권업회의 기관지 『권업신문』

『권업신문』은 권업회의 기관지로서 1912년 4월 22일(러)부터 1914년 8월 30일까지 약 2년 반 동안 총 126호가 간행된 한국어 신문이다. 특히 이 신문은 그 기간 동안 러시아지역에서 간행된 유일한 한인 신문이자 민족지였다는 점이 주목된다. 1914년 5월 5일 『권업신문』 제2주년 기념호에 실린 사설 「본보 챵간 뎨二쥬년 긔념」에서,

> 우리한국사룸의 신문은 엇더한 쥬견과 엇지할 방법을 가지고 진행할가 우리는 다 나라업는 빅셩이라 어대가던지 텬부한인권은 차즐곳이 업고 아모때라도 제나라롤 찻고야 ᄉᆞ롬의 구실을 할지니 고로 우리는 국권회복과 민족주의롤 우리한국사람마다 가슴에 품으며 이마에 싹여 자나깨나 이롤 실행하야 볼작뎡을 할지라 본 신문은 우리민족을 대표한 긔관으로 이에 목뎍하여 이롤 실행할 슈단으로 탄싱한 오날은 곳 두돐이 되얏도다.

라고 하고 있듯이, 『권업신문』은 국권회복과 민족주의를 그 간행 목적으로 하고 있었다.

그러므로 당시 러시아지역에 거주하는 10만 동포들은 이 신문의 발행에 대하여 큰 기대를 걸고 있었으며, 신문이 간행되자 많은 사람들이 그 간행을 축하하였다. 즉 1912년 5월 26일자에 김종국은 「권업신문을 위ᄒᆞ야」라는 축사를 기고하여,

> 보기에는 젹은듯 ᄒᆞ되 덕도 그보다 더놉ᄒᆞᆫ 덕이 업고 공도 그보다 더 큰 공이 업는 것은 신문이라. 그 모양을 보면 불과 조하 한장에 뎜뎜ᄒᆞᆫ 먹뿐이지만은 그향ᄒᆞ는 곳에는 눈 먼이가 눈을 뜨고 귀먹은 이가 귀를 뜨고 방안에 안져 만리밖의 일을 알고 오눌에 잇여 십년후의 일을 알게ᄒᆞ는 것은 신문뿐이라. 그런고로 신문이 만흔 나라는 문명ᄒᆞᆫ 나라가 되고 신문이

> 업는 나라는 암매훈 나라가 되는 것이로다. 그런딕 한인 루만명 잇는 아령 디에 신문이 몃몃치냐. 아아 권업신문 너 한아 뿐이로다. 금조동아 옥조동아 엇더케 이롤 잘 키울는지 권업신문 너를 ….

라고 하여 『권업신문』의 간행을 축하하는 한편 신문의 중요성을 강조하였다. 그리고 1912년 6월 16일에는 「빅열싱」이, 1913년 6월 16일자에는 '반룡산 쇼년'이라는 독자가 「권업신문을 위호야」라는 축사를 각각 기고하고 있다. 아울러 재러동포들은 「권업신문」의 의무를 강조하였다. 1912년 5월 26일자에는 「하늘ㅅ 불」이란 익명의 독자가 「비는말」이라는 제목 하에,

> 권업신문아 네가 나왓도다
> 셩틱호기 어려우며 히산호기 어려운데셔 네가 나왓도다
> 깁흔 리상을 가지며 무거운 칙임을 지고 네가 나왓도다
> 오릭살어라 잘 활동하여라 아마손 하슈ㄱ치

라고 하여 『권업신문』의 간행을 축하하며 그 무거운 책임 또한 잊지 말 것을 강조하였다. 이처럼 재러동포들의 축하속에 간행된 『권업신문』은 러시아의 도시와 농촌에 살고 있는 동포들뿐만 아니라 금광, 어장 등에서 일하고 있던 노동자 계급에 이르기까지 다수가 구독하는 열성을 보일 정도로 재러동포 사회 전체의 지지를 받던 신문이었다.

『권업신문』은 또한 당시 해외에서 간행된 몇 안되는 민족지 가운데 하나였다. 그리하여 『권업신문』은 미주에서 간행되었던 『신한민보』, 『신한국보』 등과 함께 항일민족의식을 선도하는 3대 언론의 하나로 널리 알려졌다. 그러므로 일제는 이 신문의 국내수입 등을 금지하는 탄압을 가하였다.

西曆一千九百十二年八月十六日 권업신문 木曜日 第十八號

勸業新聞

론설 論說

이날 是日

『권업신문』(1912.8.29)

『권업신문』은 이처럼 중요한 신문이었으므로 학계에서도 일찍부터 주목하여 왔다. 그러나 신문이 현존하지 않아 이에 대한 연구가 이루어질 수 없었다. 그런데 최근 러시아와의 활발한 학술교류로 『권업신문』이 국내에 입수되었다. 이에 『권업신문』에 대하여 살피고자 하는 것이다.

이를 위하여 본고에서는 『권업신문』의 간행, 신문사의 참여자들, 신문의 내용 등에 대하여 밝혀 보고자 한다. 이를 통하여 권업회는 물론 1910년대 연해주지역 재러한인 민족운동의 실상에 보다 가까이 접근해 보고자 한다.

1. 『권업신문』의 간행

권업회 발기회 조직자 이종호

권업회는 1911년 6월 1일 발기한 이후 1911년 7월 3일(러)[1] 청년근업회와 통합하였다. 당시 청년근업회에서는 1911년 6월 18일부터 『대양보』를 발행하고 있었고, 사장에 최재형, 주필에 신채호, 총무에 차석보, 발행인 金大奎, 회계 김규섭, 노어번역 유진률, 서기 김만식, 集金係 이춘식 등이 활동하고 있었다.[2] 이에 권업회 발기회에서는 신문부원으로 이종호, 유진률 등을 임명하고 『대양보』를 권업회의 기관지로서 활용하고자 하였다.[3] 그래서 권업

1) 앞으로 러시아력은 '러'로 약함.
2) 조선주차헌병대사령부, 『明治四十五年 六月調 露領沿海州移住朝鮮人の狀態』(이하 노령이주상태로 약함), 87~88쪽.
3) 『권업신문』 1912년 12월 19일자.

회에서는 대양보사를 칭거우재로부터 신한촌으로 옮기기 위하여 1911년 7월 16일(러)부터 신한촌의 가옥 수리에 착수하였다. 그 이후 7월 26일(러)에 대양보사를 신한촌에 이사하고 신문을 계속 발행하였다.[4)]

『대양보』의 체제는 『대동공보』와 같았고, 한글로 된 4면 신문이었다. 그리고 주 2회 목요일과 일요일에 발간되었다. 신문의 논조는 일본의 한국 통치를 맹렬하게 비난하는 등 항일적인 기사 일색이었다.[5)] 『대양보』는 곧 발행인 겸 편집인에 유진률을 임명하고 제7호까지 간행하다가 유진률과 이종호 사이에 의견 충돌이 생겨 휴간하게 되었다. 그 후 의견 조정으로 8월 27일 제8호를 발간하기에 이르렀다. 또 제9호는 8월 27일 목요일이 정기 간행일이었으나 2일 늦추어 국치일인 29일에 일제의 조선강점 특집호를 간행하였다. 주요 내용은 항일에 대한 것이었으며, 평소 300부 간행하던 것을 1,400부를 간행하여 무료로 배부하였다. 그러나 『대양보』는 제13호를 내고 또 유진률과 이종호 간의 의견 대립으로 인해 9월 14일 발행인 겸 편집인 유진률이 사직하기에 이르렀다.[6)]

『대양보』에서는 유진률의 후임으로 러시아인 뽀랴노브스키, 듀꼬프, 빤데레프(Панделев) 등 3명을 명예직으로 추천, 임명하고 다시 신문의 간행을 도모하고자 하였으나 이루어지지 못하였다. 왜냐하면 9월 17일 밤 약 15,000개의 활자를 도난 당하여 신문 발간에 차질을 빚어 결국 휴간할 수밖에 없었기 때문이었다.[7)]

그러는 가운데 이종호에 의하여 권업회 발기회가 조직되었다. 그리고 신문사도 재정문제로 권업회로 넘어가게 되었던 것 같다. 블라디보스톡에서 활동하던 국민회 계열 인물 백원보가 1911년 6월 17일자로 안창호, 이갑 등에게 보낸 편지를 보면,

---

4) 『권업신문』 1912년 12월 19일자.
5) 『노령이주상태』, 88~90쪽.
6) 『노령이주상태』, 91쪽.
7) 위와 같음.

> 근일 이종호가 권업회를 설립한 바 아즉 인허는 無하오나 從此得許도 有하겟다 하는데 其 목적은 농·상·공·학 四業을 실지로 행할 작정이오, 況且 신문사도 최씨네 삼숙질이 기부하겟다는 錢은 사개월 후에 出給된다 風傳이오, 신문사에 재정이 窘渴하야 정지되는 것보다 이종호씨로 합하야 견고케 하는 것이 可하다는 청년제씨의 의론이 유하야 勤業會와 권업회가 합하고 신문사도 이씨의 물이 거의 다된 듯 하외다.[8)]

라고 하고 있다.

그 후 1911년 12월 19일 러시아의 인정 하에 공식적으로 블라디보스톡 한민학교 내에서 권업회가 창립되자, 권업회에서는 신문부를 따로 두어 신문 간행의 의지를 보였다. 그리고 신문부 총무에 한형권, 부장 겸 주필에 신채호, 부원에 朴東轅, 李瑾鎔 등을 임명하여 신문 간행을 준비하고,[9)] 1912년 2월 29일에 뽀랴노브스키, 뽀드스따빈과 듀꼬프를 명예회원으로 입회시키는 한편 신문 발행인을 듀꼬프로 정하고 순무부에 권업신문의 허가를 청원하였다.[10)] 아울러 동방학 연구소의 교수로서 한문과 한국어에 능한[11)] 뽀드스따빈에게 이 작업의 지도 감수를 요청하였다.[12)]

1912년 4월 4일(러)에 개최된 1912년 제1회 총회에서는 교육, 종교, 농업권장, 노동소개, 금융 등과 함께 신문 간행을 본년도 사업으로 정하였고, 그리고 동년 4월 7일(러)에 『권업신문』 인가장을 러시아 당국으로부터 접수하였다. 이제 『권업신문』은 그 간행을 위한 모든 구비조건을 갖추게 되었고, 마침내 1912년 4월 22일(러) 『권업신문』 제1호를 석판인쇄로 창간하였다.[13)]

---

8) 독립기념관 한국독립운동사연구소, 『도산안창호자료』 (1), 119쪽.
9) 『노령이주상태』, 94쪽.
10) 『권업신문』 1912년 12월 19일자.
11) 장지연, 「해항일기」 1908년 4월 9일자.
12) 권업회, 뽐스크 문서보관소 소장.
13) 『권업신문』 1912년 12월 19일자.

아무르만에서 바라본 『권업신문』 간행지 신한촌 전경

『권업신문』 간행지 신한촌 하바로브스크거리의 현재 모습

『권업신문』은 순한글로 간행되었으며, 1주일에 1회 일요일에 간행되었다. 편집은 듀꼬프가 담당하였으며, 주필은 『대양보』의 주필이었던 신채호가 담당하였다.[14] 그리고 하루에 1,400부를 발행하였으며,[15] 당초 발행소는 블라디보스톡 신한촌 하바로브스크 거리 울리짜(улица) 제10호였으나,[16] 1912년 12월에 하바로브스크 거리 울리짜 제20호로 이전하였다.[17]

『권업신문』은 논설, 각국통신, 전보, 본국통신, 잡보, 단평, 별보, 광고, 기서 등으로 이루어져 있다. 특히 이 가운데 주목되는 것은 잡보인데 재러한인의 동향과 러시아 극동지역 러시아 관료 등의 동향 등을 다루고 있다. 광고에서는 일반 광고 외에 권업회의 회보, 권업회 연론부의 광고 등 권업회의 활동에 대한 내용들을 다수 게재하고 있다. 기서는 독자의 투고란인데 『권업신문』에서는 기서를 신문사에 보낼 때 다음과 같은 사항에 유념해줄 것을 요청하고 있다. 즉 『권업신문』 1912년 11월 3일자 광고에서 「긔셔 ᄒᆞ시는 이 보시옵」라고 하고, 한문글자를 섞지 말고 순전히 국문으로 할 것, 정자로 명확하고 똑똑하게 쓸 것, 의견을 가지고 쓸 것, 한시 7언 5언 등을 쓰지 말 것 등을 강조하고 있다.

그 밖에 『권업신문』에서는 창간호부터 「즁국혁명ᄉᆞ략」을 연재하였으며, 1912년 7월 28일부터는 誌林란에 중국혁명약사를 연재하였다. 그리고 譯載에서는 외국의 중요한 글을 번역하여 연재하였는데, 1912년 6월 23일부터는 「소크라듸쓰 논어」를 연재하였다. 그 연재 이유에 대하여 『권업신문』 1912년 6월 23일자에서는,

---

14) 『권업신문』에는 신채호의 이름이 1912년 9월 8일자까지만 나옴.

15) М. И. Д. Императорское Японское Генеральное Консульство No.191. г. Владивосток Телеф. 550(외무부, 블라디보스톡 일본영사관에서 1914년 8월 30일자로 연해주 군지사에게 보낸 전문, 똠스크 문서보관소 소장).

16) 『권업신문』 1912년 5월 26일자.

17) 『권업신문』 1912년 12월 1일자.

> 소크라듸쓰는 희랍고ᄃᆡ의 셩인이라. 그 남이 공ᄌᆞ와 거의 한때오, 그뎨ᄌᆞ의 플라또, 쎄노폰은 공문의 안ᄌᆞ, 증ᄌᆞ갓ᄒᆞᆫ 고뎨ᄌᆞ라. 셰샹이 어즈럽고 도가 쇠ᄒᆞ야 부정ᄒᆞᆫ 말과 포악ᄒᆞᆫ 힝실을 ᄒᆞᄂᆞᆫ쟈가 셰상에 가득ᄒᆞᆷᄋᆡ 공ᄌᆞ가 나타나셔 뎬리 인도를 말ᄒᆞ셧는ᄃᆡ 이때 희랍에도 인심이 부ᄑᆡᄒᆞ야 돈이나 알고 영예나 알어 셰도가 한심ᄒᆞ게 되며 또 궤변학쟈들이 ᄉᆞ시이 빈ᄒᆞᆫ말로 일반ᄉᆞ상을 혼란케 ᄒᆞᆷ으로 소크라듸쓰가 근심ᄒᆞ야 도덕을 밝히며 실디를 주쟝ᄒᆞ야 ᄌᆞ긔의 몸으로 후세의 모범이 되니라.

라고 밝히고 있다. 그리고 1912년 12월 1일에는 文苑이란 제목 하에 금강산을 실었으며, 1913년 8월 3일에는 시사만필을, 1913년 10월 5일에는 국문시 두수를, 1913년 12월 27일에는 「정문부쇼전」을, 1913년 11월 23일에는 「談叢 外史氏 션철일화」를, 11월 30일에는 歷史譚이란 제목 하에 「피득대뎨의 이약기ᄒᆞ나」를, 1914년 1월 11일에는 「셔산대ᄉᆞ의 소젼」을, 1월 18일에는 「황진소젼」을, 1월 25일에는 「림즁량쇼젼」 등을 기록하고 있다. 그리고 1914년 2월 1일에는 講壇에서 「화산과 디동」을, 1914년 4월 5일부터 8월 2일까지 강단에서는 「가정학」을 연재하였다. 또한 1914년 6월 28일부터 뒤바보 계봉우의 「ᄉᆞ노ᄅᆡ」를 연재하기 시작하여 8월 23일 폐간일까지 게재하였다. 1914년 7월 12일부터는 「금싸락이」를 8월 2일까지 실었다.

『권업신문』은 등사판이었기 때문에, 권업신문사에서는 활자를 이용하여 신문을 간행하고자 하였다. 그리하여 재러한인들의 힘을 얻어 1914년 2월 15일자 잡보 「활ᄌᆞᄂᆞᆫ 삿소」에,

> 본항 유지 졔씨들이 본샤를 위ᄒᆞ야 활ᄌᆞ살일로 의연을 모힌 것은 일반다아ᄂᆞᆫ 바 어니와 지난 十一일에 활ᄌᆞ 긔계와 및 부쇽품 젼부를 챠셕보씨의게셔 모다 옴기고 동익일에 매ᄆᆡ계약을 톄결ᄒᆞ야 젼부를 一쳔五ᄇᆡᆨ원에 쟉뎡ᄒᆞ야 챠셕보씨의 소유부분 一쳔一ᄇᆡᆨ원의 가치ᄂᆞᆫ 五ᄇᆡᆨ원만 받고 六ᄇᆡᆨ원의 치ᄂᆞᆫ 본샤에 기부ᄒᆞ얏으며 신죵잡지샤 명의로 二ᄇᆡᆨ원을 최봉쥰씨의 명의로 二ᄇᆡᆨ원을 본샤에 기부ᄒᆞ얏기 이에 졔씨의 셩의를 감샤ᄒᆞ노라.

라고 하였듯이, 차석보, 최봉준 등의 힘으로 활자를 구입하였던 것이다. 그러나 1914년 2월 15일 특별사고에,

> 첫지 집이 업슴으로 활ᄌᆞ롤 ᄉᆞ용홀 수 업고 또 활ᄌᆞ롤 ᄉᆞ용ᄒᆞ랴면 셜비와 직공의 고용에 다대ᄒᆞᆫ 금전을 요구홀 뿐더러 모든 경비롤 지금 본샤의 형편으로는 도뎌히 지츌홀슈업삽기여 이에 진졍을 특고ᄒᆞ오니 본신문을 익독ᄒᆞ시는 여러동포는 신문ᄃᆡ금을 쇽히 보니시며 또 특히 도아셔 활ᄌᆞᄉᆞ용ᄒᆞ기롤 간졀히 바라ᄂᆞ니다.

에서 알 수 있듯이, 『권업신문』에서는 신문사와 설비, 직공고용 비용 등이 없어서 이를 사용할 수 없으므로 신문대금을 속히 납부해줄 것을 호소하고 있다. 결국 활자를 구입했음에도 불구하고 주변의 설비가 이루어지지 못하여 『권업신문』은 폐간될 때까지 계속 등사판일 수밖에 없었다.

권업신문사에서는 재정을 기부금과 구독료, 광고료 등으로 해결하고자 하였다. 기부금은 주로 이종호에게 의지하였다.[18] 앞서 살펴본 바와 같이 1912년의 경우 권업회의 총수입 3,141루블 가운데 이종호가 낸 기부금의 총액은 2,133루블이었던 것이다.

신문사에서는 모자라는 대금을 구독료와 광고료를 통해서 얻고자 적극 추진하였다. 1913년의 경우 신문의 구독자는 930명이었는데,[19] 구독료는 블라디보스톡의 경우 1년 선금이 3루블, 6개월 선금이 1루블 60꼬뻬이까, 3개월 선금이 85꼬뻬이까, 1개월 선금이 30꼬뻬이까였다. 그리고 신문 한 장에는 8꼬뻬이까였다. 그리고 블라디보스톡 이외의 러시아지역의 경우는 1년에 4루블, 6개월에 2루블 50꼬뻬이까, 3개월에 1루블

---

18) 『권업신문』 1913년 8월 18일자 역재 「루령거류죠선인문데」 가운데 이종호에 대하여 '권업신문을 만들어 놓은 자'라고 하고 있다.

19) 1911년~1912년까지의 권업회의 보고서 중에서 발췌, 뻬쩨르부르크 중앙국립역사문서보관국 소장.

40꼬뻬이까, 1개월에 50꼬뻬이까였다. 또한 외국의 경우는 1년에 5루블, 6개월에 2루블 85꼬뻬이까, 3개월에 1루블 70꼬뻬이까, 1개월에 1루블 70꼬뻬이까였다.[20] 그러나 국외의 경우는 물론 러시아지역도 구독료는 제대로 수금되지 못하였던 것 같다. 1913년의 경우 받지 못한 대금이 5,842루블 46꼬뻬이까에 이르렀다.[21]

광고료 또한 수입이 되었다. 제1면에는 매일 1항에 10꼬뻬이까, 제2면에는 매일 1항에 15꼬뻬이까, 제3면에는 매일 1항에 15꼬뻬이까, 제4면에는 매일 1항에 5꼬뻬이까였다.[22]

『권업신문』의 재정을 보면 1913년의 경우 신문사의 수입이 3,879루블 90꼬뻬이까, 지출이 3,850루블 20꼬뻬이까였다. 그러나 기존의 적자 때문에 부채가 1,058루블 27꼬뻬이까였다.[23] 그리하여 1913년 6월 23일에는 특별사고를 통해 재정이 곤란하므로 대금을 납부해줄 것을 요청하였다. 이와 같이 『권업신문』의 재정이 곤란해지자 블라디보스톡의 청년 유지들은 1913년 4월 15일 연극을 공연하여 그 수입금을 『권업신문』에 기증하고자 하기도 하였다.[24]

권업신문사는 국내와 북간도 지역에도 취재를 위하여 파견원을 보냈으며, 신문을 연해주는 물론 간도, 미주 등지까지도 발송하였다.[25]

---

20) 『권업신문』 1912년 5월 26일자.
21) 『권업신문』 1914년 2월 8일자.
22) 『권업신문』 1912년 5월 26일자.
23) 『권업신문』 1912년 2월 8일자.
24) 『권업신문』 1913년 4월 20일자 잡보 「권업회를 위ᄒᆞ야 연극을 논다」.
25) 이명화, 1989, 「노령지방에서의 한인 민족주의 교육운동」 『한국독립운동사연구』 3, 독립기념관 한국독립운동사연구소, 137쪽.

2. 권업신문사의 구성원

신채호

이상설

장도빈

권업신문사의 구성원은 몇 차례에 걸쳐 변동이 있었다. 이를 보면 다음과 같다.

〈표 1〉 『권업신문』 주요 구성원 변동일람표

시 기	인 명
1911년 12월 17일	신문부장 겸 주필 신채호, 총무 한형권, 부원 박동원, 이근용
1912년 2월 29일	발행인 듀꼬프
1912년 12월 30일	신문부장 한형권
1913년 10월 6일	신문사장겸 주필 이상설
1914년 1월 19일	신문사장 최병숙, 총무 윤해, 주필 김하구

구성원들 가운데 우리의 주목을 끄는 것은 누구보다도 그 신문의 주필이 누구냐 하는 것이다. 『권업신문』의 주필은 신채호, 그리고 후에 이상설, 김하구 등이 담당하였고 장도빈이 자주 기고하였다. 신채호는 국내에서 『황성신문』, 『대한매일신보』 등의 주필을 역임한 인물이며,[26]

러시아 블라디보스톡에서 간행된 『대양보』의 주필 역시 역임한 당시의 대표적인 언론인이었다. 그는 『권업신문』 창간시부터 주필을 담당하였다. 그리고 1913년에 상해의 신규식의 간절한 권유로 그 해 겨울 북만주를 거쳐 상해로 갈 때까지 이를 담당하였던 것이다.[27] 신채호가 상해로 떠난 이후 1913년 10월부터는 이상설이 그를 대신하여 신문의 주필을 담당하였다. 이상설은 헤이그 밀사의 한 사람으로 널리 알려져 있는 인물로서 만주지역에 최초의 근대식 민족학교인 서전서숙을 설립한 인물기도 하다. 그리고 러시아로 망명한 이후에는 1910년의 일제의 조선 강점에 반대하여 13도의군과 성명회 등의 조직에 앞장선 인물이기도 하며,[28] 서울파의 대표적인 인물로 알려져 있다. 그는 일찍부터 「창히자」라는 필명으로 『신한민보』는 물론[29] 『권업신문』에도 글을 기고하였다. 『권업신문』에 기고한 대표적인 글로서는 1913년 8월 29일자 신문에 기고한 「이날은」이다.

김하구는 1907년에 러시아지역에서 최초로 간행된 한글 신문인 『해조신문』의 기자로 활약한 인물로서 일본의 조도전대학에서 공부하였다.[30] 그는 1910년 이종호의 재정적 도움으로 조도전대학 정치경제학과 3학년에 입학하여 1911년 졸업하였다. 동년 8월 귀국한 그는 기독교 보통학교의 교사로서 일하였으나 1912년에 7월에 사직하고 블라디보스톡으로 망명하였다. 1913년 10월에는 블라디보스톡 한민학교 교사로서 근무하다가 권업신문사에 입사해서 外報의 번역을 담당하였다. 그는 로어, 일어, 영어, 독어, 중국어 등 각국의 언어에 능통한 인물이었기 때문이었다.[31]

---

26) 독립유공자공훈록편찬위원회, 1986, 『독립유공자공훈록』 1, 157쪽.
27) 오세창, 1986, 「신채호의 해외언론활동－1910년대초 노령을 중심으로」 『단재신채호선생순국50주년추모논총』, 342쪽.
28) 윤병석, 1984, 『이상설전』, 일조각, 127~147쪽.
29) 윤병석, 「미주한인사회의 성립과 민족운동」, 앞의 책, 367쪽.
30) 졸고, 『해조신문』; 1991, 『만주한인민족운동사연구』, 일조각, 310쪽.
31) 『在外排日鮮人有力者名溥』(하와이대학소장).

장도빈도 『권업신문』에서 논설을 작성하였다. 그는 평남 中化郡 출신으로 1906년에 한성사범학교를 졸업하였으며, 1908년에는 보성전문학교 법과를 입학, 1910년 4회로 졸업하였다. 또한 1908년부터 1910년까지 『대한매일신보』 논설위원으로 일하였으며 신민회에도 가입 활동하였다. 1910년부터 1912년까지는 서울 인사동에 있는 五星學校의 학감으로 일하였다. 이 학교는 李甲과 이종호가 설립한 학교였다. 1912년 만주를 거쳐 러시아로 망명한 그는 이종호의 요청에 의하여 권업신문사에서 일하였다.[32] 당시의 상황에 대하여 장도빈은 『사상계』 1962년 4월호에 실린 그의 글 「暗雲 짙은 舊韓末」에서,

> 내는 신한촌에 도착한 즉시로 신채호씨의 거소를 찾아가서 신씨를 만나니 신씨가 매우 반가워 환영하여 그 곳서 식사를 하고 그날 밤으로 이종호씨, 이상설씨, 정재관씨를 방문하였다. 내가 이종호씨를 만나서 들은 즉 방금 권업신문을 경영하게 되었으니 협력하여 주기를 바란다고 하고 그 신문의 발행은 신채호씨에게서도 들어 알았으며 나는 아직 그 신문에 기고하기를 승낙하였다. 나는 그날부터 신채호씨와 한 여관에 유숙하여 수년간을 함께 있었다.
>
> 권업신문은 러시아정부의 허가를 얻어 권업회의 기관신문으로 하게 되었는데 그 신문과 권업회는 이종호씨의 경영으로 시작되어 그 후로 약 2, 3년간 계속되었다. 나는 권업신문에 기고하여 발행배부 되었는데 노령, 간도, 상해, 북경, 신의주 각 방면으로 선전되었다.

라고 회고하고 있다.

『권업신문』의 발행인이자 편집인으로 활동한 듀꼬프는 블라디보스톡 동방학연구소 중국, 조선어과 졸업생으로서 당시 동시베리아 제3보병연대 중위였다.[33] 그는 일찍부터 한국인들이 간행한 신문과 밀접한 관련

---

32) 김중희 편, 1985, 『汕耘 張道斌』, 산운학술문화재단, 1~159쪽 및 장도빈, 「暗雲 짙은 舊韓末」 『思想界』 1962년 4월호, 284~291쪽.

33) 박보리스 드미트리예비치, 1992, 「국권피탈전후시기재소한인의 항일투쟁－러시아 망명한인들의 항일투쟁참가－」 『수촌박영석교수화갑기념한민족독립운동사논

을 맺고 있었다. 즉 『해조신문』의 발행인겸 편집인,[34] 『대동공보』의 편집인으로 활동하였고[35] 『대양보』의 발행인 겸 편집인인 유진률이 사임하자 그 후임으로 선출되기도 하였으며,[36] 1912년 2월 29일 권업회의 명예회원으로 입회하였다.[37]

『권업신문』의 사장으로 활동한 인물로는 이상설과 최병숙을 들 수 있다. 이상설은 앞서 언급한 바와 같고 최병숙에 대하여는 크게 알려진 바는 없다. 다만 일본측 기록에 따르면 그는 1912년 10월 6일자 『권업신문』 제24호의 '고 이준공전기간행 유족구휼회' 의연금 모집회 발기인으로 활약한 인물로서 항일적 취지서를 기초한 자이며, 격렬한 항일주의자라고 기록하고 있다.[38]

최병숙의 항일의식과 관련하여 『권업신문』은 1912년 10월 6일자 별보에 실린 「고이준공전기간행유족구휼의연금모집회취지서」에서,

> 동포여 ᄉᆡᆼ각ᄒᆞᄂᆞᆫ가 우리 리쥰공을 ᄉᆡᆼ각ᄒᆞᄂᆞᆫ가 원슈의 일본을 ᄇᆡ쳑ᄒᆞ고 조국의 국권을 회복ᄒᆞ랴다가 망망ᄒᆞᆫ ᄒᆡ외타국에셔 몸을 바린 리쥰공을 ᄉᆡᆼ각ᄒᆞᄂᆞᆫ가. (중략) 이와갓치 나라를 위ᄒᆞ고 민족을 위ᄒᆞ야 정신과 긔운을 잇ᄂᆞᆫᄃᆡ로 다ᄒᆞ나 쳣지ᄂᆞᆫ 국민의 지식이 아직 유치ᄒᆞ고 둘지ᄂᆞᆫ 원슈의 세력이 날로 물밀듯ᄒᆞ야 멸망의 비운이 이미 ᄂᆡ마에 당ᄒᆞᆫ지라. 이에 「장ᄉᆞ가 한번 가면 다시 오지 안으리라」를 노ᄅᆡᄒᆞ고 만리ᄒᆡᆼ장을 차리고 밀ᄉᆞᄉᆞ명을 ᄒᆞᆷᄭᅴᄒᆞ야 ᄒᆡ아만국평화회의에 향ᄒᆞ야 일본의 죄악을 셩토ᄒᆞ고 조국의 참상을 공포ᄒᆞ랴ᄒᆞᆯ시 오호라 텬일이 지샹ᄒᆞ니 박뎨상의 츙의ᄂᆞᆫ 비록장렬ᄒᆞ나 시셰가 불리ᄒᆞ니 신포셔의 통곡이 또ᄒᆞᆫ 무뎡ᄒᆞ도다. 분과 슯흠과 절임과 압흠이 일시에 그 뇌를 찔러 드ᄃᆡ여 망망ᄒᆞᆫ 이역에셔 렬렬ᄒᆞᆫ 죽음을 일우엇도다.

총』, 1063쪽.

34) 졸고, 『해조신문』(개정분).

35) 『대동공보』 1910년 6월 9일자.

36) 『노령이주상태』, 91쪽.

37) 『권업신문』 1912년 12월 19일자.

38) 『노령이주상태』, 150쪽.

라고 쓰고 있다.

그 밖에 『권업신문』에서 중요한 역할을 한 인물로는 신문부장과 총무로 활동한 한형권과 윤해를 들 수 있다. 한형권은 『대동공보』의 로어번역을 담담하였던 인물로서[39] 일찍부터 신문과 관련을 맺고 있었으며, 권업회의 의원, 신문부 총무, 신문부장, 부의장, 부회장 등을 역임한 주요 인물이었다. 그 밖에 그는 1910년 12월 18일 블라디보스톡에서 조직된 慈善共濟會에서 위원 및 규칙기초위원으로 활동하기도 하였다.[40] 윤해는 1888년 함남 永興에서 출생한 인물이다.[41] 그는 일찍이 延吉縣 局子街 道治 衙門의 통역, 간도 간민교육회 총무, 간도 小營子 중학교 교사로서 만주 지역에서 주로 활동하였다. 그 후 블라디보스톡으로 이전하여[42] 『권업신문』의 총무를 담당하였고, 그 뿐만 아니라 『권업신문』에 '惠子'라는 명의로 많은 글을 발표하였는데, 1913년 3월 16일의 기서 「공론과 샤회」, 1913년 4월 4일자 기서 「ᄉ관 교육과 루령청년의 됴흔 긔회」가 그 예이다. 1912년 6월 27일에는 블라디보스톡 이종호의 집에서 이종호, 신채호 등과 함께 러시아와 외교현안을 담판하기 위해 러시아의 수도로 가는 일본의 桂太郞을 암살할 계획을 추진하였다.[43] 이를 파악한 러시아 당국에 의해 윤해는 7월 11일 경계 취체 상 블라디보스톡 제4구 경찰분서에 구류되었다. 그 후 하바로브스크로 가서 이종호의 허락하에 그의 식객이 되었으며, 1914년 9월에 블라디보스톡로 돌아와 『권업신문』의 재간행을 위하여 노력하였으나 실패하였다. 1915년 2월에 東寧縣 삼차구에 가서 이종호의 집에 기거하였다.[44]

---

39) 『대동공보』 1910년 4월 24일자.
40) 『노령이주상태』, 109~110.
41) 독립유공자공훈록편찬위원회, 1991, 『독립유공자공훈록』 9, 298쪽.
42) 『재외배일선인유력자명부』.
43) 오세창, 앞의 논문, 341쪽.
44) 『재외배일선인유력자명부』.

결론적으로 『권업신문』에서 활동하던 인물들은 국내외에서 언론과 관계 있던 인물들이 중심이 되어 활동하였다고 볼 수 있겠다. 즉, 신채호는 『대한매일신보』와 『황성신문』, 『대양보』 등에서, 김하구는 『해조신문』에서, 한형권은 『대동공보』에서, 듀꼬프는 『대동공보』, 『대양보』 등에서 각각 활동하던 인물들이다.

『권업신문』은 동시대의 한인신문, 잡지 등과 밀접한 관련을 맺고 있었던 것 같다. 『권업신문』 1913년 2월 23일자 논설 「국문샤즈긔의 원조」는 『신한민보』에 게재되었던 것이며, 『권업신문』 1914년 5월 3일 논설은 치타에서 간행되고 있던 『대한인정교보』 제9호(1914년 3월 1일 발행)에 실린 「농촌계발의견」을 전재한 것이다. 그 밖에 『권업신문』에서는 일본외교시보를 번역하고 싣기도 하였다. 1913년 1월 12일자 역재 「일루관계론」, 1913년 8월 18일자 역재 「류령거류 조선인문뎨」 등이 바로 그러한 것이다. 그 외에 1913년 2월 2일자 역재 「민족쥬의」는 손문이 중국 민보 창간기념일에 연설한 것 중 민족주의에 관한 것만 따서 번역 게재한 것이다.

3. 『권업신문』의 내용

『권업신문』은 권업회의 기관지이다. 그러므로 『권업신문』에 우선 수록하고 있는 것은 공고 및 홍보사항이다. 우선 권업회 공고 기사 내용과 관련하여 주목되는 것이 총회 결정 사항에 관한 것이다. 여기에는 임원의 변동, 앞으로 추진할 사업, 기타 결정 사항들이 수록되어 있다.

그 대표적인 것으로서 몇 가지 사례를 보면, 1912년 12월 19일자에는 1912년 4월 4일 제1회 총회의 결정사항이, 1912년 9월 1일자에는 1912년 8월 12일 하반기 정기총회의 사항이, 1913년 7월 7일자에는 1913년 6월 30일자 하반기 정기총회 사항이, 1913년 10월 26일자에는 1913년

入會請願書 第　　號

原住

現住

職業

姓名

年

本人이 貴會의宗旨와目的을贊仰ᄒᆞ와玆에保証人을連署ᄒᆞ야
入會請願書를提呈ᄒᆞ오니
照亮許可ᄒᆞ심을伏望
俄曆一千九百十　年　月　日

請願人

保証人

仝

仝

勸業會議長　閣下

권업회 입회 청원서

10월 6일 특별총회 사항이, 1914년 3월 22일자에는 1914년 1월 19일 정기총회의 사항이, 1914년 3월 22일자에는 1914년 3월 2일 특별총회의 사항이, 1914년 7월 26일자에는 1914년 7월 6일 하반기 정기 총회의 결정 사항이 각각 기사화되고 있는 것이다. 그리고 권업회에서는 『권업신문』에 총회의 개최시기를 광고하였다.

또한 『권업신문』을 통하여 권업회 지회의 구체적인 조직상황과 주요 간부의 명단을 보도하기도 하였다. 1914년 2월 8일자에 실린 1914년 1월 24일자 권업회 포고문은 그 대표적인 예이며, 『권업신문』 1912년 9월 28일 논설에서는 「권업회 각지회에 고ᄒᆞ노라」라는 논설을 기고하기도 하였고, 1913년 3월 16일자에는 포고로서 권업회 지방지회 설치규정을 한 면에 걸쳐 싣고 있다.

17 재러한인의 권익옹호

권업회는 재러동포들의 실업 장려, 노동소개, 교육의 보급 등을 그 일차적인 목적으로 하고 있다. 그러므로 이와 관련된 부분에 많은 관심을 보였을 것이며, 특히 이 부분은 다수의 토착 재러한인들의 지지를 받고 있는 함경도파 그 중에서도 최재형, 김도여 등 토착세력에 의해서 적극적으로 추진되었을 것이다.

우선 이와 관련하여 재러한인의 삶의 터전을 마련하기 위한 농작지 개척활동을 살펴보면, 권업회에서는 이만의 라불류라는 큰 지역을 총독 곤다찌의 허가 하에 영유권을 획득하고 러시아에 입적한 동포들을 이주시켜 경제적으로 어려운 처지에 있는 동포들에게 삶의 터전을 마련해주는 한편 이를 바탕으로 내면적으로 군사교육을 실시하고자 하였다.[45)]

45) 『아령실기』 「권업회」.

勸業新聞

권업신문 뎨一호 뎨二十三호

권업회각지회에고ᄒᆞ노라

각국통신

즁국챠판에ᄃᆡᄒᆞᆫ쇼식

륙국챠판단외분기

봉텬셩의계엄령

렬국과마셔도니아

모라코왕이도망

륙국챠판이다시된다

비휘괴의셩공

파나마운하

삼국동맹의확장

평화협의는실픠

輕賣廣告

권업회 각지회(1912.9.28)

勸業新聞

권업신문

론설

권업회고본단응모ᄒᆞᆫ 실이에게고ᄒᆞᆷ

○알바니아가졍부

○학싱군모집

○루즁담판

○황흥의ᄉᆞ직

○일본니각총ᄉᆞ직

각국통신

○손일션이미국으로가

○신각총리의후임

○강화담판의연긔

○나라사랑ᄒᆞᄂᆞᆫ샹민

○몽고졍벌의쥰비

○군ᄆᆡ춍동

○이쳔명학살

○당쇼의도미

○몽고활불의특ᄉᆞ

○둘키군의항복

輕賣 광고

○루즁담판의곤난

○루시아비책

권업회 고본단(1912.12.15)

이를 위하여 권업회에서는 1912년 7월 25일(러시아력, 이하 러로 약기) 전제학과 박동원을 농작지의 시찰 명목으로 이만 등지로 파견하였다. 그리고 동년 8월 24일(러)에는 그들로부터 그 곳의 지형, 지세 등 구체적인 환경 여건에 대하여 보고를 받았다. 이에 그 곳이 독립운동기지로서 적합하다고 판단한 권업회에서는 러시아 당국에 요청하여 동년 11월 17일(러) 이민국으로부터 라불류 지역을 농작지로 허락한다는 허가장을 접수하였다. 권업회의 계획은 비밀리에 추진되었을 것이다. 만일 이것이 공식적이었다면 일본의 항의로 러시아의 입장이 곤란해질 것이므로 곤다찌 총독 역시 이를 허락하지 않았을 것이다. 그는 한국인의 개간능력이 뛰어나므로 한국인을 이용하여 오지인 그 곳을 개척하고자 하는 의도에서 한인의 개척을 허가한 것으로 생각된다.

그리고 동년 11월 25일(러) 농작지에 대한 농림규례와 고본단규례 등을 제정하여 발표하였다.[46] 권업회에서는 이 지역에 군사기지를 만들기 위한 자본금을 마련하기 위해 고본단규례를 제정하는 한편 농작지의 효과적인 개척과 농민생활의 효과적 운영을 위하여 농림규례를 제정하는 등 치밀성을 보였다. 그리고 1913년 6월 30일(러) 하반기 정기총회에서는 농림위원장이 제정한 라불류 이민 준규를 통과시켰다. 그리고 라불류에 농민들을 이민시킬 방침과 그 곳에 학교를 설립할 일등을 의논하여 정하기도 하였다.[47] 이처럼 철저한 준비를 통하여 권업회에서는 이 곳에 대대적인 한인 집단 이주지를 정하고자 하였던 것이다. 그리고 1914년에 들어와서는 그 계획을 구체적으로 실천에 옮기고자 하였다. 그리하여 1914년 1월 19일 정기총회에서는 라불류 농작지에 456루블을 들여 미개척지 7일경을 개간하였으며, 새로 30호를 이주시켰음을 보고하였다.[48] 아울러 1914년 7월 6일의 권업회 하반기 정기 총회에서

46) 『권업신문』 1912년 12월 19일자.
47) 『권업신문』 1913년 7월 7일자.

는 라불류에 권업회 분사무소를 설치하여 이만 지회에서 관할하도록 하였다.[49]

권업회에서는 이러한 권업회의 농작지 개척활동에 큰 관심을 갖고 이를 대대적으로 보도하였다. 즉, 1912년 11월 이만 근처 농작지에 대하여 러시아 극동 총독부로부터 개척허가를 받았다는 기사를[50] 서두로 많은 기사들을 게재하고 있다. 1912년 12월 1일자에서는 별보로 「쟝릭한인의 복디」라는 제목 하에 그 지역의 장점을 서술하고 있다. 즉 이 지역은 토지가 광활하고 기름지며, 삼림재목이 훌륭하며, 금이 많이 나며, 강이 있어 어산물도 풍부하다고 소개하고 있는 것이다. 이어 1912년 12월 8일에는 「이만 농작디 인허된 일로」라는 논설을 기고하고 있으며, 1912년 12월 15일에는 「권업회 고본단 응모ᄒᆞ실 이에게 고흠」이라는 글을 통하여 개척에 필요한 돈을 모금하고자 하였다. 그리고 1913년 4월 13일자, 4월 29일자 특별광고를 통하여 "이만 농작디 인허를 얻음의 권업회에서 이따를 ᄀᆡ간ᄒᆞ야 우리동포의 집을 지으며 우리동포의 밧을 일궈 쟝릭의 복디를 믿든다고 일변으로 농림규칙을 제뎡ᄒᆞ며 고본금익을 모집ᄒᆞ니"라고 하여 권업회에서의 자금 모집을 알리고 있고, 또한 1912년 12월 15일자 잡보에서는 한 면에 걸쳐 고본단 규례를 발표하고 있다. 이 발표문은 1장 총칙, 2장 조직, 3장 임원, 4장 업무, 5장 게산, 6장 집회, 7장 부칙 등으로 이루어져 있다. 아울러 1912년 12월 12일에는 별보로 「권업회 고본단 모집 취지서」를 발표하고 있다. 그리고 1914년 1월 18일자 논설 「이만 농작디에 딕ᄒᆞ여」라는 글을 통하여,

> 권업회 이만 농작디는 인허맛ᄒᆞᆫ지가 일쥬년이 임의 지낫으며 고본단을 죠직ᄒᆞ고 고본을 모혀 삼림을 작별ᄒᆞ며 토디를 ᄀᆡ간ᄒᆞ야 작년안에 젹어도

---

48) 『권업신문』 1914년 2월 8일자.
49) 『권업신문』 1914년 7월 26일자.
50) 『권업신문』 1912년 11월 24일자.

> 멧빅일경따을 ᄀ간ᄒ며 멧빅호롤 이쥬홀것으로 잇엇노라. 그러나 ᄀ간된 땅은 멧십일경에 지너지 못ᄒ며 이쥬된 농호는 멧십호에 지너지못ᄒ고 또 ᄒᆫ 고본단은 아모 말도 업시 일년을 쉬어 우리의 믿던바와 밧귀엿으니 엇지 이상ᄒᆫ일이 아닌가.

라고 하여 처음의 희망과 기대와는 달리 이 사업이 제대로 이루어지지 못하였음을 밝히고 있다.

다음으로 주목되는 기사는 권업회가 추진한 입적청원활동, 즉 재러한인의 귀화추진활동이다. 한국인이 러시아에서 처음으로 국적취득이 허가되고 이것이 이루어진 것은 1896년이다.[51] 그 후 러시아의 대한인정책의 변화에 따라 한국인이 러시아 입적은 허락되기도 하고 금지되기도 하였다. 그러던 중 권업회에서는 1910년 일제에 의하여 조선이 강점된 이후 한국인의 귀화를 적극 추진하였다. 그리고 이것은 러시아측의 입장이기도 하였다. 『권업신문』에는 이에 대한 기사가 다수 실리고 있다.

『권업신문』 1912년 12월 1일자 광고에서는 다음과 같이 입적할 것을 권유하고 있다.

> 아령디방에 잇는 우리동포들이 이 나라에 쇽히 입적ᄒ지 안으면 싱활과 젼졉에 여러가지로 불편이 만을것은 다말홀슈 업는지라 각쳐에 널려있는 우리 동포가 형편이 엇지 되는 것을 아지 못ᄒ고 잇다가 쟝릭에 됴치못ᄒᆫ일이 잇겟기로 이갓치 광고ᄒ노니 입적ᄒ지 못ᄒᆫ이들은 일제히 권업회 ᄉ무실로 오시오 청원도 써주며 여러가지 편의를 인도ᄒ야 줄터이오!!!
>
> 우리동포 가운데에 이 나라에 입적청원을 ᄒ고 허가 못맛흔이가 실로 불가승수라 이제 권업회에셔 이런이를 위ᄒ야 이 나라 관쳥에 됴사ᄒ야 줄슈도 잇으니 입적청원 못맛흔 여러분은 속히 차자와 의론ᄒ시오!!!

아울러 1913년 1월 6일자 권업회 포고문[52]에서도 적극적으로 이를

---

51) 『한인신보』 1917년 9월 30일 강동쉰해.
52) 『권업신문』 1913년 1월 19일자.

권유하고 있다.

한편 러시아에서는 한인들의 귀화를 적극 추진하였다. 그들의 입장에서 본다면 러일 간의 외교관계상 파생될 수 있는 한국인의 법적 지위문제의 해소, 한국인의 효과적인 활용(개간, 군복무문제) 등에 유리했을 것이기 때문이다. 그리고 『권업신문』에서는 러시아에 입적이 허가된 자를 신문지상을 통하여 공고하기도 하였다. 1913년 3월 9일의 경우는 3면 전체에 입적자 명단을 게재하고 있으며, 1912년 6월 16일자, 1913년 3월 23일자, 4월 13일자 등에도 입적자를 공고하고 있다. 1914년 1월 19일 정기 총회에 나타난 입적청원자는 1,390명이었다.[53] 그 결과 1908년 귀화인수가 16,965명이었으나 1914년에는 20,109명이었다.[54]

『권업신문』에서는 재러동포 자제들의 교육도 강조하였다. 권업회는 그 사업에, "정신노동에 종사하게 하고 학교, 도서관, 교육부, 연론부를 두며, 신문 잡지를 발간하고 직접 간접으로 교육에 진력하는 데 있다"[55] 고 하였고, 역시 교육부를 두어 정재관을 교육부장에 임명하였다. 1913년 8월 25일 논설 『청년ᄌᆞ녀의 부형된 이들께 고ᄒᆞᆷ』에,

> 요사이에 흔히 말ᄒᆞ기를 우리의 ᄒᆞᆯ일이 밧분데 언제 어린아ᄒᆡ들 교육시키는데 힘쓸겨를이 잇으리오 말ᄒᆞ나 이것은 크게 오히ᄒᆞᆫ말들이라 리일독립을 찾고 모레 ᄌᆞ유를 회복ᄒᆞᆫ다ᄒᆞ여도 그뒤를 계속ᄒᆞᆯ 국민을 양셩치 안으면 그 독립과 ᄌᆞ유는 필경 빈일이 되리니 그럼으로 이것은 대단히 쳔근ᄒᆞᆫ 의견이라ᄒᆞᆯ지로다. 우리는 한편으로 무예를 비우며 실력을 양셩ᄒᆞ는 동시에 쟝릭 대한의 쥬인공될 데이셰 국민을 양성ᄒᆞᆷ에 한가지로 힘을 다ᄒᆞᆷ이 맛당ᄒᆞ다ᄒᆞ노라.
>
> 오호라 나라업는 민족은 쳣지 교육의 ᄌᆞ유가 업ᄂᆞ니 너디 소문을 듯지 못ᄒᆞ는가.

---

53) 『권업신문』 1914년 2월 8일자.

54) 劉孝鐘, 1985, 「極東 朝鮮民族運動」 『朝鮮史硏究會論文集』 22, 159쪽.

55) 『노령이주상태』, 96쪽.

라고 있듯이, 청년자제의 부모들에게 한편으로는 무장을 갖추고, 실력을 양성하는 동시에 장래 한국의 주인되는 청년자녀들을 교육시킬 것을 주장하였다.

그리고 1914년 3월 신한촌민회가 권업회와 합치되자 권업회 교육부에서 이 학교를 운영하였다.[56] 이외에도 러시아 각 지역의 학교들이 권업회 관할하에서 운영되었던 것이다. 그 대표적인 학교로서는 니꼴라예브스크의 보흥학교, 하바로브스크의 신덕학교, 양성학교, 소왕령의 입신학교, 탕랑수의 대진학교, 수청 구허동의 신한학교, 도비허의 황동학교 등을 들 수 있다.[57]

권업회의 연론부에서도 교육 활동을 전개하였다. 『권업신문』에서는 언제 어디서 누가 어떠한 주제로 강연을 한다는 것을 광고하였다. 1912년 5월 26자의 경우 광고를 통하여 "5월 26일 하오 8시에 권업회 종람소에서 언론회를 열터이오니 연사는 이종호이며, 주제는 出洋同胞와 生涯이다"라고 밝히고 있으며, 1912년 11월 24일, 1913년 1월 19일 등에도 이와 동류의 기사들이 보이고 있다. 이러한 강연회는 1912년 한해 동안 24회에 걸쳐 개최되었으며, 많은 주민들이 자발적으로 참여하였다. 또한 권업회에서는 주민들에게 책과 정기간행물들을 대출해주기 위하여 총독에게 블라디보스톡에 있는 대중도서관을 운영할 수 있도록 해줄 것을 요청하기도 하였다.[58]

경제력의 향상 역시 주장하였다. 1912년 9월 1일자 논설 「우리동포는 경제능력이 엇지 이리 박약훈가」에서는,

---

56) 앞의 책, 73쪽.
57) 『권업신문』 1914년 2월 8일자 「권업회 1월 14일 포고」.
58) 1911년~1912년까지 권업회의 보고서 중에서 발췌, 뻬쩨르부르크 중앙국립역사문서보관국 소장.

「우리동포는 경제능력이 엇지 이리 박약혼가」(1912.9.1)

> 오늘날 세계에 큰 문뎨는 싱죵경징문뎨오. 싱죤경징의 큰 문뎨는 경졔문뎨라 뎌 여러강호 민족이 각히 셰력을 확쟝호며 외족을 물리침은 다만 그 민족의 명예만 빗내고져 홈이 안이라. 실상은 그 민족의 경졔를 넉넉히 호고져 호는 쥬의가 만흐며 뎌 여러 강호 나라가 각히 타국을 꺼구려트리고 령토를 넙힘은 다만 그 나라의 위엄만 식식호게 호고져홈이 안이라. 실상은 그 나라의 경졔롤 폐우게호고져호는 정칙이 만호느니 잉글리 사롬이 잉글리를 떠나 셰게에 활동호 것은 잉글의 경졔의 명령호 바라호는 말이 이것을 닐음이니라. (중략) 우리는 급급히 경졔의 지식 능력을 길으며 근검호고 져축호여 경졔의 셰력을 차즐지니라.

라고 하여 오늘날 세계에서 가장 큰 문제는 생존경쟁인데, 생존경쟁에서 가장 큰 문제는 경제문제라고 전제하고 우리가 독립을 하기 위해서는 지식을 쌓는 한편 근검, 저축하여 경제력을 키울 것을 강조하였다.

아울러 실업의 발전에도 주목하였다. 춘원 이광수가 쓴 글로 추정되는 「독립준비하시오」가 그 글이다. 『권업신문』 제100호(1914.3.1)부터 제103호(1914.3.22)까지 '외배'라는 가명으로 4차례에 걸쳐 연재되었다.[59)]

또한 자치도 강조하였다. 1913년 10월 5일자 논설 「즈치와 민죡의 발젼」에,

> 오호라 우리는 무엇을 밋으며 엇더케호여야 우리의 즈유를 회복호며 힝복을 증진호며 민족을 발젼시킬가 우리가 밤낫익쓰고 싱각호는 바이지만은 그 실샹은 하지못호바라. 향상 큰긔회와 큰일만 일로알지 말고 우리 민족이 어듸가던지 두셋이 모아도 즈치를 힝하며 열집이 모아도 서로즈치호야 남을 의뢰말고 제민족끼리 서로 붓들고 사랑호야 한부락에 모아살면 먼저 학교부터 설립호야 즈뎨를 가르키며 환란이 잇으면 서로 구죠호야주며 공동의 리익을 서로 도모호며 분징이 싱기더라도 남의 법을 빌지말고 서로 평화로 타쳡호며 청결을 힘써 위싱을 즁히호며 죠상의 젼릭호 륜리풍속을 잘직히며 잡기등 여러가지 방탕호일을 서로 금호야 아름다운 풍속

59) 최기영, 2003, 「1914년 이광수의 러시아 체류와 문필활동」『식민지시기 민족지성과 문화활동』, 한울, 154~157쪽.

을 일우게 ᄒᆞᆯ지라. 이리ᄒᆞ자면 먼저 ᄎᆡᆨ임맛흔ᄌᆞᄂᆞᆫ 명혜로 ᄌᆞ긔의 몸을 정성것밧쳐 동족을 위ᄒᆞ야 공복이 될것이오 ᄎᆡᆨ임ᄌᆞ의 지도를 밧는 여러동포는 의무를 다ᄒᆞ야 ᄌᆞ치의 단체를 ᄂᆡ나라와 갓치 사랑ᄒᆞ며 순복ᄒᆞ야 민족의 발젼을 힘쓰ᄂᆞᆫ 것이 우리의 맛당히 ᄒᆡᆼᄒᆞᆯ 직ᄎᆡᆨ인쥴 ᄉᆡᆼ각ᄒᆞᆯ지어다.

라고 있듯이, 자치 단체의 지도자는 구성원의 공복이 될 것이며, 구성원은 자치 단체를 사랑하여야 하고 그럴 때만이 민족이 발전한다고 하였다. 당시 한인들이 이국에서 자치 단체들을 조직하여 활동하는 시점에 있어서 자치와 민족의 발전에 주목한 글이라고 생각된다.

27 재러한인의 계몽과 민족의식의 고취

이동휘 홍범도 유동열

권업회의 목적과 이념은 앞서 살펴본 바와 같이 시베리아 한인 사회의 이익을 증진시키는 경제문제와 항일운동을 강력히 추진하는 정치문제를 결부시키는 전술을 취하면서 끝내는 조국독립을 달성하려는 데 있었다. 그러므로 『권업신문』 역시 이러한 목적과 이념을 실현하기 위하여 재러한인의 계몽, 민족의식의 고취, 그리고 국내에서의 항일운동 등에 대한 기사들을 많이 싣고 있다.

기념우편엽서의 블라디보스톡 한인들

우선 재러한인을 계몽하는 기사이다. 이에 대하여는 상당히 많은 기사가 다양하게 실리고 있다. 우선 1912년 5월 26일 논설 「청년동포의제 바라는바」에서 국가가 강성하려면 사람마다 수양에 힘써 품성을 길러야 한다고 주장하였다. 즉,

> 우리나라가 삼국시딕에 뎨일 강셩치 안이ᄒᆞ얏던가. 그런딕 그런시딕에는 팔관(八關)의 계와 풍월(風月)의 도가 잇어 사룸마다 수양에 힘써서 국민의 품셩이 뎨일 놉던 시딕엿던이라.

라고 하고 있고, 1912년 7월 28일자 논설 「동포사이의 사랑」에서는,

세계 각국민족이 각기 스스로 단결ᄒᆞ며 노력과 완력으로 ᄉᆡᆼ픽존망을 닷톰은 우리의 당ᄒᆞᆫ시ᄃᆡ이오 망망ᄒᆞᆫ 대양가운ᄃᆡ에 조각비를 타고 풍랑을 맛나 좌우를 ᄯᅩ라보아도 구ᄒᆞ여 주리업습은 우리의 쳐ᄒᆞᆫ 경우니 이시ᄃᆡ 이 경우에 잇어셔 참마음 참뜻으로 내동포를 사랑ᄒᆞ여 나는 너를 보호ᄒᆞ며 너는 나를 구원ᄒᆞ여 쓰고 닮을 갓치ᄒᆞ며 쉽고 어려움을 함께ᄒᆞ지 않으면 졈졈 우리신셰만 참혹ᄒᆞ게 될지니라.

라고 하여 참마음, 참사랑으로 동포들끼리 서로 사랑해야 함을 강조하였다. 이처럼 『권업신문』에서 동포 사이의 사랑을 강조한 것은 당시 재러 한인 사회가 출신지역별, 단체별 등의 파벌로 갈등하고 있었기 때문일 것이다. 이와 관련하여 1912년 9월 22일자 논설에서는 「공과ᄉᆞ를 잘 분간ᄒᆞ여야 ᄒᆞᆯ일」을 통하여 공과 사의 구분을 강조하였다. 아울러 윤해는 1913년 3월 16일자 기서 「공론과 샤회」를 통하여,

샤회라 것은 다수ᄒᆞᆫ 사ᄅᆞᆷ이 서로 관계를 련락ᄒᆞ야 사ᄂᆞᆫ 것을 일홈홈이니 다수ᄒᆞᆫ 사ᄅᆞᆷ으로써 ᄉᆡᆼ존을 유지코져 홈에ᄂᆞᆫ 반듯이 공론이 아니면 하로라도 련락ᄉᆡᆼ존의 목뎍을 달ᄒᆞᆯ슈 업ᄂᆞᆫ고로 공론이 업ᄂᆞᆫ 샤회ᄂᆞᆫ 곳 멸망ᄒᆞᆯ것뿐이니라.

라고 하여 사회에 있어서 공론의 중요성을 강조하고 이어서,

만약 공론이 업스면 교육을 힘써 몃쳔명의 학ᄉᆡᆼ을 양셩ᄒᆞᆯ 지라도 효력이 업슬것이오 몃빅만의 ᄌᆞ본으로 실업을 힘쓸지라도 샤회에ᄂᆞᆫ 만분리익이 업슬것이오. 몃쳔명 몃만명의 회원으로 단톄를 ᄆᆡᆫ든 다ᄒᆞ여도 빈일홈뿐이오 샤회의 통일은 도뎌히 바라지도 못ᄒᆞᆯ지라 그럼으로 이제 ᄒᆡ외에 나온 여러 형뎨에게 경셩을 다ᄒᆞ야 비노니 공번된 일에 삼가 ᄉᆞ졍을 용랍지 말고 힘써 민족젼톄의 리익을 ᄉᆡᆼ혀 공론을 널리 치용ᄒᆞ매 민족의 리익을 ᄃᆡ표ᄒᆞ야 공론을 발표ᄒᆞᄂᆞᆫ쟈가 잇거던 그 압에 무릅을 꿀고 슌복ᄒᆞ라 그리ᄒᆞ여야 우리샤회가 멸망치 안코 겨오 ᄉᆡᆼ존을 유지ᄒᆞᆯ지며 우리의 바라ᄂᆞᆫ 뜻을 셩취ᄒᆞᆯ날이 잇으리라.

라고 하였다. 즉, 민족전체의 이익을 살펴 공론을 채용하며, 민족의 이익을 대표하여 공론을 대표하는 자가 있거든 당파에 구애되지 말고 이에 순종해야 한다고 하였던 것이다.

이와 더불어 주목되는 것은 한인 지도자들의 당파 극복을 위한 노력이다. 1913년 9월 초순 권업회의 서울파, 평양파, 북한파의 중심인물들이 블라디보스톡 시내 강양오의 집에 모여 상호분립의 잘못을 밝히고 장래 공동 일치의 행동을 할 것을 맹세하기도 하였다.[60] 그리고 다시 한 달여가 지나서 북간도 지역에서 블라디보스톡으로 온 李東輝는 동년 10월 12일 권업회관에서 개최된 자신에 대한 환영회 석상에서 해외 동포의 의무와 관련하여,

> 여러분은 싱각ᄒᆞ시오. 남우면 망ᄒᆞ고 합ᄒᆞ면 흥ᄒᆞᄂᆞ니 ᄂᆡ가 이와ᄀᆞᆺ치 말홈은 말을 꾸미는 것이 안이라. 우리가 오늘날 엇던 디위에 잇소. 좀 싱각ᄒᆞ야 보시오. 만경창파에 풍도가 위험ᄒᆞᆫ데 초월이 샹시홀지라도 ᄀᆞᆺ치탄 ᄇᆡ안에셔 셔로돕고 셔로 구졔ᄒᆞ지 안이ᄒᆞ겟ᄂᆞᆫ가. (만장이 박장) 三三五五의 양의 무리가 갈ᄯᅢ에 호랑의 날칼온 톱을 만나면 셔로 합ᄒᆞ야 나갈 것이 맛당ᄒᆞ지 안인가. 과연 단합홀지어다. 남우면 데二차 멸망을 받을지니 과연 오늘날은 살부살형의 원수라도 우리의 광복을 희망ᄒᆞ야 셔로 난우지 마라.[61]

라고 하여 파벌을 극복하고 단합하지 않으면 제2차 멸망을 받을 것이니 오늘날 살부살형의 원수라도 우리의 조국 광복을 위하여 단합할 것을 강조하였다. 뿐만 아니라 그는 성심으로 복종할 것을 주장하였다. 즉,

> 우리가 셔로 셩심으로 복죵ᄒᆞ옵셰다. 긔왕에는 그럿치 못ᄒᆞ얏소. 여러 쳥년들과 션진 사이에 셔로 밋고 죤즁ᄒᆞᄂᆞᆫ것이 부족ᄒᆞ야 낭픠가 된일이 만소. 오늘 이후에도 셔로 밋고 셔로 위로 안이ᄒᆞ면 우리가 일ᄒᆞᄂᆞᆫ 것도

60) 김정주, 1971, 『조선통치사료』 7, 한국사료연구소, 616쪽.
61) 『권업신문』 1913년 9월 20일자 「리셩직의 연설」.

> 다 쓸디업소. 우리가 셔로 붉은 졍셩으로 ᄒᆞ지 안으면 황금탑을 쌋고 독립젼징을 ᄒᆞᆯ지라도 다 쓸디업ᄂᆞᆫ것이오. 만쟝져군이여 셔로 밋고 복죵ᄒᆞᆸ셰다.62)

라고 하여 서로 믿고 존중할 것을 주장하고, 그렇지 않으면 황금탑을 쌓고 독립전쟁을 할지라도 쓸데없는 짓이라고 하였던 것이다. 이동휘에 이어서 유동열, 오주혁, 홍범도 등도 역시 블라디보스톡에 와서 이를 주장한다.63)

또한 남의 父兄된 자로서 갖고 있는 악습의 폐단을 제거할 것도 주장하였다. 1912년 9월 15일 논설 「남의 부형된쟈의 ᄉᆡᆼ각을 ᄒᆞᆯ일」에,

> 첫지는 그 가뎡간에셔 흉악흠욕과 무도ᄒᆞᆫ말을 함부루ᄂᆡ여 주먹과 몽치가 ᄒᆡᆼ용의 형구가 되며 망ᄒᆞᆫ놈과 빌어먹을 년이 례ᄉᆞ의 어투가 되야 무례ᄒᆞ고 불공ᄒᆞᆫ 것으로 그 습관을 삼으니 그 ᄌᆞ뎨가 어ᄃᆡ셔 본을 받아 조수ᄒᆞᄂᆞᆫ 사ᄅᆞᆷ이 되며 둘지는 그 일평ᄉᆡᆼ 쳐신ᄒᆞᄂᆞᆫ데 죠곰도 조심이 업셔 야휘치고 야바위노ᄂᆞᆫ 것을 쟝부의 본식으로 알며 쥐정ᄒᆞ고 약담비 먹ᄂᆞᆫ 것을 영웅의 능ᄉᆞ로 알며 무리ᄒᆞᆫ 풍파와 무리ᄒᆞᆫ 시비를 다반의 일로 알고ᄒᆞ니 그 자뎨가 어ᄃᆡ서 본을 받아 졍결ᄒᆞᆫ 사ᄅᆞᆷ이 되며 ….

라고 있듯이, 남의 부형된 자의 악폐를 지적하고, 이어서 놀며 먹는 것을 버릇으로 하고 있는 점, 남을 욕하고 비판하기를 좋아하며, 요행으로 살 생각을 하는 점, 남을 매번 업신여기는 점, 지식을 배움에 있어서 거만한 점 등의 악폐를 비판하였다. 그리고 1914년 6월 21일 논설 「악ᄒᆞᆫ습관을 바리라」에,

> 슯흐다. 우리부여민족은 오ᄂᆞᆯ날 광대ᄒᆞᆫ 텬디에 설곳안즐자리업시 다만 밋을 것은 우리의 품셩이라. 어ᄃᆡ가던지 착한사ᄅᆞᆷ의 일홈으로 남의게 밋

---

62) 위와 같음.
63) 김정주, 앞의 책, 617쪽.

> 음을 얻어 모든 직님에 발을 붓칠지니 만일 악흔 버릇을 고치지 안코는 아모것도 될 수 업고 우리는 다시 설곳도 업슬리니 이에 크게 경계흐고 다만 우리의 직힐 습관은 四천년릭에 슝상흐던 륜리도덕이며 우리 조국의 말과 글을 항샹 습관으로 잇지 말고 또 유리의 동포를 사랑흐는 마음과 조국을 광복홀 일은 날마다 버릇흐야 쉬지 말지니라.

라고 있듯이, 악습을 버리고 조국의 말과 글을 항상 습관으로 잊지 말고 또 우리 동포를 사랑하는 마음과 조국을 광복할 일을 날마다 버릇으로 하여 쉬지 말자고 하고 있는 것이다.

그리고 1912년 10월 27일자 논설「외국말 빅우는 이에게 고흠」에서는 당시 러시아지역에서 많은 한국인들이 러시아어를 배우고 한국말을 제대로 배우지 않고 있는 점과 관련하여,

> 초년붓허 국민뎍교육을 못받아셔 내나라가 무엇인지 몰랏느니 그 혀가 변흐는날에 그 눈도 변흐며 그 귀도 변흐며 그 마음끄지 변흐야 이에 니름이니 어린아희들은 아무쪼록 내나라말 내나라글 내나라력亽를 잘빅우며 나이 만흔이라도 불가불 가나다라 수십줄은 닉히며 본국력亽 디지 두칙은 읽은 후에야 다른 말을 빅우던지 말던지 할 것이니라.
>
> 그러치만은 이에 엇지흐리오 고국을 도라보니 쇼학교아희들의 일어빅우는 소리뿐이오 외양을 나오니 한인의 학교는 쇼학교도 몃기가 못되니 희라 무엇을 바라리오 바랄것은 외국말 아는이가 스亽로 끼닷는것 뿐이로다 지셩으로 비노라 외국말 아는이가 스亽로 끼달음이여.

라고 하여 외국어를 배우는 사람들에게 국민적 교육을 받지 못하고 외국어를 배울 경우의 병폐를 지적하고 나의 많이 먹은 자라도 한국역사책 두 권 정도는 읽은 후에 외국어를 배울 것을 주장하였다. 당시는 곤다찌 총독에 의하여 적극적으로 귀화가 추진되는 등 러시아화 정책이 이루어지던 시기였다.

그리고 나라를 잃고 러시아로 나온 청년들에게 1912년 11월 3일자 논설「외디에 나온 청년」이라는 글에서,

오날의 곤궁이 우리 일반쳥년에게 주는 약이니 더욱 분발ᄒᆞ매 더욱 연구ᄒᆞ야 공부ᄒᆞᆯ슈 업는 때에셔 공부ᄒᆞ도록ᄒᆞ매 ᄉᆞ업ᄒᆞᆯ슈업는 때에셔 ᄉᆞ업ᄒᆞ도록ᄒᆞ고 일시 곤란에 놀너여 퇴축ᄒᆞ는 ᄉᆡᆼ각을 가지지 말지어다.

라고 하여 일시 외국에서의 곤궁에 굴하지 말고 더욱 분발할 것을 당부하였다.

그리고 러시아지역에 와서 노동하는 동포들에게도 1913년 8월 3일자 논설 「로동ᄒᆞ는 동포에게 고ᄒᆞ노라」를 통하여,

로동ᄒᆞ는 여러동포들이여 무슴 목뎍으로 수만리 타국에 와셔 오늘 고로디 리일 농평으로 왓다갓다 뎡쳐업시단이면서 신산ᄒᆞᆫ 공긔에 몸과 마음이 한가지로 괴로운 것을 엇지 참아 견ᄃᆡ는지 우리는 붓을 들기젼에 비쳠ᄒᆞᆫ 눈물을 금치못ᄒᆞ노라. (중략) 물론 엇더ᄒᆞᆫ 취지와 목뎍을 가졋던지 이왕히외에 나와 몸을 로동계에 드려노은 이샹은 돈을 버려가지고 공익사회의 일을 도와주거나 어ᄂᆞ학교에 입학ᄒᆞ야 공부를 ᄒᆞ거나 무엇으로던지 제민족에게 유익ᄒᆞᆫ 사업을 ᄒᆞ는것이 오늘날 한국사름된쟈의 칙임이 아닌가 이제 간단ᄒᆞᆫ 말로 여러분에게 드리고져ᄒᆞᆷ은 곳 ᄒᆞᆼ심과 부즈런ᄒᆞᆷ과 검박ᄒᆞᆷ이라.

라고 하여 항상 일정한 마음 자세와 부지런함과 검소함을 강조하였다. 당시 한인들 가운데에는 노동에 종사하는 사람이 가장 많았으며, 노동자들 가운데에는 광업 특히 사금광업, 어업 등에 종사하는 노동자들이 다수였다.[64] 특히 노동자들 가운데에는 아편을 먹는 이들이 종종 있었으므로 1913년 3월 2일자 논설 「아편 먹는 이를 경계ᄒᆞ노라」를 통하여 이를 금할 것을 촉구하였다.

아울러 해외에 나온 동포들에게 1914년 3월 15일 논설 「고향 ᄉᆡᆼ각을」을 통하여 열심히 살 것과 1914년 2월 15일 논설 「정성과 밋음으로」를 통하여 일제에 총칼을 겨누기 전에 모든 일을 정성과 믿음으로 행할 것 또한 강조하였다. 또한 1912년 10월 20일 논설 「일년벌어 하로에 업

64) 고승제, 1990, 「연해주이민사연구(1853년~1945년)」『국사관논총』11, 10~11쪽.

시ᄒᆞ여」를 통하여, 그리고 1914년 2월 28일 논설 「져축이 필요ᄒᆞ도다」를 통하여 저축의 필요성을 주장하였다.

그 밖에도 논설을 통하여 동포들을 계몽하고자 하였다. 1912년 6월 16일자에서는 논설 「한가지식 ᄒᆞᆯ일」, 1912년 8월 25일에는 논설 「치밀ᄒᆞᆫ ᄉᆡᆼ각=영원ᄒᆞᆫ ᄉᆡᆼ각」, 1914년 3월 22일 논설 「공공ᄒᆞᆫ 마ᄋᆞᆷ과 협동의 힘으로」, 1914년 3월 29일자 논설 「일들을 ᄒᆞ옵시다 ᄯᆡ가 돌아왓소」, 1914년 5월 9일 논설 「셩공ᄒᆞ랴면 한가지로만」(愚我) 등을 통하여 동포들을 계몽하고자 하였던 것이다.

『권업신문』은 재러동포의 민족의식의 고취를 위하여 노력하였다. 이를 위하여 한국과 관련되는 각종 기념일을 이용하였다. 먼저 주목되는 날은 일제에 의하여 조선의 주권이 짓밟힌 8월 29일 국치일이다. 『권업신문』에서는 1912년 8월 29일 국치일을 맞이하여 기념호를 내고 주필인 신채호는 「이날」이라는 논설을 발표하였다. 이 글에서 그는,

> 단국ᄀᆡ국 사쳔이ᄇᆡᆨ 사십오년 팔월이십구일 이날은 엇더ᄒᆞᆫ 날이오. 사쳔년 력ᄉᆞ가 끈어진 날이오. 삼쳔리 강토가 업서진 날이오. 이쳔만 동포가 노예된 날이오. 오ᄇᆡᆨ년종사가 멸망ᄒᆞᆫ 날이오. 셰계만국에 결코 절교된 날이오. 텬디 일월이 무관ᄒᆞᆫ 날이오. 산쳔초목이 슯허ᄒᆞᆫ 날이오. 금슈어별이 눈물 흘린 날이오. 츙신렬ᄉᆞ의 피흘린 날이오. ᄋᆡ국지ᄉᆞ가 통곡ᄒᆞᆫ 날이오. 우리의 신셩ᄒᆞᆫ 민족이 망ᄒᆞᆫ 날이오. 우리의 ᄉᆡᆼ명이 끈어진 날이오. 우리의 직산을 일흔 날이오. 우리의 ᄌᆞ유를 빼앗긴 날이오. 우리의 신테가 죽은 날이오. 우리ᄂᆞᆫ 입이 잇어도 말못ᄒᆞᆯ 날이오. 귀가 잇어도 듯지못ᄒᆞᆯ 날이오. 우리의 조상은 따속에셔도 눈을 감지 못ᄒᆞᆯ 날이오. 우리가 이 셰상에 살아도 희망업ᄂᆞᆫ 날이오. 우리ᄂᆞᆫ 살고저ᄒᆞ야도 살곳이 업ᄂᆞᆫ 날이오. 우리가 죽고쟈ᄒᆞᆫ들 무들 따이 업ᄂᆞᆫ 날이오. 슯흐다. 우리사랑ᄒᆞᄂᆞᆫ 동포여 이날이날을 기억ᄒᆞᆯ 날이오.

라고 하여 동포들에게 일본에 치욕을 당한 이날을 기억할 것을 강조하고 이어서,

> 지금 삼년젼 이날에 원슈의 님군 목인이가 ᄉᆞ너정의를 우리대한에 ᄑᆡ송ᄒᆞ야 수만명 왜병을 방방곡곡에 비치ᄒᆞ고 ᄆᆡ국적 리완용 송병쥰 등을 롱락ᄒᆞ야 합병됴약을 톄결ᄒᆞᆫ 날이오. 이날이날은 뎌죠그마ᄒᆞᆫ 셤즁에 잇던 하이적으로 벌것 뻣고 금슈와 갓치 힝동ᄒᆞ던 뎌야만과 원슈되던 날이오. 이민족 뎌민족이 합ᄒᆞ야 명식이 국가로 수쳔년도 못된 뎌무도ᄒᆞᆫ 왜국에 우리 ᄉᆞ쳔년된 민족이 멸망받은 날이오.

라고 하여 조그마한 섬 중에서 벌거벗고 금수와 같이 행동하던 야만족과 원수된 날이라고 하여 일본을 신랄히 비판하고 있다. 아울러 신채호는 일제의 조선 강점으로 일본 자신도 점점 쇠망하게 된다고 보고 있다. 즉,

> 원슈의 나라는 졈졈 쇠망ᄒᆞᆫ 형편에 빠지ᄂᆞᆫ 것도 이날이오. 마귀를 슝ᄇᆡ ᄒᆞ며 도덕을 무시ᄒᆞ고 밤낫 사ᄅᆞᆷ죽이ᄂᆞᆫ ᄌᆡ조만 가라치ᄂᆞᆫ일도 이날이오. 외국국채가 수십억이 되야 보샹ᄒᆞᆯ 방침이 업슴으로 국가의 텰오와 항구를 젼당 잡힌일도 이날이오.
>
> 부녀를 외국에 ᄑᆡ송ᄒᆞ야 ᄆᆡ음으로 ᄉᆡᆼ활코져ᄒᆞᄂᆞᆫ일도 이날이오. 뎌의 귀족들은 음란샤치가 극도에 달ᄒᆞ야 평민은 살슈가 업슴으로 샤회주의쟈가 ᄉᆡᆼ긴일도 이날이오. 뎌의 님군 목인이하 황족을 폭팔약으로 몸살케ᄒᆞ고 공화국을 셜립코져ᄒᆞ랴던 힝덕 등 수십명이 죽은일도 이날이오. 뎌의 졍치의 부ᄑᆡ와 인민의 불평은 날로 심ᄒᆞᆫ일도 이날이라.

라고 있듯이, 일제의 조선강점일은 바로 일본 평민도 살 수가 없어 그 가운데 사회주의자들이 생긴 날이며, 일본의 정치적 부패와 인민의 불평이 날로 심하게 된 계기가 된 날도 이날이라고 보고 있다. 신채호는 바로 이날에 해외 동포들이 가져야 할 마음 자세에 대하여,

> 우리한반도를 사랑ᄒᆞᄂᆞᆫ 동포들아 우리가 신셩ᄒᆞᆫ 민족이 아닌가 우리의 마음을 다ᄒᆞ고 힘을 다ᄒᆞ고 몸을 밧쳐 우리가 자나 ᄭᆡ나 사나 죽더리도 이날을 잇지말고 우리가 이날이 우리가 긔렴ᄒᆞᆯ날 되기ᄭᆞ지 힘쓸지아다. 이날에 이말로 우리대한뎨국이쳔만 동포형뎨자ᄆᆡ에게 고ᄒᆞ며 특별히 아쳥 영디에 잇ᄂᆞᆫ 우리사랑ᄒᆞᄂᆞᆫ 동포여 이날에 이 ᄉᆡᆼ각으로 모셔(摩西)션지의

> 본을 밧을 지어다. 이스라엘 민족 사십만을 ᄋᆡ급에 나라고 가남복지로 가던 이날이 되며 항우가 강동ᄌᆞ뎨팔현으로 도강ᄒᆞ던 이날이 그날이 될가 그날이 이날이 될가 이날 이날.

이라고 하여 이날은 사천년 역사가 끊어진 우리 이천만 동포가 노예된 날임을 지적하고 자나깨나 이날을 잊지말고 우리가 이날을 해방의 기념일로 바꿀 때까지 힘쓸 것을 주장하였다.

『권업신문』에서는 1913년 국치일을 맞이하여서도 특별호를 간행하여[65] 전면 모두에 국치일에 관한 기사를 싣고 있다. 특히 논설 「국치무망일」을 1면 전체에 걸쳐 서술하고 있으며, 2면에는 이상설이 「창ᄒᆡ자」라는 이름으로 「이날을」이라는 글을 싣고 있다. 그 밖에 「국치를 당ᄒᆞᆫ 후의 ᄂᆡ디의 참샹」 등의 글이 실려 있다.

1912년 9월 9일자에서는 고종의 만수절을 하례하는 글인 「ᄐᆡ황뎨 만슈졀」을 게재하고 있다. 이 글에,

> 단군사천이백사십오년 구월 팔일 이ᄂᆞᆯ은 곳 ᄐᆡ황뎨 육십일회 만슈졀이라 망국뎨삼년 슯흐고 압ᄒᆞᆫ 긔렴ᄒᆞᆫ후 십일이오. 일본황뎨 목인의 죽은 쇼식 드른후 사십일일이라. 희라. 우리대한사ᄅᆞᆷ된쟈ᄂᆞᆫ 이날을 당ᄒᆞ야 엇더케 회포를 지음이 가ᄒᆞᆫ가. (중략)
>
> 더욱 긔괴히 압ᄒᆞᆫ 일은 ᄐᆡ황뎨가 원ᄅᆡ 일본황뎨와 동갑의 님굼으로 오날에 싱ᄉᆞ유명의 길이 달넛ᄂᆞᆫᄃᆡ 뎌 죽은 일본황뎨는 일본 전국이 ᄋᆡ통의 졍을 금치 못ᄒᆞ며 셰계각국이 됴상의 례를 표ᄒᆞ야 일본의 영화롭고 명예로운 력ᄉᆞ를 그 죽은 몸에 휘감고 황천으로 향ᄒᆞᆫᄂᆞᆫᄃᆡ 이에 덕슈궁을 우러러 보건ᄃᆡ 인간이 다 반가워ᄒᆞ는 회갑날을 당ᄒᆞ야 녯날의 ᄇᆡᆨ관죠회와 인민경축은 고샤물론ᄒᆞ고 곳 가족간의 졍경을 말ᄒᆞ더ᄅᆡ도 륭희뎨는 궁즁의 구슈가 되며 황ᄐᆡᄌᆞ는 탁구의 볼모가 되고 좌에 시립ᄒᆞᆫ이는 오직 머리센 궁녀 몃ᄀᆡ뿐이니 이것이 엇지 우리의 비통ᄒᆞᆯ비 안인가.

라고 있듯이, 고종이 회갑일에 백관조회와 백성들의 경축을 받지 못함을

---

65) 『권업신문』 1913년 8월 29일자.

비통해하고 있는 것이다.

단군의 성탄절을 맞이하여서는 1912년 11월 10일 논설 「단군 대황조 셩탄절」이라는 글을 1면과 2면 전체에 걸쳐 특집으로 게재하였다. 그리고 우리가 단군의 후손임을 강조하고 있다. 즉,

> 사룸이 궁ᄒᆞ면 근본으로 도라온다고 오늘부터는 니즌 단군을 다시 ᄉᆡᆼ각홀만ᄒᆞ니라. 고통이 이갓ᄒᆞ고 곤남이 이갓ᄒᆞ니 니즌 단군을 다시 ᄉᆡᆼ각홀만ᄒᆞ니라. ᄉᆡᆼ각ᄒᆞ고 또 ᄉᆡᆼ각ᄒᆞ야 우리가 다 단군의 ᄌᆞ손인지를 알면 동포시이에 간절히 사랑ᄒᆞᄂᆞᆫ 마음이 나리라. 우리가 다 단군의 유민인지를 알면 나라일에 ᄃᆡᄒᆞ야 분발홀 정신이 ᄉᆡᆼ기리라. 단군의 창조ᄒᆞ신 문명이 엇더ᄒᆞᆫ지를 알면 우리가 ᄉᆞ천년릐 신셩ᄒᆞᆫ 민족으로 엇디오릐 남에게 굴복ᄒᆞ리오ᄒᆞᄂᆞᆫ 의기가 발ᄒᆞ리라. 단군의 셩취ᄒᆞ신 무공이 엇더ᄒᆞᆫ지를 알면 우리가 녯적부터 무강ᄒᆞ던 죵ᄌᆞ로셔 엇지 기리 퇴보ᄒᆞ리오ᄒᆞ야 젼진홀 용밍이 발ᄒᆞ리라. 외국에 류ᄒᆞᄂᆞᆫ쟈는 더욱 단군을 ᄉᆡᆼ각ᄒᆞ라. 그리ᄒᆞ면 고국을 닛지 안으리라. 궁ᄒᆞᆫ길에 빠진쟈도 단군을 ᄉᆡᆼ각하여라. 그리ᄒᆞ면 희망의 빗을 차지리라. 오너라 동포들아 오시오 동포들아 오날부터는 니즌 단군을 다시 ᄉᆡᆼ각홀만ᄒᆞ니라. 졍셩으로 형식을 ᄃᆡ신ᄒᆞ며 공경으로 희ᄉᆡᆼ을 ᄃᆡ신ᄒᆞ야 대황조ᄭᅴ 들이고 셩탄절 이날부터 ᄉᆡ사룸이 될지어다.
>
> 단국대황조 셩탄절에 우리가 동포에게 고ᄒᆞᄂᆞᆫ 바가 이며 바라는 바가 이로다.

라고 있듯이, 단군을 생각하면 민족의식을 고취할 수 있으며, 독립을 달성할 수 있다고 하고 있다. 아울러 권업회에서는 11월 11일 권업회 종람소에서 단군성탄일 경축회를 개최하고자 발기하였다.[66] 그리고 11월 11일에 수백명이 모인 가운데 이상설, 황공도, 조장원 등의 주도로 기념식을 성대히 거행하였다.[67] 또한 평양 숭령전에 봉안되어 있는 단군의 어진을 촬영하여 단군 대황조의 사진을 판매하기도 하였다.[68]

---

66) 『권업신문』 1912년 11월 10일자 잡보.
67) 『권업신문』 1912년 11월 17일자 잡보.
68) 1912년 12월 29일자 광고 「단군대황조어진발힝」.

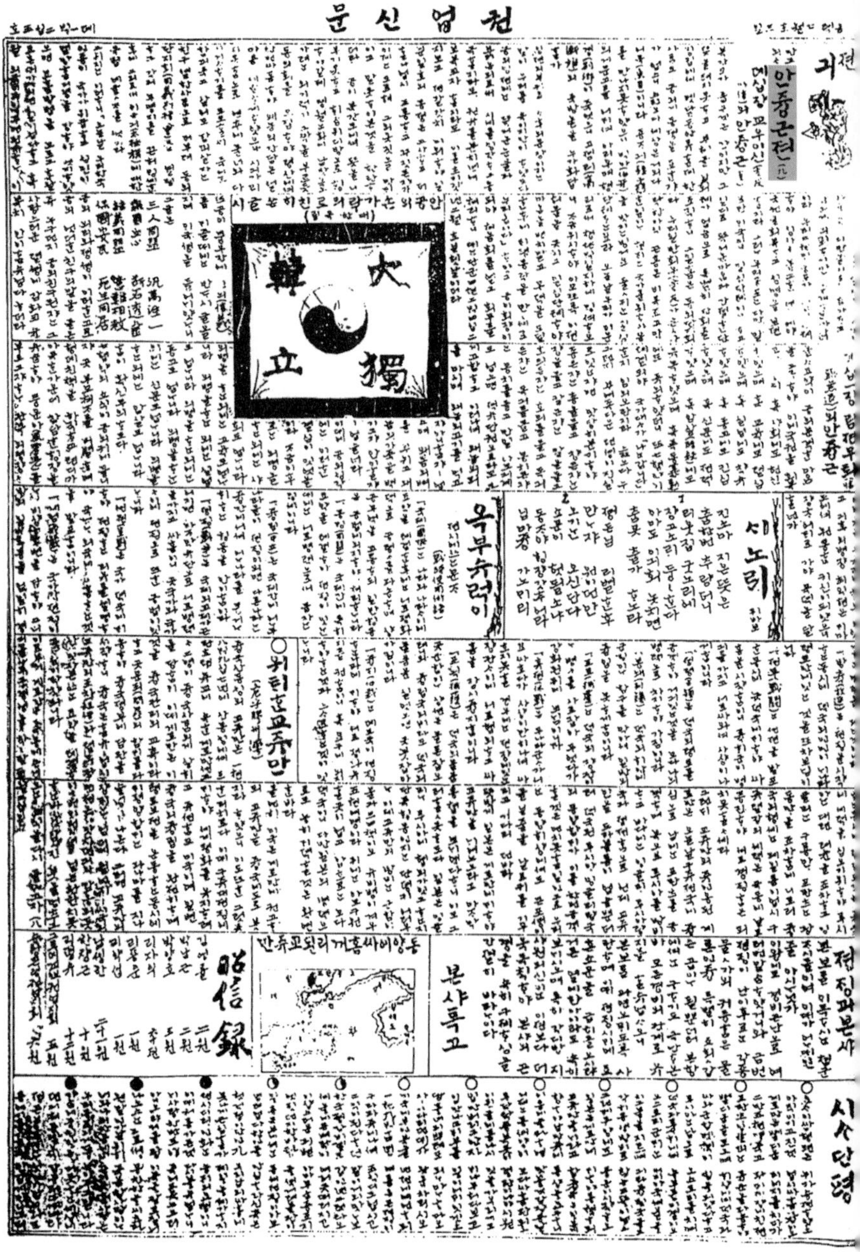
권업신문

안즁근젼

셰노리

옥부슈력이

본샤폭고

시사단평

大韓獨立

「안중근전」(1914.8.23)

그리고 음력설을 맞이하여 1913년 5월 26일자 논설 「음력명절과 한인」에서는,

> 단오 츄석 등은 고샤ᄒᆞ고 곳 설도 양력으로 쇠어 홀슈잇ᄂᆞᆫᄃᆡ로 구습을 ᄀᆡ량ᄒᆞ쟈고 ᄒᆞ던 것은 갑진을ᄉᆞ년간 ᄂᆡ디각지 ᄉᆞ의 쟝도ᄒᆞ던바오. 왼세계가 다 양력 명절을 명절로 쇠더ᄅᆡ도 우리ᄂᆞᆫ 다 좃지말고 우리ᄂᆞᆫ 음력명절을 명절로 ᄒᆞ야 고ᄅᆡ습쇽을 힘써 보젼ᄒᆞ쟈ᄒᆞᄂᆞᆫ것은 경슐이후 녯것을 닛지 안ᄂᆞᆫ이의 ᄉᆡᆼ각이라.

라고 하여 음력 명절을 명절로 하여 한국 고래의 습속을 힘써 보전할 것을 주장하였다. 그리고 역시 추석을 맞이해서도 1913년 9월 1일자 논설 「국쇽명졀로 가ᄇᆡ졀을 당ᄒᆞ야 소회를 젹노라」를 통하여 이를 지킬 것을 주장하였다. 또한 1914년 7월 19일 논설 「리쥰공의 피흘닌 날」이라는 기사를 통하여 이준이 죽은 지 8년째 되는 날을 기념하고 있다.

『권업신문』에서는 국문을 강조하여 민족의식을 고취하기도 하였다. 1913년 6월 2일자 논설 「사ᄅᆞᆷ마다 국문은 알어야지」를 통하여 국문 사용의 필요성을 강조하는 한편 1914년 5월 31일자 논설 「하ᄀᆡ 방학에 국어강습」에서는,

> 오늘날 한국우리동포들이여 우리형편이 엇더케 되얏ᄂᆞᆫ뇨. ᄂᆡ디로 말하면 금슈강산에 사모찬것은 원슈의 독ᄒᆞᆫ ᄀᆡ운으로 우리민족의 ᄉᆡ멸을 ᄌᆡ촉ᄒᆞ야 반만년 오ᄅᆡᆫ국어ᄂᆞᆫ 입으로 번지게 못ᄒᆞ고 저셤에 추ᄒᆞᆫ죵ᄌᆞ의 언어로 원숭의 흉ᄂᆡ처럼 우리일반샤회네 다 일어쓰게ᄒᆞ며 외디로 보면 ᄉᆡᆼ활의 관계로 그 나라 어학을 아니ᄇᆡ올수 업스나 심지 ᄂᆡ나라말은 이저바린이가 죵죵잇으니 엇지 ᄋᆡ셕ᄒᆞᆫ일이 안이리오. 제나라말을 잘모르고ᄂᆞᆫ 제나라ᄉᆡᆼ각이 날수업스며 그 민족의 한분ᄌᆞᄅᆞᆯ 덜게됨이니라.
>
> 이졔 하ᄀᆡ방학의 ᄀᆡ회를 당ᄒᆞ야 우리ᄂᆞᆫ 아령각디방 루시아학교에 공부ᄒᆞᄂᆞᆫ 쳥년ᄌᆞ녀의 부형되시ᄂᆞᆫ의게 간절히 츙고ᄒᆞᆷ은 이 슈 삼삭방학동안에 그ᄌᆞ녀로 ᄒᆞ야곰 우리나라 국어ᄅᆞᆯ 연습식히는 것이 급ᄒᆞᆫ 일이니 (중략)
>
> 슯흐다. 한국동포들이여 오늘날 ᄒᆡ외에서 일시 ᄉᆡᆼ활ᄒᆞᄂᆞᆫ 것도 다 늙은

> 부형의 익쓴덕이오. 아직은 젊은 청년의 힘으로 우리 일반동포의 싱활계에 크다큼훈 리익을 기친일이 업느니 과연즈녀를 사랑ᄒᆞ는 부형이거든 먼저 니나라 국어룰 비와줄지며 조국을 사랑ᄒᆞ는 청년이거든 급히 네나라 국어룰 비홀지니 우리가 즁등이샹 학문을 비호즈면 슈삼국어학을 연습ᄒᆞ야만 되거든 엇지 제나라말을 잘알지 못ᄒᆞ고야 국민의 본분이라ᄒᆞ리오. 이밧게도 남의 고용인 홀지라도 제나라말을 자셔히 모르면 그 영향이 적지 아니ᄒᆞ니 ᄋᆞ는 다 좀좀 훈일이거니와 우리는 력ᄉᆞ잇는 빅셩이라 저녯적 로마나라의 가졍교육과 오늘 유대사룸의 질긴 텬셩을 모범ᄒᆞ야 어디가던지 한국사룸은 제나라졍신으로 보젼ᄒᆞ랴면 이 하긔방학에 우리나라 말과 글을 연습ᄒᆞ는 것이 뎨일 긴요홈으로 간졀히 츙고ᄒᆞ노라.

라고 하여 러시아 각 지역 러시아 학교에서 공부하는 청년 자제들에게 한국 사람이 제나라 정신을 보존하려면 우리글과 말을 연습하는 것이 제일 중요하다고 지적하고 여름 방학만이라도 자제들에게 국어강습을 시킬 것을 호소하였다.

권업신문사에서는 안중근의 하얼빈에서의 의거를 활동사진을 통하여 재러동포들에게 상영하였으며,69) 1914년 6월 28일부터 「만고의ᄉᆞ 안즁근전 檀仙」을 8월 23일까지 9회에 걸쳐 연재하기도 하였다. 그리고 1912년 10월 6일 1면에 별보로 최병숙이 작성한 「고이준공전기간행, 유족구휼의연금모집회취지서」를, 1912년 12월 8일자 잡보에서는 「고구려광기토대왕 비문」의 원문을 게재하기도 하였다. 또한 창간호부터 1912년 10월 27일까지 「중국혁명약사」를 연재하여 이웃나라 중국의 혁명사를 통하여 한국인의 혁명의식을 양양시키고자 하였다.

3) 항일관계 기사

본국 소식과 관련하여 국내에서의 항일운동 기사도 많이 수록하였다. 특히 105인 사건, 의병, 그 밖에 국내에서 전개된 항일운동기사들이 실

---

69) 『권업신문』 1912년 8월 29일자 특별잡보 「익국렬ᄉᆞ의 활동사진」.

리고 있다. 그 중에서도 가장 많은 지면을 통하여 자주 게재된 것은 105인 사건에 관한 것이었다. 『권업신문』에서는 창간호부터 105인 사건에 대하여 기사를 싣기 시작해서 1913년 말에 이르기까지 계속해서 보도하고 있다. 1912년 10월 15일자 논설 「익국당 공판ᄉ건의 판결션고가 이와갓치 되얏도다」에서는,

> 익국당공판전말은 본보에 축호게지ᄒᆞᄂᆞᆫ즁 이어니와 이제ᄂᆡ디 쇼식을 졉ᄒᆞᆫ즉 양력 구월 이십팔에 경셩디방법원에셔 판결션고가 되얏ᄂᆞᆫᄃᆡ 이와 갓치 잔인 참혹 불법 무도ᄒᆞ게 되엿더라.

라고 하여 그 판결에 대하여 일본을 신랄하게 비판하고 있다. 그리고 이후에도 지속적으로 「익국당 공판 쇽보」라고 하여 공판의 전말을 지속적으로 보도하였다. 특히 1912년 6월 30일자에는 1면 전체에 게재하였으며, 9월 15일자에서는 2면 전면과 3면 반면에 걸쳐 각각 보도하고 있는 것이다.

1912년 8월 18일자 논설 「일인의 간사ᄒᆞᆫ 슈단」에서는 105인 사건 관련자들에게 고문을 가한 것을 비판하고 있다. 즉,

> 슯흐다. 오늘날 우리나라 사ᄅᆞᆷ은 눈이 잇어도 볼슈업으며 귀가 잇어도 드를슈업으며 입이 잇어도 말ᄒᆞᆯ 슈 업ᄂᆞᆫ 사ᄅᆞᆷ들이라. 그럼으로 뎌 일인들이 저의 마ᄋᆞᆷᄃᆡ로 이런 악ᄒᆞᆫ일을 ᄒᆞᄂᆞ니 동포들이여 ᄉᆡᆼ각ᄒᆞᆯ지어다. 언제나 우리도 남과 갓ᄒᆞᆫ 감옥졔도를 마련ᄒᆞ고 죄슈를 문명ᄒᆞᆫ 졔도로 ᄃᆡ우ᄒᆞ며 피고를 문명ᄒᆞᆫ 졔도로 신문ᄒᆞ면셔 ᄉᆡᆼ활ᄒᆞ여볼가. 그러나 이고문문뎨 갓ᄒᆞᆫ것은 오히려 젹은 문뎨라. 뎌일인이 우리나라 십삼도로 ᄒᆞᆫ너른 감옥을 ᄆᆡᆫ드럿으며 그안에 잇ᄂᆞᆫ 우리동포는 다 일인밋헤 죄슈오. 우리나라에셔 쓰ᄂᆞᆫ 일인의 법률 졍치ᄂᆞᆫ 다 우리에 ᄃᆡᄒᆞᆫ 감옥규칙이며 우리나라에 시셜ᄒᆞᆫ 일인의 포ᄃᆡ 병영은 다 우리에 ᄃᆡᄒᆞᆫ 큰 형구니 언제나 우리가 이 디옥을 깨쳐 광면ᄒᆞᆫ 텬당을 ᄆᆡᆫ들고 텬당ᄉᆡᆼ활을 ᄒᆞ여 볼넌지.

勸業新聞

권업신문

론셜

◉리국당공판ᄉ건의 판결션고가 이와갓치 되엿도다

징역七년

징역十년

징역六년

징역五년

무죄

◎각국통신

輕責廣告

「이국당 공판ᄉ건의 판결션고가 이와갓치 되얏도다」(1912.10.15)

라고 있듯이, 고문을 비판하는 한편 일본인이 한국 13도를 넓은 감옥으로 만들었으며, 그 안에 살고 있는 우리 동포는 다 일본인의 죄수며, 우리나라에서 쓰는 일인의 법률, 정치는 다 우리에 대한 감옥 규칙이며, 우리나라에 시설한 일본인의 군사시설은 다 우리에 대한 큰 형구라고 비유하였다.

한편 의병기사도 다수 수록하고 있다. 1912년 9월 22일자 본국통신에서는 「의병쟝이 또한아가 졋어지도다」라고 하여 황해도 의병장 이진룡의 체포기사를 싣고 있다. 또한 1913년 1월 5일자 잡보에서는 「의병쟝 이진룡씨 쇼식」을, 그리고 1913년 6월 23일자 본국통신에서는 「강원도의 대거동」이란 제목하에 큰 활자로 "모쳐로 오는 쇼식을 들은즉 요사이에 강원도 방면에는 의병수쳔명이동ᄒᆞ얏음으로 북한 디방에 잇는 일병들이 모다 강원도 디방으로 모힌다더라"라고 보도하고 있다. 또 1913년 7월 7일자 별보에서는 「곡산의 의병」, 「문쳔회복」, 「원산의 공허」, 「강원도의 의병」 등을, 「본국통신」에서는 「독립당의 견욕」을 게재하고 있다.

1913년 8월 11일자 본국통신 「의병쟝이 잡혓도다」에서는 황해도 의병장 김재화에 대하여, 1913년 10월 26일자 본국통신에서는 「의병 중대장 한정만씨」, 「우수은 ᄉᆞ형선고」 등을, 1913년 11월 23일 본국통신에서는 「의병장 김학홍씨 피챡」을, 12월 7일자에서는 「의병쟝 한정만씨 공소」를, 1914년 5월 31일자에서는 「김정안 쟝군의 대활동」 등을 게재하고 있다.

아울러 대한독립의군부기사도 다수 싣고 있다. 1913년 6월 2일 본국통신에서 대한독립의군부 의병장 곽한이 대한독립의군부를 조직하여 활동하다 체포되었음을 보도하였으며, 1913년 8월 3일자 본국통신에서는 「독립당을 ᄉᆞ긔춰지로 모라」를 게재하였다.

그 밖에 1913년 3월 30일자 별보 1면에 큰 활자로 「국권회복의 대운동」이라는 제목 아래에 16일 오후 6시경에 한국 경성 덕수궁 앞에서 조선 사람 44명이 모여 국권회복의 대연설을 하여 관광자가 500여 명에 달하여 크게 불온한 상태가 있었는데 두령 수명은 곧 경무총감부로 잡아갔다라는 기사를 대서 특필하였다. 1913년 3월 30일자 본국통신에서도 큰 활자로 「독립전ᄌᆡᆼ의 총소리」라는 제목 하에 이 기사를 대대적으로 보도하고 있다. 그리고 이 내용을 1913년 4월 13일자 본국통신 「국권회복운동ᄉᆞ건에 ᄃᆡᄒᆞᆫ 쇽보」에서 그리고 1913년 5월 26일 본국통신 「리죵두씨의 공판긔」에서 각각 전하고 있다.

그리고 1913년 7월 7일자 논설 「ᄂᆡ디 의병쇼식에 ᄃᆡᄒᆞ야」에서,

> 대한문압헤 국권회복이 연셜이며 온양등디의 독립의군부의 조직이며 곡산읍의 의병과 일병의 졉젼이며 문천군의 일병 六十여명의 ᄉᆞ샹등 쇼식이 근일에 니어 우리의 귀에 들어오ᄂᆞᆫ도다. 한주먹의 즌흙으로 아적죠슈갓치 몰녀오ᄂᆞᆫ 일본의 셰력을 막으리라ᄂᆞᆫ 단언ᄒᆞᆯ슈업지만은 여하간 대한사ᄅᆞᆷ의 마ᄋᆞᆷ이 죽지안ᄒᆞᆷ은 증명ᄒᆞᆯ슈잇도다. 오호라 마ᄋᆞᆷ만 죽지말어라. ᄇᆡᆨ가지가 죽고 쳔가지가 죽엇을 지라도 마ᄋᆞᆷ만 죽지안으면 대한이 대한사ᄅᆞᆷ의 대한될 그날이 잇으리라. (중략) 그럼으로 오늘의 의병을 적다고 웃지밀며 ᄑᆡᄒᆞ리라고 걱정말어라. 우리의 오늘일은 일본ᄇᆡ쳑ᄒᆞᄂᆞᆫ 것 한아뿐이며 일본ᄇᆡ쳑으로ᄂᆞᆫ 또 의병한아뿐이라.

라고 하여 오늘의 의병이 적다고 웃지 말며 패하리라고 걱정하지 말라고 하였다. 우리가 오늘 할 일은 일본을 배척하는 일뿐이며, 일본군 배척에 있어서는 의병이 중요하다는 것을 강조하였다.

『권업신문』에서는 일본의 학정도 비판하였다. 1912년 8월 11일자 논설에서는 하얼빈 원동보 동년 7월 30일자에 실린 「서양선바가 공포ᄒᆞᆫ 한국 ᄂᆡ디에 일인의 학정」을 전재하였다. 여기에서는 지방순사와 헌병이 공동으로 한인을 압제하는 일, 심판할 때에 각종 지독한 형벌을 가하는 일, 한인의 출판 자유와 언론의 자유를 박탈한 일 등 13가지 조목을

들어 일본의 학정을 비판하였다.

또한 1913년 11월 16일 본국통신 「강제로 경축을 식혀」에서는,

> 지난둘 三十一일 일황가인의 싱일에 경축ᄒᆞ라고 일총독부는 경향각쳐에 미리 명령ᄒᆞ야 유림게와 일반남녀의게 위협젹으로 지휘ᄒᆞ야 잔치는 뎌희가 준비ᄒᆞ야 놋코 일반한인을 쳥ᄒᆞ야 슐과 음식을 멕인 후 가인의 만셰를 부르게 ᄒᆞ얏는데 이것을 항거ᄒᆞ다가 경찰셔에 二三일식 구류당ᄒᆞᆫ 한인이 젹지안타더라.

라고 하여 일제의 강압성을 비판하였다.

그 밖에 러시아정교에 관한 기사도 종종 보이고 있다. 권업회는 종교부를 두고 있었으며, 황공도, 오와실리 등이 종교부장으로 하고 있었다.

아울러 『권업신문』에는 만주 지역에 대한 기사도 많이 실리고 있다. 1912년 11월 17일에는 「즁령의 동포에게 고ᄒᆞ노라」라는 논설까지 실리고 있는 것이다. 특히 간도지역의 자치단체이며 독립운동단체인 懇民會의 기사가 많이 실리고 있다. 그 대표적인 것으로서 1913년 3월 2일자 「간됴쇼식 샹보」, 1913년 5월 26일자 잡보 「간민회의 셩황」, 1913년 6월 16일자 잡보 「북간도의 대운동회」, 6월 23일 간도통신이라는 제목하에 「간민회 총회관 건축」, 1913년 9월 21일자 잡보 「간민회 방침로 농민계조직」, 1914년 1월 25일자 잡보 「북간도 쇼란 별보」, 1914년 2월 1일 논설 「북간도쇼란 경과에 ᄃᆡᄒᆞ야」, 잡보 「북간도 쇼란 샹보」, 1914년 2월 29일 잡보 「干滿회즁앙총회」, 3월 8일 잡보 「북간도통신」, 1914년 4월 5일 「간민회 히산 별보」, 1914년 4월 12일 논설 「북간도동포의게」 등을 들 수 있다. 서간도 소식으로는 1914년 7월 12일의 「신흥교우보의 ᄅᆡ도」(제5호), 7월 19일 「서간도의 근황」, 8월 2일 「셔간도긔황을 구제ᄒᆞᆯ 일로」 등을 들 수 있다.

권업회는 러시아지역에서 활동하고 있던 단체였으므로 친러적인 기

사들도 자주 보이고 있다. 대표적인 것으로는 1913년 3월 9일자 논설 「루시아황실 삼빅년긔념일 경축송―우수리거류ᄒᆞᄂᆞᆫ 한인젼톄를 ᄃᆡ표ᄒᆞ야」를 들 수 있다.

지금까지 살펴본 바와 같이 『권업신문』에서는 재러한인의 권익옹호, 재러한인의 계몽과 민족의식의 고취, 항일관련기사 등에 대한 내용들을 다수 싣고 있다. 즉 농작지개척활동, 교육의 보급 등에 심혈을 기울이는 한편 계몽활동, 민족의식의 고취, 항일기사의 수록 등을 통하여 독립운동기지건설, 군자금 마련 등을 추진하였던 것이다. 아울러 러시아에서의 한국인의 안정된 지위 마련을 위하여 한국인의 입적청원활동을 지원하였으며, 또한 친러적인 기사 등을 일부 게재함으로써 러시아 당국과의 원만한 관계 조성을 위해서도 노력하였다. 그러나 『권업신문』에는 무장투쟁을 노골적으로 주장하는 내용이라든가, 독립 후 건설할 국가상에 대한 기사 등은 거의 보이지 않고 있다. 특히 전자와 관련하여 『권업신문』의 발행 주체인 권업회에서도 무장투쟁을 전개할 기지 마련이나 군자금 모집 등을 은밀히 추진할지언정 실제 무장투쟁은 전개하고 있지 않다. 그것은 권업회가 러일전쟁 등에 대비한 독립전쟁론을 추구하고 있기 때문일 것이며, 또한 러일 간의 외교적 분쟁을 피하기 위한 것이기도 할 것이다. 그리고 곤다찌 총독의 조선인 정책과도 무관하지 않을 것이다.

한편 1914년 제1차 세계 대전이 발발하자 1914년 8월 블라디보스톡에는 계엄령이 발표되었으며[70] 러일관계는 돈독해지게 되었다. 이에 러시아주재 블라디보스톡 일본영사관에서는 러시아 당국에 권업회와 권업신문을 폐지해줄 것과 이종호, 이동녕, 김하구, 오주혁, 이갑, 안공근 등 블라디보스톡, 노보끼예브스크, 니꼴스크―우수리스크 등에서 활동하고 있는 한인운동자들을 러시아에서 추방해줄 것을 요청하였다.[71] 러시아

70) 『권업신문』 1914년 8월 9일 잡보.

관헌들은 일본 측의 요구에 따라 1914년 8월 7일(러) 권업회의 해산을 결정하고 이종호를 추방하였으며[72)]『권업신문』의 간행을 금지하였다.[73)] 그러나 권업회는 니콜스크 우수리스크와 연해주의 여타 지역에서 활동을 계속하였다.[74)]

---

71) 1914년 8월 20일자로 블라디보스톡 일본 영사관에서 No.184로 연해주 군지사에게 보낸 전문(똠스크 문서보관소 소장).

72) 1914년 8월 21자로 국방부 산하 연해주 군지사, 헌병사령부 제4부 제2과(블라디보스톡 소재)에서 연해주 총독에게 보낸 문서(М. В. Д. Военныи Губернатор Приморскои Области－по－областному управлению отделение 4 стол 2 No.503338 г.
Владивосток－Приамурскому Генерал Губернатору, 똠스크 문서보관소 소장).

73) 김정주, 앞의 책, 619쪽.

74) 박보리스, 앞의 논문, 1090쪽.

Ⅱ. 대한인국민회 시베리아지방총회의 기관지 『대한인정교보』

1910년 일제에 의하여 조선이 강점된 이후 재러한인들은 국권회복을 위하여 1911년 12월 17일 연흑룡주 지역에 권업회를, 1911년 10월 20일 자바이깔(後貝加爾州) 지역에 대한인국민회 시베리아지방총회(이하 시베리아총회로 약함)를 각각 설립하여 항일운동을 전개하였다. 이들 단체들은 각자의 세력 확대와 재러동포들의 민족의식 고취를 위하여 기관지를 발행하였다. 권업회의 『권업신문』과 시베리아총회의 『대한인정교보』(이하 『정교보』로 약함)가 그것들이다. 그들 양 기관지는 비록 신문과 잡지라는 차이는 있으나 1912년부터 1차세계대전이 발발하는 1914년까지 각각 그 지역에서 한국의 독립을 위하여 일익을 담당하였다. 그 가운데 특히 『정교보』는 1912년 1월 치타에서 간행된 이후 1914년 6월까지 총 11호가 발행되어 자바이깔지역 재러한인의 민족의식 고취에 크게 기여하였다. 또한 1914년 6월 15일 치타에서 개최된 시베리아총회 제2회 대의회에서 차기 예산 2,874루블 44꼬뻬이까 중 35%인 1,000루블을 『정교보』 간행비로 책정할 정도로[1] 『정교보』는 시베리아총회 활동의 중추를 이루었다. 그만큼 『정교보』는 시베리아총회의 활동을 이해하는 데 대단히 중요하다고 할 수 있을 것이다.

그럼에도 불구하고 학계에서는 지금까지 이 잡지에 대하여 거의 주목하지 못하였다.[2] 그것은 『정교보』를 구해볼 수 없었기 때문이기도 하였

---

1) 독립기념관 한국독립운동사연구소, 1992, 『도산안창호자료집』 (3), 독립기념관, 128쪽.

2) 일찍이 고송무가 『한글새소식』 89(한글학회, 1980년 1월 5일)에 『정교보』 제10호(1914년 5월 1일 발간)를 소개한 바 있다.

다. 그러던 중 최근 필자는 러시아를 방문하여 『정교보』를 입수하게 되었다. 이에 이 잡지에 대하여 살펴보고자 하는 것이다.

본고에서는 먼저 『정교보』의 간행에 대하여 살펴보고, 이어서 잡지사에서 일한 인물들 그리고 잡지의 내용 등에 대하여 검토해 보고자 한다. 이를 통하여 1910년대 러시아 자바이깔지역의 시베리아총회 활동은 물론 대한인국민회의 활동 그리고 러시아지역 한인 민족운동의 일단면을 밝혀보고자 한다.

1. 『대한인정교보』의 간행

미국에서 온 평안도파 이강, 정재관 등은 1900년대 후반부터 러시아 연해주 지역에서 미주의 공립협회, 국민회, 대한인국민회의 러시아지부를 조직하여 주로 계몽운동을 전개하다가 이종호 등 연해주지역의 토착세력인 함경도파, 그리고 이범윤 등 의병파와의 갈등 때문에 1911년 9월 10일 자바이깔지역 치타시로 그 근거지를 이동하였다. 그 곳 치타는 자바이깔 지역의 중심지로 한국인이 100여 명 거주하고 있었으며, 특히 자신들과 같은 계열인 국민회 조직이 1909년부터 이루어져 있어서 이강 등이 활동할 수 있는 기반이 이루어져 있었다.[3] 치타에 도착한 그들은 대한인국민회 치타 지방회 간부인 文允咸, 고성삼, 김 니콜라이 등의 주선으로[4] 교회와 접촉하고자 하였다.[5]

---

3) 박환, 1995, 「대한인국민회 시베리아지방총회의 성립과 활동」『러시아한인민족운동사』, 탐구당 참조.

4) 고성삼은 안창호가 1910년대 초 러시아에서 미국으로 건너갈 때, 치타에서 일크츠크까지 동행하였던 인물로 안창호에 대한 각별한 존경심을 갖고 있던 것으로 생각된다(독립기념관 한국독립운동사연구소, 「1913년 11월 27일자로 이강이 안창호에게 보낸 편지」『도산안창호자료』(1), 80~81쪽. 문윤함 등 3인 가운데 『정교보』의 간행에 큰 도움을 준 인물은 김 니꼴라이였던 것 같다. 처음에 치타에 도착한

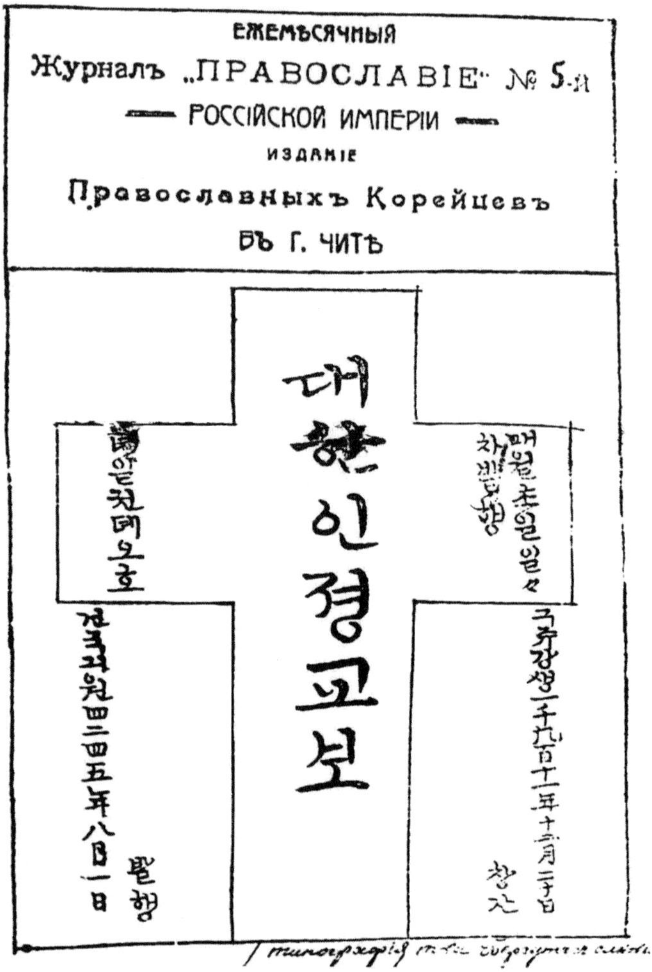

『대한인정교보』

이강, 정재관 등은 그와 교섭하고자 하였으나 그가 출타중이었으므로 그를 기다려 『정교보』 간행을 추진하였던 것이다(독립기념관 한국독립운동사연구소, 「1911년 9월 23일자로 이강, 정재관 등이 최정익에게 보낸 편지」 『도산안창호자료』 (1), 19쪽).

5) 『정교보』 제9호 잡보, 30쪽 ; 독립기념관 한국독립운동사연구소, 1990, 「1911년 11월 1일자로 문윤함이 안창호에게 보낸 편지」 『도산안창호자료』 (1), 독립기념관, 30쪽.

대한인국민회 시베리아지방총회 1차대의회(『신한민보』 1913.8.1)

『대한인정교보』가 간행된 치타시내

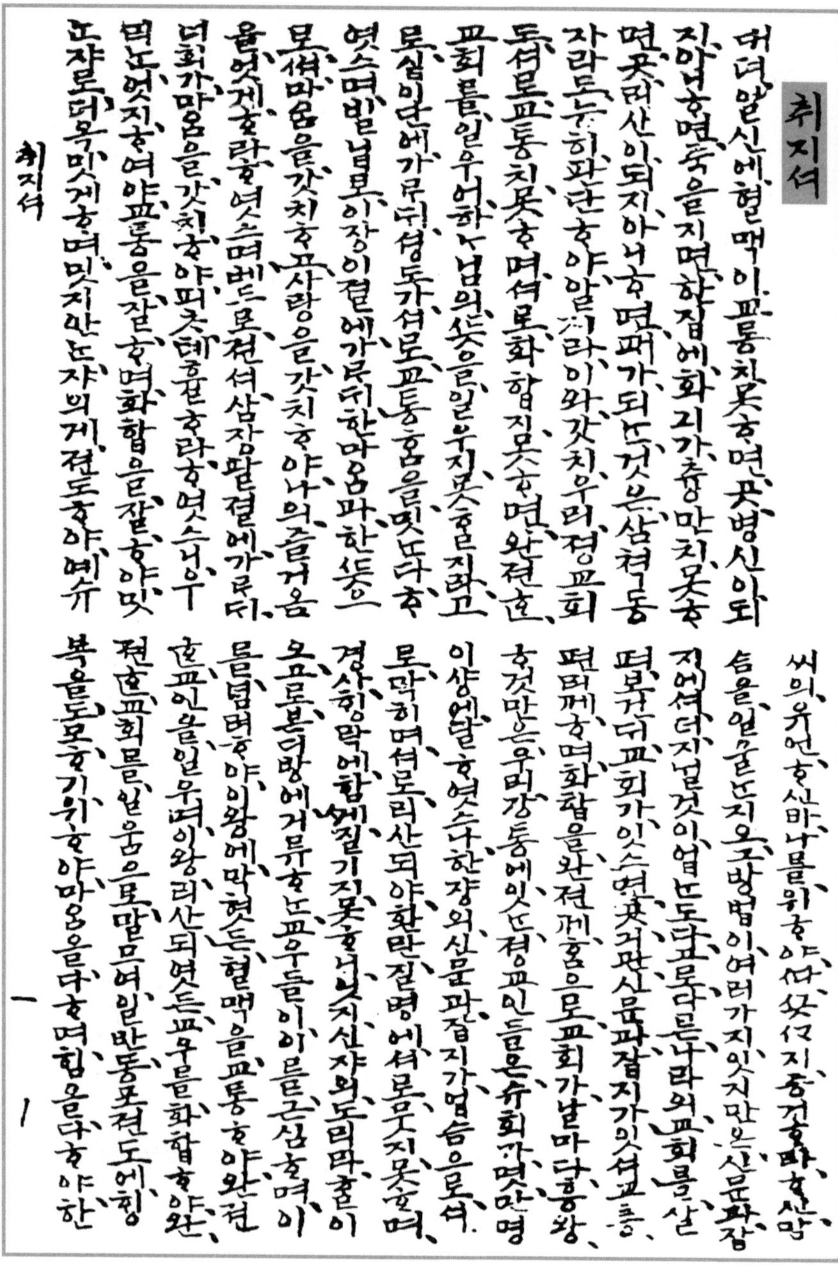

취지셔

머뎌 압신에 혈맥이 교통치못ᄒᆞ면 곳병신이되지아니ᄒᆞ면 죽을지면 한집에 화긔가 츙만치못ᄒᆞ면 곳ᄯᅥ산이되지아니ᄒᆞ면 ᄯᅡ가되ᄂᆞᆫ것은 삼쳑동자라도 능히 판단ᄒᆞ야 알거시라 이와갓치 우리 졍교회 동서로 교통치못ᄒᆞ여 서로 화합지못ᄒᆞ면 완젼ᄒᆞᆫ 교회를 일우어 하ᄂᆞ님의 ᄯᅳᆺ을 일우지못ᄒᆞᆯ지라 고로 십이년에 가무뒤 셩도가 서로 교통ᄒᆞᆷ을 밋ᄂᆞ다ᄒᆞ엿스며 빌닙보 이장 이졀에 가ᄅᆞ듸 ᄒᆞᆫ마옴과 ᄒᆞᆫᄯᅳᆺ으로 셔마옴을 갓치ᄒᆞ고 사랑을 갓치ᄒᆞ야 나의 즐거옴을 엇게ᄒᆞ라ᄒᆞ엿스며 베드로 젼서 삼장 팔졀에 가ᄅᆞ듸 너희가 마옴을 갓치ᄒᆞ야 피ᄎᆞ에 ᄒᆞᆫᄀᆞᆺᄒᆞ라 ᄒᆞ엿스니 우리ᄂᆞᆫ 엇지ᄒᆞ여야 교통을 잘ᄒᆞ며 화합을 잘ᄒᆞ야 밋ᄂᆞᆫ쟈로 더옥 밋게ᄒᆞ며 밋지안ᄂᆞᆫ쟈의게 젼도ᄒᆞ야 예슈씨의 유언ᄒᆞ신바 나를 위ᄒᆞ야 ᄯᅡᄭᅳᆺᄭᆞ지 증거ᄒᆞ라 ᄒᆞ신 말ᄉᆞᆷ을 일울ᄂᆞᆫ지오 그 방법이 여러가지 잇지만은 신문잡지에서 더지날것이 업ᄂᆞ도다 고로 다른나라의 교회를 살펴보건ᄃᆡ 교회가 잇스면 곳 거 신문잡지가 잇서 교ᄒᆞᆫ편ᄯᅴ계ᄒᆞ며 화찹을 완젼께ᄒᆞᆷ으로 교회가 날마다 흥왕ᄒᆞᆫ것만은 우리 강동에 잇ᄂᆞᆫ 졍교인들은 유회가 명ᄉᆞᆫ만명 이상에 달ᄒᆞ엿스나 한장의 신문과 잡지가 업습으로 서로 막히여 서로 리산되야 환란 질병에 서로 무지못ᄒᆞ여 경사 힝막에 함ᄭᅴ 질기지못ᄒᆞ니 이지신쟈의 도리ᄯᅡ ᄒᆞᆫ이오 고로 본디방에 거류ᄒᆞᄂᆞᆫ 교우들이 이를 근심ᄒᆞ여 이를 념려ᄒᆞ야 이왕에 막혓든 혈맥을 교통ᄒᆞ야 완젼ᄒᆞᆫ 교인을 일우며 이왕 리산되엿든 교우를 화합ᄒᆞ야 완젼ᄒᆞᆫ 교회를 일움으로 말므여 일반동포 젼도에 힝복을 도모ᄒᆞ기 위ᄒᆞ야 마옴을 다ᄒᆞ며 힘을 다ᄒᆞ야 한

취지셔 一 1

『대한인졍교보』 취지서(1912.1.2)

이처럼 이강, 정재관 등이 처음부터 교회와 접촉하고자 한 이유는 무엇일까. 그것은 당시 자신들이 활동했던 연해주지역 러시아 당국에서 대한인국민회를 기독교 장로교의 선전기구로서 인식하여 합법적인 단체로 인정하고 있지 않았기 때문이었다.[6] 그러므로 그들은 연해주지역에서의 경험상 이 곳에서도 자신들의 계획을 추진하기 위해서는 기독교를 내세워서는 안 되고 러시아 국교인 러시아 정교를 최대한 이용해야 된다고 인식하였던 것 같다. 즉 그들은 러시아 정교를 신앙하며 이를 적극 활용, 조국의 독립을 달성하고자 하였던 것이다. 이를 위하여 이강 등은 우선 일차적으로 자신들이 러시아 정교 신자가 되고자 하였다. 이에 치타 정교회 부주교인 에프렘(Ефрем)의 가르침을 받고 기독교에서 러시아 정교로 개종하였으며, 에프렘의 신임을 얻기에 이르렀다.[7] 특히 이강은 러시아 정교 전도사가 되었다.[8]

러시아 치타 교구로부터 신임을 얻은 이강 등은 이를 이용, 연해주와 미국 등지에서 신문을 간행하였던 경험을 바탕으로 月報의 간행을 추진하고자 하였다.[9] 그들은 월보의 간행을 통하여 재러한인들의 민족의식 고양, 문명화 추구, 러시아로의 동화 방지 등을 이루고, 이를 바탕으로 독립운동단체를 결성하여 인재를 양성하고 재정을 마련하여 독립운동을 전개하고자 하였던 것이다.[10]

---

6) 김승화 저, 정태수 편역, 1989, 『소련韓族史』, 대한교과서주식회사, 71쪽.

7) 독립기념관 한국독립운동사연구소, 「1912년 2월 12일자로 이강이 안창호에게 보낸 편지」 『도산안창호자료』 (1), 57쪽.

8) 이광수, 1966, 「그의 자서전」 『이광수전집』 9, 삼중당, 339쪽. 이강의 선교순례여행기가 남아 있어 자바이깔선교부 교리문답교사 겸 전도사 이강의 활동을 살필 수 있다(이병조, 『러시아 프리아무즈 한인사회와 정교회 선교활동(1865~1916)』, 한국외국어대학교 사학과 2008년 2월 박사학위청구논문, 272~273쪽).

9) 독립기념관 한국독립운동사연구소, 「1911년 11월 11일자로 문윤함이 안창호에게 보낸 편지」 『도산안창호자료』 (1), 30쪽. 이강 등이 신문이 아닌 월보의 간행을 추진한 것은 당시 그 지역 한인들의 재정 상태, 그리고 거주한인이 120~130명이라는 점 등(『신한민보』 1914년 4월 9일자 원동소식)이 고려되었던 것 같다.

이러한 계획하에 추진된 『정교보』의 발간은 치타 정교회의 부주교 에프렘으로부터 허락받았다.[11] 그런데 교회에서는 한인들을 믿을 수 없어서 정교보의 간행을 허락하는 조건으로 다음 사항을 준수하도록 하였다.[12]

1. 거룩한 하나님의 정교회가 중세기부터 신령하게 발달된 사실을 게재할 것
2. 기도문과 찬송시와 모든 명절에 행하는 예절을 번역하여 게재할 것
3. 신앙과 도덕의 필요한 이유를 강론할 것
4. 러시아 및 한국의 정교회 역사와 현상을 게재할 것
5. 일반한인을 인도하여 환난을 건네며, 핍박을 헤치고 용맹있게 정교회에 돌아오게 할 것
6. 한국 내에 정교회의 확장된 사실과 장차 확장할 방침을 게재할 것
7. 정교회의 아름다운 문학을 게재할 것
8. 젊은 문제로[13] 한인에게 재미있게 한국의 정치와 경제의 현상을 게재할 것
9. 세계의 要聞을 게재할 것
10. 광고를 게재할 것(맞춤법-인용자)[14]

즉 치타교구에서는 한국인들이 간행하는 잡지가 순수한 종교적인 목적에 의해 간행될 것을 규정하였던 것이다. 그리고 만약 다른 내용이 있을 것을 대비하여 검열국의 검열을 받은 후에야 발매하도록 하였다.[15]

---

10) 『정교보』 제9호 「우리주장 농촌개발의 건」.

11) 독립기년관 한국독립운동사연구소, 「1911년 11월 16일자로 이강이 안창호에게 보낸 편지」 『도산안창호자료』 (1), 46쪽.

12) 『정교보』 제2호(32쪽)와 제3호(33쪽)에는 한글로 「본보간행의 인허를 얻은 개의가 여좌함」이라고 되어 있고, 제4호, 제5호, 제7호, 제9호, 제10호, 제11호 등에는 러시아어로 발행계획이라는 제목 하에 10개항을 번역 게재하고 있다.

13) 『정교보』에는 한글로는 「젊은 문제」로 나와 있어 이해에 어려움이 있으나 러시아어로 된 준수 사항 기록에는 이 부분이 「雜錄」으로 표시되어 있음.

14) 앞으로 뒤에 나오는 인용문은 모두 필자가 현재의 맞춤법에 따라 교정하였음을 밝힘.

15) 독립기념관 한국독립운동사연구소, 「1911년 12월 20일자로 이강이 안창호에게 보낸 편지」 『도산안창호자료』 (1), 49쪽.

이에 대하여 『정교보』를 시베리아 총회의 기관지로 적극 활용하고자 했던 이강 등은[16] 『정교보』가 종교적인 범위를 벗어나지 못할까 두려워하였다. 즉 그들은 『정교보』를 민족운동의 수단으로 이용하고 싶었던 것이다. 그들은 부주교가 정한 10조 가운데 8조, 9조의 경우가 종교적인 색채에서 벗어날 수 있을 것으로 생각하고, 이를 적극 활용하고자 하였다.[17] 그리고 이것은 부주교 에프렘에 의하여 어느 정도 보장될 수 있었을 것으로 보인다. 왜냐하면 그는 한국인에게 호의적이었고, 한국인의 민족의식 고취에 관심을 기울였기 때문이다. 이 점은 1911년 12월 18일에 있었던 치타 한인정교학교[18] 개교식에서 그가 행한 연설에서 그 일단을 확인할 수 있다. 즉 그는,

> 사람마다 애국성이 풍성하면 이 날은 비록 참혹한 지경에 있지만은 내일은 안락한 땅에 나갈 수 있으며, 오늘은 비록 종된 지위에 있으나 내일은 상전의 지위에 처할 터이니 제군은 명심하여 면려하기를 바라오.[19]

라고 하여 재러동포들이 애국심을 가질 것을 강조한 인물이었던 것이다.

러시아 정교 치타 교구의 발행허가를 얻은 후 이강 등은 1912년 1월 2일(구주 강생 1911년 12월 20일) 석판으로[20] 창간호를 간행하였는데

---

16) 시베리아 총회의 설립 시기에 대하여 필자는 김원용이 제시한 1911년 10월 20일설을 따르고자 한다(김원용, 1959, 『재미한인오십년사』, 111쪽). 비록 이 시기에 미국에 있는 대한인국민회로부터 정식 인준을 받지는 못하였으나 사실상 시베리아 총회 활동은 이때부터라고 생각되기 때문이다. 즉 이강 등은 1911년 9월에 치타에 도착한 후 동년 11월에 시베리아 총회를 조직하고 1912년 1월부터 『정교보』를 간행하였던 것이다.

17) 독립기념관 한국독립운동사연구소, 「1912년 2월 12일자로 이강이 안창호에게 보낸 편지」 『도산안창호자료』 (1), 57쪽.

18) 교장 이문오, 교감 이재한, 재무 임동선, 교사 김택, 러시아어 담당 최고려, 박집초, 그 밖에 교사로 송인호 등을 들 수 있다(『정교보』 창간호 잡보, 『정교보』 제8호 잡보 19쪽 참조).

19) 『정교보』 창간호 교회소식.

제목은 한글로 『대한인정교보』라고 하였다.[21] 간행소는 치타시 아스트라한스카야 울리짜(Астраханская улица)에 있는 조그마한 목조 단층집에 위치하고 있었다.[22]

『정교보』의 창간취지는 창간호에 실린 「취지서」에 잘 나타나 있다.

> 본보의 목적은 일절 정치와 간섭이 없고 오직 신도의 성덕과 지식을 배양하며 믿지 않는 자에게 하나님의 진리를 전파하기로 정하여 복음의 진리와 교회의 문학과 기타 인생의 필요한 각 학술과 교회의 통신과 세계의 요문과 동포의 선악을 게재하며 일반동포의 도덕과 지식을 배양할지며 ….

즉 『정교보』는 정치와 관계없이 오직 종교적인 목적 즉, 신도의 성덕과 지식을 배양하고 비신도에게 하나님의 진리를 전파하기 위하여 간행된다고 밝히고 있다. 아울러 이 목적을 달성하기 위하여 「취지서」에서는 모든 남녀노소 동포들이 널리 보도록 하기 위하여 알기 쉬운 말로 쓸 것임을 밝히고 있는 것이다.

이강 등은 일차적으로 재러동포들에게 정교를 믿도록 하였던 것이다. 그러나 그들의 궁극적인 목적은 정교를 통하여 문명화되고 단결된 재러동포들을 바탕으로 독립운동을 전개하는 것이었다.

한편 『정교보』는 러시아나 만주 각지로부터 각별한 관심을 받으면서 간행되었다. 블라디보스톡에서 활동하던 대한인국민회 회원 백원보는

---

20) 『정교보』 창간호 본사고백.

21) 『정교보』 창간호 표지참조. 『정교보』 표지 상단에는 러시아어로 월간, 러시아제국의 정교도, 정교도 한인들의 출판물이라고 줄을 달리하여 적었고, 이어서 십자가 안에 한글로 『대한인정교보』라고 하였다. 또한 십자가의 우측 상단에는 매월 이십일 일차 발행, 좌측 상단에는 제1권 제1호라고 하였으며, 십자가 우측 하단에는 '구주강생 일천구백십일년 십이월이십일 창간'이라고 하고, 좌측 하단에는 '건국기원 사천이백사십오년 일월초이일 창간'이라 하였다.

22) 그 정면에는 러시아어로 「정교를 믿는 한인의 잡지, 정교보의 발행소」라고 하였다(이광수, 『나의 告白』, 춘추사, 1948, 88쪽).

창간호 「정교보를 축하함」에서,

> 정교보 소식이여 반갑고 반갑도다. 정교보의 발간이여. 기쁘고 기쁘도다. 정교보의 출세함이여 영화롭도다. 정교보의 주무하시는 이여. 감사하고 감사하도다. 정교보야.

라고 기술하였다. 블라디보스톡에서 활동하고 있는 러시아 정교 전도사인 黃公道 역시 창간호에 축사를 기고하였다. 또한 박대선도 기서 「참 좋은 소식이요」에서 『정교보』의 간행을 축하하였다. 그 밖에 제2호에서는 신학이라는 가명으로 「정교보축사」를, 제4호에서는 수청의 朴永甲, 하얼빈 교회당의 김택준, 하얼빈의 김성옥 등이 그 창간을 축하하였다.

이처럼 간행된 『정교보』는 각국에서 활동하고 있는 인사들을 찬성원으로 하여 자문을 얻고자 하였다.[23] 구성원은 블라디보스톡, 우수리스크, 노보끼예브스크, 연다우재, 하바로브스크, 블개미스크, 니꼴라예브스크, 이르꾸쯔크, 뻬쩨르부르크, 똠스크, 흑하 등 러시아의 각 지역과 만주의 하얼빈, 영국의 런던, 미주, 하와이 등지에도 있었다.[24] 구성원으로 활약한 인물들로는 블라디보스톡의 최봉준, 이종호, 이상설, 소왕령의 문창범, 연추의 최재형, 블개미스크의 김수려, 하얼빈의 김성백, 김성옥, 뻬쩨르부르크의 이갑, 이위종, 런던의 장택상, 미주의 안창호, 최정익, 황사용, 하와이의 이항우 등을 들 수 있다.[25] 즉 『정교보』에서는 해외지역에서 활동하고 있는 다수의 항일투사들의 의견을 수렴, 잡지를 운영하겠다는 포부를 밝히고 있는 것이다.

『정교보』는 창간시에는 매월 1일(러시아력 20일) 한 차례 간행할 예정이었다. 그러나 뜻대로 되지 않았다. 제1호는 1912년 1월 2일, 제2호

---

23) 『정교보』 창간호 정교보발행규칙강령.
24) 『정교보』 창간호, 제2호, 제3호, 제4호에 각각 찬성원의 명단이 실려 있다.
25) 『정교보』 창간호, 찬성원부.

는 3월 1일(4월 1일?)[26] 제3호는 5월 1일, 제4호는 6월 1일, 제5호는 8월 1일,[27] 제6호는 9월 1일, 제7호는 12월 1일,[28] 제8호는 1914년 2월 1일, 제9호는 3월 1일, 제10호는 5월 1일, 제11호는 6월 1일 각각 발행하였다. 여기서 주목되는 점은 제8호가 제7호가 간행된 지 1년 후에 간행되었다는 점인데, 그것은 일제의 탄압에 의해서였다. 『정교보』 제2호, 제3호, 제4호에 연속하여 「내디 시찰담」이 실렸는데 제2호 「내디 시찰담」 앞부분에,

> 우리나라이 을사조약이후로 저 일본이 우리한국에 대한 정책이 대개 정치기관의 장애와 교육발달의 장애와 종교일치의 방해하는 수단으로 착착 진행하여 오늘날 합방하는 결과를 지엿음 즉 이에 대하여 낫낫히 말하기 어려우나 오늘날 현상이 엇더함에 대하여 간략히 말할진대 ….

라고 하여 제2호, 제3호, 제4호에서 황실의 처지, 행정과 사법기관, 교육, 종교, 군사, 실업 등을 중심으로 일제의 학정과 탄압을 강도 높게 비판하였다. 이에 일제는 『정교보』가 반일활동을 하고 있다고 러시아 정부에 항의하여, 『정교보』는 정간되었으나 1913년 말 정교단체의 일들을 러시

---

26) 2호는 언제 간행되었는지 정확히 알 수 없다. 2호 마지막 페이지 본사광고에 "본호가 편집을 작년 12월에 마쳤으나 발행의 인허로 인하여 지금까지 천연되고 모든 사설이 시기를 잃었사오며"라고 하며 정교사에서 독자들에게 알리고 있는 점을 고려해 볼 때 2호는 2월 1일이 아닌 3월 1일 또는 4월 1일에 간행된 것이 아닌가 한다. 발행이 이처럼 늦어진 이유는 러시아 당국의 검열을 통과하지 못하였기 때문이었다(독립기념관 한국독립운동사연구소, 「1912년 2월 12일자로 이강이 안창호에게 보낸 편지」 『도산안창호자료』 (1), 57쪽).

27) 5호에서는 5호가 7월 1일에 간행되어야 함에도 불구하고 8월 1일에 간행된 데 대하여 광고에서 본사의 집 수리를 위하여 정간되었음을 밝히고 있다.

28) 제7호가 제6호가 간행된 지 3개월 후인 1912년 12월 1일에 간행된 것에 대하여 제7호 「본보의 정간 이유」에서는 "본보가 마귀의 장애로 인하여 10월, 11월 양삭을 정간하였으니 애독첨군자는 서량하심을 바람"이라고 하여 무엇인가 외부적인 요인에 의하여 정간되었음을 밝히고 있다.

아 신부 대신 한국인 신부인 김 꼰쓰딴찐이 담당하게 됨에 따라 다시 간행될 수 있게 되었다.[29]

이처럼 간행, 정간을 거듭하던 『정교보』는 1914년 2월부터[30] 6월까지 4호가 출판되었는데 그 내용은 대단히 항일적이었다. 그러는 가운데 1914년 8월에 제1차 세계 대전이 발발하고 러시아가 일본, 영국, 프랑스와 함께 연합국이 되어 독일, 이탈리아, 오스트리아 3동맹국에 대해 선전포고를 하자, 러일관계는 더욱 돈독해졌고, 1914년 10월 뻬쩨르부르크에 있는 주러일본 대사관 측은 러시아정부에 정교보의 폐간을 요청하기에 이르렀다. 이에 1914년 10월 13일자로 외무장관 С. Д. 사조노프(Сазонов)는 내무장관 Н.А. 마끌라꼬프(Маклаков)에게 다음과 같은 공문을 발송하였다.

> 뻬쩨르부르크 주재 일본대사관은 신문지면에 계속 게재하고 있는 반일선전에 대하여 우리가 주의를 돌려줄 것을 부탁하고 그의 출판을 억제시킬 것을 요청하였으며, 자기들은 일본땅에 있는 1904~1905년 전쟁 이후 러시아혁명운동 기관들에 대해서도 똑같은 대책을 강구하겠다고 했읍니다. 이러한 이유로 인해 우리나라에서의 이웃 친선 일본에 대한 반일선전

29) Представление начальника Забай кальской Духовной Миссии Ефрема Епископу.
Забай кальскому Иоанну. Чита(1914년 12월 30일자로 치타에서 자비이깔 종교단체 책임자 예프렘이 자바이깔 주교 이오나에게 보낸 보고서, 뻬쩨르부르크 중앙국립역사문서보관국 소장). 이처럼 1913년말부터 『정교보』가 다시 간행된 데는 한국인 신부인 김 꼰쓰딴찐의 개인적인 역할이 컸던 것이 아닌가 한다. 그 구체적인 내용은 알 수 없으나 김신부가 앞으로 『정교보』와 관련된 문제에 책임을 지겠다는 강한 의사표현이 있었던 것이 아닌가 한다.

30) 1914년 2월 1일 『정교보』가 다시 간행되게 되었는데 제8호 「한인샤회에 처음 잇는 일」에서는 1913년 가을 김 꼰쓰딴찐 신부의 모친 김부인의 명의로 속간을 허락받았다고 밝히고 있다. 속간을 허락받고 정교보가 1914년 2월에 간행된 것은 인쇄문제 때문이었다(『신한민보』 1914년 4월 2일 원동소식). 이에 『정교보』에서는 활자의연을 하는 등 활자 마련을 위하여 애를 썼으나 성공하지 못하였다(『정교보』 제9호 잡보 「정교보사 활자의연을 청하나이다」).

은 정치적인 식견으로 보나 이 관계에서 우리가 받아들인 일부 상황들을 염두에 두면 그리 지혜롭지 못한 것이라고 생각합니다. 우리가 공동의 적을 제거하기 위한 행동을 일본과 같이 하고 있는 이때 그러한 것을 특히 허용해서는 안됩니다.[31]

즉 러시아 정부의 대일친선입장에 따라 러시아지역의 한인 독립운동은 탄압을 받게 되었던 것이다. 그리하여 『정교보』 간행의 중심인물인 이강, 정재관 등 7명이 러시아 헌병대에 체포 투옥되는[32] 한편 『정교보』도 폐간 당하였다.[33]

『정교보』의 발행 부수가 얼마나 되었는지는 알 수 없다. 다만 그 배포지역은 러시아의 주요 지역과 중국, 만주, 일본, 미국본토와 하와이, 멕시코 등지였다.[34] 정교보사에서는 이들 각 지역에 지사를 설치하고 책임자를 선정하였는데 이를 보면 러시아지역은 연추 최재형, 항산 이용진, 묵허우 최원국, 연다우재 최인삼, 지신허 박 표돌이, 블라디보스톡 황공도, 소왕령 한창근, 하바로브스크 이인백, 블개미스크 이원해, 미령 김능환, 수청 박영갑, 원사, 리프 한종원, 이만 예수교당, 이르꾸쯔크 장봉일, 적포 임윤여, 토음 최경석, 철야빈 신석기, 감차스크 박인섭 등이었다. 그리고 만주지역은 목릉 황경면, 하얼빈 동흥학교, 해임 지방회, 연길부 박정래 등이며, 일본은 동경, 미국은 샌프란시스코 한인감리교당, 하와이 한인교당, 멕시코는 유카탄 지방회 등이었다.

---

31) Письмо Министра Иностранных Дел С. Д. Сазонова Министру Внутренних Дел Н. А. Маклакову(외무장관 사조노프가 1914년 10월 13일자로 내무장관 마끌라꼬프에게 보낸 편지, 뻬쩨르부르크 중앙국립역사문서보관국 소장).

32) 김정주, 1971, 『조선통치사료』 7, 한국사료연구소, 619쪽.

33) 김정주, 『조선통치사료』 10, 33쪽 ; 독립기념관 한국독립운동사연구소, 「1915년 3월 11자로 이강이 안창호에게 보낸 편지」 『도산안창호자료』 (1), 4쪽.

34) 멕시코에서 이 잡지를 받아 본 멕시코 메리다 지방회장 이종오, 서기 김기창 등은 1912년 7월 7일자로 편지를 보내 이것이 1912년 9월 1일에 발행된 제6호 기서에 「묵국 동포의 서신」이라 하여 게재되기도 하였다.

『정교보』의 재정은 처음에 동포들이 갹출한 돈으로 충당되었다. 그러나 그 돈은 큰 것이 되지 못하여 폐간될 우려가 항상 있었다. 이에 정교보사에서는 주식회사의 형태로 주금을 모금하고자 하였는데 처음에는 총 고금 3천루블을 삼백고, 매고 10루블로 하였다.[35]

『정교보』의 재원으로 각지 동포의 기부금도 들 수 있다. 『정교보』에서는 연조하는 사람의 이름과 금액을 『정교보』에 게재하여 감사하다는 표시와 영수한 증거가 될 수 있게 하였다.[36] 그리하여 『정교보』에는 이들 기부자의 명단과 금액이 상세히 적혀 있다. 여기에 의하면 『정교보』의 간행을 위하여 우름 금광, 치타, 주면, 치소바야, 얄로스크 금광 등 각 지역 동포들에 의해 기부금이 많이 제공되었다.

또한 정교보사에서는 1912년 11월 17일 밤에 사원회를 개최하고 각 지역에 파견되어 자금을 모으는 역할을 담당하는 권의부를 설치하고, 부장에 김수려, 부부장에 방낙원, 위원에 정달삼 외 13명을 임명하였다.[37] 그리고 1913년에 개최된 대의회에서는 권유위원으로 김낙준 외 24명을 증선하였다.[38] 특히 이재한의 경우 각처에서 거액의 의연금을 모집하기도 하였다.[39]

일부의 『정교보』의 재정은 잡지 대금과 잡지의 광고료로 충당하였다. 본보대금은 매월 러시아돈 30꼬뻬이까, 육개월 선금 1루블 60꼬뻬이까, 일년 선금 3루블로 하였으며,[40] 광고요금은 이십자 한줄에 10꼬뻬이까, 사분의 일 면에 60꼬뻬이까, 반면에 1루블, 한면 전체에 1루블 50꼬뻬이까 등이었다.[41]

---

35) 『정교보』 창간호 정교보발행규칙강령, 한편 정교보 창간호 및 제2호에 실린 본사 특별광고에는 총 자본 200주라고 하고, 매주는 러시아돈 10루블로 한다고 하였다.
36) 『정교보』 창간호 정교보발행규칙강령.
37) 『정교보』 제7호, 31~32쪽.
38) 독립기념관 한국독립운동사연구소, 『도산안창호자료』 (3), 112쪽.
39) 『정교보』 제8호 권유위원의 열심.
40) 『정교보』 창간호 정교보발행규칙강령.

2. 대한인정교보사의 구성원

『대한인정교보』 간행의
중심인물 이강

『대한인정교보』 주필
이광수

정교보사의 구성원은 몇 차례 변동이 있었다. 이를 도표로서 작성해 보면 다음과 같다.

〈표 1〉 『대한인정교보』 주요 구성원 변동일람표

호수(시기)	주요 구성원 명단
창간호(1912.1)	사장 안계화, 부사장 고성삼, 총무 남창석, 서기 탁공규, 재무 박대선, 발행인 문윤함, 편집인 박집초, 대리주필 이 아부라함, 기술인 정미하이루
제2호(1912.3.1(4.1?))	사장 안계화, 부사장겸 총무 고성삼, 재무 박대선, 서기 김만식, 발행인 문윤함, 편집인 박집초, 주필 이강, 기술인 정재관, 황공도, 박영갑
제5호(1912.8.1)	사장 안계화, 부사장겸 총무 고성삼, 재무 박대선, 서기 김만식, 발행인 문윤함, 편집인 박집초, 주필 이강

41) 『정교보』 창간호 광고요금, 33쪽.

제7호(1912.12.1)	사장 김인수, 부사장 배상은, 총무 고성삼, 서기 김만식, 재무 문중도, 발행인 문윤함, 편집인 박집초, 주필 이강, 기술인 마태호, 황공도, 이섭인, 최붕거, 장응규, 금암
제8호(1914.2.1)	사장 김인수, 부사장 배상은, 총무 고성삼, 서기 김만식, 재무 문중도, 편집인 김부인 엘리싸벳다, 발행인 문윤함, 주필 이강, 기술인 마태호, 최붕거, 황공도, 장응규, 이섭인, 금암
제9호(1914.3.1)	사장 김인수, 부사장 배상은, 총무 고성삼, 서기 김만식, 재무 문중도, 편집인 김 엘리싸벳다, 주필 이강, 발행인 문윤함
제11호(1914.6.1)	사장 김하일, 총무 박명호, 재무겸 발행인 문윤함, 편집인 김 엘리싸벳다, 주필 이광수

주요 구성원은 크게 경영관리진과 편집진으로 나누어 볼 수 있다. 경영관리진은 사장, 부사장, 총무, 재무 등으로, 편집진은 주필, 기술인, 서기 등으로 각각 이루어져 있었다. 그러면 먼저 이들 구성원의 변동에 대하여 살펴보도록 하겠다.

먼저 경영관리인의 경우, 그 이유를 분명히 알 수 없으나 크게 3번 변동이 있었다. 창간 당시 사장에는 안계화였는데, 제7호 때는 김인수, 제11호 때는 김하일이었던 것이다. 아울러 이 시기에는 다른 경영관리인의 변동도 있었는데, 창간호시 부사장이 고성삼이었는데, 제7호 때는 배상은으로, 총무 역시 창간시는 남창석이었는데 제7호시는 고성삼, 제11호시는 박명호 등으로 변하였다. 그러나 1912년 창간시부터 1914년 6월까지(제11호) 줄곧 경영을 담당한 인물도 보인다. 문윤함과 고성삼이 그 예로서, 문윤함은 창간시부터 폐간시까지 발행인이었으며, 고성삼은 창간시는 부사장, 제2호부터는 부사장 겸 총무, 제7호부터 제10호까지는 총무를 각각 담당하였다.

편집진의 경우 제8호 때에 가장 큰 변동이 있었다. 창간호부터 제7호까지 편집인이 박집초였는데 제8호부터 제11호까지는 김 콘쓰딴찐 신부의 어머니인 김 엘리싸벳다가 담당하였다. 이처럼 편집인이 바뀐 이유는 『정교보』가 반일활동으로 정간된 후 재간되는 것과 관련이 있는 듯하다.

『정교보』는 재간되어 김 엘리싸벳다가 편집을 담당하는 제9호부터 내용이 보다 항일적으로 변모했다. 그리고 잡지의 논지를 대변하는 주필은 제1호부터 제10호까지는 이강이, 제11호는 춘원 이광수가 담당하였다.[42] 이로 볼 때 이강이 『정교보』의 주필로서 중심적인 역할을 하였음을 알 수 있다. 뿐만 아니라 그는 시베리아총회를 관할하는 遠東專權委員으로서,[43] 『정교보』의 운영 등 모든 부분에서 중심적인 역할을 한 인물이다.[44]

주필 외에 『정교보』를 담당한 인물로는 정재관을 들 수 있다. 그러나 그는 창간호시에는 기술인으로 참여하였으나 권업회의 교육부장으로 가게 됨에 따라[45] 『정교보』에서는 중요한 역할을 담당하지 못하였다.

다음에는 각 직책을 맡은 인물들에 대한 분석을 통해 『정교보』의 특징 내지는 성격을 살펴보도록 하겠다. 먼저 경영관리진과 편집진을 대표하는 발행인을 보기로 하자. 발행인은 제1호부터 제11호까지 문윤함이 담당하였다. 그는 1910년 12월 당시 치타 국민회 회장을 맡고 있었다. 그리고 15일耕의 농토를 갖고 있는 부자로서[46] 그 곳에서는 감자대왕으로 불리웠다.[47] 그는 제11호에서는 재무직도 겸임하였는데 그의 재산이 바탕이 된 것이 아닌가 한다. 즉 『정교보』를 대표하는 발행인은 치타지역에 거주하는 토착세력이 담당하고 있었던 것이다. 그리고 그는 이강 등과 미주에 있는 대한인국민회를 매개로 공감대를 형성하고 있었다.

다음에는 경영관리진의 경우를 보도록 하자. 사장을 담당한 인물은

---

42) 최기영은 이광수가 제10호(5월 1일자 발행)부터 관여하였을 것으로 보고 있다(최기영, 2003, 「1914년 이광수의 러시아 체류와 문필활동」 『식민지시기 민족지성과 문필활동』, 한울, 157쪽).
43) 독립기념관 한국독립운동사연구소, 『도산안창호자료』 (3), 103쪽.
44) 이광수, 『나의 告白』, 89쪽.
45) 『권업신문』 1912년 12월 19일.
46) 『정교보』 제5호 잡보 본지방의 실업조사, 28쪽.
47) 李克魯, 1947, 『苦鬪四十年』, 을유문화사, 15쪽.

안계화, 김인수, 김하일 등이다. 그들은 자바이깔 지역 금광지역 출신들로서 동포들로부터 지지를 받고 있던 인물들이었던 것 같다. 안계화는 금광에서 여러 동포들을 노동할 수 있도록 주선해주는 한편 동포들의 친목을 주장하던 사람이었다.[48] 그는 굴을록도 금광에서 노동하는 동포 치료비로 15원을 기증하기도 하였다.[49] 김인수는 구한국군대의 참령으로서[50] 1907년 고종이 폐위된 후 러시아의 후원을 얻기 위해 하바로브스크에 파견했던 인물로[51] 당시에 알료금광에 거주하고 있었다. 그는 세례 증명서가 없어 곤란을 당하는 동포들을 위하여 이르꾸쯔크 총독에게 교섭하여 신분증명서를 발급받도록 노력한 사람이었다. 뿐만 아니라 그는 동포들에게 민족의식을 고취시켜 『정교보』, 『권업신문』 등에 수백원의 의연금을 내도록 유도한 인물이다.[52] 김하일에 대하여는 알 수 없다. 그러나 그 역시 안계화, 김인수 등과 비슷한 유형의 인물이 아닌가 한다.

부사장을 담당한 인물들 역시 러시아지역에 일찍 정착한 인물들로서 재력이 있으면서 동포들의 지지를 받고 있던 사람들이었던 것 같다. 고성삼은 치타 국민회 부회장(1910년 12월)이었으며,[53] 치타 지역에서 7일경의 농토에 농사짓는 인물로[54] 그 지역의 재력가로 널리 알려진 인물이다.[55] 배상은도 우름금광의 동포로서 정교보에 기부금을 내고 있는 것으로 보아[56] 그 지역의 재력가가 아닌가 추측된다.

---

48) 『정교보』 창간호 잡보, 32쪽.
49) 『정교보』 창간호 잡보, 31쪽.
50) 『정교보』 제7호 논설 「알료금광래함」, 12쪽.
51) 박보리스 드미트리예비치, 1992, 「국권피탈전후시기 재소한인의 항일투쟁」 『수촌 박영석교수화갑기념 한민족독립운동사논총』, 1068쪽.
52) 『정교보』 제7호 논설 「알료금광래함」, 12쪽.
53) 『신한민보』 1911년 2월 15일 회보.
54) 『정교보』 제5호 잡보, 28쪽.
55) 이광수, 『나의 告白』, 97쪽.
56) 『정교보』 제7호 잡보, 21쪽.

총무를 담당한 인물들도 자바이깔지역의 토착세력으로서 앞서 언급한 고성삼 외에 남창석, 박명호 등을 들 수 있다. 이들은 모두 치타 국민회에서 일한 경험을 갖고 있다. 남창석은 1910년 12월 이전에 치타국민회 회장을 역임하였으며,[57] 고성삼은 1910년 12월 현재 치타국민회 부회장이었다.[58] 그리고 박명호는 1910년 12월 현재 치타국민회 서기였다.[59] 그들이 모두 치타국민회 출신인 점은 치타에서 정교보가 간행되고 있었고, 실제적인 역할은 총무가 담당하고 있었기 때문이 아닌가 한다.

재무를 담당한 인물로는 박대선, 문중도, 문윤함 등을 들 수 있다. 박대선은 정교보 창간호 기서 「참 좋은 소식이오」라는 글을 기고하기도 하였다. 문중도는 치타에 거주하고 있는 인물로 1일 반경의 토지를 소유하고 있었으며,[60] 문윤함은 앞서 살펴본 바와 같이 이 지역의 재산가였다.

다음에는 편집진의 경우를 보자. 편집인은 박집초, 김 엘리싸벳다가 담당하였다. 박집초는 치타에서 잡화점을 운영하였으며,[61] 치타한인 정교학교에서 로어교사로서 일하였다.[62] 치타에 오기 전에는 만주리 철도국에서 근무하면서 동포사회에 공헌한 인물이다.[63] 김 엘리싸벳다는 사말리 출신으로, 1913년 가을 신학을 공부하기 위해 모스크바에 갔다가 1914년 현재 치타시 부주교 소관 외국전도회 신부로 일하고 있는 김 콘스딴찐의 어머니이다.[64]

주필은 이강, 이광수이다. 이 중 특히 이강이 주목된다. 그는 미주에서

57) 『신한민보』 1911년 7월 12일 회보.
58) 『신한민보』 1911년 7월 12일 회보.
59) 『신한민보』 1911년 7월 12일 회보.
60) 『정교보』 제5호 잡보, 30쪽.
61) 위와 같음.
62) 『정교보』 창간호 사시환영.
63) 『정교보』 창간호 잡보, 32쪽.
64) 『정교보』 제8호 잡보 「한인샤회에 처음 잇는 일」.

1905년에 간행된 『공립신보』에도 관여하였으며,[65] 1908년에 블라디보스톡으로 온 이후에는 『해조신문』, 『대동공보』 등에서도 주필을 역임하는 등 언론 활동에 많이 종사했던 인물이다.[66] 이광수는 1914년 초 치타에 왔다가 7, 8개월간 주필로 활동하다가,[67] 1914년 8월 하순에 이 곳을 떠났다.[68]

그 밖에 기술인, 즉 기자로는 정미하이루(정재관), 황공도, 박영갑, 마태호(마도하), 이섭인,[69] 장응규, 금암, 최붕거 등을 들 수 있다. 이 중 정재관은 특히 주목된다. 그는 미주에서 간행된 『공립신보』의 주필겸 사장으로 일하였던 인물이었다.[70] 그리고 1909년 러시아에 온 이후에도 『대동공보』에서 주필로 일하기도 하였다.[71]

황공도는 러시아정교회 전도사였다.[72] 그는 일찍이 미국에 3년간 유학한 인물로, 1909년 블라디보스톡으로 온 이후 국민회 회원으로서 자선공제회에서 일하였다.[73] 박영갑 역시 1911년 10월 경 미국에서 블라디보스톡으로 온 인물로 수청 지역에서 사립학교 설립에 노력하였다.[74] 한편 이섭인은 다년간 만주 등지에서 활동하였다.[75] 마도하는 치타에서

---

65) 최기영, 1991, 「미주교포의 반일언론: 공립신보 신한민보의 간행」『대한제국시기 신문연구』, 일조각, 205쪽.
66) 박환, 1991, 『해조신문』, 『만주한인민족운동사연구』, 일조각, 307쪽 ; 박환, 『러시아 블라디보스톡에서 간행된 민족지: 대동공보』, 『한국학보』 73, 1993 겨울호, 121쪽.
67) 이강, 1931, 「桑港에서 海參威」『동광』 26, 41쪽.
68) 이광수, 『나의 告白』, 101쪽.
69) 『정교보』 제7호, 19, 29쪽.
70) 『신한민보』 1913년 11월 21일 논설 축본보8주년기념.
71) 倭政文書甲九 在露韓人關係 明治四十三年 自一月至九月, 1910년 4월 29일 보고.
72) 『정교보』 창간호 축사, 12쪽.
73) 朝鮮駐箚憲兵隊司令部, 『明治四十五年六月調 露領沿海州移住鮮人 狀態』, 140쪽.
74) 위의 책, 120쪽.
75) 『정교보』 제4호 잡보, 30쪽.

권련제조소 노동자로 일하였고[76] 창간호 기서에 「종교와 정치」를 기술하였다.

서기는 탁공규, 김만식 등이 담당하였는데, 이들은 한때 블라디보스톡에서 활동하였던 인물들이다. 탁공규는 블라디보스톡에 있는 啓東學校 辭典고문이었으며, 하얼빈 東興學校 창립시 교장이었다.[77] 김만식은 역시 전에 계동학교 교사였으며 블라디보스톡에서 간행된 『대동공보』의 集金係에서 일한 경력을 갖고 있다.[78]

지금까지의 검토를 통하여 정교사의 주요 구성원의 공통점을 살펴보면 첫째, 발행인, 사장, 부사장, 재무 등은 자바이깔 지역의 재력가들로 농업 또는 금광업에 종사하는 인물들이 다수를 이루고 있다. 특히 금광지역에 거주하고 있는 인물들이 정교보사의 주된 직책을 차지하고 있는 점 또한 주목된다. 그 중에서도 제7호부터는 사장 김인수, 부사장 배상은이 모두 금광거주자들이다. 이러한 점은 금광 거주자들이 『정교보』에서 차지하는 비중을 짐작케 하는 것이다. 『정교보』에 금광동포들과 관련된 기사들이 다수 보이고 있는 것도 이와 무관하지는 않을 것이다. 즉 제2호 잡보 「울음금광 동포의 성의」, 기서 「우름삼부인」, 제3호 잡보 「우름동포를 감사함」, 기서 「금광僉尊에 대하여」, 제6호 논설 「우룸금광 동포를 치하함」, 기서 「우룸삼부인과 안나김씨의 기서를 유감함」, 제7호 기서 「알료금광에 전왕한보사람보원정은규씨래함」, 「알료금광 정달삼씨래함」, 잡보 「감하한 우름금광동포」, 제8호 기서 「축하얄노슥크 금광동포」, 「얄로꿈현상」, 잡보 「울우사동포를 모범하라」, 제9호 잡보 「나선이 금광에 사회」, 제10호 교회통신 「우릅금광 동포의 믿음」 등이 그것이다.

---

76) 『정교보』 제5호 잡보, 30쪽.
77) 조선헌병주차사령부, 위의 책, 136쪽.
78) 위의 책, 152쪽.

둘째, 총무는 치타국민회 출신이 다수를 이루고 있다. 고성삼, 남창석, 박명호 등이 그러하다. 이들은 국민회 부회장, 서기 등의 주요 직책을 차지하고 있다. 이처럼 총무를 치타국민회원들이 담당하고 있는 것은 『정교보』의 간행이 치타지역에서 이루어지고 있고, 치타국민회가 『정교보』 간행의 중심적인 역할을 하고 있기 때문이었을 것이다.

셋째, 서기, 편집인 등은 러시아지역의 토착지식인들이 다수 참여하고 있으며, 넷째, 주필, 기술인 중에는 미국에서 활동하던 인물들이 다수 보이고 있다. 이강, 정재관, 황공도, 박영갑 등은 모두 미국 공립협회, 국민회, 대한인국민회 등에서 활동하다 블라디보스톡으로 온 인물들이다. 이 점은 시베리아 총회의 본부인 대한인국민회의 중앙본부가 미국 샌프란시스코에 있는 대한인국민회라는 사실과 밀접한 관련을 맺고 있다고 하겠다.

다섯째, 편집실에서 일하는 인물들 가운데는 이전에 언론계에서 활동한 인물들이 다수였다. 이강, 정재관, 김만식 등이 그들이다. 이강은 『공립신보』, 『해조신문』, 『대동공보』 등에서, 정재관은 『공립신보』, 『대동공보』에서, 김만식은 『대동공보』에서 각각 활동하였다. 이러한 그들의 경험은 『정교보』를 제작하는 데 큰 도움이 되었던 것이다.

결국 『정교보』의 경영관리진에는 치타 및 그 주변 지역에 원래부터 거주하고 있던 재러동포들이 다수를 차지하고 있는 반면 주필 기자 등에는 외부 즉 미국에서 온 인물들이 중심을 이루고 있다고 하겠다. 정교보사의 이러한 인적구성은 『정교보』의 내용에 일정한 영향을 미쳤던 것이다. 즉 토착세력은 독립운동의 전개와 관련하여 재러동포들의 현실적인 이익을 보다 강조하는 입장을 보였을 것이고, 외부세력은 미주 대한인국민회의 목적을 자바이깔 지역 재러동포들의 이익보다 우선시하려고 했던 것이다.

3. 『대한인정교보』의 내용

『정교보』의 내용은 발행 연도에 따라 크게 두 시기로 나누어 볼 수 있다. 제1호부터 제8호까지(1912.1~1914.2)와 제9호부터 제11호까지(1914.3~1914.6)이다. 전자는 대체로 논설, 교회소식, 잡보, 광고, 본국통신, 세계소문, 교회학술 등 러시아 정교와 관련된 내용을 항일운동과 관련된 것보다 많이 싣고 있다. 이에 반하여 후자는 동정교회, 교회통신 등 교회관련기사 외에 우리의 주장, 새지식, 바른 소리, 우리글, 우리시 등의 난을 새롭게 마련하여 우리 민족의 주장을 보다 강력하게 반영하고 있다. 특히 후자의 경우 1914년에 간행된 제9호에 실린 「편집인이 독자에게」에,

> 1. 한호마다 조금이라도 잘하여 가도록 힘쓰오리다.
> 2. 새로 고명한 기자 한분을 모셔올 터이니 쇳소리나는 글과 진주 같은 사상을 접하는 날이 멀지 아니하오리이다.
> 3. 다음호에는 아름답고 간절한 서간도 동포의 사정과 수십 년래로 조국을 위하여 몸을 바치신 열혈지사의 역사가 호마다 하나씩과 밤낮에 그립고 듣고 싶은 본국소문과 알아둘 만한 세계소문과 보는 자의 가슴을 울리는 듯한 바른 소리와 우리민족의 앞길을 지도할 힘있고 정성있고, 긴급한 우리주장 등 진실로 글자마다 피방울이 흐르고 글귀마다 쇳소리가 날 것이외다.

라고 한데서도 잘 알 수 있다. 이러한 전제 하에 『정교보』의 내용을 주제별로 살펴보자.

우선 『정교보』에는 정교신앙을 강조하는 내용을 다수 싣고 있다. 창간호에 실린 「정교론」에서는 문명한 인간, 문명한 집안, 문명한 국가를 이루기 위해서는 정교를 신앙해야 한다고 하고, 또한 창간호의 논설 「우리한국 사름은 급히 정교회에 도라올지어다」에서 우리동포는 남녀노소

를 막론하고 급히 정교를 신앙할 것을 강조하였다.

또한 『정교보』에서는 지금까지 정교를 믿는 재러한인들 가운데에는 진심으로 믿기 보다는 여러가지 편리를 위하여 믿는 경우가 많다고 전제하고 진심으로 정교를 믿고 따를 것을 주장하였다. 즉 창간호 「정교셰례 밧은 쟈에게 고홈」에,

> 본인이 어떤 동포를 대하여 성경을 열람하면서 하나님의 참이치와 예수그리스도의 오묘한 말씀을 설명하고 믿기를 권면하니 그 동포가 말하기를 그대가 말씀한 천주학 장이라 믿기는 고사하고 듣기도 싫으니 어서 거더치우라하거늘 본인이 다시 묻기를 그대가 아라사 절당에 세례를 받지 아니하였는가. 그 동포가 대답하기를 나는 세례가 무슨 명사인지 자세히 알 수 없거니와 이왕 아라사 절당에서 크리시체 세례하고 미드리깨를 받았노라. 본인이 묻기를 그 미드리깨는 무슨 소용으로 받았는가. 그 동포가 대답하기를 다른 이유 아니오. 다만 세가지 필요한 일이 있으니 첫째에는 빙표대신 미드리깨를 가지고 각처에 내왕하기 편리함을 위함이오, 둘째에는 아라사람 양부를 얻어 도움 받기를 위함이오, 세째는 미드리깨 있는 사람은 다른 사람보다 두터히 대접하니 그 대접받기를 위함이로다.

라고 있듯이, 당시 재러 당시 재러동포들이 내왕의 편리, 재정상의 이익, 후한 대접 등 자신들의 생활상 편리를 위하여 세례를 받고 세례증명서를 받았다고 지적하고 있다. 그리고 이어서 세례를 받은 후 한국인들은 교회에 나가기는커녕 한국 고유의 한식과 추석에 상공당, 국수당 등에 가서 즐기며, 놀기만 하는 것을 비판하고 신도로서 하나님의 이치를 전파하고, 타인의 모범이 되어야 하며, 국가와 동포를 사랑해야 한다고 강조하였다. 그리고 제5호 논설 「아령에 잇ᄂᆞᆫ 한인은 정교로 통일홈이 필요홈」에 보이듯이 러시아지역에 살고 있는 한국인들은 정교로 통일할 것을 주창하였다.

『정교보』에서는 재러한인들에게 정교 신앙을 갖도록 하기 위하여 교리를 게재하기도 하였다. 즉 「교회학술」란을 통하여 『동정교종감』, 『성

사요략』, 『自暗進明』, 『世界光明』 등을 싣고 아울러 「교회소식」란을 통하여 러시아지역 교회의 한인의 전도 상황 등을 소개하였다. 한편 재러한인들의 정교신앙 현황에 대하여도 밝히고 있다. 창간호에 실린 「아령한인 정교회의 근상」이 그것이다. 여기에서는 1910년 이전의 상황에 대하여, 러시아 정교가 한인들에 전파된 이래 한인의 신도가 수만명이며, 한인 전용 교회만도 9곳이나 된다고 밝히고 있다. 아울러 교를 믿음으로써 한국인들은 구습을 벗고 문명한 사람이 되어 가고 있음을 지적하고 있다.

그런가 하면 『정교보』는 시베리아총회의 기관지였으므로 항일과 관련된 기사를 많이 싣고 있다. 정교보 제2호 본국통신 「하나님이 무섭지 아니한가」에서는 105인사건에 대하여, "왜인들이 교인들을 일망타진하기 위하여 무죄한 교인을 암살음모니, 연루자니 하고 잡아가두니 어찌 하늘이 무섭지 아니한가"라고 비판하고 이어 같은 호 본국통신 「죽이면 거저 다죽이지」에서는,

> 일본 헌병과 군사들이 의병을 폭도라 강도라 칭하고 잡아 죽일 때에 혹 냉수를 억지로 많이 먹이고 반듯이 잡아 뉘인 후에 복부에 널쪽을 놓고 올라뛰기를 여러번 하며 먹은 냉수가 도로 나올 때에 목에 걸니어 호흡을 통치 못하게 하여 죽이며, 혹 구덩이를 파고 사람을 그 구덩이 속에 들이 세우고 절반 남아 산장하여 그 사람이 서서이 죽게 되면 목을 잘라 죽이며, 혹 나무에 목을 다라멘 후에 한쪽 팔과 다리를 잘라 죽이며, 혹 모래판에 얼굴만 내어 놓고 산장하여 죽이며, 또 도처에 부녀를 겁탈하다가 순종치 않으면 찻든 군도로 항문에서부터 입까지 올니째여 죽이며 ….

라고 하여 일본이 의병과 일반 부녀자들을 어떻게 참혹하게 죽였는지를 고발하고 있다.

또한 제4호 본국통신 「ᄋᆡ독 졔군의게 대ᄒᆞ야」에서도,

> 저 교활하고 악독한 왜인의 정책은 날로 심하여 우리의 삼천리 산하로써 이천만 가두는 감옥을 삼으니 슬프고 가련하다. 내지 형제의 참상이여. 어제가 태평세계요 아침이 옛날이라. 눈만 금쩍하여도 잡아다 가두며, 사형에 선고하여 무리한 형벌과 원통한 죽엄에 숨도 한번 크게 쉬지 못하고 다만 묵묵히 생각하며 은근히 발하는 바는 해외로 나아온 우리라.

라고 하여 우리 삼천리 산하로써 이천만 가두는 감옥으로 삼았다고 일제를 비판하였던 것이다. 그리고 제6호에 양목생이 기서한 「내지형편, 현행 악형의 종류」에서는 일본인들이 한국인들에게 행하는 악행을 소상히 기록하여 일제의 악행을 15가지로 나누어 소상히 기록하여 고발하고 있다. 죽침을 길게 깎아 신구멍 찌르기, 추운 겨울에 벌거벗겨 사다리에 거꾸로 달아매고 얼음물 끼얹기 등 15개 악행을 행하고 있다고 폭로하였다.

또한 『정교보』에서는 제2호부터 제4호까지 「내디 시찰담」을 실어 일제가 조선을 지배한 이후부터 한국에 나타난 참혹한 현상들을 소개하였다. 이처럼 『정교보』는 1912년에 『정교보』를 통하여 일제를 비판하는 기사를 다수 실었으므로 일제는 러시아 정부에 이를 항의하여 1912년 말부터 이 잡지의 간행이 중단되기도 하였다.

『정교보』에서는 재러한인들을 계몽하기 위해서도 노력하였다. 이를 위하여 『정교보』에서는 당파를 없앨 것, 민족정신을 가질 것, 한글 가로쓰기, 노름하지 말 것 등을 주장하였다. 먼저 당파를 없앨 것을 보면, 제5호 논설 「우리 사룸 우리 사룸이여」에서,

> 옛적이나 이제나 우리는 다 한가지 우리사람이여 내지에서나 외지에서나 우리는 다 한가지 우리사람이언마는 엇지 함으로 오늘에 이르러 비로소 김서방, 이서방에게 한이며, 함경도 경상도 사람 구별을 타파하고 다 통칭 우리사람 우리사람이라 하는가. 또 엇지 이 말이 내지에서는 성행치 않거늘 외지에서는 이와 같이 성행하는가. 이 진실로 무슨 연고인고.

라고 하여, 당파를 타파할 것을 주장하고, 제10호 우리주장 「당파론」에

서도, 지방적 당파에 따른 파당을 비판하고, 이어서 그것은 전체사람의 생각으로 되는 것이 아니고 흔히 몇 명의 철모르고 간사하고 좀 꾀 많고 제 명예를 탐하는 마귀의 충동으로 생기는 것이라고 지적하고, 이어서 나라를 사랑하는 이는 다 내 사랑하고 공경할 동지니 그가 나의 부모 형제라는 생각을 갖고 당파를 조장하는 자는 정의의 칼로 베어야 한다고 주장하였다.

다음으로 민족정신을 보면 제5호 논설 「우리 사름 우리 사름이여」에서,

> 비노라. 우리사람들이여 우리는 우리 사람 같은 정신을 깊이 깊이 갖고 이 정신을 실지로 행하여 차라리 내 손으로 우리사람의 빰을 칠지언정 외국사람에게는 맞지 않게 하며, 불행히 나라집은 잃었을지언정 우리사람의 혼은 잃지 말지어다.

라고 하고, 민족정신을 갖고 있으면 국권회복의 날이 멀지 않을 것이라고 하였다.

이와 함께 『정교보』에서는 민족의식의 고취를 위하여도 노력하였다. 먼저 105인 사건의 재판 기록을 1회부터 11회로 나누어 게재하였던 것이다.[79] 특히 제6호 본국통신 「애국당 공판 전말」에서는 4회까지의 공판기사를 5페이지에 걸쳐 실었다.

제9호 우리글이라는 제목 하에 「가로쓰기라」에서는,

> 우리민족의 제일 큰 보배가 우리글이오, 세계에 가장 과학적이오, 편리한 것이 우리글이라. 그러나 그 좋은 우리글도 쓰는 법을 잘못하여 교육과 문서상에 불편함이 많았나니 날로 문명이 나아가는 오늘날 엇지 그대로 갈수 있으리오. 이제는 새로 쓸 법은 연구하여야 하리로다.

---

79) 『정교보』 제6호부터 105인 사건을 게재하고 있음.

라고 하여 한글의 위대성을 찬양하고 이를 대중화하기 위해서는 풀어쓰기를 하여야 한다고 주장하였다.

『정교보』에서는 또한 노름하는 재러한인들을 계몽하고자 하였다. 제4호에는 「노름을 경계하는 말」(대동공보초등)을 게재하고 있는 것이다. 총회에서는 이들 동포들에게 노름하지 말 것을 계몽하였고, 성과를 거두기도 하였다. 그 대표적인 예로서 우름금광을 들 수 있다. 제6호 논설 「우륨금광 동포를 치하홈」에 보이는 바와 같이 흑룡강 연안에 있는 우륨 금광동포들을 계몽한 결과 다음과 같은 성과를 이루기도 하였다.

1. 야학교를 설립하고 토론회를 조직하여 지식을 발달하며
1. 술과 약담배와 잡기를 엄금하여 행위를 단정하게 하고 또한 재정을 예비하며
1. 여러 가지 신문과 잡지를 구람하여 본국의 형상과 세계의 정형을 손금보듯하여 애국심을 격렬하게 하며 지식을 풍부케 하며
1. 의연금을 다수히 모집하여 각 신문과 각 학교에 기부하지 않이한 곳이 없으며
1. 국가나 개인 간에 진정한 종교가 없으면 도저히 유지치 못할 일로 알고 일제히 세례를 받고 정교회에 돌아왔으며 또한 본보의 주인옹되기를 자담하더라

또한 치타시에 있는 동포 12명도 계연회를 조직하고 아편 흡연을 금지하기도 하였다.[80] 그렇다고 하여 모든 지역에서 이러한 계몽이 성공을 거둔 것은 아니었다. 일진회 회원들과 계몽을 주창하는 일부 사이비들 때문에 문제가 발생하는 경우가 많았다.[81]

또한 제10호 「우리나라 명절」에서는 설, 보름, 한식, 단오, 추석 등에 대하여 설명하고 이어서,

---

80) 『정교보』 제4호 잡보 「용맹있는 계연회」.
81) 『정교보』 제8호 장응규의 기서 「알로쉚현샹」.

> 이는 우리나라에 예로부터 지켜 내려오는 큰 명절이니 우리는 그 뿌리를 캘 필요가 없고 오직 수천백년 우리 조상이 즐겁게 지켜오던 것만 생각하여도 정이 들지라. 조상을 공경하고 나라를 사랑하는 자 마땅히 지킬 것이온 하물며 그뜻이 매우 깊고 그 취미가 매우 큼에리오. 혹 예수교 신자는 이를 우상 섬기는 날이라 하여 배척하거니와 그럴 필요는 없나니 제사에 쓰던 것이라 하여 누가 밥먹기를 그만두리오. 음식을 차려 놓고 절만 아니하였으면 그만 일지니 춘추로 조선의 무덤을 돌아봄은 향기로운 일일지며 또 예로부터 손떼먹여 지켜오던 것을 보존함이 그 국민성을 보존하고 애국심을 배양하는데 매우 영향이 큰 지라.

라고 하여 예로부터 내려오는 명절을 지키는 것이 국민성을 보존하고 애국심을 배양하는 데 큰 도움이 된다고 하였다.

『정교보』에서는 제9호부터 독립운동에 대한 자신의 주장을 보다 강화하였다. 특히 그 이전과는 달리 독립전쟁론과 더불어 대중에 기반을 둔 운동의 전개를 주장하였다. 그것은 1차 세계 대전의 전운이 감돌았고, 또한 1914년이 갑인년으로서[82] 러일전쟁 10주년이었으므로 이를 기화로 독립전쟁을 전개하고자 한 것이 아닌가 한다.

제9호에 실린 우리주장 「농촌게발의 건」은 투쟁방법론에 있어서 시사하는 바가 크다.[83] 이 글에서는 기존의 운동 목적은 다음과 같은 것이었다고 평가하였다.

> 1. 우리민족에게 민족정신을 넣어주고
> 2. 외국에 동화하기를 막고
> 3. 문명한 지식을 주어 생각이나 말이나 행실이 문명한 사람답게 하여
> 4. 굳고 주의가 선 단체를 일으키고 인재와 재정을 모아 오늘날 할일을 준비함

82) 독립기념관 독립운동사연구소, 「1914년 4월 7일자로 안창호가 이강에게 보낸 편지」 『도산안창호자료』 (1), 109쪽.

83) 『권업신문』 1914년 5월 3일.

그러나 오늘날까지 하여오던 계획은 조금 인심을 진작시킨 것 외에는 실패하였다고 지적하고 그들은 지금껏 위의 네 가지 목적을 달성하기 위하여 단체를 조직하고, 학교를 설립하고, 신문과 잡지를 간행하였다고 하였다. 그러나 단체, 학교, 신문, 잡지 등은 운동선상에서 각각 단점을 가지고 있다고 평가하고, 단체의 경우 사람의 수가 많고 적음이 중요한 것이 아니라 회원의 지식과 정신과 통일이 중요하다고 하였으며 이러한 관점에서 볼 때, 우리의 경우는 아직 큰 단체를 지도할 만한 정도에 도달하지 못하였다고 하였다. 학교의 경우도 한국 정부도 없고, 아들, 딸을 가르치겠다는 생각도 없으니 무엇으로 학교 교육을 시행할 것인가 반문하고, 밤낮으로 학교 교육을 부르짖어도 다만 입만 달을 뿐이라고 하였다. 신문, 잡지의 경우도 동포들의 대부분이 글을 보고 뜻을 알지 못하기 때문에 그 효력이 의심스럽다고 하였다. 그리고 이어서 “우리 동포는 아주 없는 것으로 치고 뿌리부터 새로 만들 결심과 수단을 써야 할지니 백성은 나라의 밑등걸이라. 이미 있는 나라도 그 백성에게 다른 민족과 경쟁하여 능히 한나라를 붓들어 갈 만한 힘이 없시는 그 나라를 보존하기 어렵거든 하물며 한번 없어졌던 나라를 다시 세움에리오”라고 하여 국권회복을 위하여 농촌개발주의를 제창하였다. 그리고 이를 실현하기 위하여 구체적인 방법 11가지를 제시하였는데 이를 보면 다음과 같다.

1. 상당한 교육과 정성있는 사람 하나이나 혹 둘씩 한 촌 중에 둠
2. 그 사람은 몸소 농업이나 기타 동리와 관계깊은 직업을 잡음, 농업이 아니면 의원이 가장 좋을 듯
3. 제 가정과 집 다스림과 몸가짐으로 남의 모범이 됨
4. 너무 급하여 말고 점차 점차 여러 부모 형제와 친하기로 주지로 삼음
5. 촌 중에 어려운 일이 있거든 제가 먼저 나서서 정성으로 보아줌
6. 방안과 마당의 청결이며 길을 넓게 깨끗이 하고 식목을 장려하되, 제가 먼저하여 촌 중 여러 동포에게 그 사상을 준후에 권유함
7. 청년과 아이들과 친하여 동무가 되어 은연 중 그 언행과 마음을 바로 잡되 결코 가르치는 태도로 하지 말 것

8. 틈있는 대로 세상이야기며, 문명한 나라 사람의 살아가는 형편과 사이에 끼여 나라없는 사람은 망할 것을 이야기 하여 줄 것
9. 아무쪼록 촌중의 나쁜 습관을 고치되, 아주 온순히 할 것
10. 이리하다가 차차 마음이 열려 나를 신용하게 되거든 교육의 필요와 단합의 필요도 말하여 주며 몸소 훈장이 되어 아이들을 가르치되 부모의 마음에 나지 아니하게 하며 신문 잡지와 기타 서적을 장려하고 야학도 시킴이 좋으며
11. 그리 되거든 계 같은 것을 두어 그 동리에서 나는 것을 다 거기서 사고, 동리에서 쓸 것을 거기서 팔아 일면 동리의 이익을 주는 동시에 일변으로는 단체의 재정을 불릴 것

『정교보』에서는 만약 이렇게 된다면 재러동포들의 마을은 곧 문명한 곳이 될 것이고 재러동포들에게 총과 칼이 없으되 족히 한나라를 지킬만한 능력이 생길 것이라고 하였다. 그리고 갑자기 단체를 조직하라, 학교를 설립하라, 돈을 내어라 하기 때문에 아무것도 모르는 동포들이 반항하는 것이라고 하고, 만약 독립군들이 아무것도 달라는 것 없이 도리어 동포들을 위하여 심부름꾼이 되고 그들을 계몽하면 누가 그들의 말을 듣지 않겠는가 반문하였다. 즉 『정교보』에서는 농촌에서 동포들을 기반으로 하여 동포들의 신뢰를 얻은 토대위에서 독립운동을 전개할 것을 주장하였던 것이다.

아울러 제10호 우리주장[84) 「애국심을 잘못 고취ᄒᆞ엿다」에서는 소영웅주의를 비판하였다. 즉, 독립군 대장은 되려고 하면서 독립군은 만들려고 하지 않음을 비판하고 있다. 또한 10호 우리주장 「고래 ᄋᆡ국쟈의 ᄒᆞ던 손씨」에서도, 독립운동가들이 영웅노릇만 하려고 하지 말고 나라를 찾기 위하여 목숨을 바치라는 뜻으로 몸소 모범을 보일 것을 주장하였다. 그럴 경우에만이 일단 유사시에 모든 동포들이 궐기할 것임을 밝히고 있다. 그리고 이어서,

84) 최기영은 이글을 춘원 이광수의 집필일 가능성이 큰 것으로 보고 있다(최기영, 앞의 글, 158쪽).

> 그대가 만일 일미전쟁이나 일아전쟁을 기다리고 기생집이나 외국으로 살금살금 몸이나 피하여 다니면서 주둥이만 살아 사설 영웅이나 되었던들 영원히 한국은 없어지고 말았으리라. 그러나 다행히 우리 애국지사들을 옳은 길을 밟았음으로 나라를 회복하여 우리가 자유의 행복을 누리게 되였으니 기쁜소리로 만세나 부르자. — 신대한 만세! 만세! 만만세!

라고 하여 미일전쟁이나 러일전쟁을 기다려서 독립전쟁을 하겠다는 독립전쟁론을 비판하고 즉전즉결을 주장하였다.

한편 『정교보』에서는 독립전쟁을 위한 재러한인의 교육도 강조하였다. 제11호 우리주장 「재외동포의 현상을 론ᄒᆞ야 동포교육의 긴급홈」에서는[85] "교육이로다－그리하여 나라를 찾음이로다"라고 이어서 현재 러시아에 있는 두 단체 즉 권업회와 시베리라총회에서 교육을 위하여 할 일을 다음과 같이 제시하고 있다.

> 일. 그 단체를 지도하는 이가 적어도 한달에 한두번씩 동포 개발에 긴요한 몇가지 지식을 각 지방회나 지회에 보내어 모든 회원에게 설명하여 배우게 하며 고쳐야 할 행실과 행해야 할 새일을 지시함이며,
> 이. 긴요한 신문 잡지나 서적 보기를 독촉 장려함과 전국민의 경전이 될만한 서적 한권을 편찬하여 모든 동포로 하여금 늘 외우게 함도 긴급하도다.
> 삼. 매 통상회일과 주일을 이용하여 회당에서 교인들을 가르치는 모양으로 몇 가지씩 좋은 사상과 지식을 고취하여 회에 오는 것을 학교에 다니는 줄 알게 하고, 회원을 학생으로 여겨야 할지니, 이리하여야 여러 동포가 능히 새나라를 건설 할만한 새국민이 될지며 외인에게 받던 천대를 면하고 그뿐더러 회와 회원의 관계가 가까워질지라.

즉 통상 모이는 날과 주일을 이용하여 회원들에게 새 나라를 건설할 만한 새 민이 될 수 있도록 교육해야 하며, 이럴 때만이 회와 회원의 관계가 가까워져 회원의 지지하에 회가 운영될 수 있음을 지적하고 있다.

---

85) 최기영은 역시 앞의 글에서 이 논설을 이광수가 쓴 것으로 파악하고 있다.

아울러 회원을 가르치는 것이 당국자의 최대의 급무이며, 회원의 최대 급선무는 밤낮으로 배우는 것임을 강조하였다. 그리고 더욱 주목되는 것은 결국 이러한 배움은 독립전쟁을 위한 것이라는 사실이다. 즉,

> 우리는 멀지 아니하여 큰 전쟁—바라고 바라던 독립전쟁을 하여야 하겠다. 그 때에 병정될이도 우리 대장될이도 우리 군량 마련도 우리 총 검 장만도 우리가 하여야 한다. 마음으로 준비하고 돈으로 준비하여라. 전술도 배우자, 남에게 책을 읽어 달라서라도 싸움을 하는 법을 대강 배우자, 백두산 위에 깃발 풀풀 날거든 모두다 우리 달려가자.

라고 하여 당면 목표가 독립전쟁임을 천명하고 독립전쟁을 위하여 전술과 전투하는 법 등을 배울 것을 주장하였다. 『정교보』의 이러한 주장은 설득력을 가져 1914년 수랍스크 숭동학교 낙성식을 거행할 때에 그 곳 부인회에서 돌린 공함에는, 속히 독립군을 양성하여 조국의 독립을 회복하라고 되어 있었던 것이다.[86]

한편 『정교보』에서는 사회주의를 소개하고 있다. 이 점은 주목된다. 동시기 연해주 지역에서 간행된 『권업신문』에는 이러한 내용이 보이지 않고 있는 것이다. 특히 미국 중심의 시베리아 총회의 기관지이며, 종교적인 색채가 강한 잡지라는 점을 주목해보면 더욱 그러하다. 제9호 새지식 중에 「로동쟈 문뎨」에서 사회주의를 다음과 같이 소개하고 있다.

> 옛날에는 사회의 중류이상 계급되는 자가 하류 사람을 종같이 부렸으나 차차 자유 사상이 퍼지고 교육이 보급되며 하류 사회에서도 문명한 지식을 얻어 현하 사람은 다 같은 사람이라. 자유평등이니 사람위에 사람 없고 사람 밑에 사람도 없다하여 결코 상류라는 계급의 압제를 받으려 아니하고 또 양식을 짓는 이도 우리며 모든 기계나 물품을 만드는 것도 우리니 이 세상에 있는 모든 재산은 말끔 우리 것이라. 상류라는 자가 제것인데 함은 우리를 억지로 누르고 우리 것을 도적함이라는 생각이 팽창하여 아

86) 『정교보』 제10호 잡보, 26~27쪽.

주 이 사회제도를 뒤집어 옵고 천하 재산을 꼭 같이 나누자 함이 곳 그들의 이상이니 이것이 곧 사회주의라.

즉 비록 초보적인 사회주의 사상을 피력하고 있으나 다른 재러한인이 발간했던 신문과 달리 진보적인 내용을 담고 있다.

배 위에서 한가한 시간을 보내는 한인들(블라디보스톡)

하선하는 한인들(블라디보스톡)

제3장

러시아 혁명기 한인언론

Ⅰ. 『청구신보』와 『한인신보』

1. 전로한족중앙총회 기관지 『청구신보』

1917년 러시아 2월 혁명 이후 동년 6월 4일 니꼴리스크-우스리스크에서 이르크츠크 이동의 각 지 대표 96명이 참가한 가운데 전로한족대표자회(한족대회, 대회장 최만학)가 개최되었다. 원호인(입적한인)이 중심이 된 이 대회에서는 러시아 임시정부의 지지를 결정하였다. 그리고 정기간행물을 출판할 것(니코리스크 『청구신보』, 블라디보스톡 『한인신보』) 등을 결의하였다. 이 결정에 따라 니코리스크에서는 7월 5일부터 그리고 블라디보스톡에서는 7월 8일부터 『청구신보』와 『한인신보』가 각각 창간되었던 것이다.[1)]

1917년 7월 5일 니코리스크-우스리스크에서 매주일 전로한족중앙총회(고려족연합중앙총회)의 기관지로 간행된 『청구신보』는[2)] 현재 제14호(1917년 10월 7일)부터 제27호(1918년 1월 6일)까지 중 제14호, 제15호(10월 14일), 제20호(11월 18일), 제26호(12월 20일), 제27호 등 6호만이 남아 있다. 그러므로 현재 남아 있는 신문의 양으로는 『청구신보』의 전체적인 내용을 이해한다는 것을 힘들 것 같다. 다만 『청구신보』가 고려족중앙총회의 기관지임을 감안할 때 원호인의 의견을 많이 대변하지 않았을까 추측된다.

---

1) 반병률, 1995, 「이동휘와 1910년대 해외민족운동-만주・노령연해주 지역에서의 활동(1913~1918)-」『한국사론』 33, 245~256쪽.

2) 국사편찬위원회, 2001, 「배일신문에 관한 조사」『한국독립운동사』 자료 37, 42~44쪽. 이 자료에 따르면, 『청구신보』의 창간은 1917년 7월 7일, 1주 2회 발간으로 되어 있다.

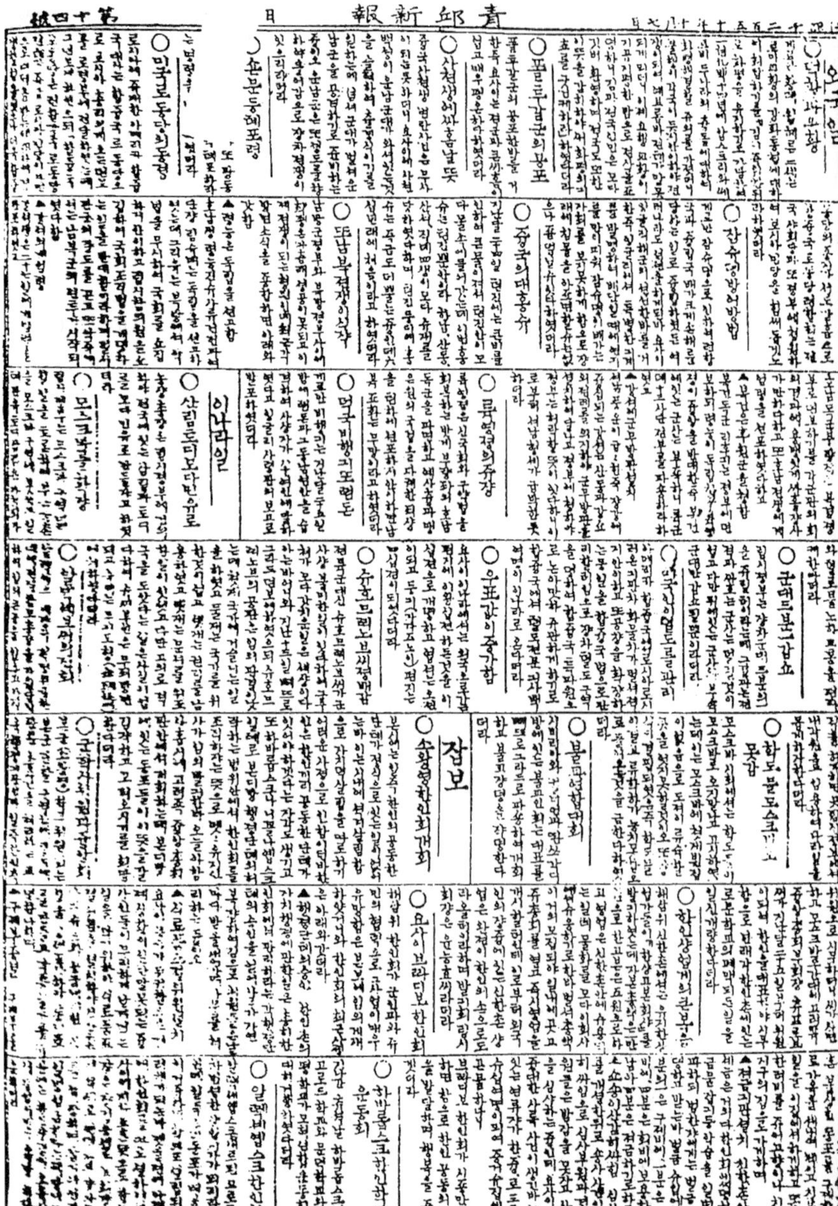

靑邱新報

『청구신보』(1917.10.7)

『청구신보』(1917.11.18)

『청구신보』는 1917년 6월 3일부터 니코리스크-우수리스크에서 개최된 러시아 한족임시대표자회 대회의 결의에 따라 그 기관지로 기획되었다. 이때 회의에서 창간위원으로 崔鳳俊, 문창범, 田 보리스를 선출하였다. 최봉준은 당시 59세로 귀화인이며, 러시아 육군 用達商으로 큰 부호였다. 1917년 9월 24일 병사하였다. 문창범은 귀화인으로 니코리스크에서 牛肉商 등을 한 큰 자산가였다. 1917년 6월 상설 한족중앙대표자회 임원으로 최봉준과 친교가 있다. 치타 대한정교보 찬성원 등으로 일하였다. 전 보리스는 귀화인으로 블라디보스톡 쿤스트 알베르스 상점 점원 등으로 일하였다.[3)]

『청구신보』의 주필은 창간당시는 金萬謙, 그 다음에 趙完九, 尹海가 담당하였다. 김만겸은 1886년 10월 6일 연해주 포시에트지역 브루시 마을에서 태어났다. 귀화한 한인이며, 1906년 말에는 조선을 방문하여 항일투쟁을 목격하였다. 1910년부터 블라디보스톡 신한촌의 학교에서 근무하던 그는 그 곳에서 발행되던 신문 『원동』의 기자가 되어 1911년 특파원으로 조선에 파견되었다. 조선특파원 김만겸은 블라디보스톡으로 기사를 송고하여 『원동』에 「조선으로부터의 편지」라는 제목으로 연재하였다. 1912~1914년 권업회의 위원이 되었으며, 1914년에 거행될 한인이주 50주년 기념행사의 준비에도 참여하였다. 또한 신채호, 최재형 등과 함께 한인의 민족학교 창립을 위해 노력하였다.[4)] 조완구는 1917년 8월 우수리스크에 와서 김만겸을 대신해서 주필을 대신하였다.[5)] 윤해는 일찍이 연해주의 대표적인 신문인 『권업신문』의 주필을 역임한 인물로 1917년 3월 한족중앙회 위원으로 선출되었던 인물로 이 신문을 통하여 배일사상을 선전하고자 하였다.[6)]

---

3) 「배일신문에 관한 조사」, 43쪽.

4) 윤상원, 2006.12, 「1920년대 초반 러시아의 한인사회주의자들과 코민테른-김만겸의 활동을 중심으로-」 『역사연구』 16, 역사학연구소, 12~15쪽.

5) 위와 같음.

우수리스크 전경

전로한족대표자회 개최지(현재 체체리나 거리)

6) 국가보훈처, 1997, 「윤해」 『배일선인유력자명부』, 55쪽.

『청구신보』 주필 김만겸

『청구신보』 주필 조완구

『한족공보』 주필 박은식

『청구신보』는 제1면에 논설과 史話, 漢詩, 기행 또는 시사해설 등을, 제2면에는 외신, 고국소식, 러시아 소식 등을 그리고 제3면에는 기서와 새 소식 등을, 제4면에는 광고를 게재하였다.[7] 그 중 알 수 있는 논설의 제목 다음과 같다. 제14호 「듯고보는 일을 넓힐 일」, 제15호 「근본을 세울 일」, 제16호 「술장사하는 동포의 깨달음을 재촉함」, 제20호 「러시아 공화국 국회의원 선거와 귀화한인」 등이다. 논설에서는 1차작으로 한인들을 계몽하기 위한 글들을 많이 싣고 있음을 알 수 있다. 아울러 논설에서는 『청구신보』의 정치적 입장 또한 적극적으로 대변해주고 있다. 즉 제20호의 논설에서는,

> 이제 우리와 동작을 같이할 단체는 곧 촌민단체오, 우리의 투표할 데는 곧 촌민회로, 선출할 후보자의 차지한 호수는 제2호라.

라고 하여 투표권을 갖고 있는 모든 귀화인은 2번을 선출하도록 호소하고 있는 것이다. 이처럼 귀화한인의 이익을 대변하던 『청구신보』는 1918년 7월에 『한족공보』로 개칭되었다.[8] 그것은 체코국민위원회의 기관지

7) 최기영, 「청구신보 해제」 『청구신보』, 한림대학교 아시아문화연구소.
8) 『신한민보』 1918년 10월 10일자, 12월 5일자.

『공보』의 명칭을 따라 이루어진 것이다. 박은식은 이 『한족공보』의 주필을 역임한 것으로 보인다.[9)]

『청구신보』는 러시아 시베리아 특히 연흑룡주, 간도 훈춘지방, 상해 북경지방, 미국 샌프란시스코, 하와이 등지에 1,600부를 배포하였다.[10)] 1918년 3월 21일자 『신한민보』의 경우 미주동포들에게 『청구신보』의 구독을 선전하고 있다.

2. 신한촌 민회의 기관지 『한인신보』

『한인신보』는 신한촌 민회의 기관지로 창간되어 1917년 7월 8일부터[11)] 매주 1회 한글로 간행되었으며, 발행인 겸 편집인(편집 겸 주필)은 한 안드레이(아크 한, 韓恭憲)였고, 인쇄인은 朱龍潤, 발행소는 블라디보스톡 신한촌 니꼴리쓰카야 울리채 제21호였다.[12)]

『한인신보』 발행의 중심적인 역할은 한 안드레이는 1917년 당시 31세의 젊은이로 연추 포시에트 출신이며 귀화한 한인이었다. 그는 러시아 카잔 사범학교 출신으로 하바로브스크 소학교 교사, 권업회 동지 서기를 역임하였다. 일찍이 연추 촌민회 회장을 역임하였으며, 전로한족회대표자회 부의장이기도 하였다. 블라디보스톡 한민학교 교사, 민회 서기, 1917년 8월 29일 신한촌에서 개최된 국치기념회 발기인으로 일하였다.[13)] 또한 한인신보사 발행인 겸 잡지 『애국혼』의 발행인이었던 그는 민족적 의식 또한 강해 조선어를 공부하고자 하는 열성을 보인 인물로 알려져 있다.[14)]

---

9) 반병률, 2006, 「러시아 연해주 망명기 박은식의 민족운동」『백암 박은식선생 서거 81주년 추모학술회의 백암 박은식의 사학과 조국독립운동』, 106~107쪽.
10) 「배일신문에 관한 조사」『한국독립운동사』 자료 37, 44쪽.
11) 『신한민보』 1917년 8월 9일 「해삼위 한인신보가 출현하였다」.
12) 『한인신보』 제1호 1917년 7월 8일자 ; 『한인신보』 제10호 1917년 9월 23일자 참조.
13) 「배일신문에 관한 조사」『한국독립운동사』 자료 37, 41쪽.

『한인신보』(1917.11.17)

14) 국가보훈처, 「한용헌」, 『배일선인유력자명부』, 134쪽.

韓人新報

XAH-UH-CUH-БО

第一號 週報

一千九百十七年六月二十五

창간하난날에

주필 안곤한
편집겸주필
인쇄인
발행소 해삼항신한촌니꼴리스까야

『한인신보』 창간호(1917.7.8)

『한인신보』의 주필은 창간 당시는 張基永,[15] 이어서 金河球 등이 담당하였다.[16] 장기영은 서울 출신으로 일본 조도전 대학을 졸업하였으며, 간도 小營子 중학교와 羅子溝 무관학교 교사로 활동한 인물로 이동휘와 깊은 관련을 갖고 있던 인물이었다.[17] 그리고 김하구는 함북 명천 출신의 귀화한인으로 역시 조도전 대학 출신이며, 1917년 7월 주필로 활동하였던 것이다.[18] 그의 호는 白山青年이며, 러시아·영어·독어·중국어·일어에 능통하다. 구한국시대에 궁내부 주사로서 기독교를 신앙하였다. 신한촌 한민학교 교사, 『권업신문』 주필, 권업회 의원, 만주 화룡현 명동학교 교사 등을 역임하였다.[19]

『한인신보』의 간부는 처음에는 사장이 李亨郁, 총무 金秉洽, 서기 崔義洙, 재무 姜良五, 기지 張基永, 金震, 기타 관계자로 金哲勳, 南公先 등을 들 수 있다. 사장인 이형욱은 러일전쟁 당시 블라디보스톡 세관원이었다. 신한촌 민회 의사원으로 자신의 집을 민회사무소로 이용하게 하였다. 1917년 5월 신한촌에서 재중국 林公使 암살기도시 발기인의 1인으로 중심인물인 趙應順의 여비 중 금 100루블을 기부하였다.[20] 1917년 10월경에는 사장 김병흡, 총무 김구, 서기 김진 등이었다. 김병흡은 만주에서 조직된 간민회 설립 발기인이었으며, 신한촌민회의 회장으로서 덕망있는 자산가였다. 그는 한인신보사 총무를 거쳐 사장에 취임하였으며, 1918년 10월에는 이를 사임하여[21] 정재관이 대신 사장에 취임하였다.[22] 총무인 김구에 대하여는 알 수 없으며, 서기인 金震은 함남 출

15) 뒤바보, 『독립신문』 1920년 4월 8일자 「아령실기」(12).
16) 『독립신문』 1920년 4월 8일자 「아령실기」.
17) 국가보훈처, 「장기영」 앞의 책, 88~89쪽.
18) 국가보훈처, 「김하구」, 앞의 책, 259쪽.
19) 「배일신문에 관한 조사」 『한국독립운동사』 자료 37, 41쪽.
20) 「배일신문에 관한 조사」 『한국독립운동사』 자료 37, 41~42쪽.
21) 국가보훈처, 「김병흡」 앞의 책, 266~267쪽.
22) 국가보훈처, 「정재관」 앞의 책, 202쪽.

신으로 귀화한 인물이며, 신한촌의 한민학교 교사, 권업회의서기 등을 역임한 인물이다.[23)]

그리고 1917년 10월경 고본단의 임원 역시 단장 김치보, 부단장 이형욱, 서기 김철훈, 재무 윤능효, 회계검사원 이설, 채성하, 강양오, 강석붕 등이 담당하였다. 단장인 김치보는 평남 출신으로 귀화한 인물이며, 신한촌에서 德昌號라는 역방을 경영하는 자산가였다.[24)] 서기인 金喆訓은 함북 명천 출신의 귀화인으로 권업회 연론부장, 한민학교 교사 등을 역임하였으며,[25)] 재무인 윤능효는 함북 함흥출신으로 신한촌민회 재무, 기독교청년회 총무 등으로 활동한 인물이다.[26)] 회계검사원인 李卨, 蔡聖河, 姜揚吾 등은 모두 함북 출신 귀화인들이었다.[27)]

『한인신보』는 러시아 시베리아 특히 연흑룡주, 간도 훈춘지방, 상해 북경지방, 미국 샌프란시스코, 하와이 등지에 1,400부를 배포하였다.[28)] 『신한민보』 1918년 3월 21일자와 동년 9월 5일자에는 「해삼위 한인신보를 사보시오」라는 광고가 나와 있어 그 구독 범위를 짐작하게 해주고 있다.

『한인신보』 중 현재 남아 있는 것은 창간호(1917년 7월 8일), 제11호(1917년 9월 30일), 제12호(197년 10월 7일), 제13호(1917년 10월 14일), 제14호(1917년 10월 22일), 제15호(1917년 10월 28일), 제16호(?), 제18호(1917년 11월 17일), 제19호(1917년 11월 25일), 제21호(1917년 12월 9일), 제23호(1917년 12월 23일), 제25호(1918년 1월 6일), 제26호(1918년 1월 13일) 등 1917년 9월부터 1918년 1월까지 모두 10여 호가

---

23) 국가보훈처, 「김진」 앞의 책, 245~246쪽.
24) 국가보훈처, 「김치보」 앞의 책, 265쪽.
25) 국가보훈처, 「김철훈」 앞의 책, 249~250쪽.
26) 국가보훈처, 「윤능효」 앞의 책, 53쪽.
27) 국가보훈처, 「이설」, 「강양오」, 「채성하」 앞의 책, 106쪽, 217쪽, 218쪽 참조.
28) 국사편찬위원회, 2001, 「배일신문에 관한 조사」 『한국독립운동사』 자료 37, 44쪽.

남아 있다. 이들을 통해 신문의 전체적인 논지를 살피는 데에는 어려움이 있다. 그러나 부족하나마 이들을 통하여 신문의 논조를 살펴보기로 하겠다.

우선 창간호를 통하여 신문의 논지를 살펴볼 수 있다. 「창간하난 날에」에서 다음과 같은 창간사를 싣고 있다.

창간하난 날에

날이 감은지 너무도 오래된지라 단비를 기다린지 얼마이며!? 그 기다리든 마음이 과연 엇더하였나뇨!? 지낸 일을 생각하고 압길을 묵샹함애 붓을 들고 기다리난 만암이 초최즁 의의의 맛난 귀하고 귀한 이 단비를 엇지하여야 효력잇고 갑잇게 하야 써 우으로 하나임의 뜻을 몽부하며 아레로 셰샹에 젹합케할가 하난 깃븜과 걱정이 교합하야 망연함이라.

그러나 괴로움을 당하야 궁축만하며 질거움을 맛나 망연하기만 하면 우승열패하난 쳘츠과 하날은 쟈죠쟈를 돕난 진리엔 읏지하리오.

안이라? 우리난 우승열패하난 경쟁쟝에셔 패망하기를 감수함도안오 참된 리치를 억의고 남의 도음을 긔다림도 안이라. 직졉으로 우리에게 궁축에 궁축을 더하난 쟈와 간졉으로 우리의 발젼을 시기하난 여러 가지 압박이 너무도 심한지라 끌코 뛰난 심쟝을 잠시 억졔하고 하나임의 도으실 것을 생각하며 셰샹에 도난운수의 박휘를 쥬의하고 잇든차이러니 때오때로다!

하나임의 깁흐신 뜻과 슬라민족의 뜨거운 피로 수삼백년동안 절대한 구속과 무한한 압박으로 무지막심하든 젼졔정치를 일죠에 젼복하고 붉은 긔를 놉히 들어 국민으로 하야곰 쟈연한 리치즁에셔 능히 하날에 대한 인생의 텬직과 국가에 대한 의무를 행함에 사소한 불편이 없을만한 팔대쟈유(八大自由)를 선언하니 우리난 로마스황실을 조샹을 하난 동시에 광영이 찬 새 공하국의 쟝래를 축복하노라.

잇때를 당하야 우리 일반동포난 하나님의 스사로 돕난 쟈를 돕난 증거를 몸깁히 깨다름이 잇셔 더욱 깁흔 밋음과 큰 희망으로 우리의 절규(絶叫)를 예메할지며 더욱히 이 공화국에 생명재산을 의지한 우리 백만동포난 이새 공화국에 쳐하난 여려가지 문졔가 만흔지라 이것이 즉 새 운수를 만난 백만동포로 더부러 쟝내를 강구코쟈하야 오날븟터 이 신문을 발행함이니

아령에게 신백만동포여!

『한인신보』 창간호에서는 러시아 혁명 발발 이후 혁명군의 입장을 지지하며 새로운 공화국 건설을 위하여 신문을 간행하고 있음을 보여주고 있다.

『한인신보』는 기본적으로 항일적인 신문이었다. 그러므로 1917년 8월 29일 국치일을 맞이하여 「국치기념호」를 발간하여 논설과 신한촌에서 전개된 국치기념회의 기사를 싣고 있다. 특히 신문사에서는 「吾人의 書信」이라는 4면의 붉은색 인쇄물을 부록 모양으로 400부를 발간하여 무료로 배부하였다. 제1면 상단에는 태극기를 교차하게 하고, 중앙에는 「國恥無忘」이라고 크게 쓰고 조선 지도를 그려 넣었다. 제2면에는 태극 모양을 인쇄하고 大韓魂이라고 크게 썼다. 제3면에는 일본지도를 그리고 일본의 주요 지역에 여러 대의 비행기가 공중에서 폭격하고 해상에서는 전함들이 폭격하는 모습을 그려넣었다.[29)]

『한인신보』는 제1면에 논설, 전보, 제2면에 전보, 고국통신, 잡보, 본항시사, 중국시사, 제3면에 연재물, 광고, 제4면에 광고 등으로 구성되어 있다. 그 중 제1면에 실려 있는 논설을 보면, 「자녀를 사랑하거든 교육을 식히라」(제10호), 「양심론」(제11호), 「생활난」(제13호), 「위생론」(제14호), 「우리는 사람의 길노 나가옵시다」(제15호), 「단군 대황조 聖誕紀元節」(제18호), 「미일협약에 대하여」(제19호), 「찾는 힘」(제21호), 「각곳에 年終總會」(제23호), 「새해의 첫 아참을」(제25호), 「수양의 요령」(제26호) 등을 들 수 있다. 즉 자녀의 교육, 양심, 생활, 위생 등 한인의 계몽과 관련된 내용과 단군과 관련하여 민족의식 고취에 대한 내용 등을 기술하고 있는 것이다.

또한 『한인신보』에서는 제23호(1917년 12월 23일) 논설 「각곳에 연종총회」에서,

---

29) 2001, 「국치기념회와 한인신보 국치기념호 발행에 관한 건」 『한국독립운동사』 자료 37, 39~40쪽.

이제 아령에는 우리의 중심되는 모듭은 곳 고려족즁앙총회이며 그 밖에 한민자치를 연락하며 민족정신을 통일케 하도록 힘쓸지니 아직은 주인나라의 국체가 바로서지 못하고 헌법이 올케 마련없는 때에 우리는 어떠한 방식으로 표때를 잡을 런지 미리라도 통일의 연락적 기관을 두고 한고랑으로 모들 것이요.

라고 하여 고려족중앙총회가 러시아 한인사회의 중심임을 강조하고 있다. 아울러 제25호(1918년 1월 6일) 논설 「새해의 첫 아침을」에서는,

우리는 세계적 연락을 하기 전에 제민족의 자치 통일과 정신단합을 먼저 하여야 할 것이니, 아무리 세계동포와 사해동포주의가 실행될 지라도 한 말씨 한핏줄의 민족끼리 마음이 합하지 못하고, 일을 감히 안이하고야 세계와 연락 할 수있스리요. 그러므로 오늘날 나라마다 그영토안에 있는 가종민족에게 자치기관을 두어 제각금 자유평등으로 살게 함이 곧 이 까닭이니라. 그런데 정신의 단합과 민족의 자치란 것은 그다지 멀고 큰 일도 안이요, 다만 우리의 마음에 있으며, 손속에 달린 일이니 한국은 한국사람의 한국이오, 우리는 고려민족의 우리이니, 이 정심은 물에 띄어도 잠기지 않으며, 불에 넣어도 녹지 않는 것이라.

라고 하여 고려족중앙총회의 주장인 민족의 자치를 강조하고 있다. 그러므로 『한인신보』에서는 제18호(1917년 11월 17일) 「농민회 제2호에 투표하오」에서,

고려족 동포들이여. 아력 11월 12일부터 14일까지 국민대행의회의 대의사를 선거하는데, 국민대의회에서는 국체와 토지 기타 문제를 결정하고, 특히 고려족에게 자치권과 토지와 기타의 권한을 차즐터인데, 연해주 농민대표회의 제2호 선거명록음에 투표하시면 곧 우리고려족의 이익을 보호할 대표자가 피선될터이오니, 일반 우리고려족은 남며를 물론하고 제2호 선거목록에 투표하시오.

연해주 농민대표회

라고 하여, 고려인에게 자치와 토지와 기타의 권한을 인정하는 연해주 농민대표회에 선거할 것을 강조하는 글을 게재하고 있는 것이다.

또한 『한인신보』에서는 민족의식 고취에도 깊은 관심을 기울였다. 즉, 『애국혼』을 간행하고자 하였으며, 이에 대한 선전 내용에서도 그러한 사정을 잘 이해할 수 있다.

> 한인신보사에서는 『애국혼』 상하권을 나누어 편집하여 상권은 민충정공 소전, 附 혈죽가, 조보국병새유서, 최면암유서, 이준공, 장전량의사, 하권은 안의사전, 부 열사행, 추도가: 우덕순, 이재명, 김정익, 안명근, 이범진 유서, 그리고 이책 끝에 강동쉰해를 부록함. 그리고 이책의 편집을 보면 1) 이 책은 우리가 한권씩 책상에 두고 안이볼 수 없는 글이오, 2) 이 책은 각 력사와 신문에서 추려서 순국문으로 저술한 것이요, 3) 이 책은 각 지방에 위원을 선정하여 원하는 자를 모집함. 발행인 김병흡, 편집자 한용헌, 글쓴 사람 玉史, 발행소 한인신보사.[30]

라고 하고 있는 것이다.

또한 단군 탄신일을 맞이하여 단군에 대한 내용과 그 행사에 대하여 다수 보도하고 있다. 제18호(1917년 11월 17일)에서는 1면 전체를 할애하여 단군대황조성탄기원절에 대한 기사를 게재하고 있는 것이다. 그리고 이 글에서 단군대황조의 건국, 영도, 역사, 종교, 계명 등과 아울러 우리가 기억할 일로서 태원 갑자 10월 3일 강세 등 내용을 제시하고 있을 뿐만 아니라, 기념노래 또한 싣고 있다.

또한 제19호(1917년 11월 25일) 잡보에서도 「단군대황조 셩탄기원절 기념식 셩황」이라고 하여 블라디보스톡에서의 행사 내용을 집중 보도하고 있으며, 「각처에 단군셩탄절」에서는 우수리스크의 청구신보사 안에서 이동녕, 박상환, 윤해, 박인원, 김성무를 중심으로 행사를 거행하였음을 알려주고 있다.

---

30) 『한인신보』 제15호 1917년 10월 28일자.

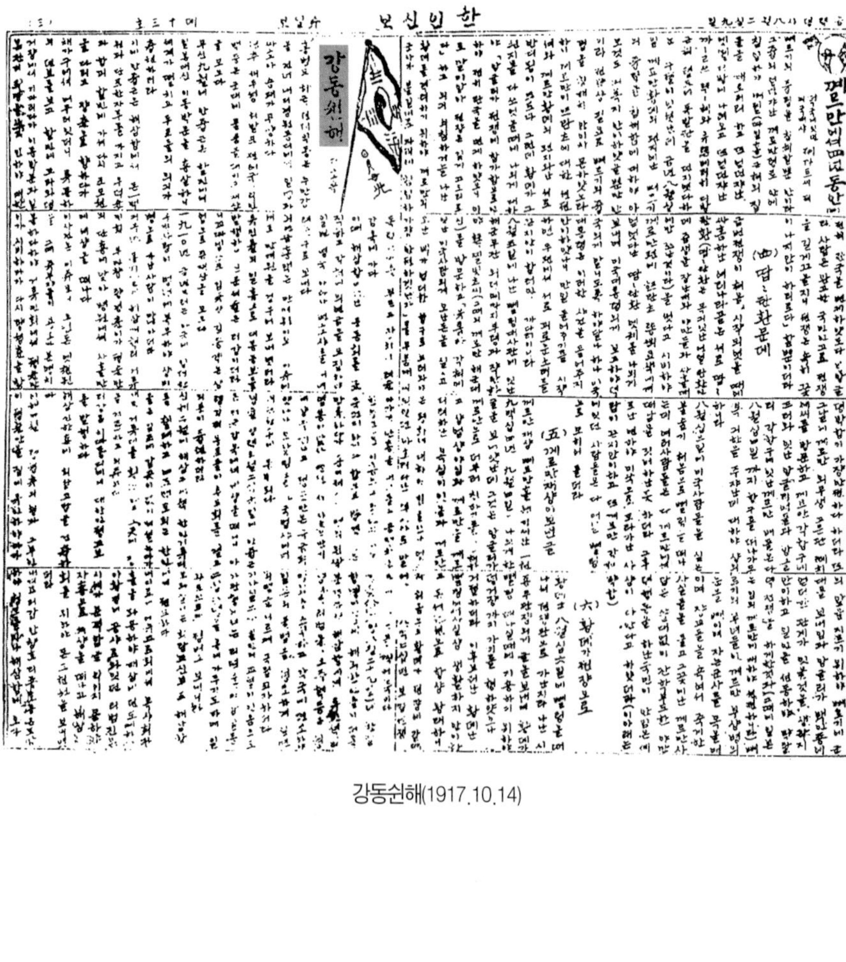
한인신보

강동쉰해

강동쉰해(1917.10.14)

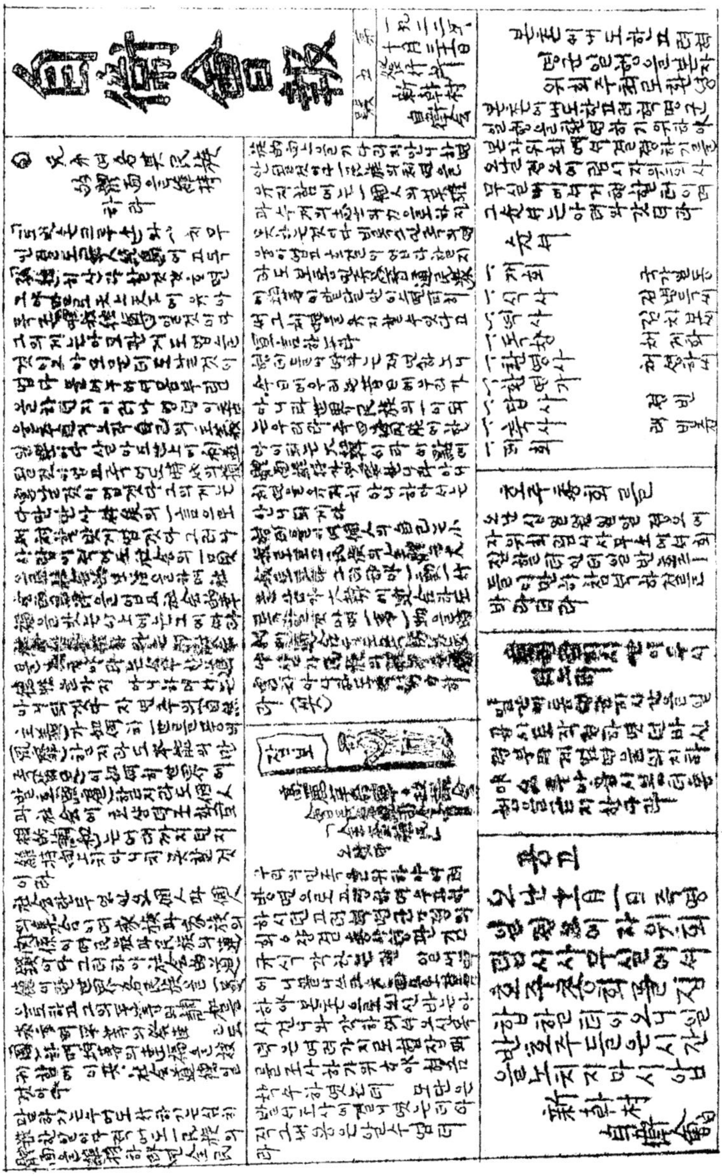

『자위회보』(신한촌 자위회 간행)

강동쉰해의 저자 계봉우

아울러 재러한인의 이주의 역사를 연재하고 있어 민족적 정체성 고취에도 일익을 담당하고 있다. 즉 계봉우의 '강동50년'이란 글을 통하여 1860년대부터 1914년까지 한인이주의 역사를 상세히 소개하고 있다. 또한 재러한인의 계몽과 간도, 러시아 한인사회의 동향에 대하여 자세히 기록하고 있어 이 지역사 연구에도 많은 도움을 주고 있다.

또한 재러한인 사회의 인물 동정에 대한 보도 또한 도움을 주고 있다. 「최봉준의 사망 기사」(제11호, 1917년 9월 30일), 「최(재형)씨의 본사방문」(제23호, 1917년 12월 23일), 이동휘 투옥관련 기사[제12호, 제16호, 제19호(1917년 11월 25일)] 등은 그 대표적인 것들이다. 이들을 통하여 최봉준의 인생역정과 최재형의 정치의식, 이동휘의 체포이후의 동향 등에 대하여 파악하는 데 일익을 담당하고 있다.

Ⅱ. 니콜라예프스크의 한족연합회 기관지 『국민성』

니콜라예프스크-나-아무레는 북위 53도 08분 · 동경 140도 47분에 위치하고 있는데, 10월 중순경부터 아무르강 물이 얼기 시작하여 이듬해 4월에 가서야 얼음이 녹았다. 니콜라예프스크항은 1850년에 세워진 도시로서, 한인들은 1890년 전후에 도항해오기 시작하였다. 1919년 1월 조사한 바에 따르면, 니콜라예프스크항의 총인구는 12,248명으로 1919년 당시 3백호의 한인가호와 918명이 거주하고 있었다. 당시 중국인은 2,329명, 일본인은 291인이 거주하고 있었다. 1918년 8월 이후 연합군의 시베리아 출병으로 일본군이 백위파와 함께 이 곳을 점령하였다. 1919년 당시 백위파가 장악하고 있던 니콜라예프스크항에는 러시아요새수비대 1개 대대와 취르라흐 요새(포대)에 포병 1개 소대, 그리고 일본육군 140여 명, 해군무선전신대 42명, 그리고 백위파가 조직한 自警團이 있었다. 니콜라예프스크항 뒤편의 카마라강가, 니콜라예프스크 맞은편 아무르강가의 마르트노브카, 콘스탄티노브카에 한인촌락이 형성돼 있었다. 한인들의 직업은 주로 농업과 상업이고, 주변 지역의 어업과 금광에 출가한 한인노동자들이 약 5~6천명에 달하였다. 이들 노동자들 간에는 結義兄弟契라는 친목조직이 있었다. 한인들은 1914년경 학교를 설립하여 자제들을 교육하고, 기독교교회를 세웠다. 그리고 金承優 · 徐五星 · 朴炳吉 등이 니콜라예프스크(니항) 한족연합회를 조직하였다. 이에 따라 결의형제계는 유명무실해졌다.

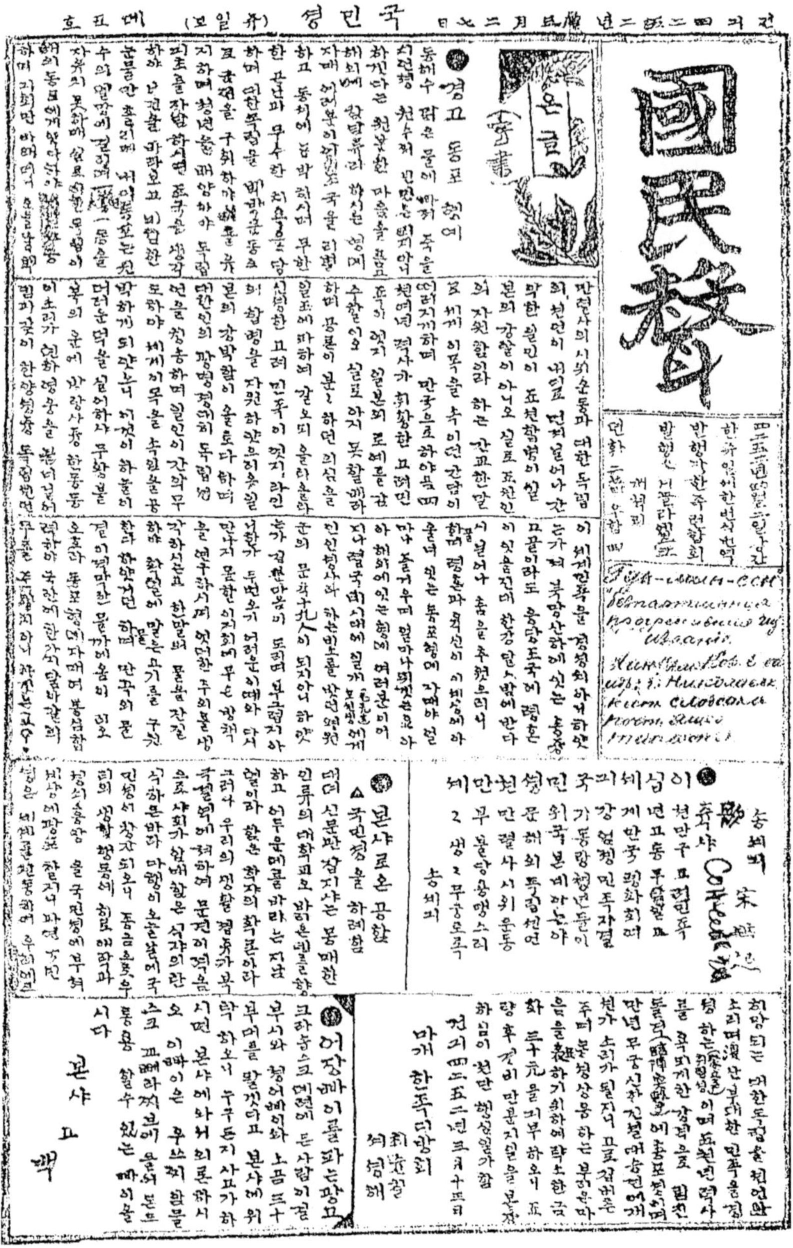

『국민성』(1919.4.17)

니꼴라예프스크의 일본군

니콜라예프스크(니항) 한족연합회는 회장·부회장·서기를 비롯한 임원들을 두었는데, 1919년 당시 회장은 김승우·부회장은 서오성이었다. 연합회의 위치는 시내중심지로부터 약간 떨어져있는 중국인 거주지역인 키타이스카야 슬라보드카에 위치해 있었다. 연합회는 3·1운동 이후 기관지로 한글신문 『國民聲』을 발간하여 민족의식과 항일정신을 고취하였다. 연합회는 일본영관이나 일본주둔군과 관계를 맺지 않을 정도로 배일적 입장을 견지하였다. 또한 연합회에서는 이 곳을 찾아오는 노동자들에게 러시아당국에 대신하여 신원증명서와 여행증명서(러시아글로 된 것)을 발행하여, 편의를 도모하였다. 연합회는 니콜스크－우수리스크시에 있던 대한국민의회의 지부 역할을 담당하였다.[1]

『국민성』은 1919년 4월 2일 니콜라예프스크(니항) 한족연합회에서 주

1) 반병률, 「니콜라예브스크 나 아무레 대한인거류민회」 『독립운동사전』.

1회 간행한 신문이다. 발행지는 니콜라예프스크 개척리이다. 현재 제3호(1919.4.13)~제9호(1919.5.25), 제11호(1919.6.8), 제12호(1919.6.15), 제18호(1919.9.13), 제20호(1919.9.28)[2] 등이 남아 있다.

제3호(음 1919년 3월 13일)의 경우, 논설, 온글, 번역(우쓰디에 암물아 신문에서), 특별광고, 광고 등으로 이루어져 있다. 제4호(1919년 음 3월 19일)는 온글, 전보, 잡보, 광고 등으로 이루어져 있다. 제5호(1919년 음 3월 27일, 양 4월 17일)의 온글(기서, 경고 동포형제), 축사(宋世起), 본사로 온 공함(국민성을 하례함, 마개 한족지방회 최순칠, 서성해), 어장빠이를 파는 광고(본사고백), 정기총회 회의록(수입부, 지출부), 번역, 전보, 포고(한족연합회) 등으로 이루어져 있다. 제6호(1919년 5월 4일)에는 논설(권리와 의무), 온글(심명호) 등이 있고, 제7호(음력 4월 12일)에는 논설(권리와 의무), 온글(대한독립 소식에 대하여, 장말현), 번역(우쓰디에 암물아 신문에서), 잡보, 광고 등이 있다. 제8호(양 5월 18일, 음 4월 19일)에는 온글(대한독립 소식에 대하여, 장말현), 온글(마음에 하자면 못할 것이 없다), 온글(국민성이 탄생함을 감사하여 축하함), 번역, 잡보, 광고 등이다. 제9호(음 5월 25일)에서는 독립선언에 대한 기사를 주로 싣고 있다. 번역으로 내지 독립선언서 번등(미완)을 싣고 있으며, 잡보에 내외지 독립운동(한인신보 번역), 간도독립선언식 광경, 훈춘의 독립선언, 각처 독립선언 등이 있다. 제12호(6월 15일)에는 1면에 역등으로 「옥안에서」가 실려 있다. 제18호(9월 13일)에는 사설(가을 바람이 이러남이여 백가지 감상이 나는 도다), 잡보(본국 소식), 단편 소설 희생 등이, 제20호(9월 28일)에는 사설(가을 바람이 이러남이여 백가지 감상이 나는 도다 속), 파리에 있는 한국대표(전호 속), 譯謄, 새총독 암살 미수자의 포박, 대한민국임시정부 개조안, 잡보(일본 대판시의 대집회, 대동단 조

---

2) 제18호와 제20호의 경우 불령단관계잡건 시베리아부 (8) 조선신문 再刊에 관한 건에 첨부되어 있다.

직), 단편소설(희생) 등이 있다.

위의 호수 등을 통해서 볼 때, 『국민성』의 경우 제9호부터 독립운동에 대한 기사가 보다 적극적으로 실리고 있음을 알 수 있다. 『국민성』의 제9호 논설 「내디 혈전에 대한 감상」과 제11호 논설 「한국 혈전에 대한 감상」 등을 통하여 이역만리 니콜라예프스크 동포들도 국내의 독립운동을 본받아 항일투쟁을 활발히 전개하고자 하였음과 노동자의 분발을 강조하고 있음을 짐작해볼 수 있다.

먼저 『국민성』의 제9호 논설 「내디 혈전에 대한 감상」을 보도록 하자.

내디 혈젼에 대한 감상

이 셰상에서 무엇이 즁하느니 무엇이 귀하느니 하여도 사람의 생명보다 더 귀즁한 것이 없지 아니한가. 이것은 뉘게 배와 안 것도 아니오, 뉘게 들어서 깨달은 것도 아니라. 사람이라면 지, 우, 현, 불초를 물론하고 이 마음은 똑갓지를 아니한가. 비단 사람뿐만 아니라 동물 명색하고는 거진 이러한 품셩을 가지는 법이니 가령 소와 갖이 미련한 즘생으로도 뎌를 죽이려 도수장으로 몰고 들어갈 때에 젼신을 벌벌 떨며 소래를 크게 질으며 눈에 불이 편쩍편쩍 한 것만 볼지어다.

목숨 한가지를 액기여 그러하지를 아니 하는가. 한치만한 벌도 뎌를 닷치게 되면 독살스런 침으로써 긔어히 쏘아 뎌의 목숨을 보호하지를 아니하는가. 그런즉 내디에 있는 동포들도 각각 자기의 생명을 귀즁히 녀길 것은 짐작할 바 이어늘 요젼 신문을 보던지 금번 션편으로 내디에서 건너온 믿을만한 니의 젼하는 말을 듯고 내디 동포의 용감한 혈젼을 시작함과 오래도록 피가 식어지지안코 오늘날까지 계속 행동한다는 장쾌 활발한 의긔는 얻더한 야심가라도 능히 탄복할만 하며 공경할만 하도다.

독립션언 이후 오늘까지 내디 형편의 시말을 총괄하여 보건대 뮌 처음에 독립션언의 쥰비와 창도는 곳 동경 류학생의게서 발생되여 무궁화의 뿌리가 내리고 삭이 돋아 가지가 흐늘어지며 닙사귀가 욱어져서 차차 버러져 三쳔리 금슈강산 복락 공원에서 독립의 열매를 맺고자 할 때에 악풍폭우가 잠시도 빼지안코 냅다 담세우며 부듸쳐 아즉까지 열매가 닉지는 못하엿으나 二쳔만의 마음으로 든든히 울타리를 지엇으며 二쳔만의 더운 피로 때때로 물을 쥬며 二쳔만의 강경한 뼈로 굳근히 북을 도와 길너쥬는 즁이니 아모리 원숭이갖이 재조있는 물건이라도 이 열매는 감히 엿보지 못할터이며 다름쥐갖이 얄미러운 물건이라도 이 열매는 능히 닷치지 못할 지니라. 그런즉 내디 동포의 생명을 막우 초개갖이 바리는 것이 나라를 자긔 몸보다 더 귀즁히 알기 때문이 안인가 또한 압제반셕 아래에서 등이 눌니우고 목이 비틀니여 구구히 살기를 도모함보다 자유의 깃발 밑에서 활개를 치며 다리를 놀니여 셧셧히 죽는 것이 텬셩의 떳떳한 직책이오. 민족의 당연한 본무일뿐더러 가령 백만명이 피를 흘니고 보면 一쳔九백만은 거룩한 독립국의 행복을 누리게 되며 평등한 자유민의 권리를 찻게 하자는 결심에 말미암음이 안인가.

만일 그러치 아니할진대 한국 十三도 젼곡이 일시에 떠들고 닐어나는 판에 산골에서 밧갈고 김매는 초동 목수라던지 부모의 땃듯한 품 안에서 사랑을 밧는 어린 학생이라던지 인력거 마차로 젼가생활을 의뢰하는 로동쟈라던지 깊고 깊은 골방 속에서 대문 밧지 한거름을 일평생에 못하여 보던 부인까지 한 손으론 혹 독기도 들며 혹 식도도 쥐며 혹 몽치를 메고 또 한 손으론 건곤감리의 태극긔를 높이 들고 검극이 삼엄하며 대포와 속사포를 별갖이 늘어 노앗으며 군사와 헌병과 순사들은 어두귀면지졸쳐름 목살이 뻣치며 악긔가 가득한 원수의 진즁을 향하야 조금도 두러워 하지도 안코 추호도 서슴거리지도 안코 흔연스럽게 우숨을 띠며 우렁차게 독립만세를 불으면서 젹진을 달겨 들어가 지글지글 끌는 붉은 피를 폭포수 갖이 뿜어내여 금수강산에 더러운 띄글을 깻긋하게 만들며 인도정의에 위반되는 요악무도한 행위를 꾸지져 바로 잡으려 하는 그 열셩과 그 용감은 곳 텬운이 아니면 인력으로는 될 수 없는 일이로다. (미완) 이 다음 호에 또 있소.

다음에는 제11호 논설 「한국 혈전에 대한 감상」을 보기로 하자.

한국 혈전에 대한 감상(젼호를 니어)

막을 능력이 업게 되며 독립만셰셩 한마듸가 말은 하날에 벽락치듯 뚝 떠러지메 三千里 젼곡안에 함정에 들엇던 학셩들은 이 긔회를 타셔 일제히 노래를 읍하여 팔을 뽐내며 죽을 때에 깁분 빛으로 뛰여 들어가며 원슈의 총검을 달게 바다 긔 든 올흔 손을 칼노 찍으면 왼손으로 옴겨지고 왼손을 찍으면 입으로 물다가 필경은 목까지 쳐서 죽엇다는 신문을 보드라도 과연 남녀학생의 용감을 어룬이 따루지 못할지로다. 그런즉 그 부모형뎨되는 우리들의 솟아나오는 애정과 길게 늑기는 생각이 과연 엇하겠는가.

교육을 받은 녀학생은 나히는 비록 어리지만 국가에 대한 의무와 독립의 귀즁함과 자유의 신셩함을 학문 가운데셔 배왓으며 훈육아래에셔 들어

알엇은즉 용혹무괴라 할지라도 우리나라 여염부인으로 말하면 남자의 압제로 글이라고는 기억 한 자도 몰으며 츌립이라고는 대문안을 떠나지 못하며 직업이라고는 밥짓기와 바누질과 빨내질에셔 지나지 못하고 국가에 관한 사상과 언론은 꿈에나 듯도뵈도 못한 쳐디가 안닌가 또은 긔력이 연략하고 담략이 업고 겁이 많음은 곳 그이들에 특셩이 안인가. 그러치마은 국혼이 소생되어 대한전국의 남녀로소을 불으는 때에 연약한 긔질이 변하야 강경한 태도를 가지며 조고마한 열봉이 꺼져셔 용감한 렬사에의 자격을 가지게 됨에 단슌한 애국셩으로 의심없이 젹진을 향할 때에 뉘가 탄복지 아니하리오만은 더구나 장부의 일홈을 띄고 말한마듸 져항치 못하고 구구한 생명을 액기여 이런 판국에도 한번 날뛰보지도 못한 인물은 졍말 우리나라 부인에게 죄인이 안니라 할슈 업도다.

로동자로 말하면 아모리 문명한 나라 사람이라도 상당한 학식이 업거던 하물며 내디에 있은 우리 동포리오. 그러나 하느님의 능력과 국슈뎍 졍신은 본래 지혜와 어리셕음을 구별치안코 그 량심 가운데 항상 감초아 두엇다가 긔회를 타서 발동되는 날은 지식가의 미비한 행동보다도 생각밧게 금뜰금뜰한 일이 만호며 또은 테격이 튼튼하고 견듸는 힘이 굳쎔으로 이 마음을 변치 안이하면 벽력이 당젼하며 총검이 압두하드라도 굴할 뜻은 꿈에도 업고 다만 죽는 것을 영광으로 알어 나의 생명이 위태함을 도라보지 안코 긔어히 봉변을 말하고야 마는 법이라. 그런고로 영, 미 같은 큰 나라에도 로동자의 동맹파공이 닐어나면 사업가는 무셔워 떨며 정부에서는 융화슈단을 써서 아모쪼록 로동자에게 이익이 되도록 쥬션하기 되나니 이것만 보드라도 로동자에 용감건인과 단합 세력을 가히 짐작할지로다. 장쾌하도다. 내디에셔 독립을 션언한 로동자들이여! 만일 지식가라 명칭하고 외면으로 말로 짤짤거리고 실리에서 퇴보하는 인사들은 과연 로동자의 타매를 면치 못하리로다.

외디 동포라 하면 아메리까, 즁국, 로시아 일본을 물론하고 통칭하는 말이라. 아메리까 있은 동포들은 十여년래로 국강뎍 유형되는 국민회 명의하에 六七千명에 불과한 동포분에의 열심 경영한 결과에 오늘날 대학교 츌신이 젹지 아니하며 듕학이상 정도를 가신 청년은 일부 다 헤일 슈 없으며 즁국에 있는 동포도 아메리까에 비하면 현슈히 떠러지지마는 교육이 발달됨은 가히 자랑할만한 일이며 일본에 잇는 동포들은 우리의 짐작으로 의심이 젹지안이 하야 제나라 정신을 다 일허바리고 야박한 습관과 간교한 슈단만 늘어 도시 보잘 것 없윌 줄 알엇더니 졍작 긔회가 도라오메 한 목소래로 크게 질너 독립을 션언하야 세계 이목을 놀내게 되엿으니 그 활발 장쾌함이 과연 얻더한가.

그러나 로시아에 있은 백만동포는 十년동안에 무엇을 하였으며 오늘은 또 무엇을 하는가. 나는 말하여 이에 닐음에 개탄함을 산쳔을 대하며 부모형데 처자를 만나볼가. 여러분이시어 여러분도 응당 짐작이 게실지로다 이때에 우리의 할 일을.

희망이 데二생명이라함은 셔양학쟈의 격언이어니와 우리가 오늘날까지 천신만고를 하면서 구차히 살아 온 것은 다만 희망 한 가지로 인함이 안인가. 만일 희망 한 가지로대 차라히 이 목숨을 이 세상에서 록록히 부지하는 것이 도리혀 욕됨이 안인가. 그런즉 우리의 희망이 오늘날에 이러깨 크고 □□되엿으니 우리는 이 희망으로써 관혁을 세우고 심력을 다하야 목뎍을 달할 것 뿐이오, 여간 장애와 곤난은 족히 낙심할 것도 아니오, 위축할 것도 아니라 하노라.

이샹에 진슐한바 여석가지 감상은 우리 해외동포들의 협심을 홍발하며 젹심을 환셩하는 지남침이라. 우리는 이러한 감상을 영구히 가지며 각금 ?으셔 실디에셔 행할 상당한 방침을 연구하야 한 길로 나아가셔 남의 뒤지지 말기를 결심할지어다 동포동포여!

III. 블라고베센스크의 대한국민의회 기관지 『자유보』

대한국민의회 중심인물
문창범

상해임시정부와의 통합을 거부한 대한국민의회는 1920년 4월 참변 이후 일본의 공격을 피하여 흑룡주의 블라고베센스크로 이동하여 조직을 재정비하였다.

1920년 6월경 흑룡주로 이전한 후 조직을 재정비한 국민의회의 간부진으로는 의장에 상하이로부터 온 문창범이 복귀하였고, 평의장 김하석, 비서 오창환, 군무부장 오하묵, 군무부원 한용운・강중설, 외교원 한명세, 평의원 최의수・한군명・서성권・김종 등이 선임되었다. 국민의회는 또한 당지의 흑룡주한인총의회의 봉대를 받아, 그 기능과 권위를 흡수하고 그 산하의 한인군대를 인수받아 흑룡주혁명정부의 지원을 받는 자유대대(대대장 오하묵)로 개편하였다. 또한 국민의회는 기관지 『자유보』(주필 오창환)를 발간하였다. 1920년 9월 15일, 국민의회는 러시아내의 한인들의 합법적 통일기관임을 천명함과 동시에 "노농러시아가 밟아온 길을 따를" 것임을 표명함으로써 공산주의적 노선을 대내외에 선언하였다. 그러나 이 선언은 한인공산주의자들이나 볼세비키당 책임자들에게는 공산주의로의 전향으로 받아들여지지 않았으며, 위선적인 기회주의적 문건으로 받아들여졌다.

자 유 보

自由報

ИЗДАНИЕ Информац. Отдела Кор. Национального СОВЕТА

개텬긔원절

대황조단군

단군긔념가

긔념회와례식순서

一 개식(開式) 군악병주
二 국가(國歌) 군악병주
三 식사(式辭) 김하석
四 력사설명(歷史說明)
五 긔념가(紀念歌) 군악병주
六 긔념사(紀念辭)
七 축사(祝辭)
八 국가(國歌) 군악병주
九 호만세(呼萬歲)

『자유보』(1920.11.12)

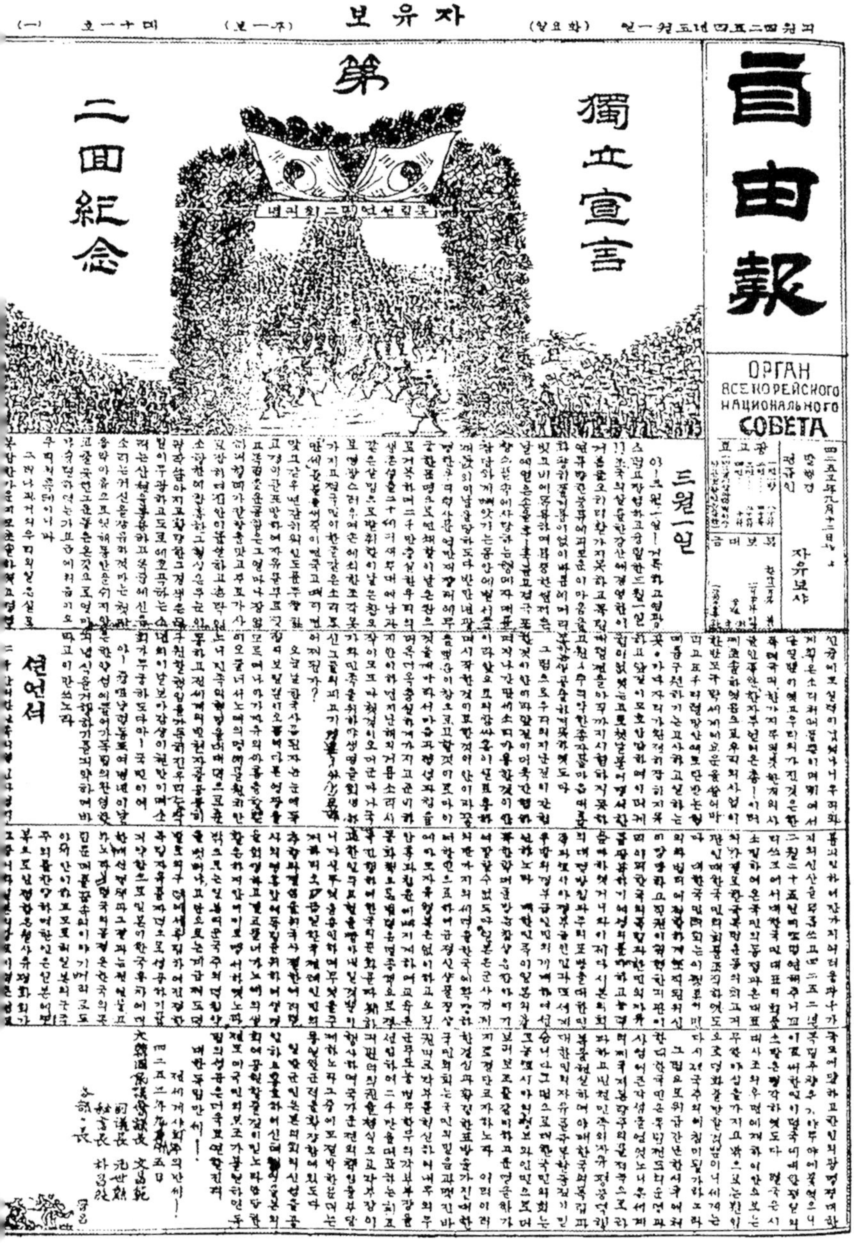

자유보

自由報

ОРГАН ВСЕКОРЕЙСКОГО НАЦИОНАЛЬНОГО СОВЕТА

第二回紀念

獨立宣言

三월一일

선언서

『자유보』(1921.3.1)

블라고베셴스크 평야

대한국민의회 본부터(추정지)

대한국민의회는 대외적인 소비에트정부 지지의 입장 선언과 함께 대내적으로는 전체 독립운동세력 내에서의 주도권을 장악하고 '국가적 권한'의 수행을 위한 조직으로의 개편을 단행하였다. 즉, 의장 문창범, 상하이로부터 온 원세훈이 부의장 겸 내무부장, 각부장회의서기관장에 박창윤, 군무부장겸 사법부장에 김하석, 재정부장겸 노동부장에 한군명, 외무부장에 김기룡, 문무부장에 오창환이 선임되어 정부적 성격의 조직을 이루었다. 이것은 상해임시정부와의 대립적·경쟁적 입장을 분명히 한 것이다. 1921년 1월 국민의회 내에는 공산주의 야체이카가 조직되어 22명의 간부가 공산주의자가 되었으며, 후일 국제공산당에 의하여 이르크츠크지부장인 김철훈을 매개로 이르크츠크에서 형성된 공산주의세력과 연합하여 이르크츠크파 고려공산당을 형성하였다. 국제공산당(코민테른)은 1921년 4월 국민의회가 공산주의를 채택한 것으로 인정하였다. 국민의회는 1921년 5월 이르쿠츠파 고려공산당과 고려군정의회의 조직과 함께 유명무실하게 되었다.[1)]

『자유보』는 1920년 9월 12일 블라고베셴스크 한족회, 즉 대한국민의회에서 주 1회씩 발행한 신문이다. 이 신문은 현재 창간호(1920.9.12), 제2호(1920.9.26)~제4호(1920.10.17), 제6호(1920.11.12)~제8호(1920.11.28), 제10호(1921.2.20), 제11호(1921.3.1) 등이 남아 있다.

창간호에는 창간사, 미국의원단의 渡韓과 내지동포의 대 활동상보, 대한국민의회 선포문(기원 4253년 9월 일, 대한국민의회), 대한국민의회 재무부 포고, 나의 지낸 사정(1, 鐵兒) 등이 실려 있어 이 신문이 대한국민의회의 기관지임을 보여주고 있다.

제2호에는 논설 「독립의 성공자」, 왜의 살육책과 우리의 저항운동, 흑

1) 반병률, 1988, 「大韓國民議會와 上海臨時政府의 統合政府 樹立運動」 한국민족운동사연구회 편, 『한국민족운동사연구』 2, 지식산업사 ; 반병률, 1987, 「大韓國民議會의 성립과 조직」 『韓國學報』 13, 일지사 ; 반병률, 1998, 『성재 이동휘 일대기』, 범우사 참조.

룡주한인대의회록, 북간도통신, 나의 지낸 사정 (2), 상해의 임시정부, 미국의원의 통과 등이 있다. 第3호(1921.10.3)에는 논설 「파괴? 건설」, 대한민국 임시정부 초대 재무총장에 임명된 러시아지역의 대표적인 항일운동가 최재형공의 약사, 중동선에 대한 일본의 야심, 독립당이 또 잡힘, 나의 지낸 사정 (3), 장봉한 최병준 량씨의 별세, 일인의 흉악한 정탐책, 연해주에 근일 현상 등이 있다. 第4호(1910.10.17)에는 논설 「사회주의 (상)」, 독립당의 대계획 발간, 원산에 대풍운, 나의 지낸 사정 (4), 일본의 만몽에 대한 야심 등이 있다.

第6호(1920.11.12)에는 1면 전면에 개천기원절과 기념회 예식 순서, 단군기념가 등이 실려 있다. 이어서 2면 중앙부에는 고구려 동명성제의 모습이 그려져 있고, 3면에는 이순신 장군의 그림이 중앙에 그려져 있어 재로동포들의 단군과 동명성왕과 이순신 장군에 대한 존경심을 읽어볼 수 있다. 第7호(11월 21일)의 1면에는 논설 「독립전쟁」, 간도풍운의 자서한 소식 등이 실려 있으며, 2면 중앙에는 일본군들이 한인들을 학살하고 가옥을 파괴하는 모습을 중앙에 4단으로 싣고 있다. 第8호(11월 28일)의 1면에는 논설 「정신회복」, 간도전쟁의 실보와 동포의 참상이, 2면 중간에는 2단으로 「간도 참상의 일반」 그림이 그려져 일제의 만행을 보여주고 있다. 3면에는 온글 「승전한 군인의 편지, 멀리 로령 동포의 구원을 청함」과 자유노래 등이, 4면에는 국민의연록 등이 살려 있다. 第10호(1921.2.20)에는 논설(새해로 보는 우리 앞길), 사말리에 홍우적 침입 등이 있다. 아울러 전면으로 「서북간도 우리 동포의 참상 보고」를 수록하고 있다. 第11호(1921.3.1)에는 이동휘의 탈퇴선포문(본문대로 등재함) 등이 있다.

한편 자유보사에서는 1920년 11월 7일 「레닌씨의 진상」이라는 제목하에 그의 얼굴 그림과 더불어 혁명 제3회 기념사를 한인공산당 흑룡주연합회 명의로 호회를 발행하고 있다.

『자유보』 제11호(1921년 3월 1일)에서는 1920년 9월 15일 대한국민의회 회장 문창범 명의의 선언서를 게재함을 통하여 블라고베센스크에서의 대한국민의회의 입장을 밝히고 있다. 대한국민의회는 사회주의와 대한독립만세를 함께 고창하고 있는 것이다.

선 언 서

二千만 대한민족의 정신과 셩의를 긔인하여 만가지 어려움과 千가지의 신산을 무릅쓰고 四二五二년 二월 二十五일에 로령 연해주니꼬리스크에서 대한국민대표의회를 소집하여 온 국민의 동정과 온 대표의 가결로 한국독립운동의 최고기관인 대한국민의회를 조직하엿도다. 대한국민의회는 이럿틋이 민의와 법리에 적합하게 조직된 위신이 당당하고 직권이 혁혁한 긔관이라. 한국의 독립과 한민의 자유를 광복하기에 셩의를 다하고 능력을 다하엿거니와 이제 다시 본 의회의 대졍방침과 주의표방을 대한민족과 로시아졍부 급 인민과 또 세계 우방의 졍부급 인민의게 대하여 선언하노라 대한민족이 일본의 흉독한 학대를 받는 참상은 참아 이기여 말할 수 없도다. 일본은 군사, 경제의 만가지의 세력을 한국에 확장하여 한인으로 하여금 정신샹 물질샹에 아모 자유 행복은 없이하고 오직 암흑과 침윤에 빠지게 하며 교육은 동화책으로 법령은 멸종책으로 적극 진행하여 한국의 문화를 파궤하고 한인의 고혈을 빨아내일 것 뿐이니 다시 무엇을 용인하며 무엇을 주저하리오. 금일 한국 젼톄 인민의 추향과 결심을 위국사절한 여러 렬사의 영혼앞에 독립을 위하여 생명을 희생하고 결코 물너가 노예의 생활은 하지 안이키로 맹서하엿노라. 밖으로는 일본의 군국주의뎍 침략을 벗어나고 안으로는 계급제도뎍 발호의 구덩에서 특립하여 진졍한 독립 자유를 자력으로 셩공하기를 긔약함으로 일본이 한국 통치에 대한 개션졍책과 그 결과는 젼연 불고하노라. 렬국의 동졍은 한국의 독립문뎨를 꿈속의 이야기꺼리로도 아지 안이하고 도로혀 일본의 군국주의를 찬양하며 한인은 일본에 열복으로 인졍함은 웰사유평화회가 그 증거라 일본의 강도세력은 졈졈 극도에 달하고 한인의 광명정대한 독립 주창은 유야무야에 이르러 이로써 한인이 렬국에 대한 평일의 소망은 랭각하엿도다. 렬국은 시대사조의 우편에 재하여 안으로는 무한 야심을 가지고 밖으로는 뷘입으로 평화를 말할 것 뿐이니 세계는 다시 제국주의에 침미될가하노라.

그럼으로 위급간난한 시국에 처한 대한국민은 독립 젼도의 운명과 사업에 큰 각셩을 얻엇노니 온세계의 제국, 자본 량주의를 적극으로 타파하고 빈천 민족의 자유 평등뎍 행복을 현실하여야 대한국의 독립과 대한민의 자유를 극복할 줄 깊이 믿습니다. 그럼으로 대한국민의회는 로농러시아의 정부와 인민으로 더부러 보조를 같이하고 운명을 한가지로 결단코자 하노라. 이러한 결심과 확정한 표방을 가진 대한국민의회는 국민의 믿음과 맺긴 바 권리로 각부를 혁신하여 내무, 외무, 군무, 로농, 법무, 학무의 각부 부쟝을 선임하여 二千만을 대표하는 최고긔관의 직권을 정식으로 각부쟝이 행사하여 국가 운젼의 책임을 부담케 하노라. 그 즁에도 졀박한 문뎨는 통일한 군력을 확쟝함에 있도다.

일반 군민은 본의회의 신셩을 공인하고 옹호하여 신톄생명을 본 의회에 공헌할 줄 깊이 믿노라. 암담한 젼도에 국민의 보조가 불일하면 독립의 셩공은 더욱 묘연할진져

대한독립만세!

젼세계 샤회주의 만세!

四二五三年 九月 十五日

大韓國民議會議長 文昌範

副議長 元世勳

秘書長 朴昌殷

各部 部長 署名

한편 1920년 9월 12일에 발간된 창간호 창간사를 통하여 신문의 목적을 짐작해 볼 수 있다. 창간사를 보면 다음과 같다.

창 간 사

우리에게 자유를 안주겟거든 속히 우리의 생명을 걷우소서함은 아메리카 합즁국을 건설한 와싱톤의 필샤의 성공을 맹세한 말삼이라. 아! 진실로 진실로 그러하도다. 자유의 귀함이어 어찌 생명의 즁함과 일호의 다름이 있으리오(중략: 판독 불가).

지각졍신이 완젼히 발달된 쟝년의 남녀는 고사하고 헤움수를 겨우 배우고 나라 일홈을 바룻이 옴기는 어린 아해들까지라도 누구의 식힘이나 부림도 없이 죽기도 무서워 안하고 마즘도 두려워 안하며 가침도 겁내지 안이하야 용왕직전에 물, 불과 총칼을 무릅쓰고 갈사록 더옥 격렬하도다. 주름잡힌 얼굴에 피눈물이 더벅하고 헐덕이는 목구멍에 불안개가 자옥하야 뇌살창 어름방에 애를 끈는 우리부형 꼿같은 그 모양에 서리같은 그 졀개로 독한 칼 비린 창에 한덩이 더러움 섞이지 안인 선지피를 괄괄 흘니며

바들바들 목떠러지는 내 아우들의 비장렬극한 그 형샹은 참아 익이어 말하지 못하지만 일언이폐지하고 차라리 머리없는 자유죽엄은 될지언정 머리있는 종사리는 못하겟다는 의미와 열심을 보이미오. 또 차라리 □□된자 다 죽어 이 세상에 그림자도 없으면 이어니와 구태어 한 아이라도 있을진댄 한국은 한족의 한국이란 쥬의와 목뎍을 철저코자하미 안인가. 이것이 본보의 첫재 뜻이오 이제 우리의 자유를 사랑하미 이러틋이 지극하고 자유를 요구하미 이러틋이 심졀하것만 령토뎍 야심(領土的野心)이 편만하고 침략뎍 주의(侵略的主義)를 고집하는 이 세상은 한마듸 쾌활한 대답을 주지 안이하며 샤긔뎍 궤휼(詐欺的詭譎)을 능사로 삼고 붕당뎍 사세(朋黨的私勢)를 넓히려 하는 악류는 한가지 거름을 취하지 안하도다.

그러므로 우리는 불공대텬의 큰 원쑤있는 일본에게 복수뎍 대전쟁을 결단하믄 물론 처음 할 일이어니와 十九세긔의 데국쥬의를 꿈꾸어 남의 종족을 압박하고 남의 령토를 침탈하며 남의 권리를 박탈하고 남의 문명을 유린하는 그 무엇들을 공셩토벌하겟으며 국가와 민족을 빙자하고 정신없이 던뷔며 의리없이 짓거리어 독립의 본의를 더러피고 자유의 진리를 모슌히 굴며 사회의 혼동을 이르키고 동포의 량심을 손샹하는 그 무리들을 사정없이 타멸하야 요망한 구름과 의심의 안개를 쓸어바리고 자유의 참복락을 사람마다 각각 제 손발로 찾아내고 열어 얻게 함이 본보의 둘재 뜻이오.

아! 독자여러분! 아! 국민여러분! 본보는 베르고 배르다가 이제야 벌거벗은 붉은 몸과 간단한 두어말로 뵈올거니와 여러분도 자유를 사랑하사이다.

『자유보』는 창간사에서 일본에게 복수적 대전쟁을 전개함이 첫 번째, 동포의 양심을 손상하는 무리들을 몰아내는 것이 두 번째 목적임을 밝히고 있다.

『자유보』의 성격은 제11호(1921.3.1)에 실린 독립선언 2주년 기념 논설인 「3월 1일」에 잘 나타나 있다. 이를 보면 다음과 같다.

3월 1일

아! 三월 1일! 거룩하고 영광스럽고 장엄하고 슉렬한 三월 1일!! 조국의 살틀한 강산에 경영한 이 거름을 오히려 활가지 못하고 독립연류량한 풍류에 괴로운 이 마음을 화창히 풀 겨를이 없이 바람에 머리빗고 비에 목욕하며 북풍한셜 져믄 날에 얼은 손을 후훅 불고 검극포챵 스풀속에 사랑하는 형뎨자매를 참담하게 빼앗기는 동안에 벌서 둘재돐의 이 날을 당하도다. 반만년 광명한 우리 력사를 억만재 장래에 무궁한 운명으로 연쇄할 이 날은 참으로 거룩하며 二千만 충실한 우리의 생존셩을 二十세긔 새 무대에 남과 같은 살림으로 발휘한 이 날은 참으로 영광스러우며 손에 쇠 한조각 못가지고 젼국민이 한글같은 소리로 만세를 불을새 죽이면 죽고 때리면 맞고 갇우면 갇히워 인도를 주챵하고 정의를 포방하여 자유를 부르짖고 독립을 운동함은 그 얼마나 장엄하며 형뎨가 칼랑을 맞고 부로가 사로잡히며 집안이 몰살하고 촌락이 소탕함에 참혹한 그 형상은 두 눈이 팍팍 쏟아지고 황량한 그 경색은 텬일이 무광하고 도로에 호곡하는 소리는 산천을 동용하고 옥즁에 신음소리는 귀신을 감읍하겄마는 첫마음 막마음으로 잇해 동안을 쉬지 안코 줄곳한 그 운동은 온갓으로 얼마나 슉렬하엿는가 고금에 처음이오 우리의 특례이니라.

그러나 과거의 우리의 일은 실로 복잡한 가운데도 초솔하엿고 졍셩인즁에도 실력이엇엇나니 우리의 계획은 소리처 떠들뿐이며 뛰여서 단일뿐이엿고 우리의 가진 것은 한 폭 태극긔 한 가지 무딘 붓 한 개의 사들인 폭탄 한 자루 얻어온 총! 이러케 초솔하엿음으로 우리의 사업이 한반도 극락세계에 요운을 쓰어바리고 三千리 텰망안에 도탄받는 형뎨를 구원하기는 고사하고 일하는 곳곳마다 자리가 완전히 잡히지 못하고 앞길이 모호암담하며 이러케 힘이 없엇는고로 첫날붙어 맹서한 대혈젼을 아직까지 시험하지 못하고 원ㅅ수의 악한 종자를 마음대로 보복하는 셩공을 하지 못하엿도다.

그럼으로 우리의 지난 길이 간험한 것이 안이라 앞길이 더욱 간험하며 지나간 만세소리가 용한 것이 안이라 앞으로의 참싸홈이 실로 용하며 시작한 것이 묘한 것이 안이라 끝을 맺음이 참으로 묘할 것이로다. 이것을 깨다라서 마음과 졍셩과 힘을 더옥 더옥 충실하게 가지고 준비하지 안이하면 지난해의 거름소리 시작이 모도다 헛것이오. 더군다나 국가와 민족을 위하야 생명을 희생하신 그들의 피 고기 영혼— 아— 모다 어찌될까?

오늘날 한국 사람된 자는 눈에 독립이 보일 뿐이오 몸에 다른 영광을 모르며 나아가 자유의 싸홈을 할 뿐이오 물너서 노예의 멍에를 원치 안느니 민족의 혁명을 대대뎍으로 운동하고 전 세계의 빈천자를 공동히 구원할 책임을 가득히 진 우리는 작년의 이날보다 감상이 쳔만이며 소회가 무궁하도다. 아— 국민이여 아— 즁로냥령 동포여 명년 이날은 한양성에 들어가 독립의 완셩한 긔념식을 거행하기를 긔약하며 바라고 이만 쓰노라.

아울러 『자유보』 제6호(1920.11.12)에서는 단군왕검의 탄신일을 맞아 다음과 같은 기사를 싣고 있다. 러시아혁명 이후에도 한인들이 조선민족으로서의 강한 자부심과 의지를 보여주고 있음을 짐작해볼 수 있다.

개텬기원절(開天紀元節)

오늘은 우리 배달민족의 시죠되시는 단군임검꺼서 탄강하신날이오. 우리 배달나라의 력사를 비롯하신 날이다. 국가의 디경과 민족의 구별이 아직 없어지지도 안엇거니와 없어졋다 하더라도 한배의 자숀된 우리로서는 있는 마음과 정셩을 다하야 즐겁게 직히고 기뿌게 긔념할 영원무궁한 이 날이라.

음식도 지을 줄 몰으고 의복도 꿈일 줄 몰으고 집도 지을 줄 몰으고 연쟝도 만들 줄 몰으며 글시 쓸 줄도 헤음헤일 줄도 몰으고 몸가질 줄 일할 줄 왼통 다 몰나서 모양으로는 분명한 사람인데 즘생의 구실을 하고 쳐디로는 확실한 사람이면서도 즘승과 달은 무엇을 발휘하지 못하고 풀립새로 몸을 가리우고 바위틈에서 잠을 자고 나무열매를 뜯어먹으며 되는대로 직거리고 허둥지둥 뛰여 단이던 三쳔단부의 큰무리를 가르치고 인도하고 달래고 끄으러서 비로소 사람다운 사람을 만들며 살님같은 살님을 차리게 하심은 그 누구의 은혜인가 오직 거룩하신 우리의 한배검이시로다.

지금 세상에 와서는 젼셰계의 인류가 모다 네 난날 나도 낫노라고 팔을 뽐내며 우줄거리고 너희만치 우리도 살으노라고 눈을 부릅뜨고 호통을 부리며 져 사람 아는 이 만큼 이 사람도 알은다고 가삼을 내여 밀며 게트림을 하고 이 나라에서 가춘것만 이는 져 나라에서 가초앗노라고 억개를 읏슥거리고 등살을 긔이지만은 눈을 꾹 감고 五쳔년 젼에 인류의 형편을 생각하거나 책쟝을 펼쳐놓고 五쳔년 좌우에 인류의 력사를 샹고하여 볼진대 사름의 몰골을 가지고 살림다운 생활을 맛본 민족은 실로 우리네 외에 거퍼 다섯손가락을 다 곱앗다가 펴기가 어려웟다 겨우 층수를 한다 하여야 이집트, 빠삐론, 인도, 지나, 멕스코 뿐이엿고 오늘날 소위 력사를 자랑하고 문명을 자랑하고 세력을 자랑하고 행복을 자랑하는 어느 민족, 어느 나라 같은 것들 그때 그 판국에 잣나비의 굴속에서 털이도 아직 벗지 못하여 섯다 그런데 신시(神市)의 초챵시대를 벗어나서 홍몽한 텬디에 아츰 날이 돋드시 엄연히 국가를 건셜하고 정치 제도를 마련하며 조조한 뭇 새 즁에 봉황이 튀여나듯이 큰 교하를 가지고 산업을 합쟝함은 그 누구의 덕이신가 오직 신령하신 우리의 대황조 임검(壬儉)이시로다.

우리는 이것뿐으로도 넉넉히 한배검의 은혜를 잊을 수 없고 대황조의 공덕을 찬양할 것이다. 팽오(彭吳)를 명하야 산과 물을 정돈하고 도로를 개

통하야 국민의 살기에 편케하며 산이 높고 물이 맑고 땅이 좋코 보배 많코 따뜻하고 절묘하게 생긴 무궁화 동산을 졈지하신 것이나 여수긔(余守己)를 식히서 우리를 셩가스럽게 하고 침노하는 야만민족을 정복하신 일이거나 고시(高矢)의 화식 부루(夫婁)의 도긔 신지(神誌)의 문자 혈구(穴口)에 제텬단이라든지 온갓에 가르킴과 본보기는 대강이라도 안이쓰노라 어찌하엿든지 우리로 하여곰 남보다 물질뎍 정신뎍 두 방면으로 가쟝 오래고 가쟝 뛰여나고 가쟝 확실하고 가쟝 훌륭한 문화발젼의 길을 열어주시고 법을 만들어 주셧도다.

그러고 또 한가지 큰 자랑거리를 우리에게 주셧나니 곳 독창뎍으로 젼세계에 쳐음 있은 공화제로 국가를 세우고 인민을 다스리엇음이다. 대개 나라마다 그 건국하던 처음을 소구하면 거의 다 무력으로 그 종을 정복하고 억눌너서 자칭 텬자로 추장이 되고 추쟝으로서 또 다른 쟝을 졍벌하고 침략하여 강제로 그 임군이 되엿지마는 우리 대황조는 인민의 취대를 받아 국가를 통치하셧고 오늘날 二十세긔에 뎨일 올케 생각하고 실행하려는 민본주의를 가장 존중하게 알으셧더니라.

그럼으로 우리는 은혜의 깊은 것으로 공덕의 거룩하신 것으로 복디를 졈지하신 것으로 온갓 자랑거리를 미치신 것으로 문명의 길에 인도하신 것으로 사람된 행복을 누리게 하신 것으로 잊을여 하여도 잊을 수 없이 이 날을 긔념하노라 반만년 이래로 자자손손에게 계승하야 이 날을 긔념하엿고 억천년 무궁한 쟝래에도 세세대대로 끈임없이 이날을 긔념하리라 더군다나 참담한 눈물이 하늘을 가리우고 컴컴한 구렁이 앞길에 가루밝히며 괴로운 한숨소리가 산악을 지르고 흉악한 아구리가 좌우에 버려 있으며 살챵에 가치운 사자모양으로 꼼작달삭할 수 없이 무한한 고통을 당하고 개천에 구으는 도토리처럼 이리 데굴 저리 데굴 허다한 쳔대를 다 받는 오늘날과 같은 우리의 쳐디이리오.

규침(葵)과 의셩(蟻誠)으로 일주향(一炷香)을 피여들고 명명(冥冥)한 가운데서 우리를 책려(責勵)하시는 대황조 그림 앞에 우리의 큰 죄악을 머리 쪼아 사죄하고 새마음 새정신으로 목숨을 재산을 능력을 다 바치어 끼치신 그 유업을 완젼히 광복하기를 신셩문무하신 대황조 혼령앞에 굳건히 맹서하노라.

단군긔념가

캄캄한 누리에 아츰해 빛이고
거츠른 동산에 봄바름 불어와서
사름의 몰골을 그제야 나타내고
나라의 큰 긔록 이에서 비롯했네

또한 『자유보』에서는 1920년 10월 훈춘사건을 빙자한 일본군의 간도 출병을 비판하고, 독립전쟁의 중요성을 주창하고 있다. 第7호(1920. 11.28) 논설 「독립전쟁」에서 이를 짐작해볼 수 있다.

독립전쟁

지난달 훈츈에서 발생된 사변은 우리 독립군대가 내디로 향하는 길에 왜젹의 긔빨이 너펄거리는 안이꼬운 양을 보고 한때이 공분을 참아 억제하지 못하야 행함에 불과한 일이라. 그러나 대포만능(大砲萬能)으로 동양의 정책을 삼는 침략주의의 일본은 울고 싶던 간장에 매질을 빙자한다고 즁국정부의 항의나 즁국 공민의 반항도 불고하고 만주와 몽고에 대한 발발하던 야심을 펼쳐 보고 우리 독립당의 활동지대를 좁히려고 도리혀 이 사건을 긔회로 알고 요행으로 알아 수다한 군사를 출동하야 마음대로 행동함애 이에 연길 一도는 셩풍혈우(腥風血雨)가 참담한 싸홈판이 되고 간도에 재류하는 우리동포는 젼부로 동원(動員)이 되야 검극포탄(劍戟砲彈) 속에서 죽기를 무릅쓰고 용왕직젼한 결과로 무산을 뎜령하고 다시 대결젼의 계속을 준비하는도다.

오늘날 한국 민족된 사람으로야 누가 염통에 피가 흘닐때까지 이러한 싸홈판을 한두번 당하지 안이하며 또 누가 목숨이 기터있을 동안까지 이러한 결사젼(決死戰)을 열번, 수므번 결궈보지 안으리오만은 지금 이 자리의 우리는 오히려 시비를 논난하는 영안한 사람이라 눈을 꼭 감고 잠잠이 앉아서 가슴을 우루만지며 그들의 괴로움을 생각할 때에 소림이 쪽쪽 끼치고 치가 벌벌 떨니며 번개같은 무엇이 우리의 뇌근을 맹렬히 자극하고 할동사진 같은 그 형상이 우리의 눈앞에 번가라 번쩍일새 만세소리에 미처 깨지 못한 잠투셩이들과 폭탄소리에 완젼한 정신을 수습지 못한 탈바가지들이라도 여긔는 잠을 깨고 정신을 차릴 줄로 아노라. 우리는 정셩을 다 합하야 그들의 백절불굴하는 정신과 긔백이 갈사록 씩씩하기를 간졀히 발원하거니와 우리의 큰 싸홈을 시험할 긔회가 눈앞에 당도한 것을 깊이 깊이 각셩하야 일반사회에 안된 버르쟝이들을 근본젹으로 곤치고 국민일치로 교젼(交戰)한 동포에게 정신샹 물질샹 젹극(積極)의 후원이 되기를 재촉하노라.

쟉년 3월 이후로 내외디에 니러난 만세, 시위, 선젼(宣傳) 등의 평화젹이나 폭탄, 방화, 암살, 습격 등의 무력젹 수단으로 우리 독립운동에 참정신을 발휘하고 우리 력사에 새 광채를 더하지 안임은 안이나 그것은 다 준비가 충분하지 못하고 실력이 완실하지 못한 약한 자의 부득이한 수단이엿고 또 심하게 말하면 어떤 간사한 무리가 그 피값을 빙자하고 디위다톰이나 셰력

확장 바름맞은 정치가의 풍치는 거리(材料)가 되고 말엇도다. 그러나 이번 간도전쟁은 독립의 대혈젼의 가쟝 큰 첫거름이오 또 이렇케 대혈젼을 시쟉하엿은즉 이것은 결코 간도 동포의 일만 안이오 젼테 국가의 일이다 우리는 젼시 행동을 취하야 계엄령(戒嚴令)도 내리우고 동원령도 실시하고 간쳡도 주의하고 온갓에 젼시법률을 쓰어 죽일놈 죽이고 벌할 자 벌하며 더욱히 각 사람의 심리와 행동에 그렇케 하지 안이하면 안이되겟도다.

젼젼긍긍(戰戰兢兢)히 조심하고 생각하고 삶이고 활동하야 참으로 일에 당하엿거든 살트리 애를 쓰고 끈지게 힘을 다하야 어느 한모에든지 효력을 내이도록 분투를 하며 결코 허트럭 소리에 판세(局勢)가 어떠케 도라가는 줄도 모르는 눈빠진 "등에"가 되지 말지오. 여간 쥐꼬리만한 알음아리나 있는체 또는 애국독립을 입에는 기름이 흥츨하게 바르면서 되지 못한 잔소리로 제 몸을 요리조리 피하기 위하야 무슨 동딴수나 있는 듯이 헛배를 내여 밀며 앗가운 곡식을 허비하는 버르쟝이들을 바릴지어다. 세상에 그러케 무심하고 되는 일이 없으며 그러케 한거한 사람을 찾아 단니는 사업이 없지만 그 따위들은 어듸를 가던지 할 일이 없으며 동서 각 긔관의 내부에 격막(隔膜)을 말로만 안이라 사실에 실현하게 파괴합시다. 안으로 독립전쟁이 가장 바뿌고 밖으로 강한 도적을 대하야 한 일이 비끗하면 방금에 큰 손해와 천고에 큰 죄악을 면치 못할뿐더러 자고로 이러한 간란한 시긔를 당하야 안에서 갈등과 분규를 일삼고 멸망하지 안는 나라와 민족이 없나니 이것이 다 우리의 크게 각셩할 바이오. 그 밖에 중도 안이오 속인도 안이오 우리 사업에 수수방관하며 방관할 뿐 안이라 바람부는대로 돗(布帆)을 달고 박쥐의 행셰를 하는 무리와 공톄를 방해하고 군사에 모피하는 못생긴 자들은 간첩으로 인정하야 적대의 처치를 하여야 하겟도다.

우리는 이러케 여러 해 동안을 오면서 온갓 일을 어름거리는고로 시비가 혼도하고 션악이 분명치 못하야 일반 샤회가 혼수상태(昏睡狀態)에 빠지엇나니 무슨 진취가 있으며 무슨 광명(光明)이 있으리오. 우리에게는 이제 결사(決死) 결사!하든 참으로 결사뎍 시긔가 왓도다 차람히 광복운동에 신명을 희생하는 초면 친구에게는 손을 잡고 따듯한 정을 주어도 호도몽롱(糊途朦濃)히 국민의 본령(本領)을 닞어바리는 친척 붕우에게는 챗죽을 더하고 총을 견주어 대용맹, 대분투로 싸홈하는 이의 뒤를 따라서 재엇든 탄환을 힘없이 빼지 말고 포학무도한 저 적진에 총공격을 속히 실행하자 국민아! 동포야! 충용한 형뎨여 혈젼을 준비하고 최후 승리(勝利)의 개션가를 부르도록 정신을 가다듬아 준비할지어다.

아울러 『자유보』에서는 훈춘사건이후 일제의 간도출병으로 독립군과의 교전 상황에 대하여 자세히 다루고 있다. 즉, 『자유보』 제7호(1920년 11월 28일) 기사 「간도풍운의 자서한 소식」이 그것이다. 이를 보면 다음과 같다.

간도풍운의 자서한 소식

훈춘사변으로 인한 간도정형은 일병의 무리행동을 감행함에 대하야 우리 독립군은 아주교젼상태를 취하야 여러 번 대격전 있엇더라.

뎐보의 차례대로

▲ 투두거우방면

지난달 二十一일 투두거우에 주둔하엿던 일병은 싼두거우에서 우리 독립군과 잠시간을 교전하야 적군의 사샹자가 수십명에 달하였고 우리 군대도 十여 명의 중샹이 있엇으며

▲ 얼두거우방면

동 二十二일 얼두거우와 봉미거우간 산림속에서 대격젼이 있어 젹군의 즉사자 三十명과 부샹자 二十여 명이 있고 적의 군긔탄약을 다수히 빼앗엇는데 그 군대는 김좌진군의 지휘에 군률이 엄숙하다하며

▲ 재피거우방면

동 二十四일 아츰에 적의 헌병대위 도변(渡邊)이란 자가 헌병 三十여 명을 령솔하고 투두거우로 향하는 길에 화룡현 재피거우 부근에 매복하엿던 독립군 두 소대가 이를 요격하야 탄환 수 백 발을 얻엇고 적군은 도로 퇴군하였으며

▲ 룡졍방면

동 二十五일 밤에 독립군이 룡졍을 엄습하리라고 젹군은 크게 공포하야 수비를 엄밀히 하엿는데 그날 밤에 우두거우에 재류하는 우리 동포는 남녀로소가 일치합력하야 동촌에 주둔한 적병을 구축하엿으며

▲ 무산간도방면

동 二十六, 七, 八三일동안은 무산간도에서 참담한 대격젼을 계속하야 적군의 죽은 자가 一천 二百여 명에 달하엿고 우리 군인의 사샹자도 백여 명에 달하였는데 우리 군에서 얻은 바 군긔탄약이 수 만원어치가 되엿으며

▲ 무산을 뎜령

동 二十九일 안사령관(일흠은 미상함)과 임병극(林秉極)즁장은 연젼연승의 파죽(破竹)의 형세로 二백명의 젹은 군사를 지휘하야 두만강을 건너 젹병 四百여명을 진멸하고 무산군을 뎜령하엿으며

▲ 독립군의 우세

무산을 뎜령한 후 다시 대젼을 준비하야 승승장구(乘勝長驅)의 계획을 취하려는 바 ○○○를 중심으로 한 홍범도(洪範圖)쟝군과 련락하야 발서 날낸 군사로 八千여 명의 군력을 가지엇고 一반국민에게 동원령을 내리워 군인을 모집하는데 응모하는 이가 서로 앞서기를 다토아 폭주함으로 불구에 두 사단(師團)의 힘을 얻으리라 하며 또 무긔로는 긔관포, 폭탄, 신식오련발총, 탄환 모은 것이 매우 구비할뿐 안이라 쟉전계획과 젼투술이 신출귀몰하며 군률이 정제하야 도처에 환영을 받는다 하며

▲ 적의 응젼준비

젹군은 무산방면에서크게 패젼한 후 더욱 악을 부리며 응젼책을 준비하는 중 비행긔대를 간도에 출동하고 회령과 룡정, 국자가 방면에 뎐신, 뎐화를 끊어버리고 농민을 강박하야 도로를 수축하며 대포, 탄약, 군량수레가 길이 터지도록 느러섯으며 각 디방(독립군이 없는 곳)을 무인디경같이 출몰하며 방화, 포착, 살육을 행하며 로령에 있든 군대는 훈춘을 중심으로, 우리 내디에 있든 군대는 룡정을 중심으로하야 집중한다 하며

▲ 이번 싸홈에 우리 손해

적병의 독한 칼에 불상히 죽은 이가 군대를 병하야 백여 명에 니르고 잡힌 자가 김순문(金舜文), 김창근(金昌根) 등 十二인이며 명동, 챵동 두 중학교와 긔타 각처 소학교, 민가의 불에 타 없어 진 것이 백여 곳이오. 또 날마다 층생쳡출(層生疊出)하는 적병의 압박과 만행을 불가형언이더라(十一月 六日).

아울러 『자유보』 제8호(1920년 11월 28일) 기사에서 간도참변의 실상에 대하여 상세히 보고 하고 있다. 이를 통하여 러시아지역에 살고 있는 동포들에게 그 참상을 정확히 알리어 민족의식 고취에 기여하고자 하였던 것이다. 이를 보면 다음과 같다.

간도젼쟁의 실보와 동포의 참상(어느 종군긔자의 보고)

○ 젼투의 실황

▲ 쳔수평(泉水坪)싸홈

화룡현 쳔수평싸홈은 독립군 뎨二련대장 김좌진(金佐鎭)장군의 지휘로 三일(十月二十日 - 二十三日)동안의 대적전인데 뎨一일에 젹병의 죽은 자가

二百二十인이오 뎨二, 三일에 사샹자가 一百二十명이며

▲ 얼두거우싸홈

연길현 얼두거우싸홈은 독립군 뎨一련대장 홍범도(洪範圖)쟝군의 지휘로 三일(十月二十三日 - 二十四日)동안 대격젼인데 적병의 죽은 자가 뎨一일에 六百 三十인, 뎨二, 三 량일에 三百인이오 우리의 획취(獲取)한 무긔가 대포 一문, 긔관포 四문, 오련발총 一百병, 탄환 二차(대략 十만발)이며

▲ 류령(柳嶺)싸홈

무산간도 류령싸홈은 독립군 뎨一련대 뎨一대대쟝 안무(安武) 뎨二대대쟝 최성삼(崔聖三)의 二일(十月二十五日 - 二十六日)동안 대젹젼인데 적병의 죽은 자가 뎨一日에 三백인, 뎨二일에는 七十一인이오 획리품은 오련발총 六十병이며

▲ 자인강(慈仁江)싸홈

연길현 자인강싸홈은 독립군 뎨三련대 뎨一대대 뎨一즁대장 김동식(金東植)군의 하룻동안 격젼인데 적병의 죽은 자가 三十二명이오 획리품은 오련발총 三十二병이며

▲ 봉미거우(蜂蜜溝)싸홈

연길현 투두거우 남쪽 봉미거우싸홈은 독립군 뎨一련대 뎨三대대쟝 김명흥(金明興)씨의 五일(十月二十二日 - 二十六日)동안 대격젼인데 적군의 죽은 자가 보병 一百八十명, 긔병 八十명, 군마 十五필이오 즁상한 자가 보병 三十명, 긔병 二十一명, 군마 五十三필이오 다시 시인거우(名人溝)방면에서 격젼하는 중인 바 각처 싸홈에 우리의 죽은 자는 모다 四十五인이더라.

○ 동포의 참샹

이러케 적병은 싸홈에 연젼연패함으로 각촌에 횡행하며 우리 동포에게 대한 만행은 더욱 심한 바 이제 각 방면의 참샹은 알애와 같음

▲ 연길방면

一. 학교의 몰소(沒燒)

창동학교, 유수허학교, 노루바위학교, 의란거우학교, 육영학교, 신진학교, 십리평학교, 얼두거우학교, 구허통학교 등 九쳐이오.

二. 민가의 몰소

시린허 회막골에 六호(사람까지), 유수허에 四호, 텬보산에 九호, 의란거우에 二호, 합계 二十一호이며

三. 인명의 참사

시린허 회막골 외에 유수허에 二人, 얼두거우 一人, 구수허 二人, 차거우에 三人, 합계 十五人이며

▲ 화룡현방면

一. 학교의 몰소

명동중학교, 정동중학교, 양정학교, 송언시학교, 싼두거우학교 등 六처이오.

二. 민가의 몰소

송언시에 一호, 싼두거우 十八호(사람까지), 장동에 二호, 천수평에 四호 합계 二十五호이며

三. 인명의 참사

싼두거우 六十三人, 송언시에 十六人, 심쟝산에 五人 합계 八十四人이며 (이하 불명)

『자유보』에서는 제8호(1920.11.28) 논설 「정신회복」에서 정신의 회복을 주장하며 역사적 상무정신을 강조하고 있다. 이를 보면 다음과 같다.

정신회복

사람에게 정신은 나무에 뿌리와 물에 근원과 같소이다. 뿌리가 튼튼하지 못하면 그 나무는 치운 바람과 독한 서리와 악한 벌네들의 침노에 긔운대로 무럭무럭 자랄 수 없고 근원이 맑지 못하면 그 물은 四면에서 흘너드는 잡된 물건과 八방으로 불어오는 더러운 띄물때문에 제힘대로 콸－콸 흘을 수 없소이다.

이와 같이 우리 사람도 정신이 건젼하지 못하고 보면 그 하는 일은 시세에 눌니우고 세력에 부치우고 리욕에 넘어가고 곤난에 못견듸고 실패에 박망하고 광야(廣野)에 방황하야 필경 그가 든 길과 목뎍도 닞어바리며 그 하려든 일과 본령(本領)도 정개를 처서 아모 셩공과 리익을 인류 샤회에 주지 못하나이다. 셩공과 리익을 주지 못할 뿐만 안이라 이러한 분자가 많이 있는 샤회와 국가에서는 도리혀 그 해독(害毒)을 수없이 받고 국파민망(國破民亡)의 치욕을 당하나니 우리의 지나간 찬샹과 눈앞에 고통이 다 이러한 악분자의 만드러 내인 것이오. 정신이 건젼치 못한 우리의 자취한 바라 어찌 남의 허물과 포악무도한 원수의 사긔(詐欺)와 무력(武力)의 탓뿐이리오. 실로 건젼한 정신이 일만복에 근본이 되는 동시에 건젼치 못한 정신은 일만악의 원인이 되는 것을 심졀하게 깨닫나이다.

그런즉 우리 한국 국민의 정신은 언제붙어 타락이 되고 한국 민족의 정신은 어느 때붙어 쇠약하엿는가? 만일 녯적의 우리 조상들의 정신이 근세의 우리네와 같이 건젼치 못하엿을진댄 고구려(高句麗)는 수당(隋唐)의 강

한 도젹에게 멸망하고 살수(薩水)와 안시셩(安市城)의 승젼긔와 싸홈에 도망한 자를 산채로 장사(生葬)한 지자춍(□子塚)이 없엇을 것이오. 발해(渤海)사람의 삼인당호(三人當虎)하는 용기와 신라(新羅)의 기사(騎射)□□을 쾌사로 알던 국선향도(國仙香徒)의 졔도도 없을 것이며 고려(高麗)의 서희(徐熙)가 글단(契丹)의 八十만 대병을 한마디 말로 물니친 외교도 없었을 것이오. 그 밖에 경제 문학 예술 종교의 온갓 문명과 강토확장(疆土擴張) 세력발젼(勢力發展)외도든 국광(國光)도 없었을 것이외다.

그러나 력사는 이것을 속이지 못하고 실젹은 이것을 감추지 못하여 우리의 뇌근에 력력히 인상(印象)을 주나이다. 그럼으로 우리는 슯은 소리를 높이 질너 삭방건아호신수가셕하용예금하우나(朔方健現好身手가昔何勇銳今何愚나)를 부르짓고 다시 신라(新羅)의 김춘추(金春秋)가 외적을 불너들여 동종의 나라 려제(麗濟)를 멸한 것과 고려(高麗)의 김부식(金富軾)이 三국사긔를 편즙함에 사실을 은휘한 것과 리조(李朝) 五百년의 용렬한 군왕과 정치가가 고식(姑息)지계에 취한 것을 심원졀통하게 져주(咀呪)하노라. 이 세 가지가 참으로 우리 졍신타락의 시작이오. 우리 졍신쇠약의 실현이외다.

이로붙어 자비심(自卑心)이 생기고 배외열(拜外熱)이 극셩하야 아비는 아들에게 아들은 그 아들에게 젼하고 또 젼하야 두만(豆滿) 압록(鴨綠)이 텬뎡한 디경인 줄을 알고 거름을 감히 이밖에 내일줄을 몰랏으며 군사노릇은 사람되야서는 참아 못 할 일로 알게 되얏으며 제 것은 종교 문학의 아모리 잘된 것이라도 진흙같이 일부러 멸시하고 남의 것은 어린 아회의 비아튼 침과 썩은 션매의 짓거린 지꺼기까지도 금옥같이 사랑하며 외국의 법령은 사슴을 가릇쳐 말이라 하여도 억이울가 순복하여 무엇에고 독립한 제 나라은 마음에 없엇고 자유하는 내 민족은 눈안애 없이 되엇나이다. 이러케 정신이 혼미하야 국수(國粹)가 말살되고 실력이 피폐하야 기강(紀綱)이 쇠퇴하고 권리를 포기(拋棄)하야 외경(外競)사상이 팝진하고 멸망하지 안이한 나라와 민족이 어디 있으릿가.

오늘날 우리는 독립을 회복하기에 노력하고 결심하는 자라. 그럼으로 독립된 나의 본위(本位)붙어 회복하여야 하겟나이다. 독립된 나의 본위를 회복함은 독립된 정신붙어 몬저 회복함에 있소이다. 우리가 만일 독립을 운동하느라 하면서 정신을 회복하지 못함은 근원의 흐린 물이 잠시에 맑아지기를 바람과 같으고 뿌리가 썩은 나무에 지엽이 무셩하기를 기다림과 같소이다. 어지 멀고 먼 목뎍디에 도달하여 아름다운 결과가 있으리오. 내외각디에 쉬지안코 니러나는 독립운동이 장쾌하지 안임은 안이나 정신편으로 건젼하지 못한 흠점이 한두 가지 안이오. 동서 각쳐에서 예민하게 시세를 관찰하는 힘이 슬기가 없음은 안이나 또 한 정신에 모순하는 폐해가 젹지 안이하나이다.

우리는 오래 병에 들엇든 민족이오. 또한 목하의 세태물정이 가장 복잡한 판이라 졸체로 정신을 회복하기 어렵소이다. 그럴 듯 하면서도 딴 것이 있고 올흔 것 같으나 틀닌 말과 일이 많이나니 지나간 1년동안 우리 샤회에 니러나고 없어진 것을 추샹하여도 그런 것이 만하였소이다. 그럼으로 우리는 위션 각각 개인덕으로 언행을 삼가지 안이하고 주의를 분명하게 하지 안이하거나 더욱히 공톄를 대표하야 내치와 외교에 독립의 본위를 완젼히 실현하지 못하면 정신회복은 가망이 없을 것이외다. 어찌 어제날 우리처럼 외국교육을 받앗다고 아주 그 나라 사람이 되며 외교를 한다고 그의 노예가 되리오. 나는 이렇케 정신회복을 절규하면서 다시 력사뎍 샹무(尙武) 정신의 회복을 재촉하노라.

한편 『자유보』에서는 제11호(1921.3.1)에서 상해 임시정부 이동휘의 「탈퇴선포문」(동년 1월 24일재)을 싣고 있으며, 아울러 제13호(1921.5.22)에서는 「수라장인 상해정국」 기사에서 임시정부에 대한 비판적 입장을 보여주고 있다. 이를 보면 다음과 같다.

自由報 第11號(1921年 3月 1日) 기사 탈퇴선포문

공경하고 사랑하는 일반동포의 앞에 참뜻을 다하야 대국의 만회와 국가의 긔초를 공고케 함을 정셩으로 부탁하고 이에 동휘의 외람이데엿던 중한 책임을 사퇴하는 리유를 진술하나이다.

동휘는 본래 미쳔한 한 개의 군인으로 평일에 뵈운 식견과 정치의 수완이 능치 못함은 항샹 스스로 부끄러 하는 바이라. 그러나 국가의 운명을 부활하며 민족의 행복을 긔도함에는 정셩을 다하며 신명을 희생할지라도 감히 사양치 안임은 량심에 스사로 허락한 바이엿나이다.

그러나 국무총리의 임에 있은지 량년이 되도록 시정의 셩격이 량호치 못할뿐더러 시국의 정동과 민의의 통일은 더욱 말유한데 이에 대하여는 본 총리의 직을 현능한 인사의게 맛기며 또 현정국을 개혁치 안이하고는 도저히 국무를 진행키 불능함으로 동휘는 쇄신의 안을 정무회의에 제출하엿나이다. 정무회의는 그 의안에 대하여 한마디 의론도 없이 한 수지ㅅ쟝으로 들리는 동시에 동휘의 셩의와 믿음이 부족함이라 이같이 단긔를 층남하는 알애와 七계급중에 있는 동휘의 능으로는 참으로 난관이기로 사직용퇴하엿나이다. 이는 동휘 한 몸이 스사로 깨끗코저함도 안이오 쟝래의 책임을 구차히 면코자 함도 안이라 현정부의 제도하에는 정견이 일치

치 못하야 정무를 완전 진행할 수 없음으로 만부득이 탈퇴하엿나이다. 금번 동휘의 제출한 의안은 현정부의 뷘 자리와 거즛 형식의 제도를 일체 폐지하고 여러 가지 정무는 새로운 인재의게 맛겨서 새 활력과 새 생긔로 우리 국가의 긔초를 국민통일의 우에 공고케 하며 독립운동을 세계 향응하는 가운데서 확쟝하며 긔셩코자 함이라. 이는 일개 동휘의 의견뿐만 안이오 국민일반의 여론이라 하나이다. 대저 정치는 제도가 선미하고 인재가 젹당함을 얻어야 그 효과를 내이는 것이라. 그런데 우리 현정부의 제도는 발ㅅ서 시대의 대세에 묵고 썩은 것이며 당국인 인물도 역시 과도시대의 인물이라 하나이다.

七계급의 관제하에 시동같은 대통령 총리 총쟝은 마치 六조를 배치한 듯 하나 참으로 차급에 있는 재능인사만 못한 것이 사실이라 하나이다. 그럼으로 동휘는 이에 대하여 량심의 가책을 이기지 못하여 더욱 어질고 능한 이를 맛기겟다는 인물변경과 제도변경이 의안의 개의로소이다.

국민동포여 현정부 당국에 대한 여론과 현제도 개혁에 대한 긔회가 이 때임을 각오할지어다. 동휘는 정부에서 자긔의 주챵을 관철치 못하엿으나 오직 일반국민의 공판에 일임코자하야 이제 이와 같이 선포하는 동시에 과거 멸직의 죄책을 깊이 사과하며 쟝래 국가의 왕셩을 간절히 바라노니 동포여

一月 二十四日

리 동 휘

自由報 第13號(1921年 5月 22日) 기사

수라쟝인 샹해정국

리동휘군이 광동으로서 샹해에 돌아온 후 리승만을 내어놓고 소위 젼임 현임의 즁요 관요들이 낫낫치 모여 시국 해결을 의론하는 한 회를 열엇다 첫날 회의의 벽두에 동휘군이 리승만의 위임통치를 셩토하고 반드시 내어 쫓는 것이 올흔 것으로 주론함에 김의선군은 리군의 주론을 반박하엿다. 우리 이외의 사람은 리승만의게 대하여 오늘이나 또 후일에라도 셩토하며 반박함이 없지 안이하겟지마는 그 임명을 받엇든 우리로는 그 문뎨를 고담준론함은 우숩다하고 이어서 승만이 긔왕에 그리 한 것이 무슨 관계 있는가 하며 또 현금 내디 동포의 독립운동도 일본의 통치를 순종한다는 무정신 무주의 불신셩한 젼례를 들어 말하엿다.

동휘군은 의선군의 그 말에 분이나서 저놈애 개소리친다 하엿다. 의선군은 동휘군다려 이놈아 뉘다려 개소리라하느냐 하고 동휘군의 귀밑을 급히 만지엇다. 그 때에 김립군은 의선군의 가슴을 주먹으로 질넛다 또 의선

군이 고의로 동휘군을 따리매 김립군은 차종으로 의선군을 쳣다. 그럿케 풍파가 일어나매 동휘군이 방셩코 크게 말하되 세력없고 위익없는 아모는 이래도 관계치 안이란 말이냐 함에 안창호군은 붉으락 푸르락하엿다. 만좌의 관요배들은 시동이 되엿다. 그때에 김립군은 좌즁에 대하여 여러분 김의선과 대사를 잘 의론하시오 우리는 탈퇴합니다 하였다. 이에 좌즁의 동졍은 비로소 고양이 허리를 넘어갓다. 모다 의선군의 실수를 거구일셩으로 책망하고 회즁에서 축출하엿다. 그리고 두어시간 의론하다가 폐회하엿다. 오후에 다시 모엿는데 김규식, 노백린, 남형우, 리동령 저군이 승만을 축출하는 것이 올타하는 즁에 오직 신규식, 신익희, 량군이 승만 옹호자가 되엇다. 그러나 그날도 역시 결과없이 산회하엿다. 그때에 리시영군이 노백린군을 향하여 노총쟝 아령으로 가시겟다니 만일 가시면 물론 리통령의 위임쟝을 가지고 가서 일하시겟지오 하엿다. 노군은 발연변색하여 갈으되 리군 개소리 마오 누가 리□처의 위임장을 가지고 간단말이오 하엿다. 말이 채 맛치기 젼에 리동령군은 농담이 과하다고 하엿다. 노군은 농담이 안이라고 하엿다. 뎨 三일에 또다시 모엿는데 두 신군 외에는 샹해 정부 유지샹 하는 수 없이 리승만을 축출하는 것이 올타하고 션후책을 의론하는데 회즁이 안챵호군으로 내각 조직을 젼하매 안군은 나도 위임통치의 련누자인즉 축출하라 하엿다. 노백린군은 안군의 그말에 대하여 그럿커든 축출함도 가하다 하엿다. 그리고 결과없이 또 산회하엿다.

김규식군이 미주에 건너가서 리승만의 행사한 것을 조사하여 보앗다. 과연 승만이 미국에 대하여 우리를 통치하여 달라는 쳥원을 우리를 대표하여 올닌 것이 사실이라 한다. 일자는 三월一일 독립션언한 후 十일 이내라 한다 미주에 있을 때에 승만의게 대하여 그 일자를 물은즉 심히 몽롱하게 대답하더라고 한다. 금번 상해에 와서 일젼 소위 정무회의에서 다시 승만더러 그 일자를 물은즉 여젼히 미상하다하면서 말이 二千만의 운명을 남의게 부탁하는 일에 자담인이 되어서 그 날자도 몰으는 것이 매우 불셩의 불인격이라고 자즁뎍으로 말하더라 한다.

긔자왈 리승만은 꼭 바로 말하면 거부없는 대미국 一진회의 대표로 뎨二리용구 노릇을 하랴던 것이다. 소위 합병당시에 쳔치인민젹 리갑술 등이 평화와 또 무엇을 위하여 한국의 통치권을 영원히 일본의게 맛긴다는 일이 있더니 이제 승만이가 그 머저리의 심법을 본받엇다 참민젹이다. 무슨 직권으로 우리를 미국에 통치하여 달나 하엿는가. 만일 우리가 이것을 용서하면 무엇을 용서치 못할것이 없겟다. 또 그런줄 알고 가리운 자들과 그런줄 알고서 대통령 식인자들과 또 그런줄 알면서 절대 옹호하는 자들이 민적이 안이고 무엇일가 다같은 민적이다. 이러한 것을 찬셩하느니 취대라느니 하는 자들이어!

Ⅳ. 공산주의 선전과 제국주의 타도 - 『동아공산』, 『붉은긔』, 『새세계』, 『신생활』, 『로동자』

1. 전로고려공산단체 중앙위원회 선전과 기관지 『동아공산』

1917년 러시아혁명이후 한인들 가운데는 공산주의에 동조하는 세력이 많았다. 그것은 여러 가지 이유가 있었겠지만 그 중의 하나는 일본제국주의를 타도하기 위해서는 그들과 싸우는 볼쉐비키편에 서야 한다고 인식하였기 때문이었다. 그러므로 한인공산의자들은 각 조직에 선전과 등을 두어 신문 또는 잡지를 간행하여 공산주의 사상을 선전하고자 하였던 것이다.

『동아공산』은 1920년 7월 이르크츠크에서 결성된 전로고려공산단체(전로한인공산당) 중앙위원회 선전과에서 발행한 육필로 쓴 한글 기관지이다.[1] 신문 판형은 한 호당 4개면으로 구성된 타블로이드판이고, 각 면마다 세로쓰기 6단 조판으로 짜여 있다. 발행소는 이르크츠크 시 솔다츠카야 4번가 2번지이다. 신문을 발간한 선전과 소속은 韓奎善, 이봉춘, 朴昌來, 金東漢, 박희일, 韓鳳翼, 김 마리야, 한세븐, 金哲勳 등이었다. 신문의 발간 자금은 창간호부터 제10호까지는 러시아공산당 시베리아총회 동양국에서, 제11호부터 제14호까지는 코민테른 극동비서부에서 나왔다.[2]

---

1) 임경석, 2007, 「『동아공산』 신문연구」 『사림』 27, 수선사학회 참조.
2) 임경석, 2007, 「『동아공산』 신문연구」 『사림』 27, 수선사학회, 3~13쪽.

(1 стр) № 13 „Восточная Коммуна"

동아공산

세계무산자는 단합할지어다!

全世界無産者之聯合!

РЕДАКЦИЯ и КОНТОРА ГАЗЕТЫ

론설

고려혁명긔렴사

『동아공산』(1921.3.20)

이르크츠파 공산당 창당 장소

창간호는 1920년 8월 14일에 이르크츠크에서 간행되었으며, 무료로 배부되었다. 이 신문은 1920년 8월 14일 이후 이르크츠크파 고려공산당 대회가 열리던 1921년 5월까지 제14호까지 발행되었는데, 현재 제11호를 제외한 모든 신문이 남아 있다.

신문의 간행목적은 창간호 광고에, "한인공산당 중앙총회 안에 있는 선전과에는 동양노동자나 농민에게 공산주의를 전파하기 위하여 말로도 글로도 아울러 나아가 이루기 위해서 신문과 잡지를 간행한다"고 있듯이 공산주의를 선전하기 위한 것이었다. 특히 전로고려공산단체 중앙위원회의 기관지였던 만큼 자신들의 입장을 선전하고자 하였을 것은 당연하다. 그러므로 제3호부터 전로한인공산당제일대표원회의 회의록을 연재하였던 것이다. 아울러 논설에서도 자신의 입장을 강조하고 있다. 즉 창간호에서는 「동아공산보는 무엇을 하려고? 이럿 구실이 잇어요」, 제2호에서는 「자아의 관념에서 민족주의까지」, 제4호에서는 「세계에서 용서치 못할 것은 군국주위와 계급」, 제6호에서는 「러시아10월 혁명 제3회 기념일에 동지들이여!」, 제12호에서는 「고려공산당 규율」, 제13호에서는 「고려혁명기념사」 등을 게재하고 있다. 또한 제7호에서는 번역 「민주공화와 의회공화」, 제8호, 제9호, 제10호에서도 「민주공화라는 것은 무엇인가」, 제14호에서도 「의회주권이란 무엇인가」를 게재하고 있다. 아울러 외보, 원동소식, 외부통신, 광고 등도 싣고 있다.

2. 러시아 공산당 연해주 연합회내 고려부의 기관지 『붉은긔』

시베리아 내전 시기인 1922년 8월 19일 러시아 공산당 연해주 연합회내 고려부의 기관지로 창간되었다. 발행장소는 당시 러시아 공산당 연해주 연합회가 위치해 있던 아누치노(도병하, 다우비허)였으며, 매주 1회 등사판으로 인쇄되었다. 발행부는 러시아공산당 연해주연합회내 고려부 출판계이다.

『붉은긔』는 총 14호까지 발행되었는데 발행부수는 1호당 80부였다. 현재 제1호(1922.8.19), 제2호(1922.8.27), 제3호(1922.9.10) 등이 남아 있다. 모두 4면으로 된 『붉은긔』는 1면에는 논설에 해당되는 강단, 1~2면에는 러시아공산당의 소식란인 당살림, 2~3면에는 외보, 3~4면에는 잡보, 4면에 광고와 횡설수설로 구성되어 있다. 1호에 없던 광고와 횡설수설란을 제2호부터 새로이 넣고 있다.

『붉은긔』의 창간호는 국한문 혼용으로 되어 있는데, 제2호부터는 한문을 괄호 안에 넣는 방식을 취하였다. 또 글을 읽기 어려운 독자를 위하여 제2호부터는 만화를 넣기 시작하였다. "철병해가는 일본군대 옆에 안져우는 메르꿀놉우의 형상, 죽그릇 따라다 가는 개들과 그 앞에 죽 그긋을 끌고 가는 일본군 관리를 그려 놓았다.[3]

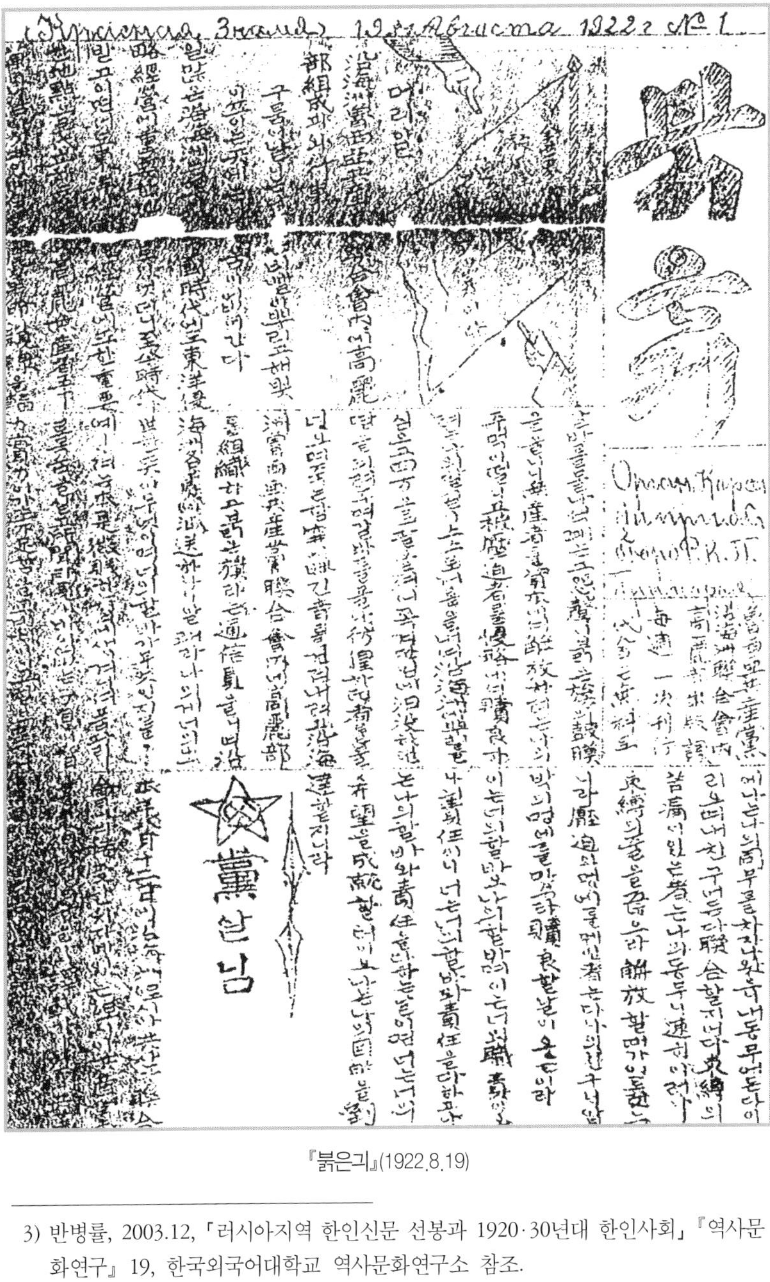

『붉은긔』(1922.8.19)

3) 반병률, 2003.12, 「러시아지역 한인신문 선봉과 1920·30년대 한인사회」『역사문화연구』 19, 한국외국어대학교 역사문화연구소 참조.

창간호의 1면에서는 “전세계 빈천자와 피압박자는 걸기할 지어다”라고 상단에 깃발과 함께 적고 있고, 연해주러시아공산당연합회내 고려부 조성과 행사에 대하여 전체적으로 소개하고 있다. 아울러 1면 말미와 2면에서는 당 살림(소식)을 전하고 있는데 원동총국 책임비서 부이꼬, 소수민족부장 남만춘이 사인하고 있다. 또한 영구지령 168호를 싣고 있다. 아울러 3면에서는 외보(바갓긔별)로, 제3국제공산당 경고문, 일본의 철병, 삼국협회 등을, 잡보(허튼긔별)에서는 고려공산당 조직대의회, 도병하에 고려노농대표회의 등을 싣고 있다. 4면 말미에는 “온 세상 사람은 붉은 기 밑에 나오라”는 구호가 적혀 있어 공산주의 사상 전파에 최선을 다하고 있음을 짐작해볼 수 있다.

제2호(1922.8.27)의 1면 강단에서는 「공산당이란 어떠한 당인가?」에 대하여 전면을 할애하여 소개하고 있다. 2면에서는 당살림에 대하여 역시 적고 있다. 2면 하단에서는 외보를 3면 중간까지, 3면 하단 잡보에서는 까사끄의 강도, 그림 반도에 흉년 등에 대하여 적고 있다. 4면에는 광고이다.

제3호(1922.9.10)에서는 강단 「공산당이란 어떠한 당인가, 속」, 당살림, 외보, 잡보와 아울러 「합동민족가」, 「새농부가」 등을 싣고 있다.

3. 한인공산당 흑룡주연합회 기관지 『새세계(新世界)』

『새세계』는 1920년 6월 11일 한인공산당 흑룡주연합회에서 간행한 신문이다. 보름에 3회 간행되며, 제13호(1920.11.10)와 제14호(1920.11.20)가 현재 남아 있다.

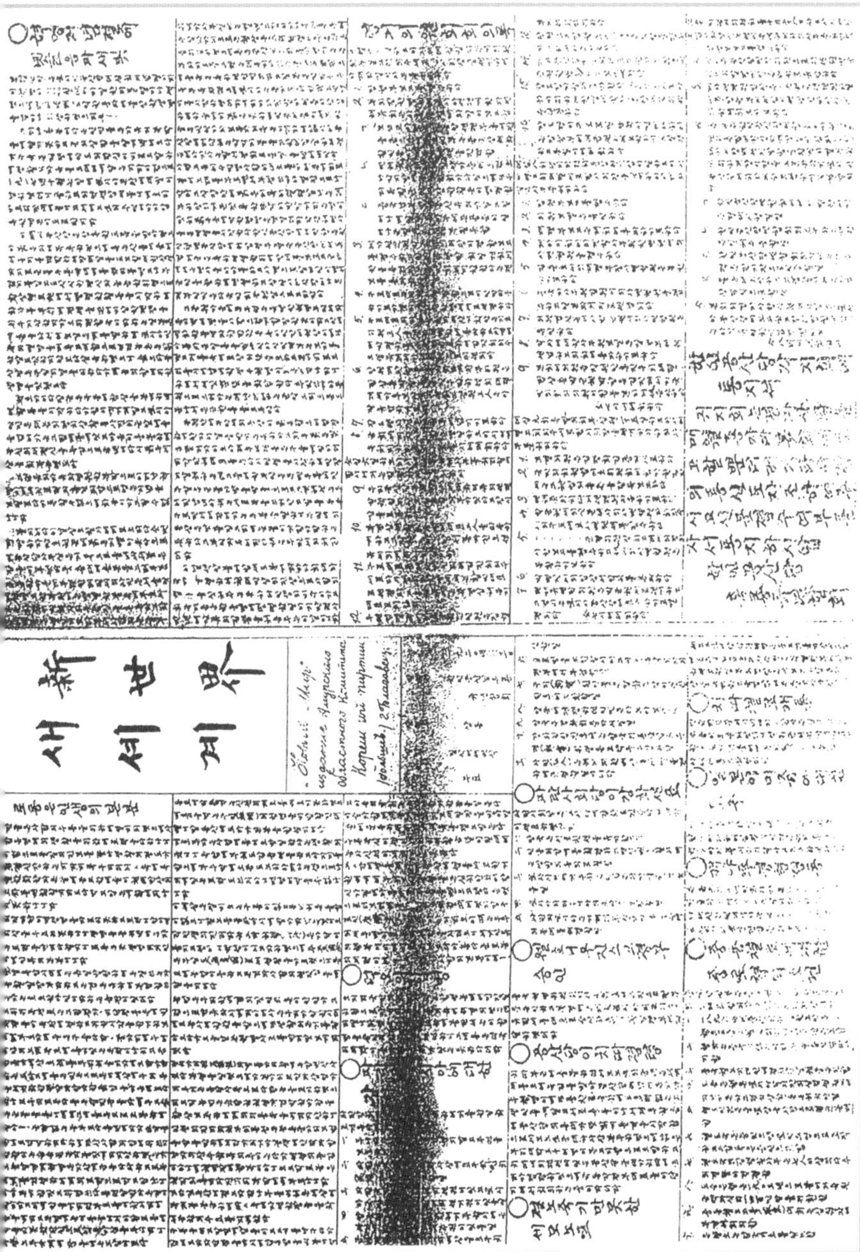

『새세계(新世界)』(1920.11.10)

제13호의 경우 논설 「로동의 인생의 본분」이 실려 있으며, 아울러 흑룡주연합회의 정기의원회 회의록과 번역으로 「공산당 프로그램」이 있다. 제14호에는 논설로 「우리의 앒길」이, 그리고 의원회 회록, 포고서, 공산당 프로그램이 있다. 또한 「성탄개천절에 늑김」과 기념회 례식 기사가 3면에 3단으로 실려 있다.

제14호에 실린 「우리의 앒길」은 신문의 논조 이해에 큰 도움을 준다. 이를 보면 다음과 같다.

우리의 앒길

화공이 그림을 그리랴면 표본을 만져 생각할지오. 함장이 바다를 건너랴면 라침을 만져 정하나니 우리의 멀고 긴 앒길은 그림의 변화보다 더 복잡한 형형색색의 세샹 태도이며 바다에 풍파보다 더 위혐한 조조모모의 판형세이라 이에 엇더한 리상과 엇더한 용감으로 평평한 보조(步調)를 "各見?활발한 홀개를 빼여칠난지 우리의 뇌를 가장 괴롭게 하며 우리의 눈을 오직 둥굴게 할만한 재료이니라.

그런데 우리나라 말에 내라는 것은 뉘의 별호며 엇더한 명사뇨? 이세샹은 영웅의 내와 문명의 내만 잇고 우인의 내와 야만의 내는 없으니 이에 한 이문이 생긴다.

사람이 다 자칭하는 것을 내라 할진대 사람마다 다 영웅이 아닌가! 그러면 그네들은 내의 살진 몸덩이에 튼튼한 밥주머니나 잇으면 그만인줄 알고 내의 뇌는 빈 깍닥이 뚱군형을이만 잇는줄 모르는 까닭이니라.

오직 영웅은 비긔경륜(秘機經綸)을 가지고 건장하게 세계 가운데서 서셔 사조를 관찰하며 시긔를 응용하여 튼튼한 전셜을 시작함으로 비록 악한 풍우라도 능히 파괴를 주지 못하지만는 근래에 내노라 하는 영웅들은 기둥없는 루각을 공중에 지으며 별없는 금물노 바람을 후리는도다.

이럼으로 아침에 건셜하엿다가 저녁에 파괴를 당하며 혹은 졀노 건셜하고 졀노 파괴하는 폐단이 종종 잇으니 엇지 영웅의 건셜이며 영웅의 파괴라 하리오.

상당한 파괴를 부를지라도 신셩한 건셜이 없으면 차라리 파괴 안하기만 갓지 못하고 새 것을 건셜할지라도 날근 것을 파괴치 안하면 차라리 건셜 안하기만 못한지라. 썩은 뿔이에 아름다운 쌕이 나지 못하고 흐린 근원에 맑은 물이 오지 못하나니 파괴 잘하고 건셜 잘하는 큰 솜씨들아 영웅의 옛탈을 버셔 량심샹 거울에 붓꾸럼을 깃치지 말고 셰계혁명 조류에 한 로동쟈의 진상을 쓸지어다.

슯으다. 새 긔원의 운명이 셰계를 울려오는 이때에 우리는 녯풍속에 물드려 새 사샹에 감화젹으며 또 변천많은 시국에 시찰력이 어두울 뿐만 아니라 애고기동을 안고 비파를 타며 나무밑에 앉아 토끼 오기만 기다리는 고루한 습관이 있으며 더군다나 원수의 창검이 항상 머리를 누루고자 애쓰는데 우리의 긔관은 동서에 분열되여 상해에 위임통치의 깃대 반공에 솟아나고 아령에 인도정의의 북소래마조 처셔 통일한 정신이 집중되지 못한지라.

감셔(甘鼠)에 취한 닭과 같은 우리의 정신과 새비일흔 수모(水母)와 같은 우리의 지식에 인도하는 큰 기관이 없으면 비록 귀신이 통곡하는 붓대와 하슈 흐르는 혀가 잇을지라도 공산쥬의이니 사회쥬의이니 빈말노 떠드는 것이 곡조없는 쟝단에 춤추는 모양이며 맛모르는 음식에 춤다시는 셈이니 셜혹 션젼을 잘한다 하더라도 창해에 조알을 던짐에셔 지나지 못할 것이오. 이에 쥬의 위반하는 쟈를 곳 박멸한다 하더라도 이는 제ㅅ나라 아해로 초ㅅ나라 말을 모른다고 달초침과 다름이 없나니라.

만일 병력으로 원슈를 토멸하고 자유를 찻고쟈 할지라도 우리의 가츔은 만에 한가지도 없을뿐더려 각각 다른 기치 알애에서 영영쇄쇄한 무력으로는 새알노 바위 바스기 보다 더 심한 비유를 얻을지라.

우리는 통일긔관을 원동 중앙에 높이 세우고 내외 인심을 붉은 긔폭 안에 거더싸고 일변으로 공산군을 모집하여 사관젼슐을 련습하며 군인의 직무를 알게 한 연후에 쳔연한 행복을 찾을지니라.

보라 쟝차 공산쥬의는 큰바람이 될지니 유롭에 소낙살을 모라 영법을 부쉬고 동아에 빗발을 모라 인도 월남의 눈물을 싷고 즁국 남북에 자는 안개와 몽만에 슯은 구름을 쓰러바리고 일본 동경에 화산이 터질 때에 동남으로 슬슬 부러올지니 우리는 이에 대목에 앉아셔 혹은 부채로 혹은 키로 혹은 바람으로 이 바람 형세를 도우면 셰계 강권자가 다 쓰러지고 빈약자의 자유가 졀노 올지니 우리의 앞길은 이로써 방향을 잡노라.

나는 붓잡은 몃날 동안에 일 좋아하고 말씸에 대는 정치무대에 노는 여려 영웅들은 말하기젼붙어 몸살이 나셔 입을 다물고 눈을 깜아 월죠의 붓끝에 먹 한번도 붓쳐 못 보왔으니 기자의 본색은 안인듯하나 션젼자의 책임은 꼭 되는줄 아노라.

그러나 우리의 앞길이라는 문뎨에 이르러는 부득이 정치영웅의 쟝막을 한번 들멍거려노코야 공산쥬의 붉은 채색을 새 정신과 새 면목에 곱게 물드릴줄 아노라.

『새세계』에서는 공산주의라는 새 정신과 새 면목을 강조하고 있다.

4. 블라디보스톡 고려공산당 기관지 『신생활』

『신생활』은 블라디보스톡 고려공산당 기관지이다. 현재 제17호(1923.5.1), 제18호(1923.7.15) 등이 남아 있다.

『신생활』은 1920년대 서울 신생활사에서 발행한 사회주의 잡지이다. 『신생활』의 전체적인 논조는 자본주의사회에 대한 비판과 사회주의사상에 대한 선전으로 집약되는데, 이를 위해 맑스주의와 국제노동운동사 · 러시아혁명사에 대한 소개와 민족개량주의 비판에 주력하였다. 朴熙道 · 李承駿 등은 1922년 1월 15일, 무산대중을 개조하고 혁신한다는 취지 아래, 李秉祚, 李京鎬 등과 함께 자본금 1만 5천원(圓)으로 新生活社를 조직하였다. 이들은 그 해 3월 '신생활을 제창함' · '평민문화의 건설을 제창함' · '자유사상을 고취함'이라는 主旨를 내걸었다. 판형은 국판이고 旬刊으로 미국인 선교사 베커[Beker, 한국명 백희덕(白熙德)]를 편집 겸 발행인으로 하여 잡지 『신생활』을 창간하였는데, 집필자로는 당대의 이름 높은 좌익 인텔리들이 많았다.

'창간사'가 절반 이상 삭제된 창간호는 곧 발매금지 당할 정도로 논조가 강경하였다. 『신생활』은 1923년 1월까지 통권 16호의 발행이 확인되는데, 1922년 6월부터는 월간으로 발행되다가, 그 해 9월 『개벽』, 『조선지광』, 『신천지』 등과 함께 '신문지법'에 의한 발행허가로 시사평론이 가능해지자, 발행된 제11호부터는 주간으로 발행되었다. 편집진에는 주필 김명식과 기자 辛日鎔 · 李星泰 · 鄭栢 · 兪鎭熙 등 당대의 저명한 사회주의자들이 참여하였다.

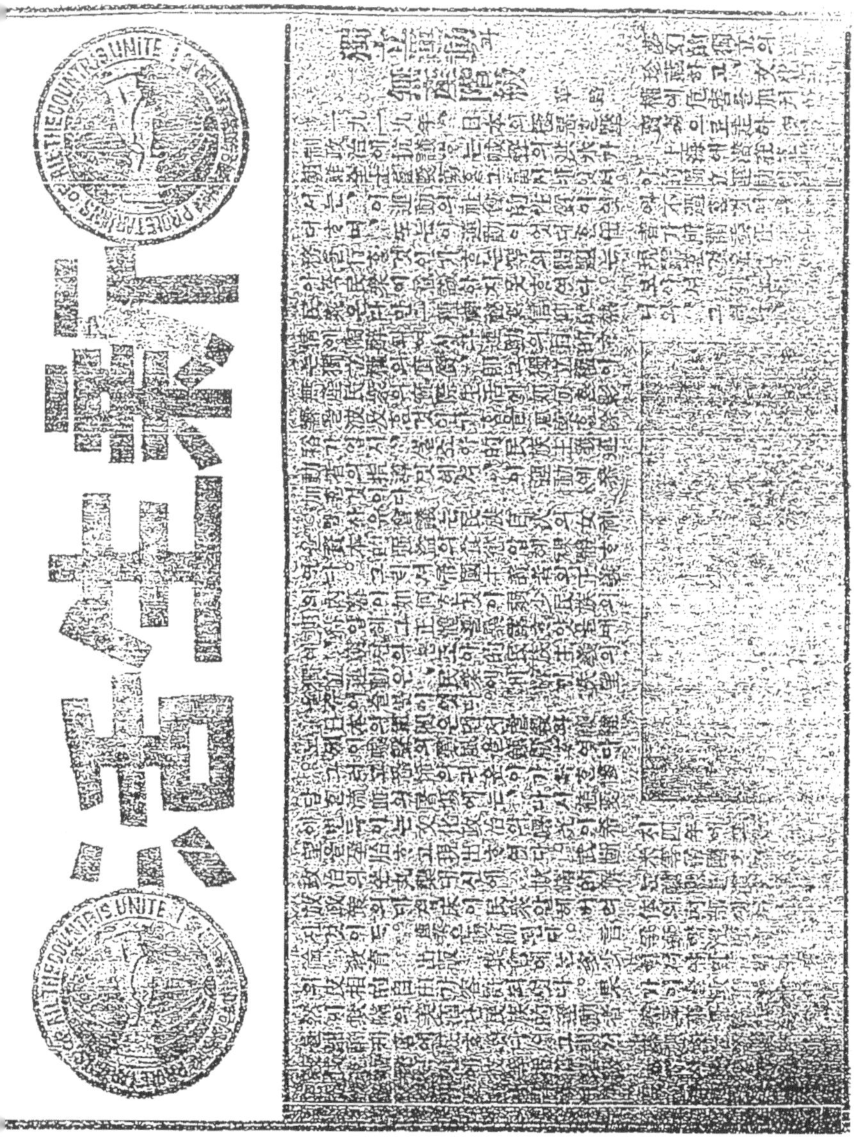

『신생활』(1923.7.15)

1922년 11월에 발행한 제11호에서 특집한 「노국(露國) 혁명 5주년 기념호」가 문제되면서 다시 발매금지되고 사장 박희도 및 인쇄인 노기정의 구속사건이 발생하였다. 이때 문제가 된 글은, 金明植의 「러시아혁명 5주년기념」, 신일용의 「5년전 회고」, 유진희의 「민족운동과 무산계급의 전술」, 李恒發의 「자유노동조합결성의 취지」 등이었다. 그 뒤 주필 이하 다수의 집필자가 검거되었다. 그리하여 박희도는 2년 6개월, 김명식은 2년, 신일용・유진희는 1년 6개월의 징역을 각각 언도 받았다. 그 해 12월 26일부터 시작된 조선 최초의 사회주의 재판과정에서 『신생활』은 공산주의와 계급투쟁・사회혁명을 고취하여 사회의 안녕과 질서를 방해했다는 이유로 1923년 1월 8일 발행금지 되었다. 이후 이병조 등에 의해 후신으로 『신사회』의 발행이 계획되었으나 실현되지 못하였다.4)

『신생활』의 간부 중 일명인 李赫魯(서울에 있는 李章魯의 實弟)가 신한촌으로 가서 러시아공산당의 후원을 받고 있는 고려공산당의 지원으로 발행되고 있는 조선언 신문 선봉과 마찬가지로 고려공산당의 기관지로 『신생활』을 부활하였다. 그리고 표면상 주필은 선봉의 주필인 金學右이지만, 실제 주필 역할은 이혁로가 담당하였다. 인쇄소는 선봉사내에 두었다. 1923년 5월 1일 노동축하절을 기하여 「再擧記念號」라고 제목을 정하고 『신생활』 제17호를 再刊한 것을 공산당원에게 반포함과 동시에 일반의 구독을 권유하고 금후에는 월간으로서 1개월의 구독료금을 2원으로 정하고, 더욱 반일과 공산주의 선전에 노력한다고 되어 있다.5)

『신생활』 제18호[再擧第二號(1923년 7월 15일)]에는 「獨立運動과 無産階級 革路」라는 글이 있다. 「혁로」는 이혁로이다. 그가 쓴 「獨立運動과 無産階級」은 다음과 같다.

---

4) 박종린, 「신생활」 『독립운동사전』.
5) 국사편찬위원회, 2001, 「선문잡지 신생활에 관한 건」 『한국독립운동사』 37, 70쪽.

1.

1919년 日本의 極惡壓制政治에 抗議는 喊聲의 洪水가 朝鮮全土를 震湯그 當시에 잇서서는, 이 運動의 社會的 性質이 엇더며, 는 이 運動이 엇더任務를 行것인가 는 等의 問題는 아즉 民衆이 意識하지 못엿다. 民衆은 다만 一種 神秘信仰的 熱情에 陶醉되여서 그 運動의 目的하는 獨立權의 實質, 卽 그 獨立權이 無產民衆의 實際生活에 如何影響을 波及것인가 을 思索餘裕가 업시, 죠아的 民族主義運動者의 指導밋헤셔, 이 運動에 添加것이다.

사유會議는 民族自決의 女神을 資本的 强盜의 食慾압헤 裸體엿다. 그셔 帝國主義者의 正義의 內幕이 如何것이 弱小民族의 期待압헤 그 正體를 暴露얏을에, 朝션의 뿔조아的 民族主義의 獨立運動은, 民衆에게 다만 失望을 쥬어슬이엿다.

日本의 軍閥은 먼저 虐殺과 鞭撻노써 이 喊聲의 暴風을 鎭壓엿다. 그러고 恐怖의 긔운이 가득慘담流血의 屠場에는, 다시 慈愛에 번득이는 文化政治의 曙光이 希望을 孕胎고 現出엿다. 武斷政治의 쓴 丸藥대신에 欺瞞的 解放政策의 대졉床이 民衆압헤 버려진 것이產業은 勵된다. 言論 敎育 出版 集會에多少의 皮相的 自由가 容許되엿다. 果然 이 欺瞞의 美酒난 民族的 運動者를 醉케 에 足엿다. 그래서 殺伐喊聲신에 彼等 指導階級은 倭城臺政權과 妥協아에셔, 夢幻的 獨立의 準備□을 그 袖中에 珍藏하고, 文化運動-資本과 强權에 危害를 加치 안다의 競賣場으로 走하엿다.

上海에 潛在假政府이 뿔죠아的 獨立運動에셔 生一泡影에 不過것이다. 彼等 政府運動者가 所謂 委任統治에셔 그 감누를 現露것은 彼等의 本來의 性質노 보아셔 別노히 奇怪것도 업거니와, 그러나, 假政府가 成立된지 四年에 그 革命的 努力이 갓 英米等 帝國主義者의 慈悲를 哀乞醜態를 演할 이며, 그 政府自體의 內部에셔난 다 幽靈的 政權爭奪에 沒頭야, 革命機關으로 셔야만 비로소 그 存在의 意義가 이슬政府로 야곰 彼等의 私黨惡事를 陰謀고 釣名虐榮을 夢想遊戱場을 化作한 것은 掩蔽지 못事實이다.

假政府運動이 비록 그 殘命을 今日까지 繼續더도, 그것은 만 頹敗여가뿔죠아階級의 遊戱的 理想慾의 飽食에 不外한 것이라, 그럼으로 獨立의 喊聲이 日本官僚軍閥의 銃금下에셔, 文化運動의 外衣를 換着그붓허, 假政府의 存續與否를 不問고, 朝鮮의 뿔죠아的 獨立運動의 革命精神은 消滅엿다 것이다.

武繼政治의 凶獰露骨的 壓迫이 欺瞞的 解放政策으로 變粧고, 有產階級이 實業運動에셔 利益을 收하며, 名士志士가 文化事業에셔 榮譽를 檀橫야, 民衆의 呻吟의 暴風雨가 부면 獨立運動 以後의 朝鮮의 江山에는 다시 幸樂과 繁榮의 萬花가 一時에 發듯 엿다. 그러나 無產階級의 饑餓의 生活은 날노 더욱 窮縮의 度를 加야 갈뿐이다. 이에 獨立의 第一聲은 그 目標를 達하지

못에 不拘고, 오히려 民衆에게 그 運動의 目的는 獨立權의 靈效如何를 深刻게 露示엿다. 그러고 이 運動에 對民衆의 覺悟은 곳 그 運動의 方向과 性質에까지 重大變動을 이르키게 엿다.

뿔죠아的 運動者가 英米等 資本國家의 誇張하正義的 判決에 그 最後의 希望을 囑던 獨立의 美果民衆을 餓死에서 救出것은 아니엿다. 이 運動의 叫聲은 社會生活의 革命을 탄生陣痛은 아니엿다.

그 運動이 異民族의 搾取와 壓伏에 代야 自民族中의 搾取와 壓伏의 機關으로의 階級國家의 再現을 企圖點에 잇서서 海牙의 密使事件과 조금도 다를 것이 업섯다. 다만 差異點이 잇다면 그것은 海牙의 密使事件은 勤王的 策士가 滅亡王家와 陰謀야, 專制王國을 回復코자 하던 企劃이며, 獨立運動을 조아的 共和主義者가 舊王國의 殘頹貴族階級과 타협하야, 民衆을 그 運動에 引入點이다. 前者가 海牙平和會議와 李王家門에 이러난 單純喜劇의 一幕에 止에 反야, 後者는 民衆의 力을 借조아的 民族主義의 私生兒가 美國式 共和政府의 假生이다. 民衆의 社會生活에 等何實際的 切實交涉이 업는 海牙事件이 失敗軌道上에서 獨立運動者가 相繼야 顚倒된 것은 이러닥이다. 그러나 失敗와 殘虐의 廢墟에는 다시 無產階級의 嫩芽가 發生엿다. 그러고 그 運動의 進行을 라서 彼等은 새 理想과 새 目的을 體得게 되엿다. 그서 낡근 獨立運動의 殘殼에는 新鮮한 生命이 胞胎되야 다시 그 動作을 開始게 된 것이다.

이에 朝鮮의 獨立運動은 民族主義에서 一步를 進出하야 確實히 無產階級運動의 色彩를 帶게 되엿다. 卽 民族的 鬪爭이 階級的 鬪爭으로 進展것이다. 이 鬪爭은 뿔조아的 民族主義者의 獨立運動과 가티 그러消極的 手段은 아니다. 資本階級의 世界的 政權에 反抗는 意志에 立脚것이다. 그럼으로 이 運動의 理想은, 日本의 資本的 帝國主義의 支配의 絶滅을 期는 同時에, 自民族의 搾取者의 支配까지 絶滅코자 는 것이다.

弱小民族의 獨立運動이 無產階級的 運動으로 進展는 것은 임의 世界的 現象이 되엿다. 印度의 지와 民族運動者가 勞動者革命을 抛棄고 『眞理의 把持者』에 滿足에, 印度의 獨立運動은 彼等을 離야 無產階級의 掌中으로 歸하엿다. 이것과 同樣으로 愛蘭의 小불조아가 『愛蘭自由國』에 妥協하고, 革命主義를 喪失에, 愛蘭의 無產階級은 『愛蘭勞動者共和國』의 理想을 主張얏다. 그리야 今日의 愛蘭의 獨立運動은 確實히 無產階級運動으로 隆化되엿다.

資本主義가 高度로 發達여서, 前世界가 資本 搾取와 被搾取의 關係에 立게 된 今日에 잇서서는, 벌서 單純民族主義에 基因獨立運動은 잇슬 수가 업다. 그럼으로 비록 民族主義에 出發고 民族主義에 立脚야 純粹民族主義的 外觀을 가진 獨立運動이도, 그것은 決코 民族主義로 始終지 못다. 반드시 階級的 解放運動으로 展開지 아니치 못것이다.

2.

民族運動의 意義 大帝國主義에 對야 反抗에 잇다. 그러나 民族運動이 그 本來의 意味로의 民族運動에 始終다 하면, 그것은 要건大帝國主義에 對小帝國主義의 鬪爭이다. 아모리 民族的 觀念을 高調하기 爲하야, 民族的 傳說과 歷史가 宣傳된다 더도, 그 傳說과 歷史는 다만 그 民族의 支配階級의 傳說이며, 支配階級의 歷史일이다. 民族觀念의 神秘的 信仰은 社會生活의 眞正幸福을 追求는 것이 아니라, 갓 醜惡掠奪과 征服의 汚點을 掩蔽하는 要具가 됨에 不過것이다. 그럼으로 民族運動의 利害는 그 民族의 範圍에 界限다보다도, 그 民族의 支配階級의 範圍에 界限한 것이다. 그셔 그 運動의 內部에는 그 民族 自體의 支配階級의 文明建設의 意圖를 包藏엿다. 그럼으로 이 運動은 恒常 階級的 對立의 事實을 民族的 感情의 布幕으로 掩蔽랴 努力다. 러셔 이 運動은 民衆으로 야곰 階級意識의 發達을 阻害고, 도리혀 階級妥協의 氣運을 促成는 作用을 가졋다. 그셔 內容이 空乏皮相的 民族一致의 背後에는 항상 少數階級의 利益이 伏在기를 妄却치 아니엿다. 被壓迫의 弱小民族이 獨立다는 것은 無産階級이 自國을 支配느냐 有産階級이 自國을 支配느냐 는 것을 意味하는 것이다. 朝鮮의 獨立權이 空漠게 天上에셔 落來는 것은 아니다. 設或 只今의 民族運動者의 宣傳과 가티 朝鮮의 獨立權이 倫敦이나 華盛頓에셔 飛來는 奇蹟이 잇다더도, 政治的 經濟的 모든 實權이 依然이 뿔조아階級의 手中에 緊握되야 잇는 限에는, 無産階級의 實際生活은 獨立權을 喪失치 아니와 조곰도 다를 것이 업슬 것이다. 民族主義的 獨立運動은 다만 民衆의 隷屬을 變更코자 에 不過것이다. 自民族의 搾取者의 支配가 民衆에게 投與는 慈悲는 異民族의 鞭撻과 相異것이 업슬 것이다.

近世 一切의 弱小民族의 被搾取의 現象은 資本主義의 結果인 것은 勿論이다. 러서 이 現象을 絶滅에는 資本主義의 倒壞가 絶對로 必要條件이 된다. 資本主義와 分離여서 弱小民族의 解放은 實現수 없다. 設或 一時的 實現이 된다 더래도 資本主義의 繼續는 限에는, 반드시 이 現象은 再現할 것이다. 맑스가 공산당선언에 "一個人이 他個人을 搾取는 것이 끗치게 되면, 그것과 가튼 比例로 一國民이 他國民을 搾取는 것도 끗치게 될 것이다"엿다. 弱小民族의 獨立運動이 無産階級運動으로 變化지 아니면 안될 理由가 이 一言에 盡한 것이다.

無産階級의 革命手段은 暴力으로써 一切 社會制度와 一切 資本主義的 國際關係를 顚覆하는 것이다. 그러나 無産階級의 革命戰術은 그 運動進行의 途上에셔 모든 他階級中의 革命的 急進的 分子의 運動을 利用을 妄却치 아니다. 朝鮮의 無産階級이 民族主義者의 運動을 支持다 면, 그것은 無産階級運動이 民族主義運動中으로 溶解다는 것을 意味이 아니라, 無産階級의 自覺

이 國際的 侵略에 對야 反逆戰으로 突進때에, 이 民族主義的 運動이 그 階級的 鬪爭에 如何作用을 波及것인가 는 現實 問題에 基因한 것이다. 레닌은 民族及植民地問題에 關야 다음과 갓티 말엿다. "… 後進國의 自由運動에, 共産主義의 衣服으로써 假裝랴하는 似而非共産主義者의 企圖에 對야 挑戰必要가 잇다. 共産黨國際同盟은 植民地汲落伍國家의 불조아 民主的民族主義運動을 協助것이되 無産階級共産黨의 將來分子가 그 名目上으로만 形成것이 아니라 各自 그 民族內에 蔓延는 불조아民主的 傾向에 對야 鬪爭다는 特殊한 任務의 意識을, 彼等에게 敎育다는 條件을 附것이다. 共産黨 國際同盟은 植民地及落伍國의 革命運動과 一時的 團結을 樹立必要가 잇다. 그러나 無産階級運動의 獨特性質은 비록 그것이 未成의 境遇에 잇더도, 항상 彼等과 混同지 아니고 반드시 無産階級의 獨立的 色彩를 全것이다" 이것은 國際共産黨의 任務를 說明한 것이나 곳 被壓迫民族의 無産階級運動의 本領을 表明것이 된 것이다.

國際共産黨宣言에 "… 植民地의 解放은 오즉 그 宗主國의 勞動者가 解放될 에 限야 成功되는 것이다. …" "아푸리아시아의 植民地 奴隷들이여, 歐羅巴 無産階級의 政權을 잡을 時期의 鐘이 울님은, 곳 諸君의 獨立될 時期의 鐘을 두다리는 것이다"엿다. 被壓迫民族에 取서 宗主國의 自覺無産階級은 그 解放戰에 唯一戰友이며 援助者가 될 것이다. 그러나 彼等이 그 宗主國의 無産階級 革命을 茫然히 袖手고 坐待기만 면, 그 解放의 만나가 天來는 것은 아니다. 반드시 날노 社會生活의 各 方面에 亘야 新社會를 實現랴는 鐵피가튼 意思를 가지고, 內外의 불조아階級과 惡戰苦鬪야, 血汗을 흘이면서 準備를 不怠치 아니하면 最後의 決戰에서 勝利를 獲得期望이 업는 것이다.

只今 朝鮮의 無産階級運動은 極히 初期的의 것이라 겟다. 그러나 國際的 搾取下에서 奴隷的 境遇에 浸淪야 잇는 彼等은 모든 点에 잇서서 革命戰線으로 突進케 을 더욱 急促야 말지 아니다. 朝鮮의 中産階級은 日本資本家의 露骨的 搾取下에서 加速度로 無産階級에 下落다. 그래서 無産階級의 數를 急激히 增加는 一方에는, 失業者의 洪水를 製造한다. 日本의 宗主國的 政治가 조금도 이러現象을 救지 못는 것이 民家에게 暴露됨을 러서, 日本資本에 對反抗運動은 더욱 激烈게 될 것이다. 이와 가튼 鬪爭은 그것이 비록 極히 目前의 利害問題를 爲農民運動이나, 는 勞動爭議라 지라도, 그것은 곳 日本의 政權에 對政治的 反抗運動을 意味하는 것이 된다. 다른 資本主義國家에 잇서서는 無産階級運動이 政治的 鬪爭의 階級으로 進入기에 長久歲月을 要얏지마는, 그러나 辛辣日本의 資本的 帝國主義의 掠奪은 極히 短時日間에 朝鮮의 無産階級을 驅야 이러運動線上으로 突入케 엿다. 그서 이러無産階級의 資本에 對鬪爭으로야만 民族解放이 可能것은 임의 陳述바와 갓

다. 그럼으로 朝鮮의 獨立運動線上에서 無產階級이 革命의 動力이 되야 資本主義의 倒壞를 目的는 世界的 無產階級運動에 參加치 아니면 그 最後의 決戰에 勝利를 得수 업다.

勞動者 諸君에게 訴함

諸君. 우리는 지금 가장 意義잇고 가장 危急時代에 生存고 잇습니다. 우리는 지금 賃銀奴예의 鐵鎖로붓터 우리 自身을 解放新世界의 啓端에 서서 잇습니다. 詩로 그리고 노래로 불너서 만은 同志가 饑餓에셔 牢獄에셔 貴重生명을 犧牲고 기다리고 기다리던 그가 이에 온것입니다.

過去의 歷史는 모다 죽 밋헤서 흐르는 우리 勞者의 피로 미여 논 것입니다. 長久동안 우리는 工場에셔 製作場에셔 地底에셔 地上에셔 貧窮과 虐待와 汚예 속에 싸이면서 무서운 奴예의 生活을 繼續여 왓습니다. 工場에 苦役는 女工은 刻刻이 自身의 生명을 에워나여 綾羅의 문의를 노으면서도, 그는 一生 다만 람루속에 뭇쳐 잇습니다. 눈물을 리여 밧가는 農夫는 收獲은 남을 爲해 베여 드리고, 終歲토록 饑餓의 刑罰에 울지 안으면 안됩니다. 우리가 이와 가티 勞役야 生產을 增加면 增加사록 資本家의 富은 膨大됩니다. 그러나 우리의 生活은 도리혀 困궁과 피勞의 度를 더임니다. 아모 權利 업고 生存의 保證 그것지도 셔버린 것이 우리 勞者라 는 賃銀奴예의 生活임니다. 六尺短身박게 아모 것도 가지지 못우리 勞者의 生存이라 는 것은 이와 가티 다만 橫폭 殘酷資本家의 富를 增殖하기 爲에 不過것임니다. 그러고 그 富를 增殖하는 동안에만 限야 우리의 生存은 容許됩니다. 그럼으로 一朝에 資本制度의 本質的 疾患恐惶이 襲來면 우리는 곳 失業이라는 무서운 毒魔에게 訪問되야 街路에 彷徨치 안니하면 안될 運명을 가젓습니다. 집 업고 밥 업고 옷 업는 우리는 工場의 不衛生과 過度의 피勞로 出來는 疾病으로 서 非명에 너머지는 것이 每年 每月 幾萬幾千이나 되겟습니가. 極度의 生活難으로 因야 罪를 犯고 獄裏에서 腐朽며 奈落에 沈淪야 肉를 切賣는 이것이 彼等 紳士閥이 그 忠僕인 學者·牧師·新聞記者 等으로 더부러 讚美며 說法는 道德임니다. 이것이 그 破滅을 두려워는 自由이며 平等임니다. 이것이 彼等 紳士閥의 자랑는 完美를 極햇다는 現社會制度의 根底임니다.

우리가 이와 갓치 피와 을 짜내는 苦役에 짓처 잡버질에, 彼等 資本家는 엇더 니가. 彼等이 珍味와 逸樂에 飽滿고 잇슬 것은 勿論임니다. 그러고 彼等은 이러搾取의 특權을 永久히 享樂코자 야 온갓 詐僞를 陰謀니다. 軍隊·警察·司法 等의 모든 權力을 緊握야 彼等의 掠奪事業을 確立는 一方에는 敎育·道德·宗敎와 가튼 一切 文化機關을 利用하야 우리의 良心을 마비고 우리로 하야금 長久히 노예의 陰窟에서 惰眠케 엿습니다. 彼等은 이 武긔로써 우리의 反抗의 精神을 抹殺버리고 現狀 긍定과 權威崇拜의 毒汁을 注入엿습니다. 그래서 우리는 彼等의 虛榮을 爲시 享樂을 爲서 資本主義의 牢獄中에서 一生涯 무서운 十字架를 지고 滅亡의 陰谷을 彷徨엿습니다. 이러 身勢에 잇는 우리에게는 沒我的 奉公의 道義心이라 는 것은 다만 彼等의 吐出毒氣에 昏亂되야 우리 自身을 破滅는 狂氣에 不過것이엿습니다.

彼等 資本階級은 國內의 착取로 그 巨大貪慾의 배를 우지 못때에는 彼等은 躊치 안코 國外의 市場과 財源과 植民地의 爭奪戰을 準備합니다. 이러한 때에는 彼等은 반듯이 우리에게 愛國心을 고吹니다. 所謂 民족的 使명이 高嘲됩니다. 그래서 國家繁榮을 目的다는 戰爭을 爲서 우리는 아모 懷의 업시 他民族의 우리와 가튼 同類를 屠殺며 우리 自身을 殺戮엿습니다. 그러나 이러戰爭으로서 우리 勞階級의 엇는 바는 무엇입니가. 英國이 印度를 征服고 日本이 朝션을 征服얏다 하는 것은 다만 彼等 資本階級이 國家의 保護밋헤서 그 새로운 强盜的 掠奪을 마음대로 다는 것입니다. 勞階級은 도리여 그 支持費의 名目下에셔 增稅를 負게 되는 것이 彼等의 所得는 全部엿습니다.

彼等 資本家의 政府는 各種 直接間接의 苛稅를 課는 戰法으로 우리를 략奪니다. 一例를 들어 말면 彼等의 政府는 收入物貨에 苛稅를 課니다. 그것은 누구에게 影響됩니가. 消費者의 大部인 우리에게 依야 支拂되지 아니치 못니다.

그서 資本階級에 取서는 이가티 輸入品이 高價가 될사록 自己의 商品이 高騰되는 關係가 잇습니다. 그럼으로 結局 利益을 收獲는 者는 다만 彼等 資本階級 입니다. 피등은 이와 가티 모든 方法으로 盜奪利益의 一部를 割야 다시 우리 勞者를 壓迫 拘束는 機關을 設置합니다. 警察·裁判所·軍隊 이것이 다 資本階級의 狗僕이 되야서 우리 勞者를 迫害 抑壓는 機關 안닌 것이 잇습니가. 그럼으로 우리가 資本制度하에서 苦役다는 것은 資本家의 利益을 爲것이 될 안이라, 그 結果는 도리여 우리 自身을 緊縛는 鐵鎖를 鑄煉는 것이 됩니다.

이와 가튼 事實의 우에 存在資本家의 政府는 우리 勞者에게 取야 大역이 아니면 안될 것입니다. 그럼으로 彼等은 모든 機會를 捕捉야 各種의 總明手段을 써서 우리 勞者를 欺만니다. 모든 國家의 즁大事件은 秘密에 붓쳐서 우리에게는 알니지 안니 니다. 이것은 彼等의 兇謀가 曝露될가 두려워닥인 것은 勿論임니다. 政府은 이와 가티 資本家의 陰謀의 소窟임니다. 이제 神話的·宗敎的 美麗羽衣로 包裝한 道德性의 體現인 國家의 正體가 曝露되엿습니다. 國家의 일홈으로 發布되며, 維持되는 모든 法制와 秩序가 實狀은 彼等 資本階級의 掠奪意思의 表明이요, 經濟的 착取 行爲를 合理化는 器具에 不過것입니다. 만일 諸君이 醒覺하야 我等을 拘束고 制律는 모든 社會의

制度와 法律과 道德이 다 彼等 資本階級의 정이라. 我等은 몬저 이 牢獄을 破碎치 안으면 안되겟다몱는 意志를 決다 면, 彼等은 얼마나 恐怖겟습닛가. 彼等은 지금 革명의 霹靂이 그 頭上에 낙下가 戰慄고 잇습니다. 그럼으로 諸君이 政治的으로나 經濟的으로나 諸君의 意見을 發表코는 것을 彼等이 極力 扶殺랴고 狂亂는 것은 彼等 自身의 情勢로 보아서 當然일이라 것임니다.

그러나 우리가 資本主義의 牢獄에셔 우리 自身을 解放時機는 이에 왓습니다. 九年前에 貪慾無極資本家는 領土財源市場을 擴大코자 는 資本主義 本來의 狂想에 激衝되여서 例의 世界大戰을 惹起엿습니다. 彼等은 人道를 爲서 自由를 爲해서 不得已戰爭이라고 民衆을 欺瞞엿습니다. 그러고 無數人명을 戰火의 生贄로 던저 버린 것은 다시 重言할 것도 업습니다. 그러나 이 戰爭이 狡猾 殘忍彼等 支配階級의 野心에 基因狂亂의 行爲인 것이 우리 勞者에게 理解되엿습니다. 四年間의 流血의 慘苦는 最後에 世界의 賃銀勞動者를 奮起케 엿습니다. 그러고 革명의 疾風은 歐洲를 掃蕩고 將次 亞細亞로 向니다. 露西亞·獨逸·墺地利·흉阿利 가튼 過去의 覇者인 資本國家가 勞者의 鐵拳 압헤 相繼야 구러 젓습니다. 臨迫여 오는 이와 가튼 自己의 運명을 感知몇 뿡英·米 等의 資本國家가 恐怖와 昏迷에 狂亂되여 各種의 國家的 會議를 여럿읍니다. 그 會議의 題目이 무엇이던지 그것은 結局 絶對形勢로 世界를 席捲는 革명의 火焰을 防止랴야 小消火器를 鑄造는 셰음박게 不過것임니다. 그러고 그 裏面에 伏在한 兇計는 말것도 업시 엇더케 면 이 우에 더 우리 勞者를 盜奪는 所謂 平和를 維持가. 엇더케 면 植民地의 民衆을 長久히 奴隷化야 그 膏血로 彼等의 宴樂는 代를 만들가 는 것임니다. 貪慾과 盜奪우에서 生存는 彼等은 그 最後의 一瞬지 瞞着의 面布를 不脫고 그 凶獰本性을 不棄함니다.

그러나 우리는 人間性에 自覺가 왓습니다. 모든 傳統的 因習의 牢獄을 부시고 로예의 鐵鎖를 破棄그가 왓습니다. 폭力으로써 彼等 寄生의 政權을 奪取하고 極악舊社會全體를 顚覆야 우리의 永久眞의 不和와 自由의 社會生活을 建設그가 왓습니다. 勇敢露西亞의 同志은 이러意識밋헤서 모든 迫害·饑饉·困難과 싸우면서 世界最初의 無產階級國家를 建設것임니다. 彼等은 舊政府는 말것도 업고 全資本制度의 根底를 打破고 政權을 彼等 自身의 手中에 收야 生產運輸의 一切 機關을 支配고 勞者의 獨裁政治를 樹立엿습니다. 그서 世界의 資本主義의 强盜들이 이 勞動階級解放의 先驅者를 倒壞코자 야 四年間이나 온갓 迫害를 다하엿습니다. 그러나 結局 彼等의 狂亂的 努力은 우리 勞者의 氣慨압헤는 片片이 破碎됨을 彼等 自身이 承認게 되엿습니다.

諸君! 우리는 多幸이 人類의 大部分을 占고 잇습니다. 自身의 實力에 自覺한 우리는 이 우에 더 저 無智木像과 악黨에게 血稅를 밧칠 必要가 업습니다. 우리가 한번 不合理社會組織의 根底를 透視에 우리는 곳 彼等 支配階級의 國家를 破碎하고 우리 自身의 國家를 建設여야 것입니다. 우리 勞者의 支配階級이 異民族인 日本人이거나 同民族인 朝鮮人이거나 이것은 우리 勞者의 地位에 取셔는 別노 重大한 差違를 주는 것이 아닙니다. 우리의 實際生活이 同民족의 階級國家에서도 亦是 착取・盜탈를 不免것을 明知는 以上 우리는 다만 一掃的 態度로 彼等 內外의 資本階級의 支配를 복滅입니다.

諸君! 우리는 벌서 로예가 아닙니다. 우리는 墜落지 안이人類의 正當鬪爭을 主張니다. 敵의 手中에 緊握되여 잇는 우리의 自由와 生活의 實權을 탈取여야 겟습니다. 모든 土地를 地主의 投機師의 손에서 剝탈야 耕作는 農民의 所有로 옴기여야 것입니다. 工場을 勞者의 손에 回收지 아니지 아니면 안됩니다. 諸君이 이 우에 더 工場主나 企業家의 毒手에 膏血를 絞取되지 안이하고, 諸君의 選擇代理者를 經야, 諸君 自身이 生產과 分配의 實權을 支配야 國家의 經濟的 生活에 意識參與者가 되여야 것입니다.

諸君, 그러면 우리는 엇더케 면 이것을 決行겟습닛가. 우리의 取手段은 다만 團結입니다. 團結은 우리의 가진 唯一힘입니다. 우리는 먼저 階級的으로 團結고 더 나가서 國際的으로 團結여야 彼等 支配階級의 세계的 政權을 顚覆수 잇습니다.

諸君, 우리의 要求를 抑壓는 彼等의 權力이 아모리 强大다 드도 그것은 되敗여 가는 階級의 最後의 彌縫策에 不過것입니다. 피等의 努力이 如何形態를 取던지 그것은 다 彼等을 永葬는 悽慘挽歌입니다.

諸君, 우리는 지금 準備必要가 臨迫엿습니다. 露西亞의 舊社會를 顚覆던 機會가 우리 眼前에 迫頭것입니다. 共產主義國家同盟은 大聲疾呼합니다. 萬國無產階級은 團結라하고. 우리는 旗幟下에서 世界的으로 不滅의 聯盟을 締結고 彼等 侵略階級과 現代 로예 所有者를 粉碎합시다.

우리는 저 吸血動物의 손에서 우리 自身을 解放는 戰線에 나셥시다. 奮起하라. 同志諸君.

5. 원동직업의회 고려부 기관지 『로동쟈』

『로동쟈』는 원동직업의회 고려부에서 1922년 4월 15일경 창간되어 매월 15일간 30일 즉, 한달에 2번씩 간행한 한글 신문이다. 이 신문은 값은 무료이며, 4면으로 되어 있고, 현재 제5호부터 제8호까지 4호만 남아 있으며, 언제 폐간되었는지는 알 수 없다.

『로동쟈』는 제6호 「재료를 보내주시오」에서 알 수 있듯이, 노동자를 중심으로 신문을 간행하고 있으며, 신문에서 주로 각국의 경제형편, 직업운동과 노동혁명, 식민지 민족운동 등에 대한 내용을 싣고자 하였다.

『로동쟈』는 신문 제호에서도 알 수 있는 바와 같이, 공산주의 관점에서 노동자의 단결과 이익을 주장하고 대변하는 신문이라고 할 수 있다. 그러므로 이곳저곳에서 이러한 면들을 다수 찾아볼 수 있다.

즉, 신문 제호 옆에는 「세계 무산자는 단합하라」라고 하고 있고, 또한 신문의 내용에 노동운동에 관련된 내용을 주로 싣고 있다. 우선 제5호, 제6호, 제7호의 각 1면에 「유일한 로동전선」을 번역 게재하고 있는 것이다. 아울러 중국, 영국, 스페인, 일본 등의 국제노동운동의 현황을 상세히 소개하고 있다. 뿐만 아니라 「고려의 로동운동」이란 항목을 설정하여 노동자 단체, 노동자와 소작인 등 국내의 노동운동에 대하여도 상세히 보도하고 있는 것이다. 특히 제7호에서는 국내에서 발행되는 『매일신보』 1922년 6월 18일자를 인용하여 서울의 노동공제회 의결안 등을 소개하고 있다.

또한 원동공화국의 경제형편, 소비에트 정부의 신경제정책 등에 대하여도 연속적으로 많은 지면을 할애하여 보도하고 있어 재소한인들에게 원동공화국의 농업, 운수, 어업 등의 형편과 더불어 신생 소비에트의 경제정책에 대한 적극적인 홍보를 하고 있는 것이다. 아울러 사회주의 사회경제학에 대한 이해를 돕기 위하여 문답식으로 사회경제학이 무엇인가에 대하여 노동자들에게 알기 쉽게 설명하고자 하였으며(제6호 1면) 이어 이를 계속 연재하고 있다.

№5 РАБОЧИИ

ПРОЛЕТАРИИ ВСЕХ СТРАН, СОЕДИНЯЙТЕСЬ!

15 Июня 192

로동자

ОРГАН ДВС КОРЕЙСКОЙ СЕКЦИИ

번역

낡은목뎍 새롭은길

유일한 로동션션

一 앞에새멀기(波濤)

로동계산작

중국

『로동자』(1922.6.15)

이르크츠크(동아공산 간행지)

〈화보 1〉

일본군의 시베리아 출병

시위행진하는 일본군

시베리아에 출병한 블라디보스톡 일본해군

블라디보스톡역 앞을 행진하는 일본군

일본군(블라디보스톡, 1920)

블라디보스톡 주변에서 행진하는 일본군

일본군(블라디보스톡, 1920)

일본군 포대

군용부두의 모습

겨울의 일본군 초소(1918~1920)

일본군함(블라디보스톡)

시베리아 제1일본군 사령관 오또미

철수하는 일본군(블라디보스톡 일본총영사관)

블라디보스톡 일본총영사관

시베리아에 출병한 외국군들

체코군사령부

〈화보 2〉

한인독립군의 투쟁

한창걸 부대(수청)

이만전투 추도비(2008)

이만전투 추도비(이만역 서남쪽 옛 묘지, 1959)

이만전투 희생자 한운용

이만전투에서 희생 당한 독립군들

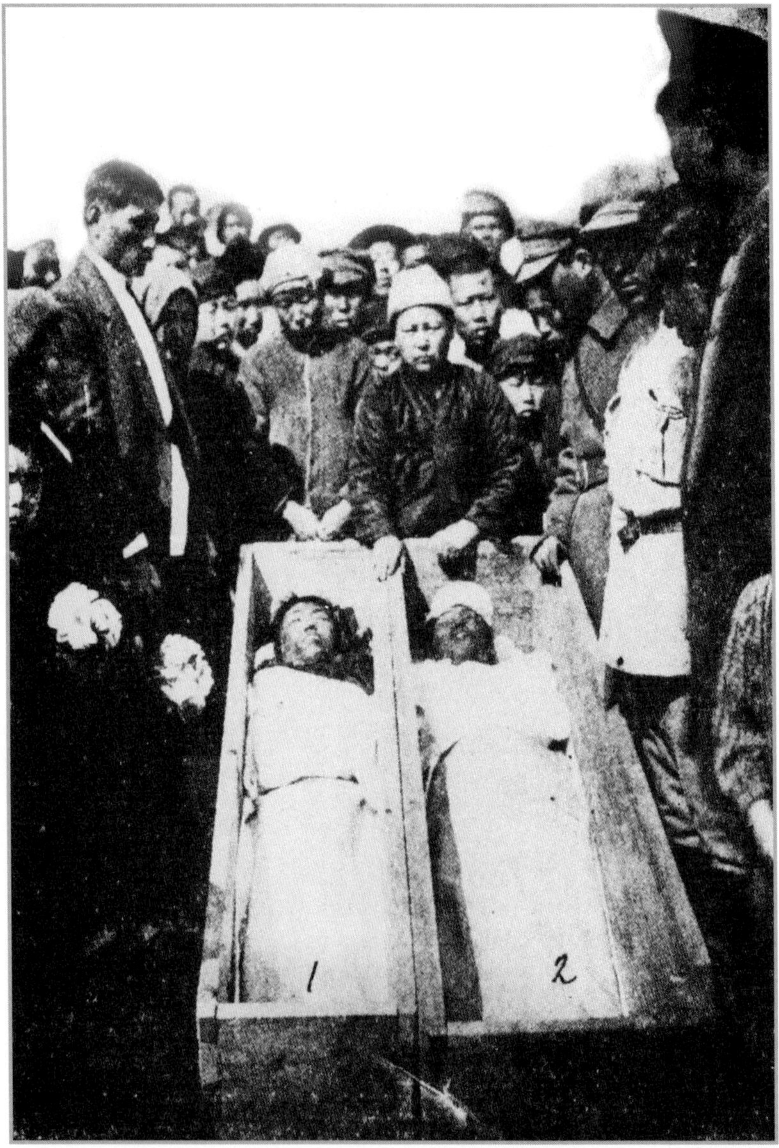

이만전투에서 희생 당한 독립군 장례식

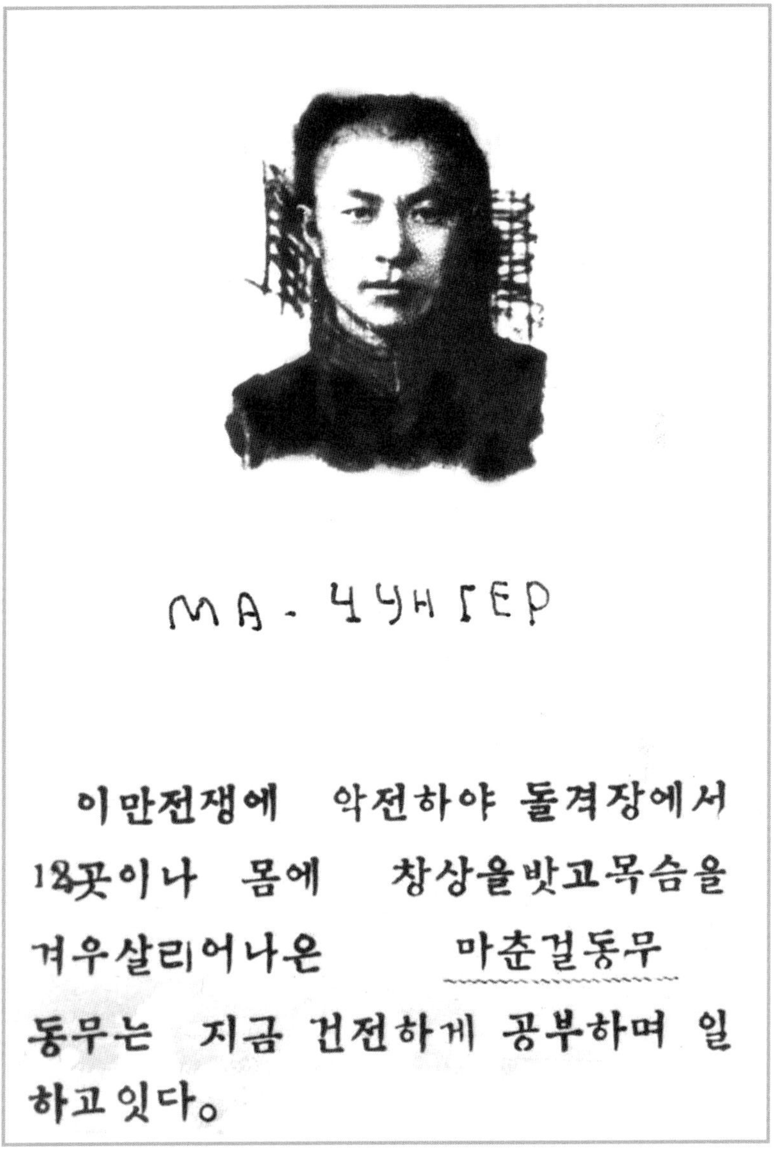

MA - ЧУНГЕР

이만전쟁에 악전하야 돌격장에서
18곳이나 몸에 창상을밧고목숨을
겨우살리어나온 마춘걸동무
동무는 지금 건전하게 공부하며 일
하고잇다。

이만전투 생존자 마춘걸

러시아 내전 당시 한인 노인과 러시아 군인들

〈화보 3〉

일제의 한인탄압

- 1920년 4월참변

오이 장군(4월참변 주도자)

오이 장군과 그의 부하들

스파스크 한인 학살(1920.4.5)

4월참변 희생자 장례식 ①

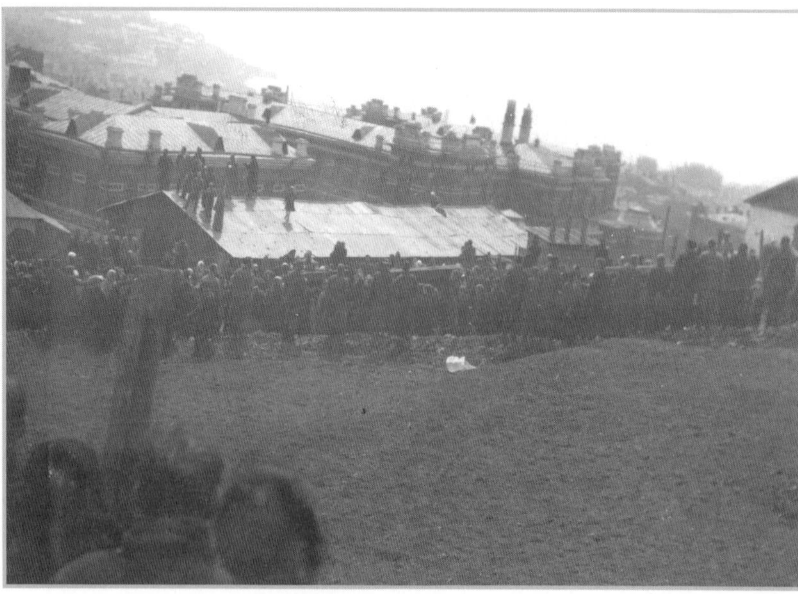

4월참변 희생자 장례식 ②

4월참변시 일본군이 수거한 무기들

제4장 러시아 혁명 이후

Ⅰ. 한글 신문

1.『선 봉』

『선봉』은 블라디보스톡에서 전동맹공산당(볼세비키) 해삼현 간부를 발행기관으로 창간되었다. 이 신문은 1925년 11월 21일 신문 100호 기념 '선봉 신문의 략사와 임무'「선봉신문의 략사」에,

> 션봉신문은 1923년 3월 1일에 그의 아명인 '3월 1일'이라는 명칭을 가지고 세상에 나아왔다. 이 신문의 출세하던 때는 5년동안(1918~1922) 제국주의 침략군대와 반혁명인파의 횡포와 유린에서 자유와 권리를 상실하고, 피바다 죽엄산에서 신음고문하던 연해도의 로력군중은 백전백승하는 노농혁명군과 함께 내외의 원수를 (중략) 로씨아 공산당의 지도하에서 12만여의 연해도 고려주민의 귀를 열며 눈을 뜨이는 고려말신문은 마츰 수백만의 고려노농군중이 일본군국주의의 일본군국주의의 침략과 압박을 익이지 못하여 붉은 손 빈주목으로 총칼을 대적하며, 자유독립을 부르짖은 큰 혁명운동의 네돌을 기념하는 날에 첫호가 발행되었다. 그리하여 제3호까지는 3월 1일이라는 이름을 가지었고, 제4호부터는 가장 의미가 큰 선봉이란 이름을 가지게 되었다.

라고 있듯이, 1923년 3월 1일「3월 1일」이란 제호로 창간되어 제3호까지 발행되다가 제4호부터 '선봉'이라고 신문명을 개칭하였다. 처음에는 매주 1회 또는 2회(일, 목) 발행되다가 한인의 강제이주가 시작되기 직전인 1937년 9월 12일 폐간되었다. 블라디보스톡에서 발행되던『선봉』은 1929년 3월 그믐경 하바로브스크로 이전되어 발행되었다.[1] 그리고 제326호부터 하바로브스크에서 간행된 것으로 여겨지며, 발행기관은 전동맹공산당 원동변강위원회와 원동변강 직업동맹쏘베트로 바뀌었다.

---

1)『선봉』1929년 3월 20일자와 3월 27일자 참조.

Авангард

第八十號 (一)

一九二三年九月二日(日曜日)

선봉

國際青年紀念日號

АВАНГАРД: гор. Владивосток, Бородинская ул. № 35, ред. газ. „Авангард" органа Корейской Секции при ГУБКОМЕ Р.К.П.

祝國際青年紀念日

국제무산계급청년운동의긔념일을축하합시다

쓰 막 · 칼

△세계의모든지비계급을박멸하여라, 압려에복종하는것은죄악이니라。

△고려의진정한해방운동은무산혁명에잇나니라。

국제청년데—이만세!

공산청년회만세!

대산국제공산당만세!!

『선봉』(1923.9.2)

● 先鋒 ● Авангард.

선봉

Орган Приморского Губкома РКП (б)

세계무산자는단합하라!

주 일 간

통신할곳
해삼위레닌스카야 43
선봉사
사무실던화……77
편집부던화……1-82
우 함……191

대 금
一개월……三십五전
三개월……九십전
六개월……한六십전
一개년……三원

Г. ВЛАДИВ. ЛЕНИНСКАЯ 43, РЕД. ГАЗ. „АВАНГАРД „

뎨八十八호 (№88) ● 一九二五년八월二十九일 (29-го августа) ● 토요일 (1)

한기념과두명절

(一)

오늘은 비분과 분노와 치욕에서 니가갈리고 치가떨이는 벌서 열다섯해전에일어작 고려의강제합병을 당한날이다(一九一〇년八월二十九일) 우리는 금년에도 또 이날을 맛게되엿다 어찌금년뿐이랴? 八월二十九일이야 과거에도 잇엇고 미래에도 무궁세로록 잇슬것이다 어찌우리뿐이랴? 전인류가 다一년에한번식은 八월二十九일을 맞을것이다 그러나 어느때에 이날이 업스랴마는 一九一〇년이날은 세계력사에서 세계디리에서 반만년긴력사 二千萬만흔민중을가진 고려가 그자최를감추던날이며 어느사람이 이날을앗지안으랴만은 고려의로력군중이 자긔의살림과자유를 외국침약가에게 빼앗기던날이기때문에 十五년전붙어의이날은 十五억五千萬인민가온데서 고려인족의 가장압흐고 가장슯흔날이되엿다

이날을업이려고 우리는 만흔분투를 만흔갑동을 만흔계획을하어왓다 그러나 이날은 금년에도 이전갓이 고려반도에 일본의침약가 자본가들그놈들 그 억울과비참에서 맏게되엿다。

고려의혁명자들아 이날을업이기위하야 분쟁을피하고 전선을통일하자 산란을바리고 조직을힘쓰자 그래서 근본뎍해방과 참된자유를 도모하는데 유일의지도자인 공산당의기치밑에 모히라 이밧에는 아모긔관도 아모단톄도 우리의해방을 자유를 행복을 줄자가 업는까닭이다 고려의무산군중을 선봉으로한 고려민중의 해방운동은 멀지안은장래에 이날의 비분과 치욕을 업이할것이다.

(二)

이달三一일로 래달七일까지는 전세계혁명뎍아이들명절의 다섯재돌이란다 어린것들의 피땀까지 여디업이빠내여 자긔의배를불리며 등을덥히며 심신을괴롭게하던 세계부르주아무리는 다섯번재 전세계아이들이 자본제도를타경하려고단결한 큰시위운동을 눈으로보게되엿다 어린것들의정신을 마취식혀엿던이 부르주아의종을만들려고 十수년래로힘써오던 가연사회주의자의 소년군(보이스카우트)운동은 공산주의아동의 혁명뎍단결에서 그힘박아지는 패여지고 그세력은 빈궁하여간다 이날에 세계의아이들은 쏘베트국가아이들이 벌서팔개동안 공산사회건설에 직접으로참여하야 위한성뎍을 계산하여 모범하며 빈천자의아들딸들은 무슨것이 다 공산주의아동의대렬에 끄을어넣는일을 닐이한다 미래세상의주인은 곳그들일것이다.(자세한재료는 피오네르신문데二호에)

(三)

오는달六일은 국제청년명절의 열한돌이라한다 자본주의생산사업에 주비력을가지고잇는 수천만의로농청년은 정치상경제상으로 부르주아의 전제하정에서 신음하엿고 그들의복리를위하여 피땀을공헌하며 목숨을희생하엿다 어느때어느전쟁을물론하고 부르주아의세력쟁탈과 침약전쟁에 공과폭탄을 걸어지고 전선에나아가 악전고투하며 국고상하는자가 왕치나쯔미자무에 손바닥이부르튼 로농청년이 안이던가? 그러나 그들은 벌서十년전붙어 자긔의복리를위하여서는 분투하더라모 전쟁의안락을위하여서는 공헌치안켓다는 자각이철저하며 한안리의자본사회를 주리파지과궤하고 사람으로사람을 압박하며착취하는폐단이업는 새사회를건설하려고 수백만공산주의뎍 건강한청년투사가 한긔치에단결하며 벌서열한번재 세계부르주아계급에대한 시위운동과 세계청년군중에대하여 자각을재촉하는 운초령을실시한다 이날은 공산주의뎍청년의날이며 순화사회주의자에대한책벌의날이며 압박받는식민디청년에대한 경고의날이며 부르주아의사환군노릇하는 파시스트청년에대한 사형선고의날이다 자본사회의파괴자도 이날의주인들이며 공산사회의건설자도 이날의주인들이다 전세계의무산청이던지 그들의굳은단결과 정제한전선을 파괴치못하리라。

(자세한재료는본보八十七호속장에)

한 일 합 병 기 념

일본의침략과고려의해방운동

一。한일강제합병

일본의어린자본발달이 대손보로나아감에랍아 그들의령소뎍야심과 침략쥬의목뎍은 디리상으로 로시아와 중국만쥬의사이에 중요한디위를차지하고잇는 고려에서 一九一〇년八월二九일에 현실되엿다 이것이 곳 한일강제합병이다 이로붙어 고려인민은 정치상노예로붙어 경제상노예까지 되고말엇다 그래서 소구업자는 로동자로 소산농민은 소작인으로화하여 살림은날로빈곤되고 압박은때로심한반면에서 일본침략정책에대한반항심은 어느계급을물론하고 일반으로 뎡렬하엿다 이것이 식민디민족으로서의 종주국에대한반항운동이다 과거十五년동안의운동은 만흔목숨과금전을 희생하엿다

二。일본의략탈뎍침입

일본이고려에침입을 시작하기는 지금으로붙어 一九六四년전(신라시五八년, 일본숭신四八년)붙어엿다 그때의 일본의생산업은 다만농업과어업이엿다 토디가협소하고 척박한섬나라임으로 그생산품은 공급에부족하엿던것임으로 자조 고려연해도디방에 침입하여 재물을탈취하고 촌락에불질으며 사람을 살해하엿다 그리하기를 대개千여년동안에 고려인의생명재산이 만흔손해를 밋엇다

一六一〇년에 풍신수길붙이 륙해군을거느리고 고려에침입하여 각도시를 멸경하고 八년간을싸화 三百여만의고려인민을 살상하엿으나 래종에는 패하여돌아갓다 이것이 일본이고려에대한 군사뎍침략의 첫거름이다

三。일본의령토뎍침략

유로바의자본주의뎍문명을슈입한일본은 산업이날로발달됨에딸아 생산품을 슈출판매할 시장을 요구케되엿고 이요구의목표는 먼저고려와만쥬에당하엿다 그래서 一八七二년에 처음으로 고려에통상을요구하엿으나 거절을당하고 一八七五년에 일본의운양함장이 고려서해안을 비밀히측량하다가 영종도수비병의격퇴를당하엿고 一八七六년에 비로소 량국의친선도약을 톄결하엿다

一八八二년六월九일에 일본대사 화방리질은 대사관을 스스로불질으고 그것으로구실을삼아 대사관보호병二百뎡을 가저왓으며 동시에 그에대치로 중국에서 원세개가 군사二千을다리고 왓다 이로붙어 일본의고려에대한 령토뎍야심과 중국의고려에대한종주국이로간자세가 서로충돌됨에딸미암아 고려의존무관리들은 친일、친로、친중의 세파에분립하야 그때고려정계에 갑신의변과 갑신혁명당의란것이일어낫다

一八九四년에 고려에서 외국세력을 구축하며 외국을부종하며 인민을잔학하는 탐관오리를박멸하자는표어로 동학당이란 일어낫다 일본은 이것을긔조삼아 상인보호를빙자하고 四百명의 군인을 고려로가저왓으며 중국은 동학당란을 진압하여주노라는빙자로 五千군을 가저왓다 이로붙어 중일량국의충돌은 로골뎍으로되여가는동시에 고려정부는 일본의요구와 협박에의하여 고려는중국의속방임을 부인하고 독립국임을 선언하엿다.

一八九五년七월二六일에 중일량군은 전쟁을열엇다 벌서七월二三일에 일본군인은 경성에들어와 궁성마조를략탈하며 동시방장의농민을 강제로군사로동을식히며 무고한량민을 살상하엿다

一九〇二년에 로시아는 극동정책으로 료동반도를 중국에서조차하엿으며 一九〇四년에 일본은 대륙정책의뎍인 로시아와리대손돕모인하여 二월十일에 선젼포고를하엿다 二월二三일에 두사단의일군이 경성에들어오자 인공사림권조가 고려정부를협박하여 의정六조의조약을톄결하고 헌병을각디방에 쥬재케하며 내졍을간섭하는동시에 경치뎍집회、결사、언론、출판을 엄금하엿다 이로붙어 고려의독립은 빈말뿐이엿다

…二면으로…

『선봉』(1925.8.29)

• 先鋒 • Авангард.

선봉

Орган Приморского Губкома РКП (б)

세계무산자는단합하라!

통신할곳
해삼위레닌스까야 43
선봉사
사무실면화……77
편집부면화……1-82
수할……191

주일간

대금
一개월……三십五전
三개월……九십전
六개월……一원六십전
一개년……三원

Г. ВЛАДИВ. ЛЕНИНСКАЯ 43. РЕД. ГАЗ. АВАНГАРД

데百호 (№ 100) 一九二五년十一월二十一일 (21-го Ноября) 토요일 (1)

우리는 정치신문이있어야하겠다. 그것없이는 모든정치뎍반감을 결속하야 무산계급 혁명운동의 성공을표준하는 우리과업을 실행할수없다.

신문은 좋은선동자 좋은조직자만을 양성하는것이 않이오 최후의결투를 지도하는 영재있는 정치당의수령을 산출한다.

신문은 단합뎍선동자. 단합뎍선전자뿐이않이오 단합뎍조직자이다.

—레닌—

「선봉」의 백호

오늘 「선봉」은백호가 발행된다. 이백호의 출현은 우리에게있어 큰일이다. 고려농민근중은 쏘베트주권이 오기전에 자긔의불만족을 신문지상에 빛우어보지 못하엿다. 오직 쏘베트주권이 온뒤에야 그권리를 가지엇다. 「선봉」은 그앞에서고잇는 과업을 힘자랑질이 잇는데까지 실행하엿다. 그결과로 고려농민근중은 내외형편을알게되더 세계에서즘인무산국가의 건설을 배호며 또고려농촌의생활과 그요구를 신문으로들어내게되엿다 또농촌의조직과 그인도하는 당. 청년회야제이와. 녀자대표회도 경험을 서로교환하더 레닌주의고양을 받게되엿다.

그러나 이와같은 도달을 소개하는 반면에 이상의단톄와 고려로동자. 농민근중이 열심으로 참가하여야 이신문을 더향상식힐수있으며 이신문의단처를 곤칠수있다. 이신문의단처는

1.농촌은 「선봉」을많이 구람하지 않는다 이신문의 구람을 장려하며 향상식혀야 되겟다。누구던지 억제로 구람식힐 권리는 없다。 오직 고려로동자. 농민은 자비로 이에로력할것이다 다숫집에 신문한도는 되어야하겟다。이는 「선봉」을구람하는자의 리익이다.

2.당과청년회야제이와 열성자들이 신문사업에 많이참가하지않는다. 농촌긔자도 적다. 고려인열성자는 신문에 참가하여야 되겟다. 농촌긔자대렬을 확장식혀야 되겟다. 신문은 이제오늘에 얼마되지않아서 일주二간이될것임으로 디방통신은 거이게재할것이다

이러케 「선봉」의백호는 우리에게 그장래발전을 견고케식힐 임무를 부담식힌다. 또 신문의구람을 증가식히며 많이고려인근중을 참가식히는 과업을 내세운다.

로씨야공산당연해도간부
선전과장 쁘츠발린스끼

선봉百호를축하

여러십년동안을 계속하여 로씨야의 군주정부는 고려로럭자들을 압박하엿섯다 다만 쏘베트주권이 수립됨으로 붙어 고려로럭자들은 동등의권리잇는 공산사회주의쏘베트국가의공민이되엿다

쏘베트주권은 고려로럭자들의 경제개선과 문화향상에 로심한다.

이모든과업을실행함에는 공산당이 가장큰의의를가젓다.

이호를 발행하는날에 로씨야공산당연해도간부는 선봉신문을 축하하는동시에 그장래건설과 같이 고려로럭근중을 포옹(抱擁)하기를원한다

로씨야공산당 연해도간부

『선봉』(1925.11.21)

발행에五번
한주일에두번식간행(일요 목요)

Орган Владивостокского Окружкома ВКП(б)

● 先 Авангард. 鋒 ●

선봉

발행기관: 전동맹공산당 해삼현간부

세계무산자는단합하라!

Ред. газ „АВАНГАРД“ ГОРОД ВЛАДИВОСТОК ЛЕНИНСКАЯ 43

뎨二百一호 ● 一九二七년五월三일 ● 火曜日 ● № 201 ● 3-го Мая 1927г.

로동즁판리 념을당하야 —마즘본보200호 편즙을맛으고—

우리 신문!

로동자농민은 자기의정치신문을 유지해야된다.

국제공산당집행부 비서부에서

..선봉..二百호를축하한다

『선봉』(1927.5.3)

발행제八년—1923년3월창간—일주三간

통신과대금을받는본사번지
Хабаровск. Шевченко № 24 Ред. газ. „Авангард"
телефон редакции и конторы 11-63 사무실전화번호

신문대금	УСЛОВИЯ ПОДПИСКИ	광고료금
일개년… 6원70전	На 1 год… 6 р. 70 к.	오호한줄…삼십전
륙개월… 3원40전	„ 6 мес… 3 р. 40 к.	사호한줄…오십전
일개월… — 60전	„ 1 „ … — 60 к.	삼호한줄…팔십전
		증명서류…1 50전

先„АВАНГАРД"鋒

선봉

발행기관
전동맹공산당 원동변강위원회와 직업동맹원동변강쏘베트

КОРЕЙСКАЯ ГАЗЕТА ДАЛЬКРАЙКОМА ВКП(б) И ДАЛЬКРАЙСОВПРОФА

1930년11월 7일 금요(金曜) № 500

씨.씨.씨.르.와 자본주의 세계

우리 씨씨씨르의형편과 저들자본주가의 형편을 분석한총화는 어떠한가? 제일코고 모도아는사실을지적하자.

저들 자본주가들에게는공업방면이나 농업방면에서나 경제적공황과 생산의탁하가있다.

우리 씨씨씨르에는 인민경제의 어느부분에서나경제적향상과 생산의장성이있다.

저들 자본가들에게는 로력자의 물질적의탁하, 로동자의 임은탁하와 실업자의장성이있다.

우리 씨씨씨르에는 로력자의 물질적형편의향상 로동자임은증고와 실업자의진축이다.

저들 자본가들에게는 수백만로동일을 상실케하는데로 이르게하는 동맹파공과 시위운동의장성이있다

— 쓰 딸 린 —

『선봉』(1930.11.7)

『선봉』은 1925년 11월 21일 신문 100호 기념 '선봉 신문의 략사와 임무' 「선봉신문의 략사」에서, 편집자는 창간부터 1923년 6월경까지는 이백초였으며, 1923년 7월부터 1924년 7월까지는 이성, 1924년 7월부터 1925년 5월까지는 다시 이백초였다고 밝히고 있다. 그 후 1925년 6월 1일부터 오성묵이 담당하였으며,[2] 1931년에는 李适이, 1936부터 37년까지는 김홍집이 임시주간이었다. 발행인, 편집진들로 미루어 볼 때, 주로 이르크츠크파 인물들에 의하여 주도되었다.[3]

『선봉』은 자신의 임무를 다음과 같이 표방하였다. 첫째, 연해도 고려인의 계급적 각오의 고취와 공산주의적 교양, 둘째, 당과 소비에트 주권의 소수민족에 대한 정책의 표현과 도시와 농촌의 혁명적 건설에 대한 지도, 셋째, 과거 제정시대에 행해진 소수 민족의 정치적 경제적 압박을 완전히 벗어나 자유평등의 새 사회건설을 가르치며, 넷째, 러시아의 선진 혁명군중으로부터 혁명에 대한 모든 것을 배워 고려 및 전 세계의 혁명전선에서 용감한 투사가 되도록 교양하며, 다섯째, 소비에트 국가의 혁명적 모든 법령을 고려 민중에게 소개하며, 여섯째, 도내 고려인민의 경제 인문생활을 후원하며, 일곱째, 남북만주와 고려내지의 노력자들에게 혁명적 건설, 훈련, 교양 등에 대한 사항의 소개와 기타 전세계 각국의 혁명운동 소식을 연해도 고려군중에게 소개하는 것 등을 자신이 추구해야 할 것으로 표방하였던 것이다.[4]

『선봉』은 자신의 이러한 임무를 완수하기 위하여 최대한 노력하였다. 이는 신문의 내용을 통하여 살필 수 있다. 『선봉』 신문은 모두 4면으로 되어 있다. 대개 1면은 사설, 조선 국내의 소식 중 주로 사회주의 운동 기사, 주요 세계혁명소식이 배치되고, 2면에는 상단에 세계 각지 소식이,

---

2) 『선봉』 1925년 11월 21일자.
3) 『선봉』 해제 이균영.
4) 『선봉』 1925년 11월 21일자 「선봉신문의 략사와 임무」.

하단에 극동 소비에트 지역 단신이 배치되었다. 따라서 2면의 상단은 국제정치, 하단은 사회 문화면의 역할을 하고 있다. 3면에는 당사업 보고, 강령, 지시, 지령안, 각 기념식 연설문, 당이나 공화국 명의의 격문이나 결정서가 주로 실렸다. 4면에는 정치경제학 강의, 신경제안의 해설, 노동법 해설 같은 것이 실렸다.

1925년 4월부터 선봉지는 '선봉은 노동자 농민의 신문이다'라는 캐치프레이즈를 내걸고 사설의 비중을 낮춘 대신 농업, 농사 기사를 전면에 배치하였으며, 그 대신 3면에 당생활이라고 하는 고정난을 마련하였다.[5] 1925년 후반기부터 가장 큰 비중을 차지하는 난은 당생활, 농촌과 농민난과 촌단위 고려인들의 생존형태, 예컨대 경제상태, 토지분배비율, 당원, 교육, 위생, 농민 상조회, 공리조합, 소비에트조직, 상부 소비에트 지령의 관철여부, 소비에트 사업 확장 등에 관한 것이었다.

1923년부터 1928년이전까지 고려인들에게 가장 중요한 문제는 토지문제와 국적문제였다. 그러나 1927년 12월 당대회는 농업의 집단화가 소련공산당의 주요 과제임을 선언하였다. 그리고 1928년부터 콜호즈 사업이 본격화되었다. 이때부터 선봉의 주요 기사들 역시 고려인들의 콜호즈 사업에 집중되고 있다.[6]

한편 『선봉』은 민족적 성격도 강하였다. 그리하여 강제 합방일과 3·1운동 기념일에 특집을 간행하였다. 전자와 관련하여서는 1924년 8월 20일에 「한일강제합병뎨십사주년긔념」이라는 제목으로 1면 전면 기사를 게재하였으며, 1925년 8월 29일 국치일에는 오성묵이 편집한 「일본의 침략과 고려의 해방운동」에 대하여 다루고 있다. 그리고 1930년 8월 27일에는 「조선합병이십주년을 맞으면서」에서 특집을 다루고 있다. 그리고 1931년 8월 28일에는 「조선이 일본제국주의에 합병된 21주년과 모

5) 이균영 해제 참조.
6) 이균영 해제 참조.

쁘르의 당면과업」 등을 게재하고 있다. 후자와 관련하여서는 1925년 2월 20일에 「三一운동의 력사」라는 제목하에 3·1운동의 원인, 3·1운동, 일본정책의 추이 등의 순으로 삼일운동에 대하여 전면 게재하고 있다. 그리고 1925년 3월 1일에는 3·1운동 6주년을 기념하는 특집호를 발행하였던 것이다. 또한 동호 특집호에서는 『동아일보』 1925년 신년호를 인용하여 1924년도의 「조선사회운동 개관」이라는 제목하에 노동운동, 학생운동, 형평운동, 여성운동 등에 대하여 소개하고 있다. 그리고 1926년 3월 1일에는 「3·1독립운동제7주년기념－사회혁명의 바른길로」를 게재하였다. 그리고 1927년 3월 1일자에서는 역시 3월 1일 특집호를 간행하고 있다. 1929년 3월 1일에는 3월 1일 십주년기념 특집호를 간행하여 조선민족혁명투쟁십주년과 소베트 국가에서 일하는 우리의 과업, 조선혁명운동의 현과정과 본질 등을 조망하고 있다.

또한 『선봉』은 공산주의자들의 회고담도 게재하고 있다. 대표적인 것으로는 조선공산당 창당에 관여한 주종건의 「러시아혁명 10주년을 맞으면서 조선의 혁명운동을 회고함」[7]과 연해주에서 활동한 황하일, 박 일리아, 김병묵 등의 회고담 역시 싣고 있다.[8]

한편 선봉신문사에서는 1928년 5월부터 『로력녀자』라는 『선봉』 附刊을 1달에 1번씩 간행하였다. 그들은 고려여자들의 문화혁명을 위하여 이 신문을 간행하고자 하였으며, 어린애의 양육, 재봉 기술 등 여성과 관련된 것들을 다루고 있다.[9]

또한 『선봉』에서는 계봉우의 글인 「고려문전과 나의 연구」를 1930년 11월 12일부터 동년 12월 7일까지 9회 연재하였으며, 이에 대하여 오창환은 「고려문전과 나의 연구를 읽고서」를 1930년 12월 17일부터 다음

7) 『선봉』 1927년 11월 7일자와 1928년 3월 1일자.
8) 『선봉』 1930년 11월 12일자.
9) 『로력여자』 1928년 7월 8일자 참조.

해인 1931년 3월 7일까지 9회 연재하는 등 『고려문전』에 대한 활발한 연구와 비판을 보여주고 있다.

그 밖에 주목되는 기사로는 『선봉』 1926년 11월 28일자에 실린 6·10 만세운동에 대한 재판 기사와 『선봉』 1923년 10월 7일자의 상해에서 개최된 국민대표회의에 대한 것이다. 후자의 경우 「국민대표회의 종국에 대한 민중의 비판과 금후의 방침 1」이라는 기사를 통하여 국민대표회의에 대하여 집중적으로 거론하고 있다. 그리고 1923년 1월 21일자에서는 관동대지진시의 한인학살에 대하여 「일본의 조선인 대학살」이라는 주제하에 관동대지진 시의 한인학살과 박열 등 19명의 조선인의 체포에 대하여 지면을 할애하고 있다.

1920년대 민족적 성격과 국내 및 만주지역의 동포들도 대상으로 한 『선봉』은 1930년부터 소련을 국적으로 하는 소수민족 고려인들을 대상으로 하는 신문으로 그 성격이 변해가는 듯하다. 20년대에 보이던 3·1운동을 기념하는 각종의 특집과 보고문, 강제합병일을 맞으며 내던 기사들, 6·10만세운동 특집과 조선내의 기사들이 30년대에는 거의 발견되지 않는다. 그 대신 콜호즈 소식, 당사업, 볼세비키 중앙위원회 결정문건들, 스탈린에게 보내는 보고문, 결의서, 혹은 쁘라우다지의 사설이 그대로 번역되어 빈번하게 게재되고 있다.[10)]

아울러 주목되는 것은 소수 민족에 대한 변화하는 정책과 그에 따른 숙청, 추방과정을 생생히 보여주고 있다. 특히 『선봉』에서는 1937년 8월 6일부터 「일본탐정부의 파탄적 사업」이라는 글을 쁘라우다지로부터 다수 인용하여 연재하고 있어 한인추방이 입박하고 있음을 암시해 주고 있다.

발행기관이 전동맹공산당 해삼현 간부임에도 불구하고 『선봉』은 유가지였으며, 자연히 신문 대금으로 운영되었다. 발행부수는 시기에 따라

10) 이균영 해제 참조.

차이가 있었으나 대개 1924년 가을까지는 3천부였다가 경제문제로 천부를 줄였다. 그리고 1925년 초에는 조금 늘어 2,200부를 발행하였다.[11] 1925년 당시 신문 독자는 2천명 가량이고, 기자는 40인 미만이었으며, 대금과 광고료의 수입이 매달 평균 100원 미만이었다.[12]

『선봉』은 연해주 각 지역의 소식을 취합해야 했으므로 지방 기자가 필요했다. 본사 정규사원으로서의 기자수는 알 수 없으나 각 지방의 자발적 지원에 의한 기자수는 1925년 1월 20명, 1925년 10월 30명, 1926년 3월 현재 70명이었다.[13]

2. 『연해주어부』

1) 발간과 주요 구성원

혁명 전 러시아지역의 어업은 극히 낙후되어 있었는데, 소비에트 정권기 레닌의 지시에 의하여 극동에서 어업이 발전하기 시작하였다. 소비에트 정부는 어업 전체의 계획적인 조직에 관하여 중요한 결정을 하였다. 레닌이 서명한 1921년 3월 16일자 법령은 어업의 통제, 어획금지 구역에 관한 규정, 어획금지 시기 및 사용금지 기구를 명시하였으며, 해양산업개발의 중요성을 강조하였다.

1928년 소련의 집단화 정책 이후 어획고를 높이기 위하여 한인 콜호즈들이 조성되기 시작하였다. 그 결과 1930년 초 레닌등대, 수찬 빨치산, 거인, 붉은 수이푼, 제9로부, 아무르, 북쪽 등대 등 다수의 콜호즈가 형성되었다. 그리고 생상 증대를 위하여 신문도 간행되었다.[14]

---

11) 『선봉』 1925년 11월 21일자 「선봉 신문의 략사와 임무」.
12) 『선봉』 1925년 11월 21일자 「선봉 신문의 략사와 임무」.
13) 위와 같음.
14) 김승화, 앞의 책, 191~192쪽.

„ПРИМОРСКИЙ РЫБАК"

연해주어부

(五일一간)

세계무산자는단합하라!

Владивосток Ленинская ул. ОК ВКП(б) Редакция газ. „Приморский Рыбак" № Тел. 14-94

발행기관: 식량직업회 Орган союза пищевиков 1930년7월13일 №1

원동에어업은 우리산업계에 지도뎍역활을 가지엇다! 어부동무들 정어리잡이에대한 생산계획을 실행하며 넘겨 실행하는것은 우리사회주의건설의 성공과 밀접하게련락되어있다!

„연해주어부"

식량직업동맹중앙간부의축하문

— 오스크와 식량직업 중앙간부에서 —

창간호를축하한다

—해삼연직업동맹위회에서—

련공청년회단톄에서새로발행되는신문 „연해주어부"을축하한다

—련공청년회간부에서 서가이—

각어장쁘롬전권위원이 실행할일

—식량직업회련간부에서—

십륙차당대회의 순서

전쎄쎄쎄르의 파종은92,9%

『연해주어부』(1930.7.13)

„ПРИМОРСКИЙ РЫБАК"

세계무산자는단합하라!

연해주어부

(五일 一잔)

편집부주소 Владивосток Ленинская ул. ОК ВКП(б) Редакция газ. „Приморский Рыбак" № Тел. 14-94

신문대금	УСЛОВИЯ ПОДПИСКИ	광고료금
일개월 ……… 12전	На 1 мес. - 10к.	오호한줄 ——15전
한장에 ……… 2전	Цена номера 2к.	사호한줄 ——20전

기관: 해삼현당급식량직업회자부 Орган Владив. Ок. ВКП(б) и Ок союза Пищевиков. 1930년8월29일 № 10

로력자들아! 20년전8월29일은 일한 합병이체결된날이다! 이날을응용하여 세계혁명구제회에 맹렬하게참가하여라! 동무들아나아서라 사회주의건설의 진격대사업에!

일제합병20주년기념과 우리의당면과업

모범있는 공개뎍재판은 로력군중이 옳다고인증한다

연동국립어업트레쓰트의간집장소대1호는 8월10일까지자긔의 게획을98%를 실행하엿다

각업성자어부들의명부와 그의실행여부:

№	성 명			실행한퍼센트
1	천봉형	350	465	133
2	리치남	„	338	175
3	김덕수	„	433	123
4	건애일	„	310	90
5	김유선	„	351	100
6	향록선	„	210	60
7	건애일	„	109	30
8	유보린	„	186	53
9	박의호	„	987	[illegible]

상금받은 어부들!

공업화에열성많은어부와녀자들

—강항수—

『연해주어부』(1930.8.29)

1930년대 연해주 한인들

1930년대초 연해주 학생들

『연해주어부』는 1930년 7월 13일부터 블라디보스톡에 있는 식량직업회에서 한글로 간행되기 시작하였다. 면수는 모두 4면이다. 이 신문은 처음에는 해삼현 당간부와 식량직업회 당간부회 기관보로 발행되기 시작하였는데, 그해 말에 식량직업회 변강간부의 결정에 의하여 5일 간격으로 정기적으로 발행하게 되었다.[15]

『연해주어부』는 1930년 7월 13일에 발행되어 1933년 4월 20일까지 약 3년 동안 5일 1간으로 총 161호가 발행되었다. 그러나 언제 폐간되었는지는 알 수 없다. 다만 『연해주어부』의 내용이 점차 『선봉』과 큰 차이가 없어지면서 폐간된 것이 아닌가 짐작된다. 현재 결호는 1930년 9월에 간행된 제13호, 제15호, 1931년 3월에 간행된 제36호, 동년 4~5월에 간행된 제42호~제43호, 그리고 동년 5월에 간행된 제47호, 동년 10월에 간행된 제77호~제78호, 11월 6일에 간행된 제79호의 경우는 3, 4면 결호, 1931년 12월 28일에 간행된 제89호는 4면 결호, 1932년의 경우는 동년 1월에 간행된 제91호, 3월에 간행된 제103호~제104호, 1932년 12월에 간행된 제144호 등이다. 즉 『연해주어부』는 결호 일부를 제외하고는 대체로 양호한 상태로 보존되어 있다고 하겠다.

주필은 한 블라지미르이며, 제2호(1930.7.20)부터 주필 대리로 이설송이 일하기도 하였다. 그 외에 이문현이 제12호(1930.9.15)부터 주필 대리로 일하기도 하였으며, 제37호(1931.3.29)부터는 서제욱이 주필 대리로, 제44호(1931.5.15)부터는 한 블라지미르가 다시 책임주필로, 제56호(1931.7.14)부터 다시 이문현이 주필 대리로 일하였다. 그리고 발간 당시에는 신문 기자가 거의 없었으나 1930년말 제1차 노동기자대회때에는 노농기자가 50여 명이었으며, 1932년에는 노농기자가 1,500명으로 증가되었다고 한다.

한편 『연해주어부』는 신문의 발전을 위하여 1930년 12월 17일에 개

15) 『연해주어부』 1932년 3월 8일자 「100호의 연해주어부」.

최된 연해주 어업 노농기자 제1차 회의에서 다음과 같이 결의하였다.[16)]

첫 째, 본 신문은 어업생산에 있어 고려인 어부를 위한 유일한 출판물이므로 이 신문을 고정적으로 계속 발행하여 달라고 원동 당 간부와 식량직업회 간부에 요청할 것.
둘 째, 신문사의 예산액을 튼튼히하여 편집부에 겸임일꾼을 두지 말고 정식일꾼을 두며, 편집부의 성원을 증가시킬 것.
셋 째, 겨울동안에는 어장의 사업이 줄어들고 종이가 부족하므로 임시로 신문 발행장수를 축소하는 동시에 발행회수는 매월 6번씩 발행할 것.
넷 째, 신문을 제때에 각 산업소에 분배하여 신문독자로부터 신문대금을 꼭 걷을 것이며, 각 산업소마다 신문 분배 후원 사업을 조직할 것.
다섯째, 편집부내에 새로이 통신기자 한사람을 두어 앞으로는 그를 통하여 지방기자를 실질적으로 지도하며, 『연해주어부』에 「기자란」을 두어 기자들의 교양사업을 전개하며, 그들과의 연락을 긴밀히 할 것 등이었다.

그러나 『연해주어부』의 이러한 노력에도 불구하고 이 신문은 해삼위 지역의 모든 노동자를 대상으로 하는 신문으로 변화하였던 것이다. 즉 1933년 10월 전동맹볼세비크공산당 해삼시위원회 비서부의 결정 「연해주어부의 사업에 대하여」에 따라 시당간부의 기관지로 변화하였다. 그 결과 제135호(1932년 10월 20일)부터 『연해주어부』는 어업관련 사항뿐만 아니라 시의 방침에 따라 구역 노동자들의 사회주의 건설에 관한 기사도 다수 싣고 있다. 아울러 발행기관도 해삼시 당간부로 바뀌었다.

2) 신문의 논조

『연해주어부』 창간호에는 「연해주어부」라는 제목 하에 "우리는 어업 로동자들을 위하여 고려말로서 우리 신문을 발행하기 시작한다"고 하고, 원동의 어업의 경우 1930년도 전체 어업 생산계획량의 27%를 차지하고

16) 『연해주어부』 1930년 12월 30일자 「연해주어부의 사업형편과 그의 당면과업」.

있으며, 원동수출량의 75%를 차지할 정도로 대단히 중요한 위치를 차지하고 있다고 밝히고 있다. 그리고 『연해주어부』에서는 어업의 생산량 증대를 이루는 것이 사회주의 건설 및 5계년 계획의 성공과 밀접한 관련을 가지고 있으므로, 한유, 태만, 부주의 등과 투쟁해야 한다고 강조하고 있다. 아울러 어업의 오개년 계획에 있어서 목표를 초과 달성해야 하므로 모두 고기잡이를 위한 투쟁을 전개해야 한다고 호소하였다.

1면에서는 주로 정치적인 내용을 다루고 있으며, 2, 3, 4면에서는 연해주 지역의 어민들을 독려하여 어업생산량을 증대시키는 내용이 주종을 이루고 있다. 특히 연해주에 정어리가 많이 잡히는 관계로 정어리 잡이에 대한 기사가 자주 보이고 있다.

그외 『연해주어부』에는 재소한인관련 기사도 다수 게재하고 있다. 특히 한국관련 각종 기기념일에 일본제국주의를 비판하는 기사와 더불어 제국주의 타도, 사회주의 국가건설 등을 호소하고 있다. 즉, 1930년 8월 29일자 신문 제10호에서는 국치일을 맞이하여 「강제합병20주년기념과 우리의 당면과업」이라는 제목 하에 일제의 악랄한 침략상을 비판하고 우리의 당면과제를 다음과 같이 제시하였다.

> 우리 사회주의 건설의 강령을 원만히하며, 우리 국경에 범하려는 피-은 검은 발톱을 사정없이 대항할 이를 튼튼히 하고 고려내지의 혁명운동과 감옥에서 아파하는 우리 동지에게 정신적 또는 물질적 후원을 쉬지말고 하여야 할 것을 잊지 말아야겠다. 이 과업 실행을 위하여는 사회주의 경쟁에 팔을 걷고 나서야 하며 제16차 당대회의 결정과 제5차 붉은 직업동맹대회의 재료를 열성적으로 연구 실행하며 국방위원회 사업을 힘있게 전개하며, 모쁘르대열을 더 넓게 또한 크게 하여야 하겠다. 그리고 우리는 붉은 출판물 선봉, 연해주어부, 태평양노동자 기타 서적을 부지런히 읽으며, 또 그의 확장에 특별한 힘을 내어야 한다.

즉 20년전 8월 29일을 기억하며 이날을 기념하여 세계혁명구제회에 적극적으로 참가할 것을 촉구하는 한편 사회주의 건설 사업에 전념할 것을 호소하고 있는 것이다.

또한 1931년 8월 28일자(제65호)에서는 「조선합병21주년을 당하여」라는 1면 글을 통하여 조선에 있는 노력대중은 새로운 제국주의 전쟁반대, 소비에트 동맹사수, 중국혁명옹호, 조선으로부터 군대철거, 경찰학살반대, 7시간 노동제, 임금인상, 실업자 구제 등의 표어로서 이 날을 맞이하여야 한다고 주장하였다. 아울러 원동에 있는 고려인은 사회주의 건설을 위한 투쟁에서 노력자들의 용단성을 더 발휘함으로써 산업계획실행을 보장하며, 국방을 튼튼히 하는 동시에 국제교양사업을 널리 전개하자고 주창하였다.

그리고 1932년 2월 29일자 제99호에서는 3·1운동 13주년을 맞이하여 특집 기사를 다루면서 일본, 고려, 중국의 노력대중들이 단결하여 태평양연안에서 일본제국주의를 박멸하자고 하고 있다.

또한 국내와 관련된 내용들도 다수 게재하고 있어 주목된다. 제46호(1931.5.25) 4면에서는 최근의 소식이라고 하여 조선농민의 파산의 일례 등 조선의 상황을 전하고 있으며, 제49호(1931.6.9) 4면에서는 「조선노동운동전말」을, 제55호(1931.7.9)에는 「홍원 농민의 대소요」를 소개하고 있다. 아울러 1931년 만주에서 발발한 만보산 사건과 관련하여 『연해주어부』에서는 1면 기사에서 「일본제국주의를 반대하여 조선 중국의 로동자 농민은 단결하자」라는 글을 기고하였으며, 제60호(1931.8.3), 제61호(1931.8.8)에서는 2면 기사에서 「일본제국주의는 고려사람을 만주에루 구축한다」라는 기사를 싣고 일본제국주의의 만주 침략을 비판하고 있다.

1931년 들어 『연해주어부』는 문맹퇴치운동에 대하여도 관심을 기울이고 있다. 즉 제63호(1931.8.18)에서는 「문화전선」란을 통하여 「해삼시 고려인 문맹퇴치사업에 대하여」, 「고려 꼴호즈니크 건조에 대한 해삼문맹퇴치 참모부의 활동」 등을 다루고 있는 것이다. 그리고 제93호(1932.

1.21)에서도 문화건설에서 문맹퇴치 사업에 대하여 집중적으로 언급하고 있다.

또한 한글의 라틴화과정에 대하여 비중을 두고 있다. 오창환의 글 「고려글자의 라틴화도정에서 우리 앞에 나서는 문제들」을 제86호(1931.12.13)부터 제87호, 제88호, 제89호, 제90호, 제91호 등에 연재하고 있다. 그리고 박영빈도 제92호(1932.1.14)에서 「고려글자를 라틴화 하는데 대한 변간협의회를 앞에 두고」라는 글을 발표하였다. 이들은 고려글자를 라틴화하여야 문화를 발전시킬 수 있다고 주장하였다. 이는 단지 이 두 사람만의 의견은 아닌 것 같다. 즉 1932년 1월 7일 오후 8시 스탈린 구락부에서 고려문자를 라틴화하는 데 대한 회의를 해삼시 당간부의 지도하에서 진행하였던 것이다. 그 회의에는 500~600명이 참석하였으며, 이 회의에서 박영빈은 고려자모의 라틴화할 원리적 문제에 대하여, 오장환은 초안에 대하여 각각 발표하였던 것이다. 그리고 한글자모의 라틴화 실시를 위한 위원회 위원에 채동순, 오창환, 박영빈, 한 블라지미르 등이 선출되였다. 이들은 고려문자를 라틴화하는 것은 고려인 군중의 문화발전을 위하여도, 또는 문화혁명에 있어서도 정치적으로도 큰 의의를 가진다고 생각하고 있었던 것이다.[17] 그리고 제93호(1932.1.21) 5~6면, 제94호(1932.1.28)에 박영빈이 쓴 「라틴화한 새 고려자모의 제정에 대하여」가 있다. 제95호(1932.2.3)에는 「라틴화운동의 일반」, 제96호(1932.2.9)에는 「라틴화에 대환 정서법」, 제98호(1932.2.22)에는 「라틴자모의 표준발음」 등이 게재되어 있다.

『연해주어부』는 1933년 10월부터 전동맹볼세비크공산당 해삼시위원회 비서부의 결정 「연해주어부의 사업에 대하여」에 따라 그 신문의 성격이 약간 변형되었다. 즉 연해주의 어업을 위하여 투쟁하는 동시에 시

17) 1932년 1월 14일자 「라틴화에 대한 해삼위 열성자회의는 대성황 중에서 진행되었다」.

내와 구역내의 고려노동자 및 노력자들이 사회주의 건설사업에 참가하도록 하고자 하였던 것이다. 그 결과 제135호(1932.10.20)부터 『연해주어부』는 어업관련 사항뿐만 아니라 시의 방침에 따라 구역 노동자들의 사회주의 건설에 관한 기사도 다수 싣고 있다. 아울러 발행기관도 해삼시당간부로 바뀌었다. 그 뒤 『연해주어부』는 해삼시 당간부의 입장이 반영된 글들을 주로 싣고 있다. 제135호(1932. 10.20) 1면의 「로동긔자에게 뜨겁은 볼세비끼적 축하를 보낸다」, 제136호(1932.10.26) 1면의 「쏘베트원동의 로력군중은 사회주의를 위한 투쟁을 더 군준히 전개하므로써 혁명에서 사망된 용사들을 긔념하자!」, 제137호(1932.10.31) 1면의 「십월혁명 15주년과 원동쏘베트화 10주년긔념에 대한 표어(변강당간부)」, 제138호(1932.11.5) 1면의 「십월혁명 15주년과 우리의 과업」, 제140호(1932.11.18) 1면의 「원동변강의 당쏘베트기관의 결산－개선 깜빠니아에 대하여」, 제141호(1932.11.24) 1면의 「볼세비끼적 자기비판의 조우에서 당 단체의 사업을 검렬할 것이다」 등은 그 대표적인 것들이라고 할 수 있다. 즉 『연해주어부』는 경제적인 측면보다는 정치적인 측면이 보다 강조된 신문으로 변모하였던 것이다.

아울러 중앙지의 번역이 1면에 자주 등장하게 된다. 즉 제142호(1932. 11.30) 1면 「류동과 결근과의 투쟁에 군중을 동원하자」(쁘라우다 신문 11월 7일호의 논문에서 초역한 것), 제146호(1932.12.24) 1면 「당대열의 전투적 심사」(전보로 받은 12월 112일의 쁘라우다논문에서) 등을 들 수 있으며, 어업 관련 기사는 오히려 3면 또는 4면에 실리고 있는 것이다.

3. 『광　부』

『광부』는 소련 市소비에트와 직업동맹위원회 아르쫌 구역당간부에서 간행한 것으로 1932년 11월 7일에 그 창간호를 발행한 한글 신문이다.

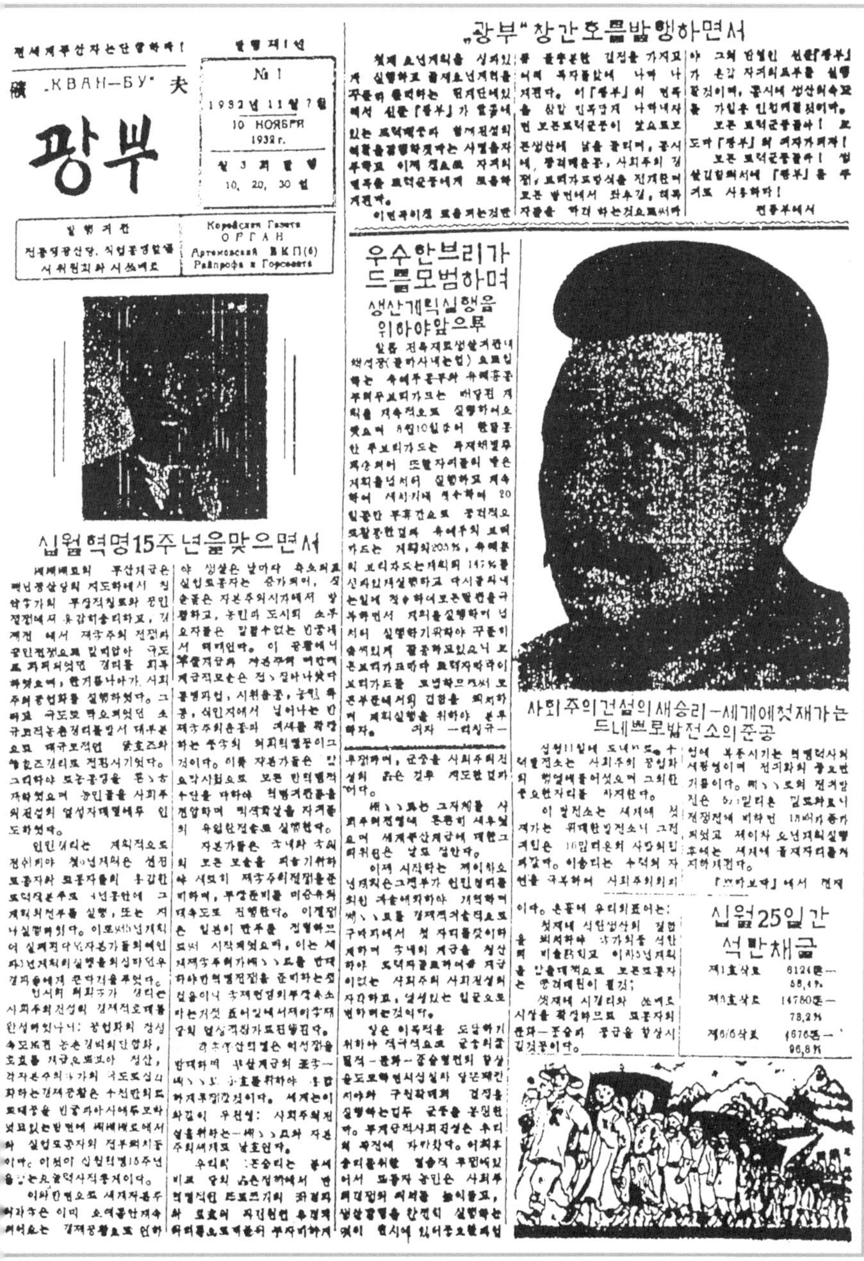

전세계무산자는단결하라!

발행제1년

「KBAH-БУ」

광부

№ 1

1932년 11월 7일

10 НОЯБРЯ 1932 г.

월 3 회 발 행

10, 20, 30 일

발행기관

Корейская Газета ОРГАН Артемовский ВКП(б) Райпрофа и Горсовета

„광부" 창간호를발행하면서

전광부에서

우수한브리가드를모범하며 생산계획실행을 위하야앞으로

리치규

십월혁명15주년을맞으면서

사회주의건설의새승리—세계에첫재가는 드네쁘로밥전소의준공

십월25일간 석탄채굴

제1호삭뜨	6124톤—	55.4%
제3호삭뜨	14760톤—	78.2%
제5/6삭뜨	4676톤—	96.8%

『광부』(1932.11.7)

이 신문이 발행된 아르쫌은 현재에도 석탄이 많이 매장되어 있는 탄광지대이다. 『광부』는 월 3회 발행하였는데 처음에는 10, 20, 30일 각각 3회 발행하고자 하였으나 뜻대로 이루어지지 못한 것 같다. 그것은 현재 남아 있는 광부의 발행일을 통하여 짐작해 볼 수 있다. 즉 현재 1932년 11월 7일 창간호부터 1933년 1월 30일까지 모두 6호가 남아 있는데 제2호는 1932년 11월 30일에, 제3호는 12월 30일에 그리고 제4호는 1933년 1월 12일, 제5호는 1월 24일 각각 발행되었던 것이다.

『광부』는 창간호 첫머리의 「광부 창간호를 발행하면서」에서,

> 첫째 오계년 계획을 성과 있게 실행하고 둘째 오년 계획을 꾸준히 돌파하는 현재단에 있어서 신문 광부가 아르쫌에 있는 트럭 군중과 함께 건설의 역할을 감행하겠다는 사명을 자부하고 이제 참으로 자기의 면목을 트럭군중에게 ?을 하게 된다.
>
> 이런 특이점 소용되는 것뿐을 불충분한 결점을 가지고 여러 독자 앞에 나타나게 된다. 이 광부의 면목을 참말 면목답게 나타내자던 모든 트럭 군중이 앞으로 모든 생산에 날을 돌리며, 동시에 공격대 운동, 사회주의 경쟁, 브리가드 방식을 전개한다. 모든 방면에서 좌우경, 해독자들을 타격하는 것으로써라야 그의 반영인 신문 광부가 온갖 자기의 포부를 실행할 것이며, 동시에 생산의 속도를 가일층 민첩케 할 것이다.
>
> 모든 트럭군중들아 생산결합에서 광부를 무기로 사용하라.
>
> 편집부에서

라고 하여 『광부』가 2차 오개년 계획을 진행하는 단계에서 석탄의 생산량을 늘리고, 공격대운동, 사회주의 경쟁, 브리가드 방식을 전개하는 데 일익을 담당하기 위해서 아울러 좌우경 해독자들을 격파하고 생산 속도를 증진시키기 위하여 간행되었음을 밝히고 있다.

다음으로 『광부』의 논조를 살펴보면, 석탄 채굴의 생산량 증대를 무엇보다도 강조하고 있다. 그러므로 창간호 「석탄채굴에 대한 우리의 투쟁적 과업」이라는 글에서 아르쫌에 있는 광부들이 열심히 노력하여 많

은 양의 석탄 채굴을 할 것을 주창하였다. 아울러 제2호에서도 「석탄 채굴 강명 실행, 로농자의 공급향상을 위한 투쟁에루 당과 로동 군중의 힘을 집중하자!」, 제3호에서도 「매일석탄 5,000톤을 채굴하는 것이 12월의 근본적 과업이다」라는 글을 각각 게재하고 있는 것이다.

공격대운동 역시 강조하고 있다. 그러므로 제2호에서는 「우수한 공격대원을 모범 하라」, 제3호에서는 「석탄을 위한 전선에서 새로 조직된 공격대원」, 「35호 고려인 브리가드 십월 혁명 15주년 19명의 공격대원」, 「공격대원들아! 긔술로 무장한 노동자가 되라」, 제5호에서는 「사회주의적 새방식－공격대운동, 사회주의 비기를 근거삼고 생산력을 높이는 것이 우리의 중요한 과업이다」, 「생산에서도, 공부에서도 우수한 공격대원을 모범하라」를 싣고 있는 것이다.

또한 브리가드 방식의 전개에 대하여도 언급하고 있다. 창간호에서 「우수한 브리가드를 모범하며」, 제5호에서 「알쫌에 있는 고려인 선전 브리가드」, 「자긔 맹세를 실행 못하는 고려브리가다」 등에 대하여 다루고 있다.

한편 『광부』에는 연해주 블라디보스톡 인근 지역인 아르쫌에 살고 있는 한인들의 교육현황에 대하여 살펴볼 수 있는 기사들도 실려 있어 1930년대 전반기 한인들의 교육 현황을 이해하는 데도 도움을 주고 있다. 즉 제3호에는 「알쫌 고려학교의 난관들과 일반 로력자들의 그에 대한 과업」, 「책임 일군이 요구되는 슴뿌 고려반」, 그리고 제6호에 아르쫌 7년 학교에 대한 기사들이 다수 실려 있다.

『광부』에서는 반역자에 대한 타도 역시 주장하고 있다. 그리고 중앙 및 기타 지방의 소식 들은 러시아 신문들을 인용하여 싣고 있다. 그리고 『광부』의 책임주필은 한. 브. 므., 차령 등이 담당하였으며, 기자로 활동한 인물로는 이창규, "전격", "차" 등이 보이고 있다.

4. 『당교육』

『당교육』은 1932년 12월 초순경에 창간된 것으로 보인다. 1달에 2번 간행된 이 신문의 제2호가 동년 12월 25일 간행된 것으로 보아 그렇게 추정된다. 『당교육』은 전동맹볼세비크 공산당 원동변강위원회 문화선동부에서 1달에 2번씩 발행한 4면의 한글 신문이다. 이 신문은 한국인으로서 당원이 될 후보자들의 교육용으로 발행된 것으로 보인다. 그러므로 신문의 내용도 주로 당원들의 교육과 관련된 내용들이 주류를 이루고 있다.

『당교육』은 1932년에 제1호와 제2호가 간행되었으며, 1933년에는 제3호부터 제15호까지, 1934년에는 제16호가 간행되었다. 현재 제16호까지 가운데 제1호, 제7호, 제11호가 결호이다.

내용을 보면, 공산주의 사상 선전이 중심을 이루고 있다. 즉 제2호에 실린 「두세계 두체계－자본주의와 사회주의」, 「쁘로레따리아트 독재를 통하여 공산주의루」, 「한 국가안에서의 사회주의 건설에 대한 것」 등이 대표적인 것이다. 제6호(1933.3.25)에는 「칼 맑쓰의 학리와 쎄쎄쎄르의 사회주의 건설」, 「사회주의를 위한 투쟁에서의 볼세비슴」, 제9호~제10호에는 「전동맹(볼세비크)공산당 강령」 등이 게재되고 있다.

아울러 소련의 국가정책에 대한 선전 역시 다수 보이고 있다. 제4호에 실린 「전동맹 볼세비크공산당중앙간부와 중앙검사위원회 련합 쁠레눔의 총화」는 그 대표적인 것으로서 4면 전부를 할애하고 있다.

『당교육』은 당후보자들의 교육을 위한 것이었으므로 공산주의 사상의 선전과 당원으로서 알아야 할 내용에 관한 것이 주 내용을 형성하고 있다. 그러므로 한인들을 대상으로 한 것이라고 하더라도 한인관련 기사들은 거의 보이고 있지 않다. 대리주필은 이광과 라공(라쓰꼬브) 등이었다.

1932해섣달이십오일

Корейская газета

전세계쁘롤레따리들은단결하라!

발행기관

원동쁘롤세비크공산당 원동 변강위원회 문화선동부

ОРГАН
Культпроп
Далькрайкома ВКП(б)

„ПАРТУЧЕБА"

당교육

한달에두번식

당후보자학교독재

№ 2

25 Декабря 1932г

신문대금 : 한장에오전

이번호의주요제목

●두세게두세게—자본주의와 사회주의

●쁘로레따리아로 독재를 통하여 공산주의루

●한국가안에서의 사회주의건설에대한것

●국제잡보등‥‥

두 세 게 — 두 체 게: 자 본 주 의 와 사 회 주 의

좌재담화: 국제자본주의의공황과쎄쎄쎄르에서의 사회주의건설의장성하는향상

이. 부 띤

공황의 파괴적동작

농촌경리의 회보와농민군중의 파산

계급투쟁과 혁명적고조

첫재 오년계획의근본적총화

"공업화의 정책은 쎄쎄쎄르에서의 승리적사회주의 건설의괴초다"

2면으루

『당교육』(1932.12.25)

5. 『동방꼼무나』

『동방꼼무나』는 1933년 1월 22일 창간호가 간행된 한글 신문이며, 발행기관은 볼세비크 공산당 흑하시 당 간부이다. 흑하시 당 간부는 1933년 정월 18일 흑하시 구역 7개의 고려인 콜호즈, 소유즈, 소학교, 전문학교, 대학교 등에 다니는 고려인이 900명이나 되므로 이들 고려인들에게 문화군중사업이 요구된다고 인식하고, 이 신문을 발행하게 되었다.[18)]

『동방꼼무나』는 창간호가 간행된 이후 1933년 4월 25일까지 모두 제9호가 간행되었으나, 현재 이 가운데 제2호, 제6호, 제7호 등이 결호이다. 신문 편집인을 보면 책임 주필은 김태봉이며, 기자는 한사윤 등이었다.

편집부에서는 아무르주에 거주하는 노동자, 꼴호즈니크, 학생, 기타 농민들에게 다음과 같이 권유하였다.

> 귀중한 고려인 로력자들!
> 동방꼼무나 신문은 레닌당의 옳은 지도하에서 1933년부터는 자립적으로 발간합니다.
> 동무들! 본사는 아무르주내 각 구역에 산재하여 있는 고려인로력자들을 둘째 오년계획의 행진에서 당과 정부의 결정을 제때에 힘있게 선전 선동만 할것이 아니라 조직하는 당의 전투적 기관보로 자기의 과업을 완전히 실행하려면 우선 동무들의 본사주의에 결속되는 동시 정신적으로만 본사를 후원하는 것만 아니라 경제적으로 본사를 힘있게 방조하는 용사가 되어야 할 것이며, 로력자들은 누구를 물론하고 동방꼼무나 신문의 독자와 기자가 되라고 권고하면서 동무들의 실행을 믿는다.

즉, 『동방꼼무나』는 아무르주에 있는 고려인들이 2차 오개년 계획에서

---

18) 창간호 1933년 1월 18일자 「흑하시 당간부의 결정 고려인 신문에 대하여」.

Пролетарии всех стран, соединяйтесь!

전세계무산자는단합하라

ВОСТОЧНАЯ КОММУНА

Корейская газета

동방 꼼무나

1 (145)

1933년 2월 22일

22 февраля 1933 г.

신문대금

일년 ……… 7원20전

반년 ……… 3원60전

한달 ……… 60전

본사 편디

Редакция:

гор. Благовещенск

ул. Торговая д

телефон №

발행기관

…붉쉬비크 공산당 흑하시당간부, 트. 짤물주 직업동맹 쏘베트

Орган Благовещенского Г. К. ВКП(б) Горсовета Горпрофсовета и Оргбюро Крайпол. Амур. Обл.

[illegible]군대십오주년기념날을맞으면서국방을튼튼히 [illegible]는사업에로력대중을망나싫이자!

[illegible]

…며 년 혁명적 모든경향을 반대하며 날 참없이 전투하고있다. 쎄쎄쎄르내의 로력대중들아 우리는 이상과 같은 형편에서 금년도 붉은군대십오주년 기념을 어떻게맞을가? 사회주의건설을 위하여 자각있는 붉은대원이되기로 맹서하며 당의총방향을 악화하는 "좌, 유경" 기회주의와 대조시

가장 밀접하기 관련된 국방사업을 더욱힘있게 … 각 쏘쏘아비아힘 야체이까를! 정식군대와 쎄프사업을 힘쓸것이며 각 사업소마다 군사 주석 …, 군사 깨닌레프를 조직할것이다. 각 지방 당, 콤쏘몰 … 들은 … 국방에 대한 …

하며 각 붉은군인 붉은 의병 기타 로력대중들은 국방을 위한 사업에 힘있는 성벽으로 화하자!

붉은군대의 조직자인 전동맹 레닌 공산당(대) 만세!

사회주의 건설의 성벽 …

·1933년 정월 18일 흑 … [illegible]

1933년도 춘기파종 … [illegible]

[illegible]

1933년도 춘사 파종계획을 1,051천 …

『동방꼼무나』(1933.2.22)

열심히 일할 수 있도록 하기 위하여 만들어진 신문인 것이다. 그러므로 본 신문에 2차 오개년 계획에 대한 기사들이 다수 실린 것은 자연스러운 결과일 것이다. 그러므로 창간호에서 「1933년도 춘기 파수기에 대하여」, 그리고 스탈린이 보고한 「첫재 오년계획의 총화들」 등을 싣고 있는 것이다. 아울러 제3호(1933.3.9)에서도 스탈린의 보고를 계속 연재함은 물론 「1933년 3월 2일에 제일차 아물주당 꼰페렌치야는 개최되였다. 파종준비와 목재채벌에서 공격적 속도로서－주당 꼰페렌치야에 선물로 주자. 3월은 결함에 진격에 달로 정하자」, 그리고 제4호에서는 스탈린의 보고를 계속 연재하고 아울러 「제일차 아물주당 꼼페렌치야 전동맹 볼세비크 공산당 변강 책임비서 베르가비노브 동무의 보고」 등도 연재하고 있다.

또한 『동방꼼무나』는 농산물의 파종에 대하여도 집중적인 관심을 보이고 있다. 제8호(1933.4.10)에서는 1932년 봄에는 파종을 늦게 하였다고 지적하고 올해는 파종을 속히 실시하여 일을 속히 추진하고자 하였던 것이다.[19] 아울러 제9호(1933.4.25)에서도 파종을 정한 기일에 투쟁적 속도로서 실행하자고 호소하고 있다.[20]

6. 『공격대원』

『공격대원』은 1933년부터 포시에트 엠떼에스(MTC: 자동차 및 트랙터 보급소) 정치부에서 발행한 기관지이다. 이 신문은 1935년 3월 23일까지 모두 144호가 발행되었으며, 1935년 3월 엠떼에스 정치부가 구역 당위원회와 연합하게 됨에 따라 구역 신문 『레닌의 길로』와 연합하여 폐간되었다.[21]

---

19) 1933년 4월 10일자 1면.
20) 1933년 4월 25일자 2면.
21) 『공격대원』 1935년 3월 23일자.

공격대원

„УДАРНИК"

(지일 감)

1935년 3월 23일

№ 144(19)

АДРЕС: с. Ново-Киевск Посьетского Района

ОРГАН Политотдела Посьетской МТС им. „Лаврентьев"

큰 역할을 놀앗다

신문 „공격대원"

정치부가 구역 당위원회와련합합에 관련하여 신문 „공격대원" 도 구역신문 „레닌의길로" 와 련합한다.

정치부의 지도하에서. 구역신문 „레닌의길로" 의 후원에서 신문 „공격대원" 은최근몇해어간에 꼴호즈들에서 볼세비크적 지도를 튼튼히 함에있어, „꼴호즈들을 볼세비크적 꼴호즈들로 만들며, 모든 꼴호즈니크들을 부요한자들로 만들자" 는 우리의 위대한 수령인 쓰딸린 동무의 표어를 실시하기 위하어 꼴호즈원들 사이에서 군중적 교양사업을 전개함에있어 거대한 사업을 진행하엿다.

로동계급과 꼴호즈 농민군중들 모든 원수들을 반대하고 당의 로선을 위한 투쟁에서, 꼴호즈들에서 토호들의 잔재들을 반대하는 투쟁에서 신문 „공격대원" 은 전투적 초소에 서고 잇엇다.

당과 그의 기관 — 농촌에서 정치부의 전반적 과업의 실행을 위하여 모든 국가적 의무들을 진실히 실행함에서, 농촌경리 생산에서 공격적 로력의 기초우에서 꼴호즈원들의 생활을 사회주의적으로 개혁함에서 억세게 일한 정치부의 모든 일군들과 농촌에 열성적 기자들에게 뜨거운 축하를 드린다

신문 „공격대원" 의 일군들이 우리의 신문 „레닌의길로" 의 성분으로 들어가면서 쁘씨예트 구역에서 당의 방침을 위하여 신문의 선두적 일군들이 되라라고 밋는다

구역 당위원회비서: 김

협의회의 뒤ㅅ소식

빛지못할 „공격대원"

(꼴호즈 회장—최봉국)

『공격대원』(1935.3.23)

1930년 연해주 노보끼예브스크 중학교 학생들

이 신문은 처음에는 5일 간격으로 발행되다 그 뒤 1934년 8월 3일 제72호부터는 3일 간격으로, 1934년 10월 15일 제97호부터는 격일간으로 간행되었다. 『공격대원』은 제1호부터 제144호까지 발행되었으나 제1호~제8호, 제10호~제11호, 제13호, 제21호, 제23호~제24호, 제29호, 제35호, 제38호~제44호, 제46호, 제49호, 제52호, 제56호, 제62호, 제64호~제69호, 제71호, 제74호, 제76호~제79호, 제81호~제87호, 제89호~제96호, 제100호~제101호, 제103호~제105호, 제107호~제111호, 제113호~제117호, 제124호, 제130호, 제135호~제136호, 제139호 등이 결호이다.

『공격대원』의 발행기관인 엠떼에스의 설치 운영은 1929년 6월 5일 발표된 노동 및 방위 소비에트의 결정 'M.T.C. 조직에 관하여'에 의해서 시작되었다. 그리고 엠떼에스의 소련연방중앙기관인 트랙터 중앙기관이 창설되었다. 엠떼에스가 창설되었을 때, 공산당과 소비에트 정부는 엠떼에스가 농기구 임대소가 아니라 콜호즈 생산의 조직체가 되어야만 한다고 강조하였다. 1929년에 소련에 102개의 엠떼에스가 조직되었고, 1930년에는 연해주지방에 5개가 설치된 것을 포함하여 전국에 158개소가 설치되었다. 그 중 연해주 최초의 엠떼에스는 홍개호 지역의 아스트라한 엠떼에스였으며, 1930년 3월부터 활동을 개시하였다. 동년 연해주에는 네스테로프스카야 엠떼에스, 노보카찰린스카야 엠떼에스, 스파스카야 엠떼에스, 체르나코프스카야 엠떼에스 등이 조직되었고, 1931년에 그라데고보, 레핀스카야, 키로포스카야, 베르보프스카야, 수이푼, 수찬, 포시에트 등에도 조직되었다. 즉 포시에트의 경우는 1931년에 조직되었던 것이다. 그 후 1932년에는 다우히빈스카야 엠떼에스가 창설되었고, 1933년에는 이폴토프스카야 엠떼에스가 창설되었다. 엠떼에스의 지원 덕분에 콜호즈들은 파종 면적을 상당히 확장했고, 농산물의 상품화 비율을 높였다.

1933년 엠떼에스는 정치부를 창설하였다. 그 이유는 엠떼에스를 경제 기술적 지도의 중심기관으로 뿐만 아니라 정치적 조직적 지도의 중심기관으로 전환하기 위한 것이었다. 정치부는 비공산당원 콜호즈 활동원의 결속과 정치교육에 관련된 많은 활동을 전개하였다. 그리고 정치부는 신문을 발간하였는데, 대표적인 것으로는 포시에트, 수찬, 스파스크, 수이푼 정치부에서 간행한 것들을 들 수 있다.[22)]

포시에트 지역에서 간행된『공격대원』역시 다른 엠떼에스에서 간행한 신문들과 마찬가지로 근로자 교육과 선진 경영 및 진보적 농업 기술의 보급, 생산량 증대 등에 큰 역할을 담당하였다. 아울러 토호들을 배척하는 기사들도 많이 실었다. 즉 제12호(1933.9.20)의「토호를 방조하는 후보당원 박루푸에게 엄중한 법률적 처벌이 있으라」, 제14호(1933.9.30)

---

22) 김승화, 앞의 책, 175~184쪽.

김 아파나시

의 「토호적 잔재를 끝까지 청산하라」, 제15호(1933.10.5)의 「볼세비끼화 하는 꼴호즈안에는 토호와 그이 압잡이들의 자라기 없다」, 제16호(1933.10.10)의 「새매수를 지연식히는 토호적 경향과의 투쟁을 높이라」, 제17호(1933.10.20)의 「토호의 압잡이군 리 세르게이에 대한 재판」 등을 대표적으로 들 수 있다.

『공격대원』이 간행될 당시 포시에트의 엠떼에스의 정치부장은 김 아파나시였다. 그는 1935년 11월 자신이 체포되기 직전에 자신의 자서전을 작성하였다. 이에 따르면 그는 포시에트구역 수하놉까촌에서 1890년에 출생하였으며, 1921년 11월 李東輝, 말쩨브, 박진순 등이 레닌과 만났을 때 통역으로 활동하였다. 그 후 1923년 초부터 1924년까지 연해주 현당위원회 조선과에서, 그리고 1924년부터 1925년 7월까지는 연해주 현공청위원회 조선과 과장으로 일하였다. 1930년 2월부터는 변강당위원회 대중선전부장으로서, 임시로 『태평양별』 주필로 근무하였고, 1931년 5월에 변강 당위원회의 주선에 따라 붉은 학원에 입학하여 1933년 5월에 졸업하였다. 그 후 당 중앙위원회의 결정에 따라 포시에트 엠떼에스 정치부장으로 임명되어 활동하였다. 1935년 3월부터는 전러공산당(볼세비크) 포시에트 구역 당위원회 제1비서로 일하였던 것이다.23)

한편 『공격대원』에는 1937년 스탈린에 의한 강제이주 직전 체포되어 처형당한 김 아파나시가 남긴 글이 다수 수록되어 있어 그의 활동을 이해하는 데 크게 도움을 주고 있다. 대표적인 것으로는 제17호(1933.10.

23) 김 블라지미르 저, 조영환 역, 박환 편 해제, 1997, 『재소한인의 항일투쟁과 수난사』, 국학자료원, 171~177쪽.

20)에 실린 글과 제30호(1933.12.31)에 실린 「제9차 구역당 꼰페렌찌야에서 본 정치부장－김동무의 연설」, 제31호(1934.1.15)에 실린 「김 아파나시가 17차 당대회의 대표로 선출된 사실」, 제36호(1934.2.10)의 「17차 당대회의 석상에서 본 정치부장 김 아파나시 동무의 연설」, 제45호(1934.3.20)의 「1934년 춘기 파종준비에 대한 김 아파나시의 보고」, 제57호(1934.5.20)의 「김 아파나시의 레닌훈장 수여」, 제127호(1935.1.13)의 「레닌동무의 사망 11주년을 어떻게 맞을까?」, 제133호(1935.2.5)의 「공격대원 주 쓸료트를 맞을 준비사업을 전개하라!」 등을 들 수 있다.

『공격대원』은 『쁘라우다』, 『선봉』, 『적기』 등의 신문 기사를 그대로 싣기도 하였다. 제19호(1933.10.31)에는 10월 11일자 『쁘라우다』 사설을 「16주년의 10월을 맞으면서」라는 제목으로 싣고 있으며, 제26호(1933.12.10)에는 『쁘라우다』의 사설 「불원에 열릴 17차 당대회에 대한 쁘라우다의 논문」, 그리고 제33호(1934.1.25)에는 「레닌사망 긔념날을 보내면서」를 게재하고 있다. 아울러 『선봉』신문의 기사도 제119호(1934.12.13), 제120호(1934.12.17) 등에서 볼 수 있듯이 종종 보이고 있다.

『공격대원』 기사 가운데 주목되는 것은 이동휘의 사망기사이다. 이 기사는 제133호(1935.2.5)에 실려 있다. 「리동휘 동지를 추도함」은 김 아파나시, 이괄, 김 알렉세이, 마천, 김진, 한규선, 김창무, 이명학, 김준, 채영복, 문학주 등의 명의로 되어 있다. 추도문에서는,

> 일생을 혁명운동에 받치고 온갖 풍진을 해치고 나가며 정직하게 꾸준하게 투쟁했던 늙은 투사－리동휘 동지는 1935년 정월 31일에 사망하였다.
> 리동휘－그의 이름은 변강 고려인 로력자에게 뿐이 아니라 조선과 간도 등지를 통하여 더욱이 로력자 군중과의 깊은 인연을 가지였다. 그를 보지 못한 자들은 있으나 그의 이름을 잘 아는 자는 많다. 그의 이름은 조선의 민족해방운동의 선구로 되었었다.

라고 이동휘를 높이 평가하고 있다.

『공격대원』의 책임 주필은 마천이었고, 마천의 휴가로 제34호(1934.1.13)부터 김진이 주필을 대신하기도 하였다. 그리고 제53호(1934.5.1)부터는 마천이 다시 주필이 되었다. 그리고 기자로는 채병도, 김병옥(선봉 특파원), 김철 등이 일하였다.

7. 『쓰딸린녜츠』

『쓰딸린녜츠』는 1933년 블라디보스톡 나제진스크 엠떼에스 정치부에서 간행된 신문으로 창간호부터 제9호까지가 남아 있다. 시기로는 1933년 10월 10일부터 12월 3일까지이다. 이 당시는 소련의 제2차 경제개발 오개년 계획이 적극적으로 추진되던 시기이므로 소련의 각 콜호즈에서는 생산량 증대를 위하여 노력하던 때이다. 그리고 책임 주필은 싸랍낀이며, 5일 간격으로 간행되었다.

『쓰딸린녜츠』는 창간호 「정치부의 기관지 쓰딸린녜츠 첫호가 나왔다」에 신문의 간행 목적 등이 잘 나타나 있다. 여기에서 콜호즈를 공고히 하고, 콜호즈 회원들을 부유하게 하며, 생산량을 증대시키는 데 일익을 담당하고자 한다고 밝히고 있다. 아울러 콜호즈의 발전을 저해하는 토호 등 해독자들과 투쟁할 것임을 천명하고 있다. 또한 콜호즈 회원들에게 당과 정부의 결정을 소개하며, 콜호즈 회원들과 콜호즈 회원 여자들의 풍습 및 문화적 휴식을 어떻게 만들것인가에 대하여도 강구하겠다고 하고 있다.

아울러 신문의 창간 시기가 가을인 점을 감안하여 제1호부터 제3호(1933.10.23)까지는 추수가 어떻게 진행되는가, 곡물 납부상황이 어떻게 되는가, 콜호즈들의 수입분배를 어떻게 준비하는가 등에 대하여 주목하고자 하며, 또한 우수한 브리가다, 나쁜 브리가다, 공격대원, 태업자들에 대한 소식도 게재할 것임을 밝히고 있다.

『쓰딸린네츠』(1933.10.16)

신문은 창간호에서 밝힌 내용을 중심으로 주로 이루어지고 있다. 예를 들어 창간호에서는 「추경계획을 원만히 실행하라」, 제2호(1933.10.16)에서는 「감자추수는 십월 20일경에 종필하자」, 제3호에서는 「꼴호주 수입의 실물부분을 분배함에 대하여」, 「곡물추수는 25일 전에 필한다」, 「추수에서의 선진자들은 후원한다 떨어진자들을」 등 추수와 수입 분배에 대한 내용 등을 주로 싣고 있다. 아울러 제4호(1933.10.29)에서는 「볼세비크, 신세계, 골쏘베트 등 세 꼴호즈들은 자기의 수치적 낙후를 신속히 퇴치하라」, 「신속히 추수를 종필하며 종곡환부 및 기타의 납부에 대하여 국가 및 예떼쓰와 신속히 회계를 맞추어라」, 「공격적으로 타곡과 종곡의 저축을 실시하자」 등을 강조하고 있다.

또한 콜호즈의 생산력 증대를 위하여 신문에서는 「토지이용과 운작법에 대하여」(제6호), 「뜨락또르들과 자동차들을 잘 알어야 할 것이다」(제6호, 1933.11.15), 「말에 대한 간호를 신중히 하라」(제7호, 1933.11.23), 「좋지 못한 마부에게는 좋은 말이 있을 수 없다」(제8호~제9호) 등을 게재하고 있으며, 제7호에서는 「토호적 경향을 가진－박승남」을 보도하고 토호들을 비판하고 있다. 또한 당의 결정 또한 기재하고 있다. 제3호의 「변당 당위원회 9월 2일의 결정에서」, 제7호의 「1933년 11월 16월 나제스진스크 엠떼쓰 정치부관할내 꼴호즈 회장과 생산당야체이까 책임서기 협의회의 결정」, 「꼴호즈 신세계 내생산 당 야체이까 통상회 결정」 등이 그것이다.

8. 『레닌광선』

『레닌광선』은 한글 신문으로 1936년 10월 28일 그 창간호가 간행되었으며, 발행기관은 스꼬또브 구역 당위원회, 구역 집행위원회였다.

레닌 광선

Корейская газета „ЛЕНИНСКИЙ ЛУЧ

당 위원회, 구역 집행위원회

ОРГАН: Шкотовского РК ВКП(б) и РИК

№1 (1) 1936년 10월 28일

첫 호를 발간하면서

원동변강 당위원회와 연해주 당위원회 뷰로의 결정에 의하여 스고또브 구역 당위원회 긔관지—„레닌광선“ 조선글자 신문 첫 호가 오늘에 발간된다. 우리 구역내 조선인 로력자들은 이 신문이 발간되기를 일상적으로 갈망하엿다. 이 신문은 위대하고 영광스럽은 사회주의적 십월혁명 19주년 긔념과 쓰딸린적 헌법의 대회—쎄쎄쎄르 제팔차 비상 쏘베트 대회를 맞웅하면서 발간한다.

우리 구역에서 발간되는 조선글자 신문은 우리당 중앙 위원회와 레닌—쓰딸린적 민족문화 발전을 위한 투쟁의 빛난 승리 중 하나인 영광의 열매이다.

신문은 앞으로 우리 당 중앙 위원회와 정부의 결정과 지시들을 구역내 로동자와 꼴호즈원 및 일반 로력자들에게 민첩하게 전달시키며 종속화시기는 동시에 상급긔관들의 결정 또는 구역의 모든 생산—재정 계획실행과 로력자들의 문화—풍습상 수준을 위하여 힘있게 투쟁하며 각 생산부문, 문화긔관들에서 은밀한 해독적 사업을 감행하더는 계급적 원수수와 이류분자들을 제때에 폭로, 제거함에 대한 사업을 힘있게 할것이며 사회주의비이의 최고형식인 쓰따하노브적 운동발전을 위하여 꾸준한 사업을 진행할것이다.

편즙부는 구역내 조선인 로동자와 꼴호즈원 및 일반 로력자들이, 위대한 십월혁명 19주년 긔념과 쓰딸린적 헌법의 대회—쎄쎄쎄르 제팔차 비상 쏘베트 대회의 전야에서 시작되는 《레닌광선》 신문 주위에 빽빽히 결속되면서 신문사업에 큰 방조를 주어야 할것이다. 지방 초급당, 콤청동맹 단체와 꼴호즈 집행부 및 쏘베트 긔관들에서는 신문사업에 더 큰 방조와 후원이 있어야 할것이다.

독자 동무들과 지방 로—농 통신긔자들에게는 각 공장, 긔업소, 꼴호즈 및 문화긔관들에서 전개하는 쓰따하노브적 또는 우다르니크적 운동, 로력자들의 문화—풍습상 수준을 위한 사업과 모든 사업부문들에서의 실지적 재료들을 편즙부로 보낼 사업들이 무겁게 부담되엿다.

레닌—쓰딸린적 민족정책 승리 만세!

십월과 대회를 성과있게 준비한다

신료헌촌 쏘베트는 위대한 십월혁명 19주년 긔념과 쓰딸린적 헌법대회—쎄쎄쎄르 제팔차 비상 쏘베트 대회를 빛난 영광으로 맞기위하여 투쟁적으로 준비한다.

쏘베트 위원들은 „브로되브쓰뜨레둘료“ 꼴호즈원들을 힘있게 동원시기엿음으로 벌서 (십월26일까지) 꼴호즈는 일년 고기잡이계획 -180%, 쏘베트의 수육매수 계획—200%로 실행하엿으며 십일월 일일전으로 쏘베트의 모든 재정모집 계획을 100% 이상으로 넘치여 실행한다.

그리고 이 쏘베트 위원들은 꼴호즈원들을 위한 주택 건축사업에 힘있는 방조를 주면서 전체 로력자들을 투쟁적으로 동원시진 까닭에 금년으로, 세—네호가 될 꼴호즈원들의 주택 5채와 초급학교 한채를 벌서 건축하엿다

지금, 초급 당단체의 지도 아래에서 쏘베트 위원들은 더 빛난 성과를 달성하기 위하여 전체 주민들을 결정적 투쟁으로 동원시진다.

—김정학—

『레닌광선』(1936.10.28)

전동맹 공산당 (볼세위크) 에 새 당원 받는 일을 회복시김에 대하여

모 든 당 단 체 들 에

당증권 교환이 완필되었음과 련해하여 또는 전동맹 공산당 (볼세위크) 중앙 위원회의 1935년 12월 25일 결정에 의하여 전동맹 공산당 (볼세위크) 중앙위원회는 당에 후보로 받는일과 후보당원을 정당원으루 넘기는 일을 1936년 11월 1일붙어 시작하라고 모든 당 단체들에 제의한다.

당에 받는일을 회복시기면서 전동맹 공산당 (볼세위크) 중앙위원회는,앞으로 전동맹 공산당의 질적 성분을 높이는 일은 위선, 당단체들로 붙어, 당증권 검열과 교환으로 붙어 흘러나온 교훈들을 끝까지 소유하여야할 것을 요구하였는바, 이 교훈들중 제일 주되는것은 다음과 같은것이다:

ㄱ) 당증권 검열과 교환이 보인바와 같이 당 대렬이 현저하게 어즈럽었던것은 많은 지방 당 단체들에서, 전동맹 공산당 (볼세위크) 헌장에 기입되었고 또 입당시기는일을 특별히 개인적 절차로 진행하여야 할것을 요구하는, 즉 새로 당에 받는 자들을 선발함에 대한 레닌적 원측을 망각하였던 결과이었다.

많은 당 단체들에서 당 헌장의 이 중요한 조목을 재속적으로 위반하였다. 당 대렬에 개인적 절차로 선발하여 받아야할 대신에 당에 새 당원들과 후보당원들을 받음에 일반적, 총합적으로 판재하였으며 당에 그루빠적으로 받는일을 넓이 행하였으며 입당청원들을 받아가지고는, 전동맹 공산당에 새로 받는자들을 각각 개별적으로 토의함이 없어 명록으로써 토의하였던것이다.

당은, 이 결점들을 잔재없이 퇴치하여야 할것을 요구한다.

ㄴ) 구역 당 위원회들은 당원 성분 조절사업을 초급 당단체들에 넘우나 위임하고 있었다. 많은 구역 당 위원회들에서는 새당원을 승인하는 일을 꼭 법적으로 보증의 정당성을 검열함이없이, 입당하는 자들의 각 등급에 대한 당 헌장의 특별 요구를 준수함이 없이, 입당하는 당자가 없이 진행하며 또 흔이는 이 입당하는자를 구역 당위원회루 불러옴이 없이 그저 문건하여 가지고 진행하였던것이다.

많은 구역 당위원회들은 당표와 후보당원증을 내어주는 일도 흔이 직접 초급 당단체에 넘구어 주고 새당원을 받는일에 대한 지도사업에서의 자긔의 역할은 당단체들에 당표와 후보당원증을 빈 불단까대로 공급하는 긔술적 직능에 귀착시진것만침. 전동맹 공산당(볼세위크에 새 당원들을 받는일에서 제외되었던것이다.

역시 이 결점들을 시급히 퇴치하여야 하겠다.

ㄷ) 초급 당단체들에, 혹히 큰 초급 당단체들이, 전동맹공산당(볼세위크)에 새당원들을 받음에서 당 헌장의 요구를 준수하지 아니하였다. 이것은, 이들이 당에 새로 받는자들을 당회의에서 토의하지 아니하였으며 보증 검열에 무책임하게 판재하였으며 전동맹 공산당 (볼세위크) 에 새 당원들을 받는사업을 당 장성에 대한 전문적 쌕조르에 그저 위탁하고 있었던 거긔에서 표현되었다.

초급 당단체의 많은 지도자들은 전동맹 공산당 (볼세위크) 에 입당시김에 대한 자긔의 모든 지도를 입당시김에 대한 수ㅅ자적 과제 설정에 귀착시기었으며 이렇게 함으로써 이일을 현행 깜빠니야의 수준에까지 낮후었다.

여기로 붙어, 많은 당단체 지도자들이 우리당은 1당원의 수효를 확장함에 대하여서가 아니라, 이들의 질 향상에 대하여 용심하는, 세계에 유일한 정부적 당이라"는 레닌 동무의 지시를 망각하였음이 명백하다.

여기로 붙어 역시, 당에 이 류되는 분자들이 당원이란 이름으로 은폐되어 가지고 로동계급의 위대한 사업을 파탄시기기 위하여 전동맹 공산당 (볼세위크) 대렬루 들어오려고 하는 까닭에 당장성 조절 사업에 있어 볼세위크적 각성을 반듯이 발휘하여야 되었을것을 어떤 지도자들이(많은 당단체 지도자들) 망각하였음이 명백하다.

입당시김때에 이 모든 교훈들을 반듯이 엄중히 타산하여야 될것이다.

이에 앛후어 전동맹 공산당(볼세위크) 중앙 위원회는, 전동맹 공산당 (볼세위크) 의 새 당원들을 받아들이는 사업에 있어서 다음의 지시들로써 지도삼으라고 당 단체들에 제의한다:

1. 당 단체들은 전동맹 공산당 (볼세위크)의 새 당원들을 개별적으로 받아들이는 일을 진행하면서,위선 로동자들중에서, 또한 농민들과 사회주의를 위한 투쟁에 여러가지 우차쓰또크에서 검신된 로력 인쩰리겐치야들 중에서 로동계급의 사업에 진실로 헌신된, 우리 국가의 우수한 사람들을 당에 선택하여 받아들이어야 될것이다.

2. 당에 후보로 받는것과 후보로 붙어 정당원으루 넘기는것을 초급 당단체들에서나 또는 당 구역 위원회, 시 위원회들에서 깜빠니야적으로와 그루빠적으로가 아니

(3면으로)

『레닌광선』(1936.10.28)

스꼬또브 독립군

스꼬또브 이정표

현재 이 신문은 제1호부터 제7호까지 남아 있으며, 그 중 제2호~제3호는 결호이다. 이 신문의 간행 배경와 내용은 창간호에 실려 있는 「첫 호를 발간하면서」에 잘 나타나 있다. 여기에 따르면 이 신문은 원동변강 당위원회와 연해주 당위원회 뷰로의 결정에 의하여 스꼬또브 구역 당위원회 기관지로서 간행되었다. 그리고 이 신문은 십월혁명 19주년 기념과 스탈린적 헌법의 대회－세세세르 제 팔차 비상 소베트 대회를 맞으면서 간행됨을 밝히고 있다. 이어서 신문의 논조에 대하여,

> 신문은 앞으로 우리 당 중앙위원회와 정부의 결정과 지시물을 구역내 노동자와 꼴호즈원, 및 일반 로력자들에게 민첩하게 전달시키며 통속화시키는 동시에 상급기관들의 결정 또는 구역의 모든 생산－재정 재획실행과 노력자들의 문화－풍습상 수준을 위하여 힘있게 투쟁하며 각 생산부문, 문화기관들에서 은밀한 해독적 사업을 감행하려는 계급적 원수와 이류분자들을 제때에 폭로 제거함에 대한 사업을 힘있게 할 것이며, 사회주의 빅이의 최고 형식인 쓰따하노브적 운동 발전을 위하여 꾸준한 사업을 집행할 것이다.

라고 하여 당중앙위원회와 정부의 결정, 지시물을 구역내의 한인들에게 전달하는 역할과 상급기관들의 결정 또는 구역의 모든 생산 문화수준을 높이고자 하였던 것이다. 아울러 생산, 문화기관들에서 해독적 작업을 하는 원수와 이류분자들을 폭로 제거하고자 하였던 것이다.

신문의 내용을 보면 창간호에서 언급하고 있듯이 당 중앙위원회의 결정, 지시물을 구역내의 한인들에게 전달하는 역할을 담당하고 있다. 즉, 창간호에 실린 「전동맹 공산당(볼세위크)에 새당원 받는 일을 회복시김에 대하여」, 제4호(1936.11.16)의 「원동변강 제륙차 쏘베트 대회는 쓰딸린 동무에게」, 제5호(1936.11.19)의 「원동 변강 제6차 쏘베트 대회는 자긔의 사업을 끝맞후엇다」, 「변강적 올림삐아다에서 스꼬또브 구역을 선진대오에 내어 세우자」 등을 들 수 있다. 그리고 해독자들을 제거하는

기사들로는 제6호(1936.11.25)에 실린 11월 20일자 쁘라우다 사설을 인용한 「꾸즈바쓰 탄광들에 뜨로쯔키주의자－해독자들과 비밀 파괴자들」, 그리고 제6호와 제7호(1936.11.28)의 「께메롭쓰크 탄광내의 반혁명적 뜨로쯔끼주의적 해독자 그루빠에 대한 공판」을 들 수 있다.

『레닌광선』의 주필은 정한립이었다. 그리고 그 외에도 창간호의 「십월과 대회를 성과 있게 준비한다」는 김경화가, 제4호의 「쏘베트 교원 답지 못한 행사」는 기자 리 등이 각각 작성하였으나 그들의 구체적 실체에 대하여는 잘 알려져 있지 않다.

Ⅱ. 한글 잡지

1. 『말과 칼』

오하묵

『말과 칼』은 1924년 4월부터 1925년 5월까지 러시아 레닌그라드 와씨리오쓰트롭 구역 공산당 내 고려부에서 간행된 한글 잡지이다. 이 잡지의 책임 주필은 吳夏默이었다(창간호 참조). 그는 (1895~1936) 러시아 연해주 니꼴리스끄 우수리스끄 포시에트 구역 파타쉬 마을에서 태어났다. 러시아 중등학교를 졸업하고, 1914년 제1차세계대전 발발시 러사아 군대에 징집되었으며, 1917년 2월 혁명 당시 전선에서 연대 소비에트 위원으로 선출되었다. 1920년 8월 자유시 한인보병대대 사령관으로 활동하였으며, 1922년 8월에는 고려혁명군 중앙정청 조직에 참여하여 군인징모위원장이 되었다. 그 해 가을 모스크바에서 고급군관학교 속성과에 입학했다. 레닌그리드 국제사관학교 고려과 창설책임자가 되어 활동하였다(한국사회주의운동 인명사전 289-290). 바로 오하묵이 레닌그라드 국제사관학교 고려과에 근무할 당시 이 잡지를 간행하였던 것이다. 그리고 이 잡지는 사실상 국제사관학교 고려과 학생들에 의하여 간행되었던 것이다.

이 잡지의 창간 배경은 『말과 칼』 창간호에 실린 창간사에 잘 나타나 있다. 이를 보면 다음과 같다. 즉,

> (러시아 혁명－필자주)以後로부터 蜂起하는 各方의 革命運動은 그 勢力이 漸漸 膨脹하는 同時에 世界革命에 先鋒인 議會 로시아는 各方面으로 此革命에 導線이 되어 貧賤者들은 다 한 旗幟下에 "世界 貧賤者는 다 團合하라" 一同一한 行列을 짓고 판갈이 戰線에 大勝利를 高喊할 것이다.
> 이러한 아름다운 標語 밑에서 내 "말과 칼"은 비로소 큰 소래를 치고 판가리 전선에 만일이라도 作戰要領을 參謀하기 위하여 이 세상에 첫 발자치를 내어놓게 되었다. 우리 고려사회에서 智腦慧眼으로 간행하는 잡지가 그 수는 적지 아니하지만은 印業이 허락하지 아니하는 그 상태에서 우리에게 제일 긴요한 기술인 軍事上 文辭는 너무나 寂寂한 것을 한 큰 遺憾으로 알고 이에 레닌그라드 러시아공산당 내 高麗部는 넉넉치 못한 刀力으로 다만 열성만 믿고 이 잡지를 발간하게 되었다.

라고 하여 러시아공산당내 고려부에서 혁명을 전개하는 데 있어서 가장 중요한 기술인 군산에 대한 잡지가 없는 것을 안타까히 여겨 이 잡지를 간행하고 있음을 밝히고 있다. 이어서 창간사에서는 『말과 칼』의 임무에 대하여 다음과 같이 언급하고 있다.

> 이 잡지의 사명은 참으로 크도다. 정치상과 군사상으로 무식한 우리 고려빈천 군중에게 신사상 신지식을 주어 장래 동양혁명에 선봉이 될 우리 고려청년들로 하여금 각 방면으로 완전한 혁명자의 자격을 만들려함이 그 첫째되는 사명이요, 우리의 장래 붉은 대장들게 붉은 혁명군대를 지휘할 만한 정치상과 군사상 지식의 재료를 보조하려함이 둘째되는 사명이오, 붉은 사관학생들은 가급적 자기의 수양한 결과를 이 세상에 널리 반포하여 장래 우리 고려의 혁명군될 청년들게 미리 완전한 혁명군의 정신을 배양하려하는 것이 마지막으로 되는 제 셋째 사명이다.

즉, 고려 청년들에게 정치 군사상 지식을 제공하여 각 방면의 완전한 혁명자의 자격을 갖추고자 하며, 장래의 붉은 군대의 지휘관이 될 청년들에게 정치 군사상 자료를 보조하고자 하며, 아울러 고려혁명군이 될 청년들에게 미리 완전한 혁명군의 정신을 배양하고자 하였던 것이다.

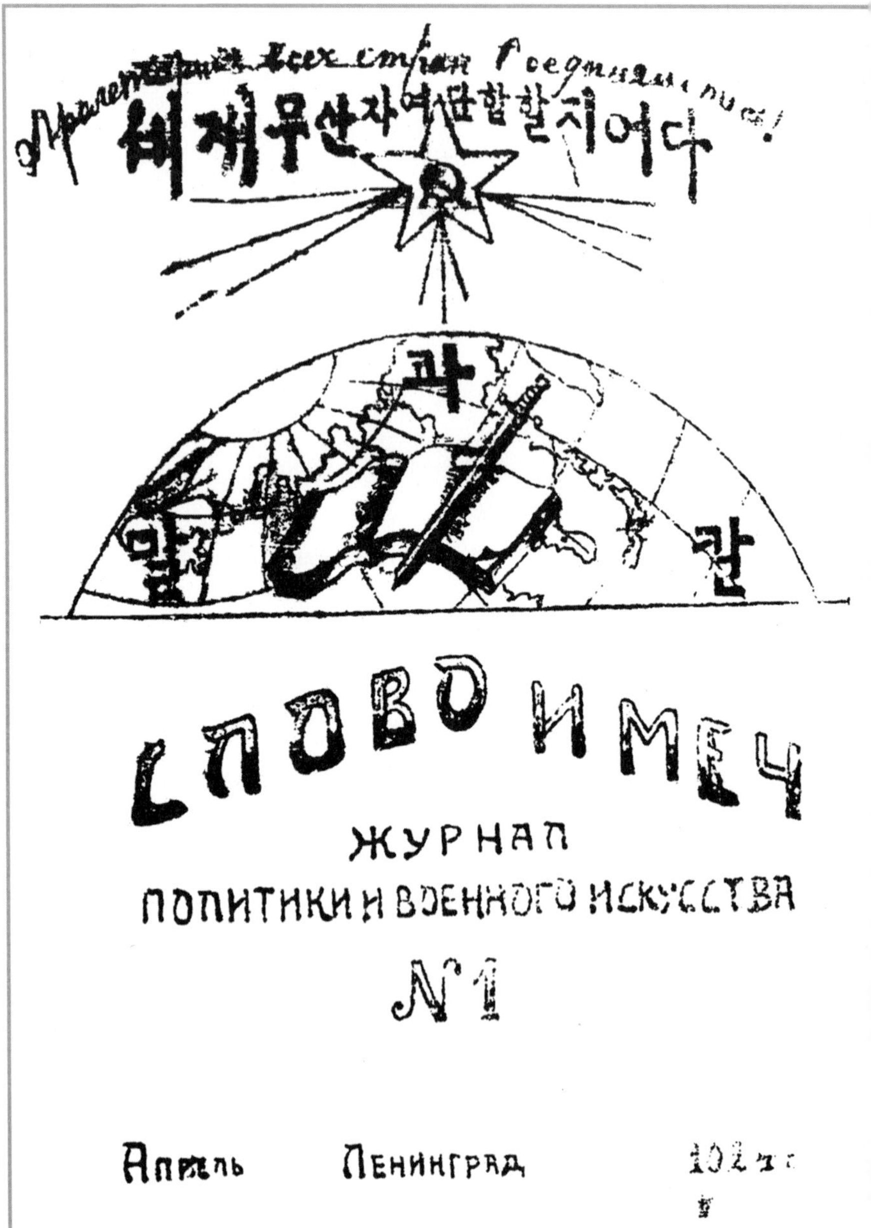
Пролетарии всех стран соединяйтесь!
세계무산자여단합할지어다
말 과 칼
СЛОВО И МЕЧ
ЖУРНАЛ
ПОЛИТИКИ И ВОЕННОГО ИСКУССТВА
№1
Апрель
Ленинград

『말과 칼』(1924.4)

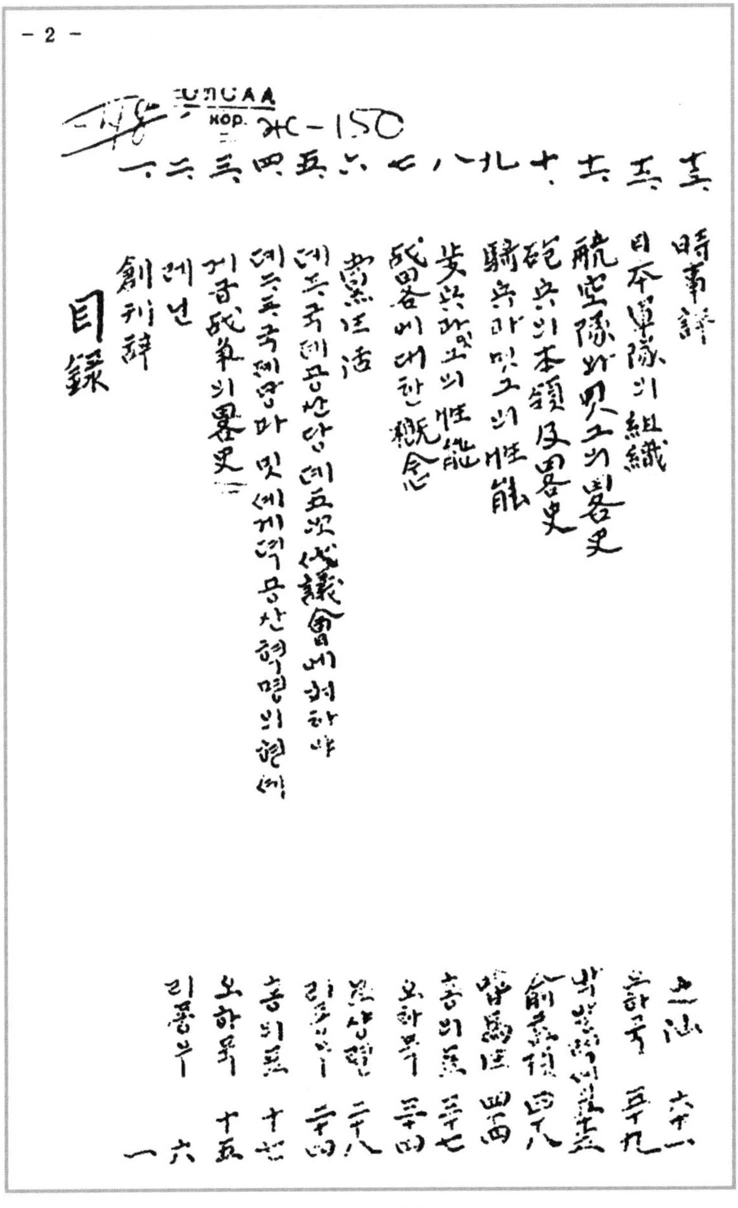
- 2 -

『말과 칼』 목차

- 3 -

(1)

創刊辭

—創 시 辭—

依從하는 몸은 世襲은 그主義의 綱領이엿다、
主人의 王道에 奴隷이 되얏으며 二以下의 階級(勞農者)을 牛馬와 갓치 暴惡한 待遇로써
야 商業으로 殖民이 되엿다 그以上으로 더 나아갈수 업게되는 同時에 侵畧、植民地政策는
十九世紀中葉으로 붙어 유로바를 中心으로 잡고 發達되는 資本主義는 그末葉에 至하
한 그狀態이엿으며、그時期이엿다、
如此한 몸는 帝國下에서 붙어 十八世紀末葉으로 붙어 社会体裁의 變革은 第一奔忙
避치 못한 社会的 勢力이엿다、
이러한 社會体裁의 變革은 人類生存의 物質的文明의 發達되는 其必然性에 依하야
革된것이 幾千幾百으로 헤알일수 잇다、
그럼으로 原始時代로 붙어 現今의 社会가지 歷史的으로 參考하야보면 그社会의 體裁가 變
世紀가 겪어갈사록 人類社會는 漸漸 發達의 狀態로 나아가는것은 事實이다、

『말과 칼』 창간사

『말과 칼』의 이러한 사명은 바로 그 내용에 연결된다. 그러므로 『말과 칼』은 주로 정치·군사상 지식을 제공하고 있는 것이다.

『말과 칼』은 혁명전쟁에 대비한 군사관계 글이 대부분을 차지하고 있다. 예를 들면 창간호에서는 전략에 대한 개념, 보병·기병·포병·항공대 등에 대하여 다루고 있으며, 그들의 주된 적국인 일본군대의 조직에 대하여도 언급하고 있다. 그리고 제2호~제3호에서도 창간호에 이어 전략에 대한 개념, 일본군대의 조직, 포병조직에 대하여 전호에 이어서 계속 다루고 있으며, 현재 전쟁에 있어서 기술의 의미, 군대교육의 필요와 그의 방식, 현시 전쟁에 대한 소총과 기관총의 화력, 일본의 함대 등에 대하여 새로이 다루고 있다. 그리고 제4호~제5호 합병호에서도 미래 전쟁에 대한 것과 아울러 전술의 변천에 대하여도 언급하고 있어 독자들에게 군사에 대한 것들을 주로 보급하고 있는 것이다.

아울러 『말과 칼』은 공산주의 사상의 고취 및 제3국제공산당 등에 대하여도 많은 비중을 두고 있다. 즉 창간호와 제2호~제3호에서는 레닌에 대하여 집중적으로 게재하고 있으며, 제4호~제5호에서는 10월혁명의 역사에 대하여 소개하고 있어 혁명의 필요성과 레닌의 위대함에 대하여 논하고 있다. 아울러 제3국제공산당과 관련하여 창간호에서는 제2·3국제당과 세계적 공산혁명의 형세, 제3국제공산당 제5차 대의회에 대하여, 그리고 제2호~제3호에서는 국제공산당이 동양 각 지역에 보내는 글, 국제공산당 제5차대의회에 대하여(속), 제3국제공산당과 공산혁명의 형세(속), 제4호~제5호에서는 제2·3국제당과 세계적 공산혁명의 형세에 대하여 논하고 있다.

또한 『말과 칼』에서는 공산당 이론 및 역사들에 대하여 그리고 당 생활에 대하여 다루어 독자들에게 공산주의 이론과 역사를 제공해주고 있다. 즉 창간호에서는 계급전쟁의 략사, 당생활, 제4호~제5호에서는 공산당 이론, 변증법적 유물론 등에 대하여 지면을 할애하고 있는 것이다.

『말과 칼』의 필진을 보면 오하묵, 이종우, 洪義杓, 盧相烈, 兪益楨, 박 알렉세이, 연지영, 김곽현, 박원춘, 김택권 등을 들 수 있다. 이들 가운데 가장 많이 글을 기고하고 있는 인물은 오하묵과 이종우, 홍의표 등이다. 특히 그 가운데 주목되는 인물은 오하묵인데 그는 계급전쟁의 략사, 전략에 대한 개념, 일본군대의 조직, 일본의 함대 등 군사에 대한 부분에 대하여 주로 서술하고 있고, 이종우와 홍의표는 주로 번역문을 게재하고 있다. 이종우는 레닌(번역), 제3국제공산당 제5차 대의회, 세계경제계의 변천, 불꽃을 축하함 등을, 홍의표는 제2·3국제당과 세계적 공산혁명의 형세, 보병과 그의 성능, 전술의 변천 등을 서술하고 있다.

兪益楨(1898~?)은 함북 경흥 출생으로 1919년 말 연해주에서 반일무장부대에 입대하였다. 그는 1922년말 군사학교에 입학하였으며, 그 후 소령으로 예편하기까지 소련군에서 복무하였다(한국사회주의 운동 인명사전, 298면).

『말과 칼』은 1924년 4월 그 창간호가 간행된 이후 1924년 6월에 제2호~제3호 합병호가 간행되었다. 그 후 1925년 5월 20일에 제4호~제5호 합병호가 간행되는 등 모두 5호까지 간행되었던 것이다. 처음에는 매달 발행하려고 하였던 듯하나 여러 가지 사정으로 뜻대로 되지 못하였다. 특히 이 잡지를 발간하는 것이 국제사관학교 학생들이고 이들이 공부하는 틈을 타 간행하는 것이므로 제때 간행되지 못하였다고 밝히고 있다(제4호~제5호 편집부에서). 제5호 이후 계속 간행되었는지는 현재로서 알 수 없으나 계속 발간되지 못한 것이 아닌가 추측된다.

2. 『앞으로』

『앞으로』는 1936년에 모스크바 외국노동자출판부에서 발행된 한글잡지이다. 지금 현재 이 잡지는 1936년도에 간행된 제1호부터 제6호까지 남아 있다. 그리고 그 내용을 보면 러시아인들이 작성한 내용을 번역한 것과 『프라우다』지에 실린 글을 번역하여 실은 것, 그리고 한인들이 작성한 것 등으로 되어 있다. 그런데 한글의 경우 필자를 알 수 있는 글은 김철산 외에는 찾아볼 수 없다.

모스크바 외국노동자출판부는 러시아어로 된 글들을 각국어로 번역하여 내는 기관인데, 여기에는 고려부도 있어 한글로 출간하여 판매하기도 하였다. 그 대표적인 것으로는 『연해주어부』 제127호(1932.8.17)에 광고하고 있는 레닌의 『국가와 혁명』과 『자본주위 최고단계로서의 제국주의』 등을 들 수 있다.

본 잡지는 스탈린의 활동, 러시아 공산주의에 대한 내용과 주변 국가의 혁명가들의 활동에 대하여 주로 다루고 있다. 즉 제1호~제2호에서는 스탈린동무와 고와르드씨와의 회담을, 그리고 제3호~제4호와 제5호~제6호에서는 소비에트 시회주의 공화국 동맹헌범(기본법), 소비에트 사회주의 공화국 동맹 헌법 초안에 대한 보고 등을, 그리고 제3호~제4호에서는 몽고 독립국에 대하여, 제5호~제6호에서는 스페인 사변에 대하여 집중적으로 다루고 있다. 특히 스페인 사변에 대해서는 "파시쓰트적 반란자들을 반대하는 서반아 인민들의 영웅적 투쟁을 세계노력대중은 심각한 열정으로 살피며 형제적으로 응원하고 있다"라는 관점에서 스페인 민중은 무엇을 위하여 싸우는가, 그리고 스페인 혁명의 동력과 목적과 임무 등에 대하여 밝히고 있다.

특히 『앞으로』에서 주목되는 것은 한국관련 기사를 많이 실고 있다는 점이다. 제1호~제2호에서는 「금년의 3·1기념은 민족유일전선의 3·1로 만들자」, 「레닌훈장 받은 김홍빈동무」, 「말과 글을 민중에 가깝게」(김철산), 제3호~제4호에서는 「6십(6·10일)만세 10주년을 맞으면서」, 「만주반일인민혁명군의 용장 박진우동무를 추도함」, 「조선노동자들에게 보낸 고리끼의 편지」 등을 게재하고 있는 것이다.

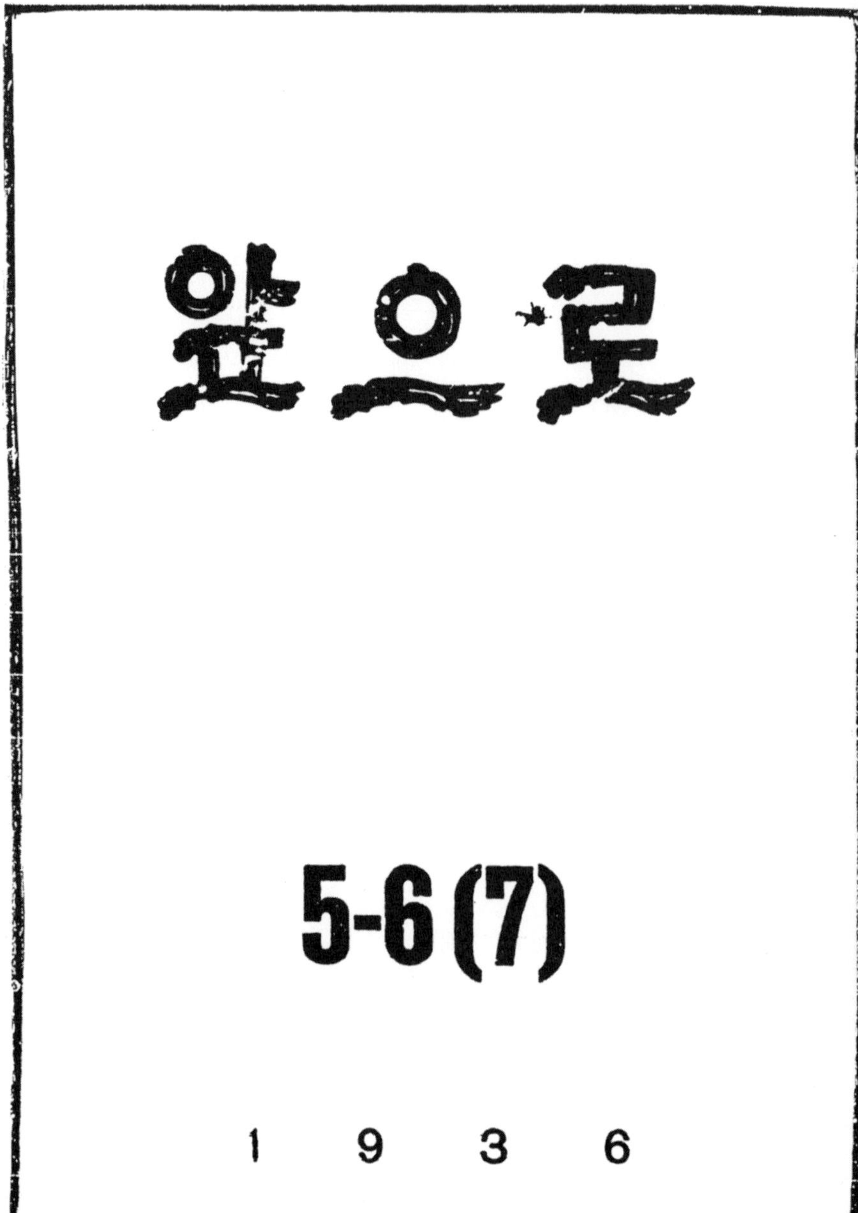
앞으로

5-6 (7)

1 9 3 6

『앞으로』

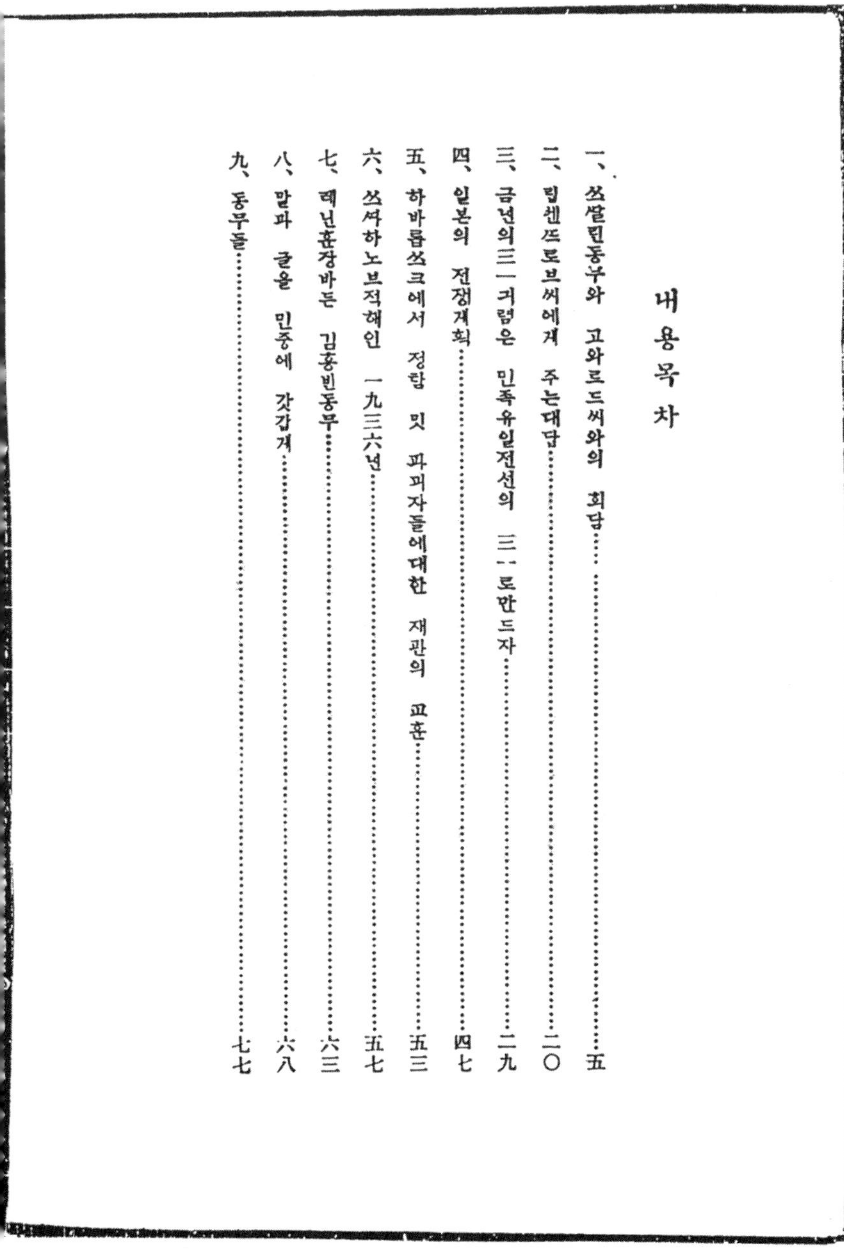

내용목차

『앞으로』 목차

그 가운데 특별히 주목되는 것은 3·1운동 관련 기사(29~46면)와 6·10만세운동 관련 기사이다. 이들은 1936년 당시 국제공산당에서 강조하는 민족유일전선론을 한국의 사례를 통하여 실증적으로 보여주고 있다. 그 중 삼일운동 관련 기사에서는,

> 우리는 물론 공산주의와 민족주의는 서로 같은 것이 아니며, 또 서로 바꾸어 놓을 수도 없는 것임을 인정한다. 그러나 우리는 또 이 두가지 원칙으로 서로 다른 주의 주장 사이에 공동적 견지, 공통한 목적의 존재를 거부하여서는 아니된다. 왜그런고하니 그 공통점 그것이 당면에 있어서는 서로 다른 것보다 더 중요한 의의와 역할을 가진 때문이다. 그것은 즉 조선민족이 일본제국주의의 기반을 벗어나서 독립한 민족적 국가를 완성하자는 그것이다. 공산주의자가 이것을 무시한다면 그는 진정한 공산주의자가 될 수 없으며, 민족주의자가 이것을 부인한다면 그는 진실로 민족의 이익을 위하여 싸우는 독립운동자가 될 수는 없는 것이다. (중략) 우리 공산주의자들은 이 민족유일전선을 더욱 공고히 하며 그의 투쟁을 사실상 유력한 반제국주의적 투쟁이 되게 하기 위하여 노동자와 농민의 조직을 강화하며 그들의 특수적 이익을 위한 투쟁을 더 힘있게 전개할 것을 주장한다.

라고 하여 민족유일전선의 전개를 강력히 주장하고 있는 것이다. 그리고 역시 6·10육십만세기사에서도,

> 일본제국주의를 반대하는 민족유일전선문제가 이러케도 절박하게 서는 이러한 모멘트에 있어서 육십사건의 십주년 기념을 맞는 것은 더욱 그 의의가 중대하다—왜그런고하니 이 육십운동 그 자체는 조선공산주의자들이 과거의 민족허무주의적 좌경종파주의적 오해를 깨트리면서 민족유일전선 방향에로 얼굴을 돌린 중요한 역사적 사변이었던 때문이다.

라고 하여 6·10만세운동이 민족유일전선의 입장에서 중요한 사건임을 인정하고 이에 주목하고 있는 것이다.

『앞으로』에서는 만주지역에서 활동한 항일투사에 대하여도 관심을 갖고 있었다. 제3호~제4호에 「만주반일인민혁명군의 용장 박진우동무

를 추도함」이란 글은 이를 대변해주는 것이라고 할 수 있다. 즉 『앞으로』는 북만주에 있는 동북인민혁명군 전체의 존경과 신임을 상징하는 박진우의 죽음을 애도하는 글을 실고 있다. 박진우는 본명은 김응섭이고, 1910년 원동 이만에서 출생하였다. 교육은 일찍부터 간도 東興학교에서 받았으며, 중학교 시대부터 혁명운동에 참여하였다. 1930년 7월에 중국공산당에 가입하였으며, 청년단 현위원으로 활동하였다. 1932년부터는 당중심 현위의 책임자로 활동하였으며, 북만지방의 중심인물로 활동하였다. 1935년 7월에는 동북만주의 유격대가 동북인민혁명군으로 재편성될 때 단 부부단장으로 피선되었다. 1935년 음력 8월 24일 일본군이 동북인민혁명군 근거지를 공격할 때 일본군과 전투를 벌이다 전사한 인물이었던 것이다.

『앞으로』에서는 한문을 한글로 쓰는 문제, 그리고 러시아어를 한글로 번역하는 문제 등에 대하여도 깊은 관심을 보이고 있다. 이들 글은 모두 김철산이 작성하였는데 그에 대하여는 지금 현재 알려진 바가 없으나 앞으로 좀더 검토가 필요하리라고 생각된다. 우선 김철산은 「말과 글을 민중에 가깝게」(제1호~제2호)에서 조선문화발전에 한문이 큰 장애물이며, 한문을 없애는 것이 조선 노력자 대중 가운데로 문화를 전파하는 가장 첩경이라고 전제하고 있다. 그러나 순한글로 표현한다면 의미 전달에 문제가 있다고 인정하고 한문을 없애려면 꾸준한 노력이 필요하다고 하고 있다. 이를 위하여는 우선 민중어를 취하는 길로 나가는 것이 중요하다고 하고 있다. 즉 '도로수축'은 '길닥기' 등으로 표현하는 것이 바람직하다고 하고 있다. 즉 한문을 가능하면 쓰지 않고 순 한글로 우리의 뜻을 표현하는 데 나타나는 문제점과 그러한 노력들에 대하여 다루고 있어 국어학적으로 의미가 있다고 생각된다. 또한 김철산은 제5호~제6호에 「번역에 대한 몇가지 문제」라는 글을 통하여 러시아어의 한국어로의 번역상의 문제점 등을 제시하고 있어 도움을 주고 있다.

제5장

강제이주 후 중앙아시아와 러시아의 한인언론

Ⅰ. 중앙아시아 한인언론

1. 『레닌기치』

1937년 강제이주시 1930년대 간행되었던 한글 신문들은 모두 폐간되었고, 다만 선봉만이 그 명맥을 유지하였다. 이 신문은 제호를 변경하여 『레닌의긔치』라는 이름으로 카자흐스탄 크질오르다에서 1938년 5월 15일 그 첫호가 간행되었다. 신문의 규격은 A4, 페이지 수는 4면이었다. 초기 발행부수는 약 6천부였다. 신문의 초대 주필은 서재욱이었다. 1940년 3월 21일부터는 주신문이라는 지위를 얻었으나 신문의 크기와 주기, 횟수는 예전 그대로였다. 다만 1955년에 와서야 공화국신문, 1961년부터 "공화국간 공동신문"이란 지위로 발간됐다. 1955년부터는 주 5회, 규격은 A3, 4면으로 발간되었다. 부수도 많이 늘어 50년대 말에 가서는 1만부 이상에 도달했다.

그 후 1978년 카자흐의 수도 알마아타로 신문사를 이전하였으며, 신문의 내용은 소련공산당에 대한 선전내용들이 주류를 이루었다. 신문의 내용은 엄격한 검열이 있었기 때문에 중앙 『프라우다』신문, 『카자흐스탄스카야 푸라우다』, 『프라우다워스토크』(우즈베키스탄 공산당 기관지)에 입각하여 그 한계 내에서만 이러저러한 정치적 술어, 주제, 문제설정을 취급할 수 있었다.

『레닌기치』는 신문의 목표를 소련공산당과 정부의 결정을 독자에게 알리고, 국내 및 외국 소식을 전달하고, 국민들로 하여금 정부의 공식 결정사항을 수행하도록 독려하고 소련의 여러 민족들의 생활양식을 소개하는 일들에 두고 있다. 소련의 다민족 간의 생활문제는 주요한 관심 대상이고, 애국적 측면에서 「나의 조국－위대한 소련」난이 약 한달에 한번씩 지속적으로 다루어지고 있다.

개방 이전 참고할 만한 기사 중 주목되는 것은 다음과 같다. 1961년 1월 6일자 「조선어 철자법」, 1978년 9월 8일자 김브루트 기자의 「그가 걸어온 길」, 1981년 10월 9일자 「쏘베트 조선극장 예술의 자랑찬 50년」, 1982년 9월 4일자 「카자흐공화국 국립조선극장 창립 50주년에 즈음하여, 발전과 성장의 길에서」, 1984년 12월 20일자 「인민속에서 태어난 인민배우 리함덕, 기자 리정희」 등이 그것이다.

1987년까지만 해도 소련신문을 보는 느낌이었다. 그러나 개방정책에 따라 1988년부터 소련의 고려사람이 겪어온 여정, 문화적 문제점들이 자유로이 다루어지고 있다. 특히 「장편소설 홍범도」와 계봉우의 「장자아비의 낡은터」, 그리고 서재욱의 「레닌기치 쉰해를 맞이하여」에 대한 글들이 실리고 있다.

한편 『레닌기치』는 1990년대 소련이 개방화되면서, 1991년초부터 신문 제호를 『고려일보』로 개칭하고 오늘에 이르고 있다.

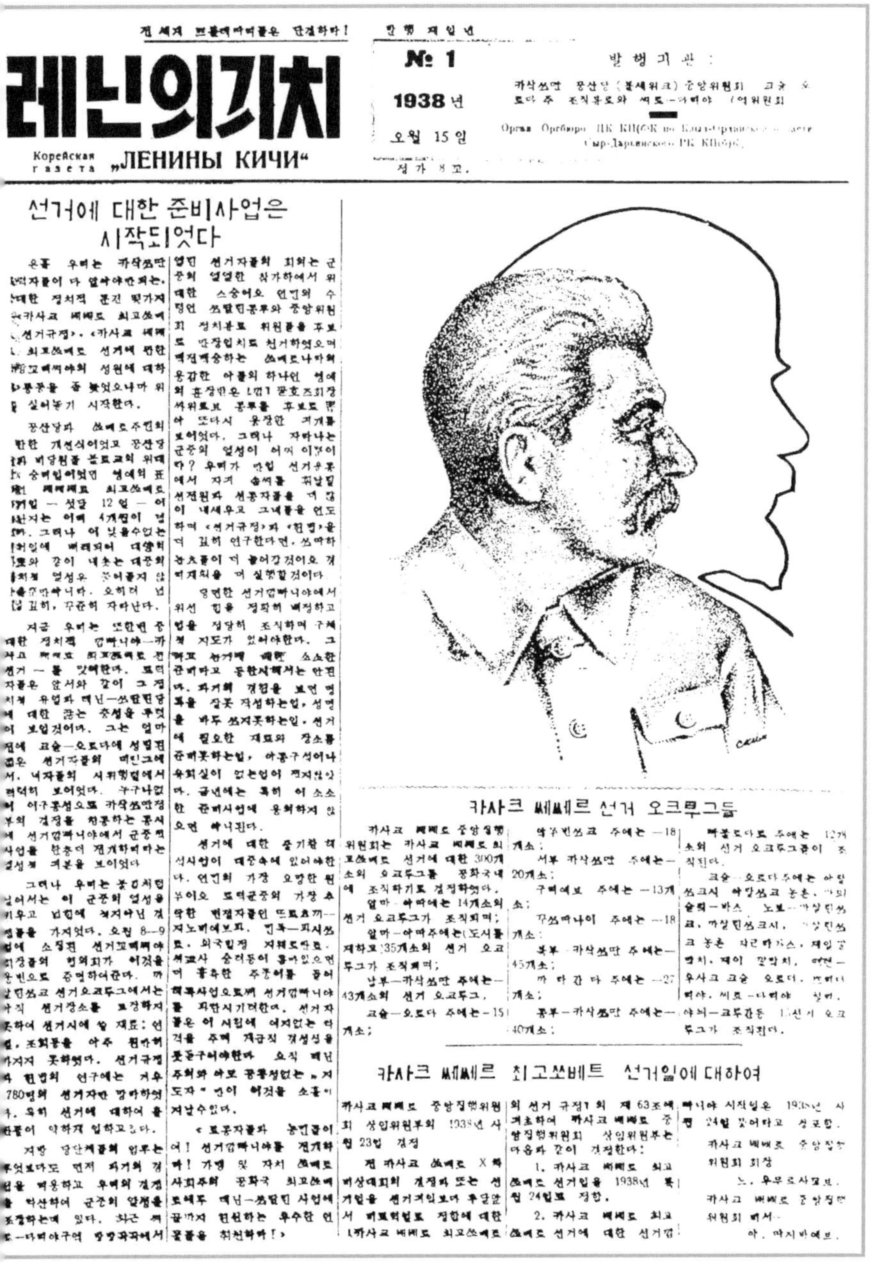

전세계 프롤레타리아들은 단결하라!
간행 제일년

레닌의기치

Корейская газета „ЛЕНИНЫ КИЧИ"

№ 1
1938 년
오월 15 일
정가 8 고.

발행기관:
카사쓰딴 공산당(볼세위크) 중앙위원회 크슬 오르다 주 조직뷰로와 씨르-다리야 구역위원회

Орган Оргбюро ЦК КП(б)К по Кзыл-Ординской области и Сыр-Дарьинского РК КП(б)К

선거에 대한 준비사업은 시작되엇다

카사크 쎄쎄르 선거 오크루그들

카사크 쎄쎄르 중앙집행위원회는 카사크 쎄쎄르 최고쏘베트 선거에 대한 300개소의 오크루그를 공화국내에 조직하기로 결정하엿다.

알마-아따에는 14개소의 선거 오크루그가 조직되며;

알마-아따주에는(도시를 제하고)35개소의 선거 오크루그가 조직되며;

남부-카삭쓰딴 주에는-43개소의 선거 오크루그,

크슬-오르다 주에는-15개소;

악뀨빈쓰크 주에는-18개소;

서부 카삭쓰딴 주에는-20개소;

구리에브 주에는-13개소;

꾸쓰따나이 주에는-18개소;

북부 카삭쓰딴 주에는-45개소;

까라간다 주에는-27개소;

동부-카삭쓰딴 주에는-40개소;

빠블로다르 주에는 12개소의 선거 오크루그들이 조직된다.

크슬-오르다주에는 아랄쓰크시 아랄쓰크 농촌, 가뢰슬뢰-바스 노보-가살린쓰크, 까살린쓰크시, 가살린쓰크 농촌 자근바가스, 제일공업치, 제이 깔막치, 야닌-우사크 크슬 오르다, 쓰미다리야, 씨르-다리야 칠리, 야늬-크두간등 15선거 오크루그가 조직된다.

카사크 쎄쎄르 최고쏘베트 선거일에 대하여

카사크 쎄쎄르 중앙집행위원회 상임위원부의 1938년 사월 23일 결정

전 카사크 쏘베트 X차 비상대회의 결정과 또는 선거일을 선거거일로며 후달안서 비표적일로 정함에 대한 (카사크 쎄쎄르 최고쏘베트의 선거 규정)의 제 63조에 기초하여 카사크 쎄쎄르 중앙집행위원회 상임위원부는 다음과 같이 결정한다:

1. 카사크 쎄쎄르 최고쏘베트 선거일을 1938년 륙월 24일로 정함.

2. 카사크 쎄쎄르 최고쏘베트 선거에 대한 선거깜빠니야 시작일은 1938년 사월 24일 잇어다고 성포함.

카사크 쎄쎄르 중앙집행위원회 회장

느. 우무로사꼬브.

카사크 쎄쎄르 중앙집행위원회 비서

아. 마지바예브.

『레닌기치』 창간호(1938.5.15)

4면 레닌기치 1981년 10월 9일

쏘베트조선극장예술의 자랑찬 50년

카사흐공화국국립조선음악연극극장의 창립 50주년과 관련하여

국립조선극장의 50년

수자와 사실

리 함 덕 — 카사흐공화국인민배우

김 블라지미르— 카사흐공화국 공훈배우

박 미이야— 카사흐공화국공훈배우

박 춘섭 — 카사흐공화국공훈배우

리 림마— 아리랑 가무단 독무가, 안무가

김 쏘피아 — 극장의 분장사

최 예리— 배우

농촌주제의 연극을 더 많이!

극장은 생활의 길동무

배우들이 오는 날은 명절입니다

주필 한 인노껜찌 Редактор И. П. ХАН

본사 주소 알마아따 레닌대통로 제7번

480002, гор. Алма-Ата, проспект Ленина, 7

『레닌기치』(1981.10.9)

레닌기치 1987년 10월 29일 (목요일) 3면

시월에 와하여 태여난 운명

한생을 보람있게

새 고장에서

어디에서나 당원답게

추호의 동요도 없이

상봉

승리의 날을 앞당기기 위해

『레닌기치』(1987.10.29)

『레닌기치』(1988.5.15)

1988년 5월 15일(일요일) 레닌기치 3면

"레닌기치"신문 창간 50주년

어제날과 오늘날의 신문

"레닌기치"신해를 맞이하여

삶의 길을 찾아 로씨아땅에 건너온 조선인들은 주로 연해주에 정착하였다. 다수가 농사를 하였지만 이에 불편한 점이 많았다. 즉 밀림지대와 고원이 많았으므로 길고 짧은 강들이 지역들을 얽매여놓았다. 조선인들은 조, 강냉이, 피낟, 남새를 심었고 집짐승들을 키웠으며 물고기도 잡고 들짐승 사냥도 하였다. 조선인다수는 피낟밥과 자기들이 거두어들인 남새를 먹고살았으며 나무베기와 때울이에서 번 푼돈으로 생계를 이어나갔다.

대시월의 따사로운 해볕은 그들이 살던 지역에도 비쳐 살림살이만 나아진것이 아니라 사회, 문화 생활에도 긍정적 변동이 생겼다.

1923년 3월 1일 당기관지인 〈선봉〉신문이 조선인들을 위하여 발간되기 시작되였는데 그 부수는 3—4천도까지 올랐다.

〈선봉〉신문이 하바롭쓰크로 옮겨짐과 관련하여 해삼위(블라지워쓰또크)에서는 조선어부들을 위하여 〈연해주어부〉와 〈붉은 해삼위〉가 발행되였다. 1933년에 다시 해삼위에 와서 계속 발간되어오던 〈선봉〉신문은 1937년 9월 12일부 제1644호로 존재를 끝마치고 반년이 지난후에 사원일동의 다부분이 다른 직업에로 넘어갔다.

1937년에 연해주에서 살던 조선인들은 중앙아시아와 카사흐쓰딴 황야로 이주하여오게 되였다.

1938년 3월 25일에 있은 카사흐쓰딴공산당 크슬오르다주위원회 뷰로의 결정에 의하여 크슬오르다에서 조선어로 신문을 발행하기로 하였다. 카사흐쓰딴공산당 중앙위원회는 주당위원회가 제기한 〈버를 위하여〉라는 명칭을 취소하고 신문을 〈레닌기치〉라고 개칭하여 1개월에 15호씩 발행하라는 지시를 주었다. 〈레닌기치〉지는 주신문 넷째그루빠에 편입되였다.

창간초기에 신문사정원은 모두 18명이였다. 5부를 두기로 승인되였는데 즉 선전부(부주필, 당생활부), 농업부, 공업부, 문예부(번역부, 통신부), 서한부(대중사업부)그리고 편집국이 있었는데 편집국에는 국장, 교정원, 발행인, 사진사가 속하였다. 사업을 순조롭게 하기 위해서는 이상에 괄호안에 보인바와 같이 첨부적임무들을 맡기게 되였다.

자료들은 일정한 시간에 따쓰통신사에서 전신전화(그때는 지금처럼 전신타자기가 없었다)로 받는것이였다. 쁘레쓰뷰로가 보내주는 통보, 론문 기타 기사들도 있었다. 지방에서 받는 조선인 로동자, 농부, 공무원들의 여러가지 기사, 편지, 론문, 단편 등은 거의 다 조선글로 쓴것이였다. 때때로 상무에서 로어로 투고한 자료들도 들어왔다. 신문규격은 처음에 소형판이였다가 차후에 대형판으로 넘어갔으며 1938년 5월 15일 창간호로부터 지금까지 만호이상을 돌파하였다.

신문이 크슬오르다에서 알마아따로 옮긴후 기술적측면(활자, 사진)에서 대개혁이 이루어졌다.

지금 〈레닌기치〉신문앞에는 크나큰 임무가 나서고있다. 쏘련공산당 제XXVII차대회, 그후 당중앙위원회 플레눔 결정들, 〈혁명적개조에 갱신의 사상을〉이라는 엠. 예쓰. 고르바쵸브의 연설 기타 당문헌을 생활에 구현할 과업이 나서고있다. 이것을 되풀이할 필요는 없지만 신문이 조선어로 나오는 이상 몇가지 특수한 제안을 내놓게 된다 : 첫째로 일체를 대중이 리해하기 쉽게, 어려운 용어들을 될수 있는대로 피하면서 번역해야 한다. 례하면 1987년 10월 8일부 〈레닌기치〉 사설 〈사회의 신임을 받는 인물〉중에는 어려운 용어들이 있음에도 불구하고 쉬운 단어들을 많이 넣었으므로 글뜻이 말끔 다 알려진다. 신문에 자료들을 재때에 많이 싣기 위해서는 작은 활자체로 넘어가는것이 좋은것같다. 조선사람들이 쏘련의 전역에 흩어져있는것만큼 로련지역(모쓰크와, 하바롭쓰크부근, 북깝까스근방, 쁘리모리예)에도 주재기자들을 두는것이 좋다고 생각한다. 더군다나 로련에 사는 조선사람수는 134천명이나 되기때문이다.

나는 끝으로 〈레닌기치〉사에서 쉰해동안 거둔 버찬 업적을 더 높이 쌓으리라고 믿는다. 웨. 이. 레닌은 〈우리 신문들의 특성에 관하여〉라는 론문에 다음과 같이 지적하였다 : 〈정치에 대해서는 좀 적게 쓰고 경제에 대하여 좀 많이 쓰라…〉 즉 말하자면 〈생활에 더 접근하고 대중에 더 접근하라〉는것이다. 〈근로자전체가 로동생산능률을 추켜올리고 로동소비를 적게 들이고 생산물을 보존하는 즉 외미로 보아 사업을 깐지게 짜놓는것을 대중에게 보여주라〉고 기자들에게 호소하였다. 이 얼마나 의미심장하고 사업에 요긴한 금언인가?! 이 교시가 늘 신문사업의 횃불로, 진보적방향을 가리키는 등대로 되여야 할것이다. 앞으로 전진하라, 〈레닌기치〉신문이여!

〈레닌기치〉신문
첫 주필
서재욱

우리를 축하한다

Социалистік КАЗАКСТАН

친애하는 벗들!

첫호발간 50주년은 전련영당쓴때렌치아문전에서 기념하고있습니다. 지금 〈레닌기치〉를 비롯한 우리 모두가 당과 인민의 생활에서 실로 력사적사변인 쓴때렌치아를 우리가 무엇을 가지고 맞이하는가 하는것을 정하는것이 중요합니다.

영광스러운 기념일을 맞이하면서 당신들에게 성과를 바랍니다.

편집위원회

Казахстанская правда

친애하는 벗들, 〈레닌기치〉기자들!

쏘련조선인들을 위하여 조선말로 발간되는 당신의 신문은 50년에 거친 영광스러운 길을 걸어왔습니다. 신문에 의하여 독자들은 중아시아공화국들과 카사흐쓰딴의 생활과 로력적성취에 대하여 알게 되였습니다

당신들의 기념일을 축하하면서 쉽지 않은 기자사업에서 객관적이며 진실하기를 바랍니다.

편집위원회

Совет Ўзбекистони

〈쏘베트 우스베끼쓰또니〉신문사집단은 〈레닌기치〉신문 제1호발간 쉰돌에 즈음하여 당신들을 축하합니다. 이 기념일은 우리 지역 인민들의 문화생활의 중요한 사변으로 됩니다. 조선어로 발간되는 〈레닌기치〉신문은 민족간관계를 강화하기 위한 투쟁에서, 근로자들을 친선과 국제주의 정신으로 교양하며 개편과업을 실현하기 위한 투쟁에 근로자들을 적극화시킴에서 당적연단으로 되어있습니다.

자기 과업을 실행하며 쏘련공산당 제XXVII차대회의 력사적결정 실현에로 근로자들을 동원하는데서 창작적대성과를 거둘것을 동료—기자들과, 〈레닌기치〉신문 로농통신원들에게 축원하는 바입니다.

〈쏘베트 우스베끼쓰또니〉
신문사일동

Правда Востока

〈쁘라우다. 워쓰또까〉지집단은 조선어로 발간되는 공화국간공동신문 제1호발간 50주년에 즈음하여 〈레닌기치〉신문사 동료들과 이 신문을 애독하는 전체 독자들을 충심으로 축하하는 바입니다.

〈레닌기치〉신문사집단은 중아시아지역에서의 국제주의교양에 관한 막대한 사업을 하고있으며 쏘련조선인들의 문화가치들을 발전시킴에 조력하고있습니다.

쏘련공산당 제XXVII차대회결정을 실천하여 쏘련땅에서 혁명적개조를 실시하는 사업에서 대성과를 이룩하기를 축원하는바입니다.

〈쁘라우다 워쓰또까〉
편집위원회

『레닌기치』(1988.5.15)

1988년 5월 15일(일요일) 레닌기치 15면

막씸 고리끼와 조선인기자들

위대한 고리끼가 《선봉》신문 로동통신원들앞으로 보내준 1928년 9월부 편지를 되새겨가며 자세히 읽고 거기에 담겨진 내용과 위대한 작가의 문학창작및 사회정치활동을 대비해보면 우리는 오늘 쏘련의 전체민족및준민족의 민족문학 형성과 발전에서 막씸 고리끼가 얼마나 큰 역할을 놀았다는것을 다시한번 새삼스럽게 느끼게 된다.

수천부에 달하는 고리끼의 다방면적인 편지거래에서 우리 나라 로동통신원들과의 편지거래는 중요한 자리를 차지한다. 이것은 작가대렬의 후비들인 로동통신원들의 창작사업에 대하여 고리끼가 얼마나 큰 배려를 하여주었는가를 여실히 알하여준다.

1928년 7월 28일에 조선사람들이 28명이 수표를 둔 편지를 염 고리끼에게 보냈다.

1928년도는 바로 작가가 《우리의 성과》 잡지를 조직하기 위하여 적극 활동하던 해였다. 불라지워쓰또크에서 보내온 조선사람들의 이 편지는 아주 때마침이다.

고리끼가 준 회답전문을 다시한번 상기해보자.

《조선신문 〈선봉〉로동통신원들에게》

1928년 9월 8일

모쓰크와.

존경하는 동무들! 당신들의 우의적인 편지를 받고 몹시 기뻐하였습니다. 뜨거운 축원을 하여준데 대하여 충심으로 감사를 드립니다. 당신들이 관심을 두고있는 기사는 내가 시정하고있는중이며 오래지 않아 소책자로 따로 출판될것입니다. 그 책을 내가 보내드리겠습니다.

나에 외하여 모쓰크와에서는 《우리의 성과》 잡지가 조직됩니다. 이 잡지의 목적은 쏘련에서 벌어지고있는 전체 문화사업에 대한 완벽한 정형을 륙자대중에게 알려주고 새 국가건설사업에서의 그들의 성과를 전체 근로자들에게 보여주는데 있습니다. 잡지는 과학, 농업, 공업부문에서의 성과에 대해서와 낡은것을 없애버리고 새것을 창조하는 생활에서의 변동에 대하여 알해줄것입니다.

바라는바는 당신들이 무엇을 하고있고 무엇을 달성하였으며 당신들속에서 어떻게 새것이 자라나고있는가에 대하여 당신들, 조선사람들이 써주면 좋겠습니다.

대체로 당신들은 걱정되고 기쁘게 하는 모든것에 대하여 쓰십시오.

편지는 다음과 같은 주소로 보내주십시오: 모쓰크와, 국가출판사, 염. 고리끼앞.

염. 고리끼

1928년 9월 8일.

염. 고리끼의 편지는 그 자체의 내용상으로 아주 흥미있다. 편지는 조선말로 하바롭쓰크에서 발간되는 《선봉》 신문의 로동통신원들의 이름앞으로 보냈다. 이 신문은 원동에서의 로동통신원운동의 참다운 중앙으로 되였다. 조선문학의 현저한 현심으로 된 많은 작품들이 《선봉》신문에 게재되였다. 이 신문지상을 통하여 세상은 후에 민주조선의 사회주의시문학 창시자로 된 조기천의 작품을 알게 되였다.

그의 초창기의 시들인 《건설의 아침》, 《새해》, 기타 시들과 푸스낀, 레르몬또브, 네크라쏘브의 창작에 대한 평론이 실리였다. 1928년부터 《선봉》신문에 적극 기여한 조선문학 고전작가 조명희가 조기천의 창작에 주목을 돌렸을것만은 사실이다. 이 신문에는 시인이며 극작가인 태장춘도 자기 작품들을 발표하였는바 후에 그는 여러 극장들에서 상연된 희극 《38선이남에서》를 썼다. 이 신문은 쏘련조선문학 손우세대에 속하는 한 사람들인 김준, 한 아나똘리, 연성용의 창작경력에도 현저한 역할을 놀았다. 조금도 과장이 없이 말할수 있는것은 《선봉》신문의 페지들을 통하여 쏘련조선문학이 생겨난 사실이며 그의 창시자는 탁월한 작가 조명희였다. 조명희의 쏘련 작가동맹 맹원증에는 1934년에 염 고리끼가 수표를 두었다.

고리끼에게 쓴 조선사람들의 편지에는 고리끼의 작품을 조선말로 번역하여 조선에 보급하기 위하여 작가에게서 자료를 받을데 대한 말이 담겨져있었다. 그보다 전에, 20년대초에 하바롭쓰크와 불라지워쓰또크에서 조선말로 번역된 고리끼의 작품들이 조선에 보급되고있었다.

일본 식민지정책하에 고리끼의 작품은 실제에 있어 금지되여있었다. 그러나 일본정부는 고리끼작품의 승리적행진을 멈춰세울수 없었다. 당대의 조선 문학평론가들은 고리끼의 작품을 새 로씨아문학의 항도성으로뿐 아니라 세계적범위에서의 사회주의작가라고 하였다.

이런 조건하에서 조선을 위하여 정상적으로 고리끼의 문학작품을 조선말로 번역하여 출판하려고 결심한 《선봉》신문사 로동통신원들의 노력은 큰 정치적의의를 가졌던것이다.

고리끼의 편지의 또하나의 뜻깊은 점은 고리끼와 조명희간의 생동한 련계가 있은 사실이다. 조명희는 고리끼의 작품 《어머니》가 자기의 창작생활에 준 영향에 대하여 한두번만 자인하지 않았고 1927년에 쓴 자기 회상기에 그는 위대한 고리끼가 자신의 창작운명에 논 큰 역할에 대하여 말하였다. 이 훌륭한 문학문건에 쁘롤레따리작가의 참다운 선조가 표현되였다. 역시 자신에 대한 다음과 같은것을 조명희는 썼다: 나는 《과학숙명론》의 병을 앓았고 리때주의와 종교적신비주의에서 어느것을 선택할것인가 하는 오해에서 동요하였다》.

그러나 현실의 준엄한 교훈은 작가로 하여금 예술에 대한 견해를 바꾸게 하고 자기앞에 다음과 같은 새로운 의문 즉 떠고르의 신형랑만주의이나 또는 고리끼의 사실주의이나?, 하는 의문을 세웠다. 그리고는 《사실주의! 현실과 부닥치고 그를 포착해야 한다》라고 자문에 대답하였다. 《현실을 분석하고 비판해야 하며 생활에 대한 참다운 지식과 경험의 기초하에 자기의 견해를 확립해야 된다》는 결론을 조명희는 짓게 되였다.

위대한 고리끼가 아직 생존시에 조명희, 리기영, 리북명 등 조선작가들이 쁘롤레따리작가의 창작경험을 적극 습득하기 시작한것이 지금에 와서는 더 깊고 넓은 성격을 띠게 되였다.

새로 조직된 잡지 《우리의 성과》의 목적과 과업에 대하여 말하면서 고리끼는 이 잡지를 위해 협력할것을 조선사람들에게 권고하였다.

고리끼의 이 유훈을 맨처음 조명희가 자기의 소설들인 붉은기 (1929년), 《만주빠르찌산》 (1937년) 등에서 체현하였다.

위대한 작가가 조선신문 《선봉》의 로동통신원들에게 쓴 편지는 사회주의 사실주의문학 창시자가 우리 나라 안민들의 민족문화와 가진 정상적이고 탈빌한 련계의 또하나의 새로운 증시이다.

씨르다리아 사범대학 로씨아문학 강좌장, 어문학 학사 리 월로리

볼세위크의 봄

조명희

봄! 새 나라에 떨쳐오는 봄,
5년계획 셋째해의 봄.
하늘에도, 땅에도 새 봄이 나래를 친다.
새 계획을 물고 나래를 친다.
일어서라, 천만의 로력대중아!
봄과 한가지 떨쳐 일어서라!

굴뚝의 연기도 구름이 되여 날거던,
쇠 깎는 소리도 하늘우에 용솟음쳐 구르거던,
하물며 로력의 용사들이야,
힘 오른 팔뚝을 뽐내지 않으랴?
돌려라, 바퀴를! 쳐라, 마치로!
5년계획을 여기서 넘쳐하자!
이리하여 우리는
봄과 한가지 떨치리라.
가없는 벌판에 해빛이 쥐놀고
바람도 거기서 손벽을 치거던,
하물며 로력의 용사들이야,
힘 오른 팔뚝을 뽐내지 않으랴?
잡아라! 뜨락또르 채를, 뿌려라! 새 씨앗을
5년의 열매를 여기서 얻자!
이리하여 우리는 봄과 한가지 떨치리라.

1931. 3

사발

아벌자 마시마예브

까만눈 카사흐처녀 초원에서 나는 보았네.
어여쁜 사발 비단친에 수놓이하고 있었네.

처녀의 그리움 먼 먼데 친구에게로 달렸네.
우연히 눈물 한방울 비단우에 떨구었네.

두송이 꽃송이 비단수건에 수놓았네.
꾀꼬리 한마리 꽃송이에 앉아있네.

처녀의 노래소리 꾀꼬리는 엿듣는듯…
듣다가 저도 그만 친구를 그리워했다네.

리성과 심장에 안정이 필요하랴?
오, 알라따우! 나는 정적을 깨뜨리리라!
창조의 노래소리 강물처럼 흐르노니
그 노래소리 마중하여 가슴을 헤치겠노라!

알라따우노래를 향하여

을지 作

앞길 막아서는 온갖 장애물
어떤 심연에 내던질수 있을가?
나의 걸음을 그리도 오래 머물게 하는것
어떤 분노의 불길에 태워버릴가?

질풍마냥 날 때가 왔다.
어떻게 땅이 노래하며
시구절도 번쩍지는가를 보고 듣기 위해
눈을 뜨고 귀 기울일 때가 왔다.

『레닌기치』(1988.5.15)

레닌기치 1989년 11월 25일(토) 4면

문예페지

장편서사시 오, 수남촌! 연성룡

장자아비의 넋은 어데 계봉우

주필 조영환 РЕДАКТОР СО ЕН ХВАН

본사주소와 전화번호

『레닌기치』(1989.11.25)

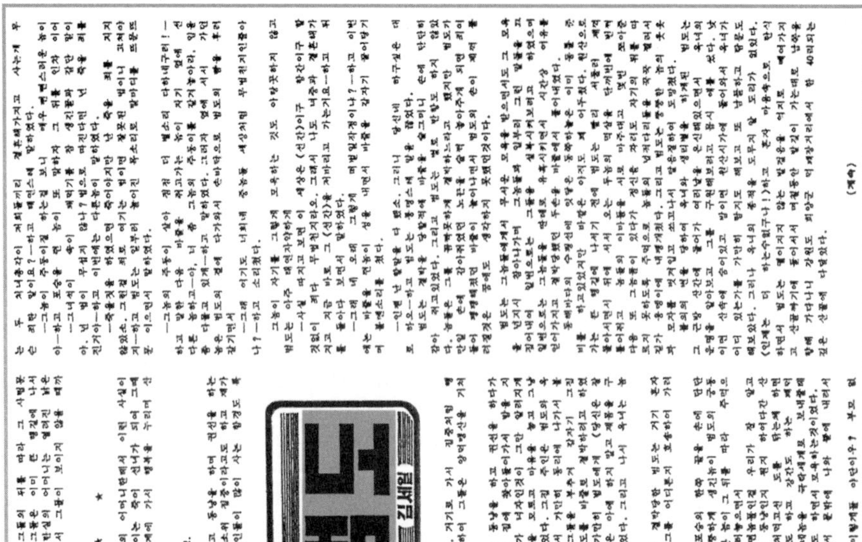

『레닌기치』(1989.12.1)

카자흐스탄 크질오르다 역

카자흐스탄 크질오르다 사막

김병화 콜호즈

우즈베키스탄 꾸일룩 시장

2. 1991년 이후 대표적인 한인 신문 『고려일보』

1991년 1월 1일부터 『레닌기치』는 『고려일보』로 개칭되어 카자흐스탄 알마아타에서 간행되었다. 신문의 발행인은 당대 전소련 고려인 문화중앙부회장직에 있던 허웅배였고, 조영환이 사장이었다. 부총주필은 정성도, 문화예술부 부장은 양원식, 사회경제부 및 외신부 부장은 김기원이었다.[1] 고려일보로 되면서 한글판 신문 주기를 1주 3번으로 줄이고, 그 대신 노어판 부록 한부를 만들어 1주 4번씩 신문을 간행하였다.

『고려일보』는 러시아 연해주에서 간행된 선봉의 전통을 계승하였다는 자부심으로 1면에 1923년에 창간되었음을 밝히고 있다.

『고려일보』에서는 개방정책 이후 보다 적극적으로 고려인의 역사를 조명하기 시작하였다. 우선 간첩협의로 1938년 4월 1일에 총살당한 작가 조명희에 대하여 조망하였다. 고려일보 1991년 1월 16일 「작가 조명희와 그에 대한 회상」이 그것이다. 아울러 민족의 정체성 회복을 위하여 민족의 얼과 친족관계에 대하여도 주목하고 있다. 1991년 1월 25일에는 「민족의 얼 부활을 위하여」를, 2월 8일자에서는 「가족, 친척들을 부르는 말」을 전제하고 있다. 아울러 러시아에서의 한인독립운동에 대하여도 주목하고 있다. 1991년 2월 14일자의 「한인 빠르찌산 26용사의 합장묘」, 그리고 최재형(『고려일보』 1991년 6월 26일, 1991년 6월 27일, 1991년 6월 28일), 민긍호(1993년 2월 6일), 김승빈(1995년 7월 8일) 등에 대한 기사는 그 대표적인 것들이다.

---

1) 『고려일보』 1991년 1월 3일자.

1994년 4월 16일 토요일 고려일보 3

인민배우 이함덕여사의 탐방

배우들이 외치는 소리외에는 숨소리 하나 들리지 않는다. 연극을 자기의 사명감으로 여기는 이 올레그 감독의 지시에 따라 배우들은 똑같은 장면을 반복 또 반복하며 연습한다. 연기가 마음에 들지 않으면 이 감독은 예외없이 무대로 올라가 한사람 한사람에게 설명한 후 또 다시 연습에 들어간다.

배우들의 진지한 연습은 마치 오늘이 발표날이라도 되는것 같다. 이 연극이 이함덕 여사의 탄생 80주년과 창작활동 60주년에 즈음하여 발표할 이쓰빠니야 농촌여성들의 일생극을 다룬 《베르나르다 알바의 집》이다.

후끈한 열기속에서 80고령을 잊은듯 후배들과 호흡을 맞추어 온 정성을 다 쏟고있는 이 함덕여사와 만나서 이야기 하기가 그렇게도 어려웠다. 연극 발표날에 관람석에 앉아서 주인공 몇사람만 기억하게 되는 우둔한 관중으로서 발문조차 닫혀버리는 땀을 쏟는 그들의 연기 연습이 영하의 날씨에도 벙빈 극장을 달아오르게 할줄 어찌 알았겠는가!

1914년 3월 2일 연해주 수찬구역 나호드까만 어부의 가정에서 태어난 이 여사는 1929년 해삼시에서 7년제 학교를 졸업한 후 어업직업동맹 가무단에 들어가 직업배우가 되어 주위의 어른들을 돕며 순회공연에 참가한다.

1932년 해삼시에서 조선극장이 창립되자 이 여사는 그의 단원이 되었고 그후 60여년간 구소변의 한인 문화와 무대예술의 발전에 온 힘을 다하여 바친다. 그동안 일백여편의 작품속에서 주로 주역자 훌륭한 연기술을 발휘하였다. 그중에서도 관중들의 가장 큰 인기를 끌었고 사랑을 받은것은 춘향역이었다. 때문에 한때 춘향이 이함덕여사의 별명이기도 하였다.

이선생님은 사회활동에서도 많은 기여를 하였다.

1948년부터 1959년까지 딸뒤꼬르간주 까라딸구역 인민대의원, 1975년부터 1981년까지 알마떠시 인민대의원으로 당선되어 다민족 국가 카자흐쓰딴에서 민족간 친선도모에 정성을 아끼지 않는 분이다.

《자체 극장만 있다면 눈감고 죽겠구만!》아직까지도 연습과 공연할 조선극장 소속의 건물이 없어 동가식서가숙하면서 연습한다며 하꾸연습하는데 이 극장에 얼마나 무는지 아는가라고 오히려 필자에게 반문한다.

연습이 끝난뒤 오손도손 앉아서 나누는 정겨운 덕담을 여사는 잊을수가 없고 온 생애를 바친 조선극장이 혹시나 사라지지 않을까 하는 염려로 80노구에 그늘이 진다. 불과 200뗑게밖에 되지 않는 봉급으로 가정을 책임져야 할 가장이 돈이 적다고 극장을 나갈때도 원망하는 마음보다는 가슴밑에서 울라오는 안타까움으로 그들의 등을 두드리며 열심히 살라하면서 내 보낸다.

자기 자신은 정식으로 배우 학교에서 교육받지 못했지만 후배 단원은 전부 정식 배우 수업을 쌓았기에 더욱 안타깝다고 한다.

《옛날에는 정말 좋았소꼬마! 문화성에서 주는 돈과 순회공연 수입으로 충분했소꼬마. 지금은 순회공연 하드래도 여관비나 식비도 안되니…》 60년 배우 생활에 지금처럼 어려운 시기는 없었다. 개방이 되어 옛날에는 만날수 없던 한인 복사나 기업가 등을 만날수 있어 반갑지만 과거처럼 꼴호즈나 쏩호즈에서 풍부한 자금을 제공할 수 없다. 국가

에서 주는 보조금으로는 단원들 봉급 주기에도 빠듯하다.

아직도 극장간에 관계가 좋아 다른 단체보다는 좀 싸게 극장을 빌려 연습하고 공연할 수 있지만 다른 극장들도 어려운 것은 마찬가지여서 언제 어떻게 변할지 알수 없다. 그래서 내 집만 있다면 눈을 감고 죽을 수 있다는 절박한 심정을 내 보인다.

《아버지 어머니도 잘 못한 얘들이 하는 말을 어떻게 관중들이 알아 들을 수 있겠는가! 집만 있다면 날마다 출근해서 그대들을 가르치며 지낼수 있는데……》

후배 단원들이 우리 말을 잘 몰라 관객들이 점점 떨어져 나가 안타깝기만 하다. 그래서 내 극장만 있다면 한인들의 결혼이나 환갑 등에 빌려주어 수입을 얻을 수 있고 후배 단원들도 날마다 가르칠 수 있지 않겠느냐는 소망이다. 지금 현재에는 누구에게도 손을 벌릴수 없다. 100여민족이 살고있는 이곳 카자흐쓰딴에 그래도 자기 민족 문화 창달을 위해서 활동하고 있는 극장은 우이구르, 독일, 로씨야 그리고 우리 조선극장뿐이다. 우이구르 극장단원들은 중국 우이구르 자치주가 지리적으로 이 곳과 가깝기대문에 장사도 하면서 극장에서 일한다. 그러나 오로지 연극에만 몰두해 온 조선극장 단원들은 그러한 비즈네스도 할줄 모른다.

한국이나 해외에서 온 많은 동포들이 정신적으로나 경제적으로 도움을 주고 있지만 조선극장이 살아남기에는 힘겹다. 그나마 한국 국립극장에서 원조를 해주지 않았더라면 상황은 더욱 치명적이었을 것이다.

물론 이곳에 살고있는 고려인 전체가 어려운줄 알고있다. 그러나 해외동포나 한국에서 온 교포 실업인, 지리적으로 먼 한국의 어느 한 단체의 원조에만 의존해 조선극장이 살아남는다면 이곳에 살고있는 우리가 너무 염치가 없다. 십시 일반이라고 조금씩이라도 모아 조선극장이, 우리의 문화 창달 단체가 살아남수 있도록 도와주고 조선극장 공연이 있을때마다 사랑하는 마음으로, 아끼는 마음으로 극장문을 들어서자!

본사기자 강춘성

『고려일보』(1994.4.16)

6 고려일보

우리 신문의 역대주필들

현 우리 신문 《고려일보》의 선행지는 《붉은기》, 《선봉》, 《레닌기치》이다. 1917년 로씨야 시월혁명후 국내전쟁이 계속되다가 1922년 원동 연해주가 일본군과 로씨야 백군에게서 해방되고 그 소재지로는 블라지워쓰또크가 되었다. 바로 블라지워쓰또크에서 1923년 3월 1일, 3·1독립 운동 제3주년에 제하여 《선봉》사가 창설되었다. 그런데 《선봉》신문사가 생기기 전에 《투쟁》이란 신문이 발행되었는데 이 신문은 연해주에서 빨찌산투쟁이 치열히 벌어지고 있을 때 한인빨찌산들과 빨찌산 주둔지대 주민들을 위하여 아누치노에서 1918—1922년간 발행되었는데 이 신문은 비합법적 신문이였던것만큼 대중적인 신문이 되지 못하였다.

《선봉》신문의 초대주필은 이성씨였다. 그는 1924년에 꼬민떼른 (국제공산당)의 소환으로 해임되고 한국 서울로 비밀 파견되어 거기서 1925년에 조선공산당 창건의 창의자의 한사람으로 참가하였다고 한다.

제2대 주필은 오성묵씨였다. 그는 1925—27년간 주필로 일하다가 원동국립출판사 편집일군으로 전근되었다.

제3대 주필 이백초도 역시 1927—1929년간 《선봉》신문 주필로 일하다가 원동국립출판사 편집일군으로 전근되었다.

제4대 주필 이괄씨 (초대주필 이성씨의 동생)는 1929년 《선봉》사가 블라지워쓰또크에서 하바롭쓰크로 옮겨가고 변강당위원회의 기관지로 될 때 취임되어 1932년까지 일하다 뽀씨예뜨구역 한국어 신문 주필로 전근되었다.

제5대 주필 김진씨는 연해주 당학교 부교장으로 일하다가 《선봉》신문사 주필로 등급되었다. 김진씨도 역시 1933년에 뽀씨예뜨구역 한국어신문 주필로 전근되었다.

제6대 주필 최호림씨는 1934—1937년기간 일하다 이 기간 신문사를 다시 하바롭쓰크에서 블라지워쓰또크시로 옮겨갔으나 변강당위원회 기관지로 그냥 남아있었다.

1937년. 이 해는 재쏘 한인들에게 있어서 가장 비극적인 해였다. 이국이지만 벌써 익숙해진 정착지를 떠나 낯선 고장 중아시아, 카자흐쓰딴으로 강제이주해오지 않으면 안되었기때문이다. 이해 《선봉》사 주필 최호림은 체포되었다. 최호림 주필이 체포되자 부주필로 일하던 김홍진이 주필로 되었는데 (제7대 주필) 그도 한해도 채 일하지 못하고 체포되었다. 1937년도에 《선봉》신문사도 이주하게 되었는데 이때 황동훈 농업부장을 제외하고는 편집부 성원이 전부 다 체포되었다. 그리하여 황동훈은 따스껜뜨로 왔다. 이때 나는 우즈베크공화국 교육성 한인학교담당 시학관으로 일하였다. 황동훈은 나를 찾아와 신문사 장래문제를 어떻게 해결했으면 좋겠는가고 물어보았다. 그래서 나는 우즈베끼쓰딴 공산당 중앙위원회에 가서 이 문제를 제기해보라고 충고했다. 황동훈은 나의 충고대로 우즈베끼쓰딴공산당 중앙위원회를 찾아가 이 문제를 제기했으나 거절당하였다. 하는수 없이 황동훈은 알마띄에 가 카자흐쓰딴공산당 중앙위원회에 이 문제를 제기하였다. 우즈베끼쓰딴과는 달리 카자흐쓰딴은 고려인들의 사정을 이해해주었다. 그런데 신문은 크슬오르다에서 발행하고 크슬오르다 주당 기관지라는 지위를 준다고 하였다. 이런 지시를 받아 갖고 황동훈은 크슬오르다로 돌아와 신문사조직을 위해 분주히 서두르다가 인민위원부에 체포당하였다.

제8대 주필은 서재욱이다. 크슬오르다 주당위원회는 서재욱을 주필로 임명하고 신문 이름을 바꿀것을 지시하였다. 그리하여 1938년 5월부터 《선봉》은 《레닌기치》로 개칭되었다. 서재욱씨 다음 제9대 주필은 남해룡씨이며 그는 1970년까지 일하였고 제10대 주필 송진파는 1975년까지, 제11대주필 김중진은 약 1년간 일하고 사망하였다. 제12대주필 김광현은 1981년도까지 일했으며 1981년부터 1989년도까지는 한 인노겐찌 (제13대)가, 그후에는 조영환 (제14대)이 1994년말까지 주필로 일하였다. 현재는 문예부장, 부주필로 있던 양원식 (제15대)이 주필로 일하고있다.

강상호

『고려일보』(1994.4.30)

1937년도는 재쏘고려인들의 생활사에서 가장 큰 비운의 해였다. 합일합방후 일제의 간악한 식민지정책을 참다못해 정든 고국산천을 등지고 두만강을 건너 로씨야 원동땅에 들어와 이국땅에서 흔히 있을수 있는

증때문에 매일 수십명씩 죽어버렸다.

30일, 40일만에 도착한 중아시아, 카자흐쓰딴 땅은 벌써 싸늘해지고 세찬 눈가을 빌바람에 갈대만이 울부짖었고 들쥐들만이 단맛이 하는 무인지경 황무지였다.

역사수필

38년도 봄에…

원일

온갖 설움과 고통을 겪으며, 참으며 새 고장에 새 살림살이를 꾸며놓고는 좀 살만해지니 또 어디에로 가라고 강제로 내쫓번 해였기때문이다.

극심한 생활난도 원인이였을것이지만 주로는 일제가 미워 망명의 길을 택했고 로씨야 원동에 들어와서도 반일독립운동을 단념하지 않은 그들이였는데도 한두명, 백명까지도 불라도 30여만이란 온 민족을 바로 그 가증스러운 일제의 앞잡이로 될수 있다는, 쏘베트정권을 해칠수 있다는 무근거한 불신임과 터무니없는 죄명을 들씌워 내쫓기까지 하였으니 이런 비인간적인 전횡이 어디에 있단 말인가. 조금이라도 자기 사고력을 갖고있은 사람들은 모두 잡아다가 《인민의 원쑤》라는 낙인을 찍어 치형했고 그 나머지 사람들은 남녀노소, 환자, 불구자를 막논하고 가축처럼 화물차량에 실어 중아시아와 카자흐쓰딴 벌판에 내버렸던것이다. 그때가 바로 9월이였으니 온여름 진땀을 흘리며 지어놓은 곡식도 채 거두지 못했을것이고 아무리 가난하게 산 사람이라도 가장집물이 있었을것이고 가축도 있었을것이 아닌가? 그것을 차량에 다 싣고 갈수는 없으니 길도중에 먹고 살아야 하는 식료품과 그릇, 옷과 이부자리만 대강 걷어가지고 떠났을것이다.

여행도 하루이틀이 아니고 한달남짓 걸리였으니 비좁고 악취 밴 차칸 검불우에서 어지러운 꿈자리를 보며 눈물과 원망의 한탄속에 가야 했다. 길도중이였으니 목욕은 커녕 세수도 온전히 할수 없었을것이고 차량안에 화장실을 만들어놓을수도 없었고 몇가정이 한 차칸에 같이 갔으니 별의별 망측한 일도 다 있었을것이다. 열차가 잠간 멈춰설 때면 이상분들이나 남자들이 보건말건 아낙네들이 바로 철로위에 앉아 자기 볼일을 봐야 하였고 정거장마다 물이 달라지니 배탈을 앓지 않은 사람이 별로 없었다. 그리니 쇠약한 노인들은 길도중에 명이 끊어져버리고 말았고 어린아이들은 배

우불은 커녕 오솔길마저도 없었다. 짐을 풀어놓은 후에도 많은 사람들에게는 찬서리라도 막을수 있는 보금집도 없었고 게다가 온갖 질병이 목숨을 조이기 시작하였다.

그때당시의 재쏘고려인들의 이런 비운은 그 강제이주때문만이 아니였다. 공산정체의 본질상 독재가 심하고 참다운 의미에서의 민주주의와 자유가 없어 초보적인 인권마저도 무자비하게 유린되었고 더구나 아무런 자기 국가체계도, 영토도 없는 소수민족, 산재민의 처지로 어렵살이를 해왔으니 37년도 전에도, 그 후에도 무권리와 순종의 번민속에서 살아야 하였고 항상 조심성과 공포의 겁쟁이기도 하였다. 언제나 뉘의 눈치를 보며 살아야 하였고 말을 할줄 아는 벙어리기도 하였다.

그러나 목숨이 붙어있는한 삶의 희열만은 누구도 버리지 않았다. 구령불도 장파를 바라며 흘러내리는 법이니 희망의 태양은 어느 가슴속에서도 빛나고있었다. 다행히도 원주민들인 카자흐민족이 원래 후하고 친절한 민족이여서 그들의 사심없는 원조와 후원을 받아 또 새 고장에 새 생활꽃이 피게 해보려는 근기있는 노력으로 하여 조금씩 생활이 펴나가기 시작하던 1938년도 봄철에 있은 일이다.

원동에서부터 농사를 하던 사람들은 농사할 차비를 하고 직장생활을 하던 사람들은 자기 직업과 전문에 따라 새 일자리를 얻어 일을 하기 시작하였으나 《선봉》신문사는 그때까지도 아무것도 분명치 않았다. 신문사의 기본 일이란 신문을 만들어 찍어내는것인데 어데서 그 일을 한단 말인가! 크슬오르다시도 자그마한 지방도시인데 그 도시에서도 좀 떨어진 까잘린쓰크란 역전마을에 짐을 풀어놓은 신문사 사원들은 어쩔바를 몰라해하였다.

《선봉》신문사는 1923년 3월 1일 《3·1항일 독립운동》 4주년을 계기로 로씨야 원동 해삼시 (현재 블라지워쓰또크)에 창설되어 당대의 여섯개 신문들중 가장 대중적이고 인기있는 고려인언론기관이였다. 이주해온 후 신문사에는 지도간부만 거의 없었다.

원동 고려인들을 어디에로 이주시킨다는것이 확실한 사실임을 알게 되자 그때 주필로 있은 최호림씨는 편집위원회 비상회의를 열고 이런 때 언론인들도 평민들과 마찬가지로 공순히 실려가야 하는가 아니면 이런 민족적 수치와 비극을 면하기 위해 어떤 시도라도 해봐야 하는가하는 의정을 내놓고 의논해보았다. 언론인들인것만큼 이런 강제이주는 부당한 반인민적 전횡이란것을 느끼긴 했으나 이 비극북정의 장본인이 바로 온 세계 근로자들의 영도자이며 태양인 스탈린과 그의 측근자들의 직접적인 지도하에 감행되었다는것은 몰랐다. 때문에 스탈린에게 구원의 메쎄지를 쓰면 반드시 무슨 대답이 있으리라고 믿었던것이다. 스탈린은 추호도 나물데가 없는 신성한 초인간으로, 하나님처럼 믿어왔기때문이다. 그런데 바로 이 시기가 베리야와 예조브를 위수로 한 쏘련 인민위원부(안기부)와 쏘련 내무부에 의한 대중체포, 대중학살정책이 절정에 도달했던 시기였다.

그 비상회의가 있은 이튿날 최호림주필은 체포되었고 며칠후에는 부주필 김홍진씨도 체포되었다. 그다음 하나 둘 편집위원회 위원들은 다 없어지고 농업부장 황동훈씨만 남았다. 황동훈씨는 그날 몸이 좀 아파 회의에 참가못했던것이다. 때문에 체포까지는 되지 않았다.

1938년도 봄에 카자흐쓰딴 크슬오르다주 까잘린쓰크 역전마을에서 가을, 겨울을 지낸후 그는 따스켄트로 가 우즈베끼쓰딴공산당(볼세위크) 중앙위원회 선동선전부를 찾아들어갔다. 언론기관이란 원래 큰 도시에 위치해있어야 무슨 일이나 편리하다는 조건과 또 우즈베끼쓰딴은 기후조건도 좋고 농업도 가장 발전된 공화국이여서 고려인들에게 가장 적합한 고장이라는것을 알았기때문에 신문사를 아예부터 따스켄트에 재건해볼 의향에서였다. 그러나 우즈베끼쓰딴공산당은 황동훈의 의견을 들어주지 않았다. 이유는 간단하였다. 모쓰크와의 지시가 없다는 원인이였다. 우즈베끼쓰딴에서 거절을 받자 황동훈은 하루도 지체하지 않고 알마아따로 가 역시 카자흐쓰딴공산당 중앙위원회 선동선전부를 찾아들어가 신문사 재건문제를 제기하니 다행히도 거절은 하지 않았다. 그런데 신문사를 알마아따에 재건할것이 아니라 크슬오르다시에 설치하라고 하였다.

(다음호에 계속)

『고려일보』(1994.6.4)

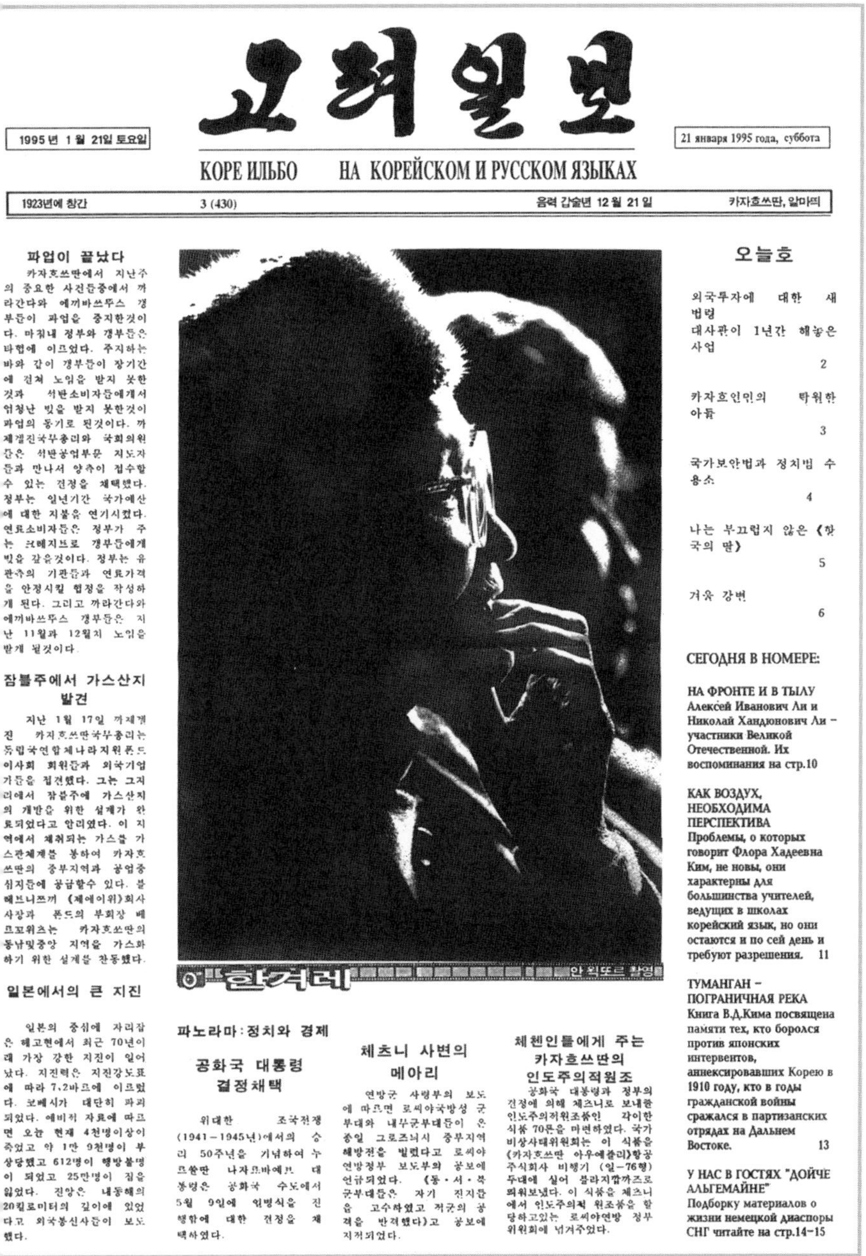

고려일보

1995년 1월 21일 토요일

21 января 1995 года, суббота

КОРЕ ИЛЬБО НА КОРЕЙСКОМ И РУССКОМ ЯЗЫКАХ

1923년에 창간 3 (430) 음력 갑술년 12월 21일 카자흐쓰딴, 알마띄

파업이 끝났다

카자흐쓰딴에서 지난주의 중요한 사건들중에서 까라간다와 에끼바쓰뚜스 갱부들이 파업을 중지한것이다. 마침내 정부와 갱부들은 타협에 이르었다. 주지하는바와 같이 갱부들이 장기간에 걸쳐 노임을 받지 못한것과 석반소비자들에게서 엄청난 빚을 받지 못한것이 파업의 동기로 된것이다. 까제겔진국무총리와 국회의원들은 석반공업부문 지도자들과 만나서 양측이 접수할수 있는 결정을 채택했다. 정부는 일년기간 국가예산에 대한 지불을 연기시켰다. 연료소비자들은 정부가 주는 크레지트로 갱부들에게 빚을 갚을것이다. 정부는 유관측의 기관들과 연료가격을 안정시킬 협정을 작성하게 된다. 그리고 까라간다와 에끼바쓰뚜스 갱부들은 지난 11월과 12월치 노임을 받게 될것이다.

잠블주에서 가스산지 발견

지난 1월 17일 까제겔진 카자흐쓰딴국무총리는 독립국연합제나라지원폰드 이사회 회원들과 외국기업가들을 접견했다. 그는 그자리에서 잠블주에 가스산지의 개발을 위한 설계가 완료되었다고 알리였다. 이 지역에서 채취되는 가스를 가스관체계를 통하여 카자흐쓰딴의 중부지역과 공업중심지들에 공급할수 있다. 블예브니쯔끼 《제에이위》회사 사장과 폰드의 부회장 베르꼬위츠는 카자흐쓰딴의 동남및중앙 지역을 가스화하기 위한 설계를 찬동했다.

일본에서의 큰 지진

일본의 중심에 자리잡은 헤고현에서 최근 70년이래 가장 강한 지진이 일어났다. 지진력은 지진강도표에 따라 7,2바르에 이르렀다. 코베시가 대단히 파괴되었다. 예비적 자료에 따르면 오늘 현재 4천명이상이 죽었고 약 1만 9천명이 부상당했고 612명이 행방불명이 되었고 25만명이 집을 잃었다. 진앙은 내동해의 20킬로미터의 깊이에 있었다고 외국통신사들이 보도했다.

한겨레

안 왹또르 촬영

파노라마: 정치와 경제

공화국 대통령 결정채택

위대한 조국전쟁(1941-1945년)에서의 승리 50주년을 기념하여 누르쑬딴 나자르바예브 대통령은 공화국 수도에서 5월 9일에 열병식을 진행함에 대한 결정을 채택하였다.

체츠니 사변의 메아리

연방군 사령부의 보도에 따르면 로씨야국방성 군부대와 내무군부대들이 온종일 그로즈늬시 중부지역 해방전을 벌렸다고 로씨야연방정부 보도부의 공보에 언급되었다. 《동·서·북 군부대들은 자기 진지들을 고수하였고 적군의 공격을 반격했다》고 공보에 지적되었다.

체첸인들에게 주는 카자흐쓰딴의 인도주의적원조

공화국 대통령과 정부의 결정에 의해 체츠니로 보내줄 인도주의적원조품인 각이한 식품 70톤을 마련하였다. 국가비상사태위원회는 이 식품을 《카자흐쓰딴 아우예촐리》항공주식회사 비행기 (일-76형) 두대에 실어 블라지깝까즈로 띄워보냈다. 이 식품을 체츠니에서 인도주의적 원조품을 할당하고있는 로씨야연방 정부위원회에 넘겨주었다.

오늘호

СЕГОДНЯ В НОМЕРЕ:

『고려일보』(1995.1.21)

고려일보

高麗日報

1991년 1월 1일 창간

№ 33

재쏘고려인 전국신문

ВСЕСОЮЗНАЯ ГАЗЕТА СОВЕТСКИХ КОРЕЙЦЕВ «КОРЕ ИЛЬБО»

ПЯТНИЦА 15 ФЕВРАЛЯ 1991 г.

1991년 양력 2월 15일 음력 1월 1일 금요일

Учредитель: Всесоюзная ассоциация советских корейцев (ВАСК).

고국소식

청소년학생들의 정성

조선민주주의인민공화국 평남도안의 청소년학생들은 자기 지방에서 자라나는 희귀하고 아름다운 꽃나무를 정성껏 떠니 관리하는 한편 꽃씨와 꽃뿌리도 마련하고 정성껏 보관관리하고있다.

얼마전 도시토플위원회는 학교들에서 떠온 수많은 꽃나무들중 아름다운 목란꽃나무, 추리, 복숭아 나무를 비롯한 16종에 467그루의 나무를 9대의 화물자동차에 실어 (4월 15일소년백화원)에 보내여왔다.

4천마력압축기를 제작

룡성기계출국 로동자들은 9대의 4천마력압축기를 만들어냈다.

흥남비료련합기업소에 설치되여있는 여러대의 압축기들을 대신하게 될 4천마력압축기들은 암모니아합성공정의 현대화, 대형화를 실현할수 있게 함으로써 암모니아생산을 높은 수준에서 정상화할수 있게 하는것은 물론 공비를 여러 만들에서도 커다란 의의를 가진다.

덕천—개천사이 새 송전선공사 완공

덕천—개천사이 새 송전선공사가 완공되였다.

이 송전선이 건설됨으로써 이 지구의 공장, 기업소들에 전력을 더욱 원만히 보내주어 증산을 높은 수준에서 정상화하는데 이바지할수 있게 되였다.

덕천—개천사이 새 송전선건설을 끝낸 건설자들과 지원자들은 새로운 구간의 송전선을 건설하기 위한 준비를 다그치고있다.

(「평양신문」지 1월 16일호에서 전재).

남오쎄찌야 정세

예. 쁘리마꼬브원사의 방문결과에 대하여

대회준비사업

아랄해를 구제하기 위하여

"고려일보" 창간회

(제1면으로 계속)

『고려일보』(1995.2.15)

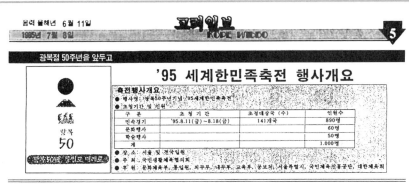

음력 을해년 6월 11일
1995년 7월 8일
고려일보
KORE ILBO
5

광복절 50주년을 앞두고

광복 50
광복50년, 통일로 미래로

'95 세계한민족축전 행사개요

축전행사개요

● 행사명: 광복50주년기념 '95세계한민족축전
● 초청기간 및 인원

구 분	초 청 기 간	초청대상국 (수)	인원수
민속경기	'95.8.11(금)~8.18(금)	141개국	890명
문화행사			60명
학술행사			50명
계			1.000명

● 장 소: 서울 및 전국일원
● 주 최: 국민생활체육협의회
● 후 원: 문화체육부, 통일원, 외무부, 내무부, 교육부, 공보처, 서울특별시, 국민체육진흥공단, 대한체육회

반일투사 김승빈선생

1910년 일제는 《한일합방》이라는 허울좋은 이름밑에 우리 조국 한반도를 식민지로 만들어 36년간이나 착취와 학대를 감행하였다. 일제의 그 마수에서 우리 민족이 벗어나 광복의 새 길을 걷기 시작한지도 이미 50년이 지나가고 있다. 그러나 우리 고국땅은 아직까지도 둘로 갈라진채 서로 오고가기는 커녕 편지거래조차 못하고있는 형편이다.

이런 쓰라린 지난날, 현실이지만 8.15해방 50주년을 맞이하는 오늘 조상땅을 불운의 낭떨어지에서 건져내기 위해 목숨을 내걸고 싸운 선열들의 공로를 돌이켜 보는것은 우리 후세들의 신성하고 도덕적인 의무일것이다. 그런 선열들의 한분이 김승빈선생이다.

1895년 평안남도 대동군 가장리 태생인 김승빈(본명 김병주)은 1915년 조선군대에 입대하여 복무하다가 1918년에 제대하였다.

1919년 전국에서 3.1항일운동이 일어나자 3월 3일 김병주는 모락장거리에서 장보러 온 사람들을 모아놓고 조선독립선어서를 낭독하는 군중대회를 지도하였다.

이튿날 인근 농촌들에서도 수천명 농민들이 시위운동을 하려 모락장거리에 모여들었는데 이 사변을 미리 알고있은 일본 헌병들은 그 군중에 내고 총사격을 하여 수십명의 살상자를 냈다. 이 야수적 만행에 격분한 군중대회 참가자들은 헌병들에게 달려들어 일본헌병 내놈을 몽둥이로 때려죽였다.

모락장거리 시위운동의 조직자이며 헌병을 때려죽인 주동자도 김병주라는것을 알게 된 일본 경찰당국은 그를 체포하려고 시도하였다. 그런 추적이 심해지자 김병주는 그해 4월에 만주로 망명하여 이름을 김승빈이라고 고치고 반일운동을 계속하였다.

1919년 6월 김승빈은 비밀군사학교인 신흥학교 교관으로 임명되어 군사교육을 담임하였다. 1920년 6월 신흥학교 교성대는 백두산밑에 있는 안도현 삼인방에 이전하여 군사교육을 계속하고 있었다. 그해 10월에 일본 토벌대와 악전고투하며 후퇴한 홍범도 군대가 이곳에 도착하자 홍범도군대, 광복단군대, 신흥학교 교성대가 연합되어 11월에 아병을 향하여 출발했다. 행군도중 밀산현 쌀리와에서 군정서군대를 만났다. 그와 연합하여 통군서를 조직하고 총재에 서일, 부총재에 홍범도가 선임되고 군인 700여명으로 대대를 편성하였는데 대대장으로 이청천, 부대대장으로 김승빈이 임명되어 1921년 정월에 이만부근에서 아병으로 넘어왔다.

1921년 3월 로씨야 아무르주로 들어가 조선인빨찌산부대들을 연합하여 조직된 의용군에 편입되었다. 그해 7월 조선혁명군사의회의 지휘하에 2개 연대가 편성되었는데 김승빈은 제2연대 제2대대장겸 연대 교관으로 임명되었다.

그해 혁명군사의회는 2개 연대와 함께 이르꾸쯔크에 들어가 혁명군사의회는 해산되고 2개연대는 제5군단의 특수여단으로 개편되었다.이때 김승빈은 부연대장이 되어 연대의 군사교육을 담당하였다. 그해 가을에 속성보병학교가 설립됨에 따라 김승빈은 그 학교의 교장으로 전임되었다.

1922년 6월 제대된 75명과 함께 이만으로 나와 박 일리야와 함께 빨찌산부대를 조직하여 원동해방의 결정적 전투에 참가하고 원동이 해방되고 빨찌산부대들이 해산된 후에 1923년부터 1929년까지 소왕령 7년제학교 교원으로, 1929년부터 1934년까지 우두고우꼴호즈청년학교 교장으로, 1943년부터 해삼 동양대학에서 일본어 교사로 일하고있던중 1936년 원동변강당위원회의 파견으로 하바롭쓰크 내무인민위원회에서 복무하였다.

1937년에는 쏘씨에트국경수비대에 전근하였고 1938년에는 하산전투에, 1945년도에는 일본군과의 전쟁에 참가하여 세운 전공에 대하여 적성훈장을 받았다.

1947년에는 북조선에 주둔해있은 쏘련군대 방첩기관에 전근되어 복무하였다.

1949년 쏘련군이 귀국하고 방첩기관이 해산되자 해상 국가보안위원회에, 1950년도에는 하바롭쓰크 국가보안위원회에 전근되어 복무하다가 1959년에 퇴직하였다.

김승빈선생은 1981년 10월 15일 하바롭쓰크에서 별세하였다.

『고려일보』(1995.7.8)

고려일보사에서 양원식 주필과의 면담
(좌측부터 이상일, 박환)

고려일보사

홍범도 장군 묘소(카자흐스탄 크질오르다)

최계립 묘소(카자흐스탄 침켄트)

3. 우즈베키스탄의 『고려신문』

구소련이 무너진후 우즈베키스탄 고려인들에게는 자기 신문을 만들어여 한다는 절박한 문제가 대두되었다. 1997년 9월 20일 우즈베키스탄에 거주하는 고려인 강제이주 60주년 기념행사에 맞추어 참가자들에게『고려신문』창간호가 제공되었다.

이 신문은 우즈베키스탄에 거주하는 고려인의 민족어와 문화, 전통, 및 풍습의 유지와 발전을 도모하는 우즈베키스탄에서 수행하는 개혁경과와 역사, 민속학과 우즈베키스탄에 거주하는 다민족의 현대생활 모습을 독자들에게 소개하며, 한국의 뉴스와 해외한민족 협회에 대하여 독자들에게 소개하고 한국 및 우즈베키스탄의 정치, 경제의 보도, 문화와 인문, 과학의 협력을 목적으로 하였다.

이 신문은 1998년 7월 1일까지 24호가 발간되었고, 그 후에는 부채의 증가로 신문 발행을 중지하였다. 1998년말까지 30호를 발간하였다. 1999년 7월에 고려문회협회의 도움으로 신문을 월간으로 재발행하였다. 2002년 2월 중순에 다시 어려움이 있어 발간이 중지되었다. 2001년 1월부터는 신문사가 완전히 고려문화협회로 이관되었으며, 현재『고려신문』은 월간 천부씩 16쪽 규격 A3로 명목상 발행되고 있다.

우즈베키스탄 타쉬켄트 꾸일룩 시장

꾸일룩 시장에서 장사하는 고려인 할머니

꾸일룩 시장에서 장사하는 고려인 ①

꾸일룩 시장에서 장사하는 고려인 ②

II. 러시아 한인언론

1. 『러시아고려인』

1997년에 창간되었으며, 러시아에 있는 고려인뿐만 아니라 한국에 관심이 있는 러시아인을 대상으로 발행하고 있다. 이 신문은 타블로이드판으로 월1회 발간되고 있다.

기사의 비중은 한국과 러시아 소식이 반반이다. 발행인은 러시아 언론인 출신인 천발렌틴이다.[1)]

2. 『겨레일보』

1993년 모스크바에서 『FAX 러시아』라는 제호의 팩스 신문에서 시작됐다. 모스크바에서 발행되고 있는 동포신문 중 가장 오랜 역사를 가시고 있다. 주된 독자는 한인들을 대상으로 하고 있다. 이 신문은 홈페이지를 운영하고 있어 편리하다. 발행인은 박종권이다.[2)]

---

1) 안계현, 2007, 「러시아의 동포 언론」『재외동포 언론 실태와 현황』, 한국언론재단 참조.

2) 위와 같음.

3. 『새고려신문』

사할린주
사회정치신문
Общественно-политическая газета Сахалинской области

새고려신문

СЭ КОРЁ СИНМУН

2001년 8월 31일 금요일
(음력 7월 13일)
Пятница
31 августа 2001г.
No35 (10927)
1949년 6월 1일 창간
Цена договорная

지난 8월 13일(월) 본사에서 젊은 동포세대들의 전망에 대한 주제로 좌담회가 진행. 좌담회참가자들의 모습.
(관련기사 2.4면) (이예식사진기자)

안산시대표 사할린방문

지난 23일(목)-30일(목)간에 안산시 사회여성과 복지사업문양교팀장, 안산시의회 전준호 의원, 안산시의회 사무국경제사회 전종옥전문위원을 비롯하여 안산시 대표단이 사할린에 체류하였다. 그들은 사할린사회·경제 발전상황, 사할린한인사회계 실태를 파악하기 위해 사할린주한인회·노인회, 주이산가족회, 사할린한국교육원, 사할린한국상공회의소, "사할린"국영텔레라디오공사 "우리말"라디오방송국, 새고려신문사를 방문하였다.

대표단 단원들은 "고향마을"에 입주한 노인들이 사할린의 어떤 조건에서 생활했다는 것을 알게 됐다고 하고 "고향마을"입주자들은 편안한 생활을 하고있다고 하였다. 손님들은 사할린의 자연이 아름답고 자연부원이 풍부하다고 지적하고 사할린의 발전을 믿는다고 하였다.

◆ 안산시대표 사할린주한인회 사무실에서 노인들과 담화하고 있다.
(이예식기자 촬영)

쿠릴발전연방프로그람-2002년

지난 25일(토) 우글레고르스크구역 방문차에 사할린주 이.파르후트지노브지사는 2002년도 쿠릴 사회·경제 발전연방프로그람에 대한 지원금 축소를 허용할수 없다고 이타르타스기자에게 말했다.

"초기에 예산안에 의하면 러시아에서 가장 중요한 프로그람에 4억루블리가 책정됐댔는데 이제는 그 액수가 2배 줄어졌다"고 주지사는 말했다. 이.파르후트지노브지사는 위 문제를 국가두마에서 다시 검토할 것을 요구했다. 계속하여 주지사는 "임의의 상황에서도 사할린주행정부는 쿠릴연도 발전에 자금을 할당하겠다"고 강조했다.

사실인즉 쿠나쉬르와 이투루프섬들에서 지방의 자연적인 열을 이용하는 발전소건설에 자금을 예산외 폰드에서 할당하고 있다. 명년에는 이곳에서 전기난이 제거될 것이다. 이외에 북쿠릴 파라무쉬르섬에서는 사할린주에서 유일한 수력발전소가 오래지 않아 완공될 것이다. (사할린주행정부 프레스센터)

새 학년도 출발

어제 30일(목) 유즈노사할린스크시 제9동양어문학교(교장 정옥녀)에서 학생들·학부모들·교사들의 모임이 있었다.

3개월 여름방학간에 키가 훌쩍 큰 학생들이 오래간만에 교사들, 동창생들과 만나 화담도 하고 시간표도 알아보고 오랫동안 학교마당을 떠나지 않았다. 이 날 따라 학교는 더 빛나고 아름다워 보였다.

◆ 유즈노사할린스크시 제9동양어문학교 학생·교사·학부모 모임에서.(이예식기자 촬영)

견지 고기잡이 쿼터를 외국인들에게?

남부쿠릴수역에서의 고기잡이에 대한 쿼터를 외국인-어로공들에게 제공하는 것을 금지해야 한다는 제의를 사할린주 이.파르후트지노브지사가 제출했다.

남부쿠릴수역에서의 외국어선들의 고기잡이를 일본이 반대함과 관련하여 사할린주지사는 다음과 같이 말했다: "나 역시 일본총리와 동감이다. 이건 일본이 남부쿠릴에 대한 그 어떤 권리를 갖고 있다는 것이 아니라 우선 이 지역이 러시아의 영토이며 사할린주이기 때문에 여기에서 임의의 외국어선들이 고기잡이를 못하도록 금지할 때가 이미 됐다고 나는 여긴다".

이.파르후트지노브지사에 따르면 오호츠크해에서 외국인들이 고기잡이하는 것을 엄하게 금지해야 한다. "오늘 현재 사할린, 이투루프, 쿠나쉬르, 쉬코탄에 건설된 어물가공공장들은 주야로 물고기·해산물을 접수·가공할 공칭능력을 갖고 있다. 때문에 고기잡이 쿼터를 외국어로공들에게 제공할것이 아니라 러시아어로공들에게 돌려줘야 한다. 그러면 불법어로도 스스로 제거될것이다"라고 주지사가 지적했다.
(사할린주행정부 프레스센터)

감사합니다

한국 우리민족서로돕기운동 재외동포사업국(본부장에 이광규 전 서울대학교 문화인류학과 교수, 김현동 국장, 이호준간사, 김판준간사)·(주)이미지 글러(사장 방기순)이 신문사에 필요한 신형 컴퓨터구입을 지원해주셨음을 독자여러분들에게 알려드리며 아울러 위 여러분들에게 진심으로 사의를 표하는 바입니다. 새고려신문사 편집부

단신

감사들 사할린방문

러시아원동지역 대통령전권기관과 연방기관 대표 50여명이 지난 22일부터 30일까지 사할린주 사회·경제상황을 종합적으로 감사했다.

팀장 웨.아파나센코의 말에 의하면 이와 같은 감사는 계획적인 조치이다. 감사들은 8일동안 30가지 방향으로 사할린 사회·경제실태 그리고 대통령 명령실행여부까지 조사하여 결론을 내릴 것이다.

마지막으로 귀국자 사할린친척방문

안산 "고향마을" 500세대 아파트에 입주한 귀국자들 12명이 마지막으로 친척들을 방문하러 지난 23일(목) 사할린에 내도했다. 이것으로써 2001년도 안산 귀국자 사할린친척방문이 마무리된다. 올 6월 7일부터 8월 23일까지 매주 띄운 전세기로 약 1000명의 귀국자들이 사할린의 친척들을 만나보았다.

의사들의 피켓

지난 24일(금) 유즈노사할린스크시 의사·간호원들이 시청앞에서 피켓을 했다. 그들은 벌써 3개월 봉급을 못 받고 있다. 그런데 버스표 값과 주택 공공경리요금은 엄청나게 인상됐다.

피켓조직자들은 에프.시도렌코시장과 회담을 가졌다. 유감스럽게도 회담은 의사들의 요구를 충족시키지 못했다. 그러나 시장은 6월, 7월 봉급을 2주일후에 지불하겠다고 약속했다. 이번 주일에 의료일꾼들은 6월 봉급을 받았다 한다.

제5회 소수민족사망희생추념제 거행

지난 19일(토) 포로나이스크시 유즈늬(사치섬)에 건립된 북방소수민족사망희생위령비앞에서 제5회 소수민족사망희생추념제가 거행되었다.

추념제에 북방소수민족대표들과 열성자들, 스탈린탄압희생자 후손들이 참가하였다. 이곳 위령비는 일본의 울타(오로치)협회 회장이며 역사학 박사인 타나카 료의 꾸준한 노력과 물질적 지원에 의해 5년전에 건립되었다.

북방소수민족희생사망추념운영회 회장 알렉산드르 산기가 추념제를 열고 "소수민족의 운명에 대하여 늘 걱정하며 정치적탄압을 입은 우리 부모형제들에게, 그의 후손들에게 보상할 것을 일본정부에 요구하고있는 타나카박사의 노고에 대하여 사의를 표한다"고 하였다. 추념제참가자들은 일분간 묵도한다음 위령비에 생화를 증정하였다. 추념제에서는 타나카 료박사가 추념제참가자들에게 팩스로 보낸 편지가 낭독되었다.

『새고려신문』

1949년 6월 1일 하바로브스크에서 『조선노동자』라는 제호로 창간되었다. 구소련 공산당의 기관지로 발행되던 이 신문은 1951년 사할린으로 이전하였다. 『조선노동자』는 사할린내의 이주 한인들을 대상으로 한글로 발행되다가 1961년에는 『레닌의 길로』로 제호를 변경한다.

1991년 『새고려신문』으로 제호를 개칭하고 동포신문으로서 지금에 이르고 있다.

이 신문은 사할린에서 발행되고 있는 주간지로 8면의 타블로이드판으로 발간되고 있다. 현재 강제이주 당한 고려인 후손들이 발행하는 신문으로는 유일하게 한글로 발행되고 있는 것이다.[3] 신문 1면에는 사할린주 사회정치신문이라고 되어 있다.

3) 위와 같음.

<최근 러시아에서 간행되고 있는 신문들>

1. 『고려신문』

고려신문

"КОРЁ СИНМУН"
(КОРЕЙСКАЯ ГАЗЕТА)

Основана
21 января 2004 года

12 (32) 26 мая 2005 года

КОРЕЙСКАЯ ПРЕССА ОБЪЕДИНЯЕТСЯ

С 20 по 22 мая 2005 г. в Алма-Ате прошел Информационный форум корейских СМИ стран СНГ, организованный Молодежным движением и Ассоциацией корейцев Казахстана.

СТР. 9

ОСТОРОЖНО: СКИНХЕДЫ!

СТР. 5, 11

МОЙ ПЕРВЫЙ УЧИТЕЛЬ - ГЕРОЙ ВОЙНЫ

Мое поколение хорошо помнит тот страшный 1937 год, когда тысячи ни в чем не повинных корейцев были подвергнуты репрессиям, отправлены в трудовые колонии НКВД СССР (сейчас их называют исправительными колониями для преступников), расстреляны.

СТР. 3

ЗАГАДКА КОРЕЙСКОЙ АВТОНОМИИ

Что скрывается за информацией о возможном создании корейского территориального образования в Приморье.

Председатель Общества зарубежных корейцев г-н ЛИ Гван Гю.

"...Некоторые некомпетентные люди делают необоснованные выводы о создании корейской автономии в Приморском крае и распространяют беспочвенные слухи об этом..."

Вице-губернатор **Виктор ГОРЧАКОВ** категорически опроверг информацию, что МИД России и администрация края вели переговоры о создании автономии.

СТР. 2

2. 『통 일』

통일 ЕДИНСТВО

국제조선금일촉진위원회 · 범민련기관지 ГАЗЕТА МЕЖДУНАРОДНОЙ АСОК И БОММИНРЕН

1995년 6월 15일(목요일)
(5월 18일)

★ 15 июня 1995 года № 11 (51)

★ 루계 · 51

<4월의 봄>친선예술축전에 참가 하고

엘리자베따 김
<목란>음악지휘자

나는 올해 평양에서 있은 <4월의 봄>축전에 처음으로 참가했다

이것은 나에게 있어서 큰 영광이며 행복이였다.

내가 이날을 얼마나 기다렸는지 모른다

나는 평양에서 본 모든것을 영원히 잊을수 없다.

모든것이 그야말로 마음에 들었다.

화려한 고층건물들, 넓고 아름다운 더없이 깨끗한 거리들, 나는 그것을 보면서 조선사람으로 태여난 긍지를 느꼈다.

그곳 평양시민들은 처음부터 우리가 떠나올때까지 그야말로 우리를 더없이 따뜻하게 대해주었다.

우리는 도착하자 곧바로 뜻깊은 만수대언덕으로 갔다. 우리는 만수대언덕에 높이 모셔진 존경하는 김일성주석님의 동상에 정성담아 우리가 가져간 꽃다발을 드리고 묵상하였다.

축전분위기는 참으로 친신적이였다.

우리는 세계방방곡곡에서 온 예술인들과 함께 훈련도 하였고 공연도 하였다 물론 나에게 있어서 이런 일은 처음이였다.

매일이 나에게 있어서는 명절이였다. 물론 그것은 아주 즐거우면서도 바쁜 명절이였다.

매일 훈련, 공연 그리고 참관이 계속되였다. 우리는 피곤하였지만 더없이 즐거웠다.

우리와 그곳의 음악가, 지휘자 선생들이 같이 살았다. 바로 그들이 우리를 성심성의로 적극 도와준 탓으로 하여 우리 공연은 참으로 잘 되였다.

나는 경기장에서 난생처음으로 그런 큰 공연을 보았다 그것은 체조가 아니라 그야말로 큰 공연이였다 정말 우리 조선에서만 이런것을 할수있다고 생각했다.

두 주일이 꿈결같이 지나갔다. 정말 우리는 돌아오고싶은 생각이 없었다. 우리를 그처럼 따뜻하게 환대해준 조국동포들과 정이 들었다. 더우기 우리를 그처럼 도와준 음악선생들과 정이 들어 우리는 헤여질때 눈물까지 흘렸다

축전은 비록 끝났지만 뜻깊은 4월의 축전에 대한 추억은 나의 기억속에 영원히 남아 있을것이다

<목란>예술단 무용조

올해 우리는 두번째로 평양을 방문하여 뜻깊은 <4월의 봄>축전에 참가하였다.

해마다 진행되는 4월의 축전이지만 올해 우리는 더없이 안타까운 마음을 안고 평양으로 갔다.

언제나 환한 미소를 담으시고 멀리 떨어져 사는 우리 해외동포들을 따뜻이 안아주시던 경애하는 김일성주석님, 우리가 공연을 무엇을 그리 잘 하련만 우리가 오래동안 잊고 살아오던 조선말로 노래를 부르고 조선의 춤을 추는것을 보시며 박수를 보내주시던 김일성주석님께서 계시지 않는 평양으로 간다고 생갂하니 서운한 마음 금할수 없었다.

우리는 평양에 도착하는 그길로 만수대언덕을 찾아 경애하는 주석님의 동상에 꽃다발을 드리고 묵상하였다

이번 <4월의 봄> 축전에서는 위대한 주석님과 경애하는 김정일동지를 노래하는 공연종목들이 무대에 많이 올려졌다.

우리에게는 이번에 축전의 종막을 장식하는 공연에 참가하는 큰 영광이 차례졌다.

우리의 이번 공연성과는 언제나 그러하지만 전적으로 조국동포들의 열렬한 성원과 특히는 그곳 예술인들의 사심없는 도움에 의한것이다

극장들은 관중들로 꽉 찼고 그들이 보내주는 열렬한 박수는 우리에게 힘을 주고 자랑을 안겨주고 이제며 잘 해야겠다는 결의를 북돋아주었다.

우리는 이번에도 많을 곳을 돌아보았나.

3대혁명전시관도 보았고 단군릉도 보았다. 의상전시회에도 참가하였다

언제나 아름다운 추억을 남기는 만경대학생소년궁전도 참관하였다

조국을 떠나는 우리의 마음은 친부모와 헤여지는 심정 그대로였다

축전은 끝났지만 아름답고 깨끗한 추억은 우리의 심장속에 남아 있다

오늘 호에는

СЕГОДНЯ В НОМЕРЕ

3. 『한인소식』

Газета выходит с августа 2004 г. Бесплатно

KH 한인 소식

КОРЕЙСКИЕ НОВОСТИ

№10 (10) май 2005 г.

노무현 대통령이 6일 청와대를 예방한 일본 자민당 다케베 간사장으로부터 고이즈미 준 이치로 일본 총리의 친서를 전달받고 있다. 로이터/뉴시스

"日 과거 반성 행동 옮겨야"

노무현 대통령은 6일 한일간 현안에 대해 "우리 정부와 국민이 바라는 것은 (일본의) 새로운 사죄와 반성이 아니라 과거에 행한 사죄와 반성에 합당한 행동을 실천으로 옮겨 달라는 것"이라고 말했다.

노대통령은 일본 자민당 다케베 쓰토무 간사장 등 연립여당 대표단을 통해 고이즈미 준이치로 일본 총리의 친서를 전달받는 자리에서 "우리 국민은 신사참배, 역사교과서, 독도 문제 등에 대한 현재 일본의 태도를 과거 침략과 식민지배를 정당화하려는 것으로 간주하고 있다"며 이같이 밝혔다.

노대통령은 "최근 들어 일본측이 야기한 신사참배, 역사교과서, 독도 등의 암초에 걸려 한"일관계가 어려워지게 되었다"며 "이 암초를 제거하지 않는 이상 양국관계는 또다시 암초에 걸리게 되어 있다"고 지적했다.

이어 "우리 국민은 일본이 진정으로 한"중 등 이웃나라와 서로 존중하며 평화를 만들고 협력할 의지가 있는지 의문을 갖고 있다"면서 "일본이 스스로 경계하지 않는다면 우리 국민에게 경계하라고 할 수밖에 없다"고 덧붙였다.

다케베 간사장은 "한국측의 심정을 무겁게 받아들인다"며 "지난달 반둥 아시아"아프리카 정상회의에서 고이즈미 총리가 과거사에 대한 통절한 반성을 언급한 부분이 친서에 반영된 것으로 안다"고 설명했다.

고이즈미 총리는 친서에서 "가까운 시일내에 방한해 양국관계 발전을 위해 진지한 의견 교환을 갖기를 희망한다"는 뜻을 전달한 것으로 알려졌다.

盧 "日, 새 반성보다 실천으로 보여라"

노무현 대통령은 한일 과거사문제와 관련해 "정부 차원에서 새로운 사과 요구를 하지는 않을 것"이라며" 우리 정부와 국민이 바라는 것은 새로운 사과가 아니라 과거 사과에 맞는 실천을 요구하는 것" 이라고 밝혔다.

노 대통령은 6일 청와대에서 일본 연립 여당 간사장 대표단을 접견한 자리에서 이같이 말하고 "과거의 사과와 배치되는 것을 일본 정치인들이 반복하기 때문에 그런 사과가 번복되는 것을 받아들이기 어려운 것이라는 게 우리 국민들의 생각"이라고 잘라 말했다.

이어 노 대통령은 "지난 3 - 1절 행사때 반성과 사과를 이야기한 것은 인류사의 과거사 청산을 위한 보편적 과정이 그렇다는 것이지 새로운 반성과 사과를 이야기한 것은 아니다"며 "사과에 맞는 행동을 실천으로 보여달라는 것"이라고 강조했다.

노 대통령은 또 "민간 부분에는 얼마간의 과제가 남은 것이 있는데 내가 요구하거나 안 해도 된다고 말할 수 있는 문제는 아니고 정부 차원에서의 새로운 사과요구를 하지는 않을 것"이라고 덧붙였다.

이에 앞서 일본의 다카베 간사장은 고이즈미 총리의 친서를 전달했다.

친서내용과 관련해 다카베 간사장은 "한국 방문을 앞두고 여당 일행이 고이즈미 총리를 만났을 때 솔직히 일본이 과거를 반성할 것은 반성하고 사과할 것은 사과하고 전후에 평화국가로 걸어왔다는 점과 기회가 있으면 노 대통령과 이런 부분에 대해 솔직하게 의견교환을 하고 싶다고 했다"고 전했다.

간사장 일행은 또 일본 각료들의 잇단 망언에 대해" 앞으로 대신들이 그런 발언을 하지 않도록 당 차원에서 자제시키겠다"며 "독도문제와 교과서 문제는 절대로 일본 정부나 집권당 지도부 차원에서 기획된 일이 아니다"고 말한 것으로 알려졌다.

31 мая - День города Хабаровска

31 мая

Дальневосточная столица будет отмечать 147 годовщину с момента образования. В далеком 1858 году на карте России появился город Хабаровск.

4. 『원동』(러시아어)

ОБЩЕСТВЕННАЯ ГАЗЕТА КРАЕВОГО ФОНДА ПРИМОРСКИХ КОРЕЙЦЕВ «ВОЗРОЖДЕНИЕ» (КФПК)

원동 ВОН ДОН

№ 1. 4 февраля 1994 года | ОСНОВАНА в январе 1994 | Цена договорная.

ДОРОГИЕ СОГРАЖДАНЕ!

Впервые в Приморье выходит газета приморских корейцев «Вон Дон». Она перед вами. Как видите, что-то в жизни меняется: у нас появился «голос», который должен быть услышан каждым корейцем, стремящимся, или, скажем так, проявляющим элементарную озабоченность о возрождении того самобытного, оригинального, важного и ценного, что составляет «корень», культуру каждого человека, общества, нации.

Фонд приморских корейцев «Возрождение» начал исторический отсчет времени по возрождению корейской культуры, языка, традиций, обычаев и так далее.

Корейцы относятся к тому исключительно редкому типу ассимилировавшихся наций, которые до такой степени растеряли свои национальные особенности: к которым в первую очередь относится язык, а также компактное проживание и другое, что в настоящее время отличить их можно только по внешним признакам. Не будем называть причин такой ситуации — это слишком тяжелая и больная проблема, в общих чертах всем известная.

Задача фонда «Возрождение» сегодня — объединить корейцев Приморья под знаком возрождения национальных признаков: языка, культуры, традиций и обычаев. Испокон веку и поныне корейцы, проживавшие на Дальнем Востоке (хотя предки переселились со своей исторической родины — Кореи еще в середине прошлого века) не знают лучших представителей корейской литературы и искусства. А в настоящее время 98 процентов не знают кореского языка. При этом известны специалисты гуманитарных областей, подлинные интеллигенты, способные к изучению и возрождению, распространению национального языка и культуры.

Дорогие друзья! Не хлебом единым жив человек. Я призываю Вас — принимать активное участие в мероприятиях фонда, ассоциации корейцев, поддерживать их, предлагать свои идеи, замыслы, услуги по возрождению нашей национальной самобытности. Только при условии единства, активности, заинтересованности всех вас в этих начинаниях, возможно гармоничное развитие будущего нашего народа — наших детей.

Зинаида ПАК,
доцент пединститута.

В Приморском крае 7 действующих корейских культурных центров и ассоциаций. Это в городах края Находке, Партизанске, Артеме, Владивостоке, Уссурийске, Арсеньеве и Дальнегорске. Цель — возрождение национальной культуры российских корейцев.

ЦЕЛЬ—ВОЗРОЖДЕНИЕ

Проблем много в их работе и первую очередь из-за отсутствия материальных средств. Практически денежные ресурсы, за исключением небольших сумм от членских взносов, ни откуда не поступают. Каждому культурному центру необходимы элементарные условия. Это наличие помещений под учебные классы, офис с оргтехникой, помещения для проведения культурных мероприятий и их обустройство. На деле большинство руководителей и сам Совет культурных центров свою общественную работу проводят у себя на дому или на частных квартирах у членов общества, так как средств на аренду помещений нет. Нет средств и на благотворительные цели. Что вынуждает культурные центры и ассоциации заниматься коммерческой деятельностью, а это не всегда и не всеми используется как средство для реализации уставных целей общественных благотворительных организаций.

Надежду на реализацию национально-культурного возрождения репрессированные российские корейцы связывали с реабилитацией.

1 апреля 1993 года Верховный Совет Российской Федерации принял долгожданное Постановление «О реабилитации российских корейцев». Этот гуманный акт корейцы ждали более 55 лет.

Цель Постановления — это восстановление исторической справедливости в отношении незаконно репрессированных российских корейцев. В Постановлении поручается Правительству Российской Федерации до 1 сентября 1993 года представить комплексную государственную программу национально-культурного возрождения российских корейцев с определением источников ее финансирования внести до 1 сентября 1993 года предложения о льготном кредитовании для российских корейцев.

Скоро год, как реабилитировали российских корейцев, однако ни один пункт Постановления не работает. Словно и не было реабилитации. Невольно думается, что с упразднением Верховного Совета Российской Федерации, принятое им Постановление «О реабилитации российских корейцев» утратило законодательную силу. Какие же еще унижения ожидают российских корейцев?

В годы репрессий только из Приморского края по национальному признаку были насильственно выселены в Среднюю Азию и Казахстан более 150 тысяч корейцев. Из них: в Посьетском (ныне Хасанском) районе — проживало 38 тысяч корейцев или 90 процентов всей численности; в Суйфунском (ныне Уссурийский и Надеждинский районы вместе взятые) — проживало 39 тысяч корейцев или 50 процентов; в Сучанском (ныне Партизанском) районе — проживало 20 тысяч корейцев или 50 процентов. В остальных районах Приморья проживало: в Покровском 39,5 процента, Гродековском 32, Ханкайском 29,6, Черниговском 17, Спасском 12, Ольгинском 24, Калининском 8 процентов и так далее.

Сегодня в Приморский край на добровольной и индивидуальной основе на собственный страх и риск корейцы семьями возвращаются. Не многим удается благополучно преодолеть переезд из-за препятствий, чинимых властями выпускаемой страны, дороговизны дорожных расходов, трудностей обустройства в местах расселения и других причин, и главным образом, материальных, что вновь их обрекает на физические и моральные страдания. Ведь это по сути третье по счету великое переселение народа. Будет ли оно последним и менее трагичным?!

Администрация Приморского края доброжелательно отнеслась к реабилитации российских корейцев и не дожидаясь указаний сверху, разработала план мероприятий по выполнению Постановления ВС Российской Федерации № 4721-Р «О реабилитации российских корейцев». Однако, на реализацию указанного мероприятия у края средств нет. На этом, видимо, «забота» в крае о корейцах закончилась.

Надо заметить, что реабилитация казачества властями Приморья встречена благожелательно. Казаки получили земли, денежную компенсацию, право на компактное расселение, определены им квоты на вылов рыбы, и другие льготы.

Откроем архивы, где приведены сведения о задолженности государственных учреждений корейцам-переселенцам за сданное имущество. Согласно Постановления СНК СССР № 1571—356 от 11 сентября 1937 года полагалась компенсация за оставленное на месте: жилья, имущества, скота, посевов из расчета 4 тысячи рублей на семью. Только из Приморья было выселено около 30 тысяч семей, что составляет 120 миллионов рублей, а с учетом валютного курса того времени это была большая сумма.

Кроме того, в результате депортации корейцы утратили национальную материально-культурную базу. Так, во Владивостоке были ликвидированы — корейский пединститут, педагогический и сельскохозяйственный техникумы, Дальневосточный краевой корейский драмтеатр. В Уссурийске — корейский рисоводческий и педагогический техникумы; в Посьетском районе — педагогический техникум. В крае действовали 380 общеобразовательных корейских школ, 221 корейская библиотека и так далее.

В результате насильственного выселения российскими корейцами все это было утрачено. Сегодня возрождение приходится начинать с нуля. Поэтому корейцы не милостыню ждут, а государственную поддержку в счет частичной компенсации за принесенные моральный и материальный ущерб корейскому населению в годы репрессий.

В России исторически живут более 100 национальностей и они никогда добровольно не согласятся вновь втянуть себя в очередные административные эксперименты. И поэтому у российских корейцев остается единственный путь к возрождению — это возвращение на Дальний Восток. Именно здесь сложилась корейская диаспора в России, здесь их историческая, правовая и моральная основа, гарантирующая право на жизнь, свободу и защиту своих национальных интересов наравне с другими народами, населяющими Дальний Восток. Пока еще живы старшее и средние поколения, медлить дальше нельзя. Или возрождение состоится, или скоро на земле корейцев станет на полмиллиона меньше.

Тельмир КИМ,
сопредседатель фонда «Возрождение».

С НОВЫМ 1994-м ГОДОМ!

И вот мы снова у порога Нового 1994 года, теперь уже по восточному — лунному календарю.

Поздравляем Вас с Новым годом! Пожелаем всем нам стабилизации, чтобы обозначились четче ее контуры. Иначе при повальном развале экономики, при каждонедельной, даже каждодневной инфляции многим просто не выдержать трудностей нашего бытия. В этой ситуации, видится, особенно важным и необходимым: поддержка, материальная и моральная, людей старшего поколения. Тут нам очень «на руку» вековые традиции почитания старших, почитания родителей детьми, людьми молодыми. Это — очень важное условие для выживания в наше смутное время.

И еще, уважаемые земляки! Так уж сложились обстоятельства, что в преодолении трудностей выковывались такие национальные черты характера, как стойкость, жизнелюбие, упорство и великое трудолюбие.

К сожалению, в последние годы проявляется общая тенденции к занятию исключительно коммерцией. Даже передававшиеся из поколения в поколение — любовь к земле, искусство выращивания сельскохозяйственных культур, начинает утрачиваться.

Нынешнему молодому поколению хочется пожелать плодотворного труда, стоять крепко на земле.

Представителям старшего поколения особенно памятно, что среди наших единоверцев не было людей с протянутой рукой. Если в деревне какая-либо семья бедствовала, оказывалась на грани нищеты, то все равно без «паби» на столе не оставалась. Помогали более состоятельные или просто делились последней горсткой риса. Это свойство натуры земляков важно сейчас, когда начался отток корейцев из Средней Азии, из-за национальной розни. Они оказались на положении беженцев изгоев нашего общества. Вот по отношению к этим можно считать, дважды депортированным людям нужна наша поддержка. Не будем предавать забвению наши вековые традиции.— проявим милосердие, дадим почувствовать наше дружеское плечо.

Всем—всем здоровья, жизнестойкости и надежды! Молодым — во всех начинаниях удач!

5. 『원동』(한국어)

월간지
1994년 7월 15일
(조선어 제 1 호)

번역-주필
김 발레리아(김자영)

교정-편집인: 황 성 익
구 독 료 1부 300루블

원동신문

연해주 거주 조선인 부흥 연합회 [재건]

창간호--제5호의
주요내용을 편집
특별호를 발행함

러시아 우수리쓰크시
쏘비에뜨스카야거리
84번지 연해주조선인
기금회 [재 건]
창간 1994년 1월

사랑하는 동포여!

이것은 연해주에 거주하는 조선인들을 위한 신문인 "원동" 제 1호 이다.

세월은 변하고 있다. 즉 우리도 이제부터 공공연하게 의견을 토론할 수 있는 세월이 되었다. 그러므로 이 신문은 민족 문화 부흥에 대한 작은 관심이라도 가지고 있는 사람들을 수용해야 된다. 연해주 조선인 재건 기금의 설립으로 인해 민족 문화와 언어와 전통 등을 부흥시킬 수 있는 우리 생활의 새 시기를 시작하였다.

현재 러시아 조선인들은 러시아인들과 철저히 동화되어 형편없이 자기 민족의 특성을 상실하였기 때문에 조선인들은 외관상으로만 구별될 뿐이다. 이런 좋지못한 상황이 벌어진 이유는 지목하지 말자. 그것은 어렵고 아픈 문제이며 모두 알고 있는 문제이다.

"재건"기금의 과제는 조선 문화, 언어, 전통의 부흥을 통해 연해주 거주 조선인들을 단결시키는 것이다.

오래전부터 연해주에 사는 조선인들은 조선의 예술과 문학을 알지 못하며 그에 종사한 유명한 작가들에 대해서도 모르고 있다. 그리고 98%의 사람들이 조선어를 모르고 있다. 그럼에도 불구하고 현대의 조선인들 중에는 유명한 인문 과학의 전문가들과 민족의 언어와 문화를 보급할 수 있는 능력을 가진 사람들이 있다.

사랑하는 동포 여러분!
사람은 떡으로만 사는 것이 아닙니다. 저는 큰 소리로 호소합니다. "재건"기금과 조선인 협회의 정책에 열심히 참가하십시오. 민족 전통과 문화 부흥에 열심히 봉사해 주시고 지지를 해주십시오. 오직 이 첫 시작에 단결과 관심과 활발한 활동이 있을 때만 우리 민족은 융화 발전할 수 있습니다.

우수리쓰크 사범대학 조교수
박 지나이다

목적은 재건이다

연해주에는 조선 문화 센타와 조선인 협회들이 7개 있다. 이들은 나호드까, 빨지산스크, 아르쫌, 블라디보스뚝, 우수리쓰크, 아르세니예브, 달리네고르쓰크등의 도시에 위치하고 있다. 이들의 목적은 민족문화와 전통의 재건과 부흥이다. 그러나 그들은 아직 해결하지 못하고 있는 많은 문제들이 있는데 그중 제일 큰 문제는 물적자원이 없다는 것이다. 약간의 회비를 제외하고는 실제로 아무곳에서도 자발적인 자금이 들어오지 않는다. 또한 각 문화센터들은 최소한의 조건이 부족하다. 즉 그것은 교실과 현대화되어 는 사무실과 문화정책을 피할 수 있는 공간이 없다는 것이다. 사무실의 임대료와 활동을 위한 자금이 부족한 이유로 대다수의 임원들은 자기 집에서 일을 하고 있다. 그러므로 문화센터와 협회들은 상업을 할 수 밖에 없다. 그러나 이와 같은 이유로 상업을 시작한 어느 누구도 결코 문화센터와 협회의 근본목적과 정신을 실현하지 않고 있다.

지금 러시아의 조선인들의 의식 속에는 [민족의 명예를 회복하면 민족문화를 재건할 수 있다]는 소망이 싹트고 있다.

1993년 4월 1일 러시아 연방 최고회의는 러시아 조선인들의 오랜 숙망인 러시아 조선인들의 명예회복에 대한 결의를 채택하였다. 이 휴머니즘적인 조치를 러시아 조선인들은 55년 이상 기다리고 있었다. 이 결의 목적은 역사의 공정성을 회복하기 위한 것이다. 그 결의는 러시아 정부에게 러시아 조선인들의 민족문화 부흥을 위해서 1993년 9월 1일까지 국가의 구체적 계획을 부여하였다. 그리고 지정된 시간에 자금확보의 원천을 정확히 판정하여 러시아 조선인들을 위한 특혜자금을 마련하라고 하였다. 그로부터 1년이 지났으나 정부는 연방회의에서 결의한 내용에 단 한가지도 실행하지 않았다. 마치 명예회복에 대한 결의가 없었던 것처럼 ...., 러시아 연방 최고회의에서 이루어진 러시아 조선인들의 명예회복에 대한 결의는 입법력을 상실했다는 생각이 무의식적으로 들었다.

<2면으로>

김영삼대통령 연해주 방문

6월 7일 오전 11시 블라디보스톡에 대한민국 김영삼 대통령이 탑승한 비행기가 많은 환영을 받으며 도착하였다. 그리고 이곳에 나온 사람들 중에는 연해주와 사할린 조선 사회단체들의 대표들도 참석하여 기쁜 마음으로 환영하였다.

블라디보스톡 영빈관으로 안내된 김영삼 대통령은 다음과 같이 말하였다. "나는 한국의 역대 대통령 중에서 처음으로 연해주를 방문하게 되었습니다. 연해주는 우리나라와 지리적으로만 가까울 뿐 아니라 역사적으로도 연해주는 조선인들에게 가장 중요한 곳입니다. 망명한 조선인들에게는 '약속의 땅'이었으며, 또한 독립투쟁의 기반이 되었습니다." 그리고 대통령은 연해주가 다가올 태평양 시대에 한국과 러시아간의 협조를 위한 중심지가 될 것이라고 확신하였다. 우선 어업 관계, 공업 관계, 천연자원 관계 등이 순조롭게 실현되고 있으며 '나호드까 공업 구역은 한국 회사 구역이다'란 기획이 실현되고 있다. 또한 블라디보스톡과 부산을 연결하는 해로도 열려져 있으며 금년에는 블라디보스톡과 서울간의 항로도 열려지게 된다. 마지막으로 김영삼 대통령은 대한민국 국민과 연해주 주민들이 앞으로 서로 도와주며 화목하게 살면서 성공적인 발전을 위해 노력하게 될것이라고 단언하였다.

이에 대해 연해주 주지사 에브게니 나즈드라첸꼬는 대외경제의 상호 유리한 관계에 필요한 것들에 대해 "연해주는 천연자원만 풍부한 것이 아니라 기초과학, 응용과학 그리고 숙련공들도 풍부하다. 그러나 이 모든 자원은 오직 눈부시게 발전한 한국의 기술자본에 의해서만 실효있게 사용될 수 있다는 것을 정세의 흐름 속에서 암시받고 있다."고 말하였다.

김영삼 대통령은 그날 고국을 향해 출발하였다.

6. 『연해주 소식』

연해주 소식

발행일 :2001.10.25 / 창 간 호
발행인 : 김 광 섭
Tel : 4232) 25-4912 / Fax : 4232) 42-9506
e-mail : primonews@hotmail.com
주소:블라디보스톡 알레웃스까이 61-4

한완상 부총리 연해주 방문

한완상 부총리겸 교육인적자원부 장관은 프랑스 파리에서 세계문화유산보존등 유네스코 연차회의를 마치고 10.19~23일 귀국길에 블라디보스톡을 방문하였다. 시차상 어려움에도 곧바로 10월 19일 신한촌 일대 독립유적지를 돌아보고 기념탑에 헌화하였다.

20일 우스리스크에서 고려인 새생기금회를 방문, 동포들과 함께 아리랑 무용단 공연을 관람하고 금일봉을 전달하였으며 21일 국립극동대에서 총장(블라디미르 쿠릴로프)과 한러 대학협력방안에 대해 논의하면서 내년부터 한국학 활성화를 위한 새로운 사업구상을 밝히며 극동대의 적극 참여를 당부하였다. 또한 국립경제대 부설 '한국어 학교'(1~11년, 지난해 신설, 한국어를 러시아 최초로 제2외국어로 채택)를 방문하여 연해주에서 한국어교육이 점차 대중화되고 중시되는 현장을 둘러보고 시청각 기자재 등을 전달하였으며 극동지역 블라디보스톡(원장 박회수), 사할린(원장 유종균), 하바로프스크(원장 양형렬), 모스크바 한국대사관 1등서기관(이용균), 모스크바 근교 로스토프라돈늬(원장 천행엽, 금년 9월 개설)등의 교육관계자들과 현황을 점검했다. 또한 당일 한국어 보급에 힘쓴 학부모, 교사, 선교사 등을 만찬에 초빙하여 '해가 동에서 떠오르듯 극동지역은 러시아의 새로운 메카로 자리매김 되고 있다'며 교민은 각자가 선교사적 사명을 가져야 하며 한국은 이제 더 이상 후진국이 아니니까 문화적 자긍심을 가지고 해외 생활할 것을 당부하였다.

•알 림•

10월 28일 01시부터 섬머타임 해제로 01시를 00시로 한시간 단축됨.
11월 1일 블라디보스톡 제한급수 예정.
(3면 참조)

'연해주 소식' 발간 축사

먼저 〈연해주 소식〉 창간호가 발간된 것을 진심으로 축하합니다. 아울러 금번 창간호 발간이 있기까지 쉽지 않은 여건 속에서 많은 수고를 해주신 김광섭 발행인 등 관계자 여러분의 노고를 치하하고자 합니다.

연해주를 중심으로 한 러시아 극동지역에서 최초의 교민생활 정보지라고 할 수 있는 〈연해주 소식〉이 발간되게 된 데에 나름대로 의미를 부여해 보고자 합니다. 많은 우리 한인들이 지구촌 구석구석에 진출하여 활약하고 있습니다만, 러시아 극동지역은 우리 나라와 역사적으로나 지정학적으로 밀접한 관계가 있을 뿐 아니라, 다른 어느 나라보다도 활발한 인적, 물적 교류관계를 갖고 있으며, 향후 호혜협력의 잠재력도 크게 내재하고 있는 지역입니다. 특히, 호혜협력의 가능성 측면과 관련해서, 많은 식자들이 러시아의 본격적인 경제발전의 단초를 극동지역에서 찾고 있는 터에, 우리나라와 철도연결 사업 등 크고 작은 많은 협력프로젝트들이 추진되고 있는 것은 이 지역에 거주하고 있는 한인들에게는 대단히 고무적인 것입니다.

이번에 창간되는 〈연해주 소식〉이 이와 같이 우리 나라와 밀접한 관계를 가지고 나날이 발전해 가는 이 지역에 대한 제반 유용한 정보를 정확하고 충실히 소개함으로써 비즈니스활동과 체류생활에 도움을 주며, 나아가 한국인 커뮤니티 내 상호이해와 정보교류의 틈새를 보완하는 촉매제로 기능함으로써, 한인사회로부터 사랑받는 생활정보지로서 성공할 수 있기를 희망하고자 합니다.

〈연해주 소식〉이 교민사회에서 확고히 자리 매김 되고 발전하기 위해서는 발행인 등 관계자의 부단한 노력과 함께 교민사회의 따뜻한 애정과 아낌없는 질정이 필요할 것으로 사료됩니다. 일제 강점기를 전후하여 생존을 위하여 또는 주권을 되찾기 위하여 연해주지역에 모여들었던 우리 선조 들은 여러 가지 어려운 상황에서도 애국계몽성격의 신문을 발간했었습니다. 시대와 상황은 비할 바가 아니나, 〈연해주 소식〉이 소중한 생활정보지로서의 역할과 교민사회를 단합시키는 역할을 충실히 수행해 나가기를 바라는 바입니다.

다시 한번 관계자 여러분의 노고를 격려하고 치하하며, 〈연해주 소식〉 발간이 우리 교민사회가 한 단계 더 발돋움할 수 있는 계기가 될 수 있기를 희망합니다.

감사합니다.

2001년 10월 25일
주 블라디보스톡 총영사관 총영사 이 준 화

고려인 문화의 날 축제를 마무리하며

연해주는 우리 민족과 수 천년의 인연을 맺고 있는 민족의 고향입니다.

새 천년이 시작되는 2001년, 우리는 개천절(10월 3일)에 즈음하여 새 천년의 꿈을 심는 "고려인문화의 날 축제"를 성공적으로 마무리하였습니다.

아쉬운 것은 일부지역에서 참여를 하지 못한 것입니다만, 그래도 역사이래 이렇게 많은 동포들이 함께 모여 축제를 벌인 적이 없을 정도로 대단한 행사였습니다.

우리가 이런 행사를 치를 수 있었던 것은 반만년 유구한 역사를 자랑하는 단군의 자손으로서, 이곳에서 자랑스럽게 살아온 우리 조상들의 후예로서의 저력때문이었다고 생각합니다. 우리는 자랑스런 문화민족임을 다시 한번 확인할 수 있었으며, 이 행사를 통하여 러시아, 남북한과의 우호관계와 경제협력을 촉진하는 계기가 될 수 있으리라 믿어 의심치 않습니다. 이 행사에 직, 접적으로 동참해주신 많은 분들의 노고에 깊이 감사드리며, 이는 우리의 위대한 역사를 세우는 데 귀한 밑거름이 되리라 확신합니다. 감사합니다.

2001년 10월
고려인 문화의 날 축제 조직위원회

제6장

러시아지역 한인언론의 성격과 역사적 의의

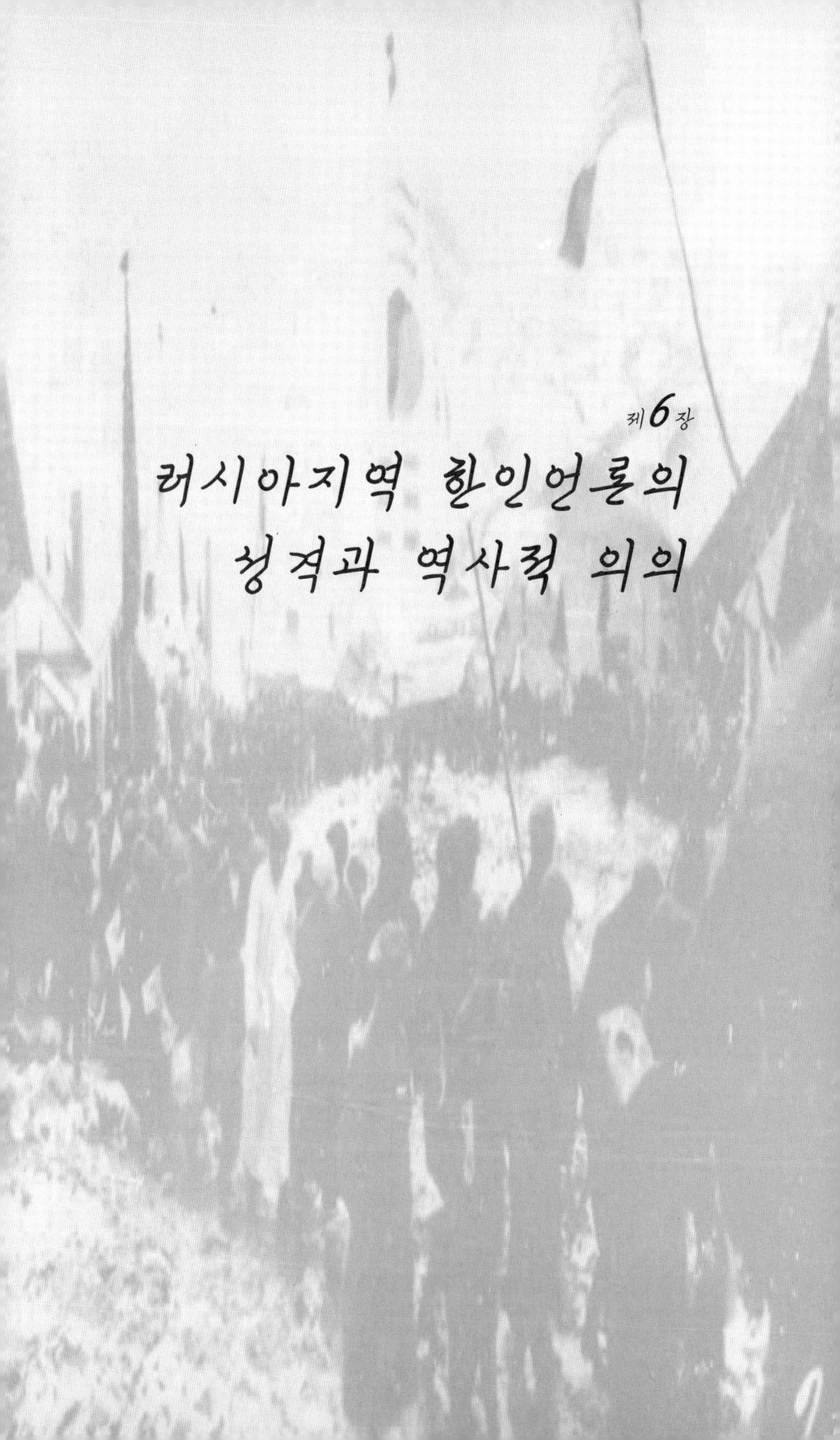

Ⅰ. 머리말

1860년대 러시아지역으로 이주하기 시작한 한인들은 1905년 을사조약의 체결이후 의병과 계몽운동을 시작으로 일제와의 적극적인 대일투쟁에 돌입하였다. 이범윤, 최재형 의병들은 무방투쟁의 대표적인 조직들이며, 『해조신문』, 『대동공보』 등은 대표적인 계몽운동 신문이었다고 할 수 있다. 그 후 한인들은 13도의군, 성명회 조직 등을 통하여 끝임없이 대일투쟁에 참가하였으며, 1910년 일제의 조선강점 이후에도 『대양보』의 발간, 권업회의 조직과 『권업신문』의 간행, 대한인국민회 시베리아 지방총회의 조직과 잡지 『대한인정교보』의 발간 등을 통하여 계속적인 항쟁을 전개하였던 것이다.

그러던 중 제1차세계대전의 발발을 통하여 러시아 당국의 탄압으로 인하여 한인독립운동은 일시 위축되기도 하였으나 1917년 러시아 혁명의 발발로 한인독립운동은 새로운 전기를 마련하게 되었다. 그리고 한인들은 『청구신보』, 『한인신보』 등의 간행을 통하여 재러동포들의 진로를 모색하였다. 1918년 일본 등 여러 나라가 시베리아로 출병하자 한인들은 볼세비키와의 연합을 통하여 일본제국주의를 몰아내고자 시베리아 각지에서 무장단체를 조직하여 활동하였던 것이다. 그리고 『대중의 목소리』, 『신세계』, 『새벽북』, 『적기』, 『동아공산』, 『노동신보』 등의 간행을 통하여 일본제국주의를 몰아내는 한편 공산주의 사상을 선전하고자 하였다. 그러나 한인들의 이러한 노력도 혁명성공 이후 국내체제의 정비와 일본과 불필요한 마찰을 피하고자 하는 러시아정부의 정책 때문에 한인무대들은 무장해제를 당하고 말았던 것이다. 이후 러시아에 거주하고 한인들은 소련의 사회주의 건설 정책에 발맞추어 생활을 영위할 수밖에 없었던 것이다. 그리고 그러한 과정에서 한인들은 『선봉』을 간행하여 재러한인사회의 길잡이 역할을 하였다.

레닌 사망 후 소련의 지배자가 된 스탈린은 1928년 신경제정책을 중단하고, 1929년부터 콜호즈, 집단농장제와 소브호즈, 국영 농업제를 채택하는 한편 경제개발계획을 추진하였다. 연해주의 경우 1929년부터 대규모 콜호즈운동이 전개되었으며, 그 과정에서 부농과의 격렬한 투쟁이 전개되기도 하였다. 즉 일부 한인의 대규모 이탈과 많은 사람들이 가축을 도살하는 사건도 발생하였던 것이다. 그 이후 한인사회는 적극적으로 소련의 5개년 계획에 동참하였으며, 그러한 과정에서 한인들의 생산량 증대를 위하여 다양한 기관과 직종에서 다양한 신문들이 간행되었던 것이다. 그 대표적인 것이 『연해주어부』, 『광부』, 『당교육』, 『동방꼼무나』, 『공격대원』, 『레닌광선』 등인 것이다.

1937년 한인들을 러시아의 정책에 따라 중앙아시아로 강제 이주되었다. 그 곳에서 한인들은 『레닌기치』등을 간행하였으며, 1991년 러시아의 개혁 이후에는 『고려일보』, 『고려신문』 등을 간행하며 개혁 이후의 새로운 동향들을 반영하며 오늘에 이르고 있다.

본고에서는 1860년대 한인들이 러시아로 이주한 이후 간행한 신문들에 대하여 전체적으로 살펴봄으로써 한인언론사의 역사적 성격과 의미를 살펴보고자 한다.

1. 러시아 동포 언론의 탄생

1) 구한말 한인언론의 성격 – 국권회복과 재러동포의 계몽

1905년 러일전쟁 이후 러시아지역에 거주하는 동포들에 의한 국권회복운동이 본격적으로 전개되었다. 그 중 하나가 신문의 발간을 통한 민족의식의 고취와 국권의 회복이었는데, 대표적인 신문은 『해조신문』과 그 뒤를 이은 『대동공보』였다.

『해조신문』은 1908년 2월 26일에 연해주의 블라디보스톡에서 창간된 교포신문으로 일간으로 간행되었다. 간행에 주요한 역할을 담당한 인물은 정순만과 최봉준이며, 특히 최봉준은 이 신문의 운영에 있어 재정적인 면에서 중요한 역할을 담당하였다. 『해조신문』은 조선의 국권회복을 목적으로 간행되었으며, 한글로 간행된 것이 하나의 특징이라고 하겠다. 신문의 체제는 논설・잡보・외보・전보・기서・소설・만필・본항정보・광고・별보 등으로 이루어져 있다. 『해조신문』의 발행인 겸 편집인은 최만학과 듀꼬프이며, 사장은 최봉준이었다. 주필 및 기자로는 장지연・정순만・이강・김하구 등이 일하였으며, 박영진, 이종운, 한형권 등이 각각 문선과 번역을 담당하였다.

『해조신문』은 내용에 있어서 국권의 회복과 재러동포의 계몽에 비중을 두었다. 『해조신문』의 창간호에 실린 정순만(이명: 자오싱)의 논설 「우리동포의게 경고홈」에서도,

> 국권회복ᄒᆞ기와 동포구졔ᄒᆞ기로 힘을 다ᄒᆞ며 마음을 갓히ᄒᆞ되 몬져 우리의 지식을 발달ᄒᆞ고 문견을 넓히ᄂᆞᆫ 것은 신문을 구람ᄒᆞᄂᆞᆫ 밧게 다른 방법이 업ᄂᆞᆫ지라.

라고 하여, 국권회복과 동포를 구제하기 위하여 신문을 간행하고 있음을 밝히고 있다.

1908년 3월 4일자 논설 「강동에 거류ᄒᆞᄂᆞᆫ 우리동포ᄉᆡᆼ각ᄒᆞ야 보실일」에서는 망국민이 되지 않고 국권을 회복하기 위하여 재러동포들이 해야 할 일을 세 가지로 정리하고 있다. 즉 단체를 합하는 것, 민족의식의 고양, 청년자제의 교육 등이 그것이다. 『해조신문』에서는 이중 당파를 극복하고 단합하는 것이 제일 중요한 사업이라고 주장하였다. 이러한 상황

하에서 안중근은 1908년 3월 21일자에 실린 기서에서 인심의 단합을 통한 국권의 회복을 주장하기도 하였다.

『해조신문』은 민족의식의 고양도 강조하였다. 이를 위하여 민족의식을 고취시키는 논설, 사건 등을 보도하는 한편 역사물을 연재하기도 하였다. 또한 『해조신문』에서는 당시의 의병활동을 거의 매일 자세히 보도하였다. 특히 1908년 5월경 노보끼예브스크에서 결성된 것으로 보이는 의병단체 동의회의 취지서를 1908년 5월 10일자 1면에 별보로 크게 보도하고 있는 것은 주목된다.

『대동공보』는 구한말 일제의 조선침략이 더욱 노골화되던 시기에 러시아 블라디보스톡에 거주하고 있던 동포들에 의하여 구국운동의 일환으로 1908년 11월 18일 창간되어 1910년 9월 1일까지 약 2년 동안 간행된 한글 민족지였다. 이 신문의 종지는 동포의 사상을 계몽하여 문명한 곳으로 나아가게 하며 국가의 독립을 쟁취한다는 것이었다.

신문사의 주요 임원은 차석보, 최재형, 유진률, 윤필봉, 이강 및 러시아인 미하일로프 등이었다. 신문은 주 2회 간행되었으며, 발행 부수는 1,500부 정도였고, 러시아지역은 물론 국내, 중국본토, 만주, 미국, 멕시코, 영국, 일본 등지에도 발송되었다. 신문의 체재는 논설, 전보, 외보, 제국통신, 잡보, 기서 등으로 이루어져 있으며, 이 가운데 제국통신은 국내의 소식을 전하는 난으로서 일제에 대한 비판 기사도 상당량 싣고 있다. 잡보에서는 재러한인 사회의 동정과 러시아 극동 총독의 동정에도 관심을 보이고 있다.

『대동공보』의 내용을 살펴봄에 있어서 우리가 일차적으로 염두에 두어야 할 사실은 『대동공보』가 러시아 블라디보스톡 지역에서 간행된 지역신문이라는 사실이다. 그러나 『대동공보』는 지역 신문임에도 불구하고 국내는 물론 미국, 멕시코, 중국, 영국, 일본 등지에도 배부되어 지역신문으로서의 역할 이상을 담당하였다. 이와 동시에 『대동공보』는 구한

말 한국의 국권회복을 위하여 크게 기여하였다. 『대동공보』의 국권회복에 대한 강조는 조선의 국권회복이라는 한민족으로서의 사명 외에 당시 재러한인들이 현지에서 당면하고 있던 현실적인 문제인 러시아인들의 한인 배척 논리를 극복하기 위한 일환으로서의 성격 또한 갖고 있는 것이라고 할 수 있다.

『대동공보』는 국권의 회복을 위하여 재러동포들에게 국내소식을 전하여 주는 한편 교육, 일반국민의 계몽, 일제의 만행, 친일파 비판, 민족의식의 고취 등과 관련된 기사들을 다량으로 수록하고 있다.

『대동공보』의 기사 중 가장 주목되는 것은 안중근 관련 기사이다. 안중근은 러시아지역에서 의병활동을 전개한 인물로서 대동공보사 사장 최재형이 회장인 동의회의 구성원이었다. 그리고 이등박문의 암살 모의가 대동공보사에서 이루어졌던 것이다. 그러므로 대동공보사에서는 이 사건에 보다 특별한 관심을 보여 연일 대서 특필하였으며 주필인 미하일로프를 변호사로서 여순에 파견까지 하였던 것이다. 또한 국내에서는 안중근의사에 대한 기사가 신속 정확히 보도되지 못한 데 비하여 해외에 있던 이 신문에서는 이를 신속 정확하게 보도하여 그 사실이 내외에 널리 알려지게 되었다.

2) 1910년대 한인언론의 성격 – 독립쟁취와 재러동포의 권익 옹호

1910년대 러시아지역의 대표적인 민족언론으로는 『권업신문』과 『대한인정교보』를 들 수 있다.

『권업신문』은 권업회의 기관지이다. 권업회는 1911년 12월 19일 러시아 블라디보스톡에서 조직된 연해주 지역 재러한인의 권익 옹호기관이자 독립운동 단체였다. 『권업신문』은 1912년 4월 22일(러)부터 1914년 8월 30일까지 약 2년 반동안 총 126호가 간행되었는데, 특히 독립쟁취와 민족주의를 그 간행 목적으로 하고 있는 민족지로서 주목되고 있다.

『권업신문』은 순한글로 간행되었으며, 1주일에 1회 4면으로 일요일에 간행되었다. 그리고 그 체재는 논설, 각국통신, 전보, 본국통신, 잡보, 광고, 기서 등으로 이루어졌다. 특히 이 가운데 주목되는 것은 논설과 잡보인데, 논설에서는 권업회의 주장을, 잡보에서는 재러한인의 동향을 게재하고 있다. 그리고 『권업신문』은 필사로 이루어져 있으며, 재정은 주로 이종호에 의지하였다. 그 밖에 기부금, 광고료, 구독료 등이 재원이 되었다. 『권업신문』에 참여한 주요 인물로는 신채호, 이상설, 윤해, 김하구, 장도빈 등을 들 수 있으며, 이들은 대부분 국내외에서 언론에 종사했던 인물들이었다.

신문의 내용은 크게 두 가지로 나누어 볼 수 있다. 재러한인의 권익옹호에 대한 것과 민족문제에 관한 것이다. 전자와 관련하여서는 농작지 개척활동, 입적청원활동 등을 들 수 있으며, 후자로는 재러한인의 계몽, 민족의식의 고취 등에 대한 기사들을 들 수 있다.

특히 『권업신문』은 재러동포의 민족의식의 고취를 위하여 노력하였다. 이를 위하여 한국과 관련되는 각종 기념일을 이용하였다. 먼저 주목되는 날은 일제에 의하여 조선의 주권이 짓밟힌 8월 29일 국치일이다. 『권업신문』에서는 1912년 8월 29일 국치일을 맞이하여 기념호를 내고 주필인 신채호는 「이날」이라는 논설을 발표하였다. 이 글에서 그는 동포들에게 일본에 치욕을 당한 이 날을 기억할 것을 강조하고, 이어서 조그마한 섬중에서 벌거벗고 금수와 같이 행동하던 야만족과 원수된 날이라고 하여 일본을 신랄하게 비판하고 있다. 아울러 신채호는 일제의 조선 강점으로 일본 자신도 점점 쇠망하게 된다고 보고 있다. 즉, 일제의 조선강점일은 바로 일본 평민도 살 수가 없어 그 가운데 사회주의자들이 생긴 날이며, 일본의 정치적 부패와 인민의 불평이 날로 심하게 된 계기가 된 날도 이 날이라고 보고 있다. 신채호는 바로 이 날에 해외 동포들이 가져야 할 마음 자세에 대하여, 이 날은 사천년 역사가 끊어진 우리 이천만 동포가 노예된 날임을 지적하고 자나깨나 이 날을 잊지말고 우리가 이 날을 해방의 기념일로 바꿀 때까지 힘쓸 것을 주장하였다.

『권업신문』에서는 1913년 국치일을 맞이하여서도 특별호를 간행하여 전면 모두에 국치일에 관한 기사를 싣고 있다. 특히 논설 「국치무망일」을 1면 전체에 걸쳐 서술하고 있으며 2면에는 이상설이 「창히자」라는 이름으로 「이날을」이라는 글을 싣고 있다. 그 밖에 「국치를 당흔 후의 닉디의 참샹」 등의 글이 실려 있다.

본국 소식과 관련하여 국내에서의 항일운동 기사도 많이 수록하였다. 특히 105인 사건, 의병, 그 밖에 국내에서 전개된 항일운동기사들이 실리고 있다. 그 중에서도 가장 많은 지면을 통하여 자주 게재된 것은 105인 사건에 관한 것이었다. 『권업신문』에서는 창간호부터 105인 사건에 대하여 기사를 싣기 시작해서 1913년 말에 이르기까지 계속해서 보도하고 있다. 1912년 10월 13일자 논설 「의국당공판스건의 판결션고가 이와갓치되얏도다」에서는, 그 판결에 대하여 일본을 신랄하게 비판하고 있다.

『대한인정교보』는 1912년 1월 2일 러시아 자바이깔 지역 치타에서 간행된 한글 잡지로 그 이름을 『대한인정교보』라고 하였다. 이 잡지는 비록 러일관계, 러시아의 대한인국민회에 대한 부정적 인식 등으로 인하여 간행자가 러시아 정교 치타교구로 되어 있고, 그 명칭 또한 종교적인 색채를 강하게 띠고 있으나 사실은 미주에 본부를 두고 있는 대한인국민회의 시베리아 지방총회 기관지였던 것이다. 『정교보』는 창간시에는 매월 1일 한 차례씩 간행할 예정이었으나 일본의 방해, 1차세계대전의 발발 등으로 인하여 1914년 6월에 간행된 제11호를 마지막으로 폐간되고 말았다.

『정교보』 창간시의 주요 구성원은 사장 안계화, 부사장 고성삼, 총무 남창석, 서기 탁공규, 재무 박대선, 발행인 문윤함, 편집인 박집초, 주필 이강, 기술인 정재관 등이었다.

『정교보』의 내용은 크게 두 시기로 나누어 볼 수 있다. 제1호부터 제8호까지와 제9호부터 제11호까지이다. 전자에는 러시아 정교와 관련된 내용이 항일운동과 관련된 것보다 많은 반면에, 후자에는 우리 민족의 당면 과제인 독립운동에 대한 내용들이 보다 강조되고 있다. 특히 후자의 제9호부터는 그 이전과는 달리 독립전쟁론 가운데서도 즉전즉결을 주장하고 있을 뿐만 아니라, 재러동포들에 기반을 둔 운동의 전개를 주장하고 있다.

이처럼 자바이깔지역을 중심으로 활발한 독립운동을 전개하던 『대한인정교보』는 1914년 후반 1차세계대전의 발발로 그 세력이 위축되고 결국 1915년 5월 러시아에 의해 해체되고 말았다. 그러나 그 뒤 자바이깔지역에서 전개된 혁명운동의 밑거름이 되었다.

Ⅱ. 러시아 동포 언론의 성장

1. 러시아 혁명기－조선의 독립과 새로운 사회를 위한 한인들의 노력

1917년 러시아 2월 혁명 이후 동년 6월 4일 니꼴리스크－우스리스크에서 이르크츠크 이동의 각 지 대표 96명이 참가한 가운데 전로한족대표자회(한족대회, 대회장 최만학)가 개최되었다. 원호인(입적한인)이 중심이 된 이 대회에서는 러시아 임시정부의 지지를 결정하였다. 그리고 정기간행물을 출판할 것(니코리스크 『청구신보』, 블라디보스톡 『한인신보』) 등을 결의하였다. 이 결정에 따라 니코리스크에서는 7월 5일부터 그리고 블라디보스톡에서는 7월 8일부터 『청구신보』와 『한인신보』가 각각 창간되었던 것이다. 그 이후 공산주의 혁명을 원활히 추진하기 위하여 한인들은 『동아공산』, 『붉은긔』 등의 간행을 통하여 혁명전쟁에서의 승리를 갈구하였다.

『청구신보』는 1917년 7월 5일 니코리스크－우스리스크에서 매주일 고려족연합중앙총회의 기관지로 간행되었다.

주필은 윤해가 담당하였다. 그는 일찍이 연해주의 대표적인 신문인 『권업신문』의 주필을 역임한 인물로 1917년 3월 한족중앙회 위원으로 선출되었던 인물로 이신문을 통하여 배일사상을 선전하고자 하였다. 아울러 조완구, 박은식, 남공선 등도 주필로 활동하였다.

『청구신보』는 제1면에 논설과 史話, 漢詩, 기행 또는 시사해설 등을, 제2면에는 외신, 고국소식, 러시아 소식 등을 그리고 제3면에는 기서와 새소식 등을, 제4면에는 광고를 게재하였다. 그 중 알수 있는 논설의 제목 다음과 같다. 제14호 「듯고보는 일을 넓힐 일」(청구 1), 제15호 「근본을 세울일」(청구 2), 제16호 「술장사하는 동포의 깨달음을 재촉함」(청구 3), 제20호 「러시아공화국 국회의원 선거와 귀화한인」(청구 4) 등이다. 논설에서는 1차적으로 한인들을 계몽하기 위한 글들을 많이 싣고 있음을 알 수 있다. 아울러 논설에서는 『청구신보』의 정치적 입장 또한 적극적으로 대변해주고 있다. 즉 제20호의 논설에서는,

> 이제 우리와 동작을 같이할 단체는 곧 촌민단체오, 우리의 투표할 데는 곧 촌민회로, 선출할 후보자의 차지한 호수는 제2호라.

라고 하여 투표권을 갖고 있는 모든 귀화인은 2번을 선출하도록 호소하고 있는 것이다. 이처럼 귀화한인의 이익을 대변하던 『청구신보』는 1918년 중반경에 『한족공보』로 개칭되었다.

『한인신보』는 1917년 7월 8일 매주 1회 한글로 간행되었으며, 발행인 겸 편집인은 한 안드레이였고, 발행소는 블라디보스톡 신한촌 니꼴리스크거리 제21호였다.

『한인신보』의 주필은 장기영, 김하구 등이 담당하였다. 장기영은 서울출신으로 일본 조도전 대학을 졸업하였으며, 간도 소영자 중학교와 나자구 무관학교 교사로 활동한 인물로 이동휘와 깊은 관련을 갖고 있던 인물이었다. 그리고 김하구는 함북 명천출신의 귀화한인으로 역시 조도전 대학 출신이며, 1917년 7월 주필로 활동하였던 것이다.

『한인신보』를 보면, 제1면에 논설, 전보, 제2면에 전보, 고국통신, 잡보, 본항시사, 중국시사, 제3면에 연재물, 광고, 제4면에 광고 등으로 구성되어 있다. 『한인신보』에서는 민족의식 고취에도 깊은 관심을 기울였다. 즉, 『애국혼』을 간행하고자 하였으며, 이에 대한 선전 내용에서도 그러한 사정을 잘 이해할 수 있다.

아울러 재러한인의 이주의 역사를 연재하고 있어 민족적 정체성 고취

에도 일익을 담당하고 있다. 즉 '강동50년'이란 글을 통하여 1860년대부터 1914년까지 한인이주의 역사를 상세히 소개하고 있다.

『동아공산』은 1920년 7월 이르크츠크에서 결성된 전로고려공산단체 중앙위원회 선전과에서 발행한 한글 기관지이다. 창간호는 1920년 8월 14일에 이르크츠크에서 간행되었으며, 무료로 배부되었다. 이 신문은 1920년 8월 14일 이후 이르크츠크파 고려공산당 대회가 열리던 1921년 5월까지 제14호까지 발행되었는데, 현재 제11호를 제외한 모든 신문이 남아 있다.

신문의 간행목적은 창간호 광고에, "한인공산당 중앙총회안에 있는 선전과에는 동양노동자나 농민에게 공산주의를 전파하기 위하여 말로도 글로도 아울러 나아가 이루기 위해서 신문과 잡지를 간행한다"고 있듯이 공산주의를 선전하기 위한 것이었다. 특히 전로고려공산단체 중앙위원회의 기관지였던 만큼 자신들의 입장을 선전하고자 하였을 것은 당연하다. 그러므로 제3호부터 전로한인공산당제일대표원회의 회의록을 연재하였던 것이다. 아울러 논설에서도 자신의 입장을 강조하고 있다. 즉 창간호에서는 「동아공산보는 무엇을 하려고? 이렇 구실이 잇어요」, 제2호에서는 「자아의 관념에서 민족주의까지」, 제4호에서는 「세계에서 용서치 못할 것은 군국주위와 계급」, 제6호에서는 「러시아10월 혁명 제3회 기념일에 동지들이여!」, 제12호에서는 「고려공산당 규율」, 제13호에서는 「고려혁명기념사」 등을 게재하고 있다. 또한 제7호에서는 번역 「민주공화와 의회공화」, 제8호, 제9호, 제10호에서도 「민주공화라는 것은 무엇인가」, 제14호에서도 「의회주권이란 무엇인가」를 게재하고 있다. 아울러 외보, 원동소식, 외부통신, 광고 등도 싣고 있다.

『붉은긔』는 시베리아 내전 시기인 1922년 8월 19일 러시아 공산당 연해주 연합회내 고려부의 기관지로 창간되었다. 발행장소는 당시 러시아 공산당 연해주 연합회가 위치해 있던 아누치노(도병하, 다우비허)였으며, 매주 1회 등사판으로 인쇄되었다. 『붉은긔』는 총 14호까지 발행되었는데 발행부수는 1호당 80부였다.

모두 4면으로 된 『붉은긔』는 1면에는 논설에 해당되는 강단, 1~2면에는 러시아공산당의 소식란인 당살림, 2~3면에는 외보, 3~4면에는 잡보, 4면에 광고와 횡설수설로 구성되어 있다. 제1호에 없던 광고와 횡설수설란을 제2호부터 새로이 넣고 있다.

『붉은긔』의 창간호는 국한문 혼용으로 되어 있는데, 제2호부터는 한문을 괄호안에 넣는 방식을 취하였다. 글을 읽기 어려운 독자를 위하여 제2호부터는 만화를 넣기 시작하였다. '철병해가는 일본군대 옆에 안져우는 메르꿀놉우의 형상, 죽그릇 따라다 가는 개들과 그 앞에 죽그릇을 끌고 가는 일본군 관리'를 그려 놓았다.

2. 러시아 혁명 이후－사회주의 국가의 건설

1922년 러시아 혁명 성공 이후 사회주의 혁명이념을 정착시키기 위하어 러시아지역에서는 선전시들이 대량으로 간행되었다. 1920년대의 대표적인 기관지로는 『선봉』을 들 수 있으며, 1930년대로는 『연해주어부』, 『광부』, 『당교육』, 『공격대원』, 『레닌광선』 등을 들 수 있다.

『선봉』은 블라디보스톡에서 전동맹공산당(볼세비키) 해삼현 간부를 발행기관으로 창간되었다. 이 신문은 1923년 3월 1일 '3월 1일'이란 제호로 창간되어 제3호까지 발행되다가 제4호부터 '선봉'이라고 신문명을 개칭하였다. 처음에는 매주 1회 또는 2회(일, 목) 발행되다가 한인의 강제이주가 시작되기 직전인 1937년 9월 12일 폐간되었다.

블라디보스톡에서 발행되던 『선봉』은 1929년 3월 그믐경 하바로브스크로 이전되어 발행되었다. 그리고 제326호부터 하바로브스크에서 간행된 것으로 여겨지며, 발행기관은 전동맹공산당 원동변강위원회와 원동

변강 직업동맹쏘베트로 바뀌었다.

『선봉』은 1925년 11월 21일 신문 100호 기념 「선봉신문의 략사와 임무」 '선봉신문의 략사'에서, 편집자는 창간부터 1923년 6월경까지는 이백초였으며, 1923년 7월부터 1924년 7월까지는 이성, 1924년 7월부터 1925년 5월까지는 다시 이백초였다고 밝히고 있다.

『선봉』은 모두 4면으로 되어 있다. 대개 1면은 사설, 조선국내의 소식 중 주로 사회주의 운동 기사, 주요 세계혁명소식이 배치되고, 2면에는 상단에 세계 각지 소식이, 하단에 극동 소비에트 지역 단신이 배치되었다. 따라서 2면의 상단은 국제정치, 하단은 사회 문화면의 역할을 하고 있다. 3면에는 당사업 보고, 강령, 지시, 지령안, 각 기념식 연설문, 당이나 공화국 명의의 격문이나 결정서가 주로 실렸다. 4면에는 정치경제학 강의, 신경제안의 해설, 노동법 해설 같은 것이 실렸다.

1925년 4월부터 『선봉』지는 "선봉은 노동자 농민의 신문이다"라는 캐치프레이즈를 내걸고 사설의 비중을 낮춘 대신 농업, 농사 기사를 전면에 배치하였으며, 그 대신 3면에 당생활이라고 하는 고정난을 마련하였다.

한편 『선봉』은 민족적 성격도 강하였다. 그리하여 강제 합방일과 3·1운동 기념일에 특집을 간행하였다. 전자와 관련하여서는 1924년 8월 29일에 「한일강제합병뎨십사주년긔념」이라는 제목으로 1면 전면 기사를 게재하였다. 후자와 관련하여서는 1925년 2월 20일에 「三一운동의 력사」라는 제목하에 3·1운동의 원인, 3·1운동, 일본정책의 추이 등의 순으로 삼일운동에 대하여 전면 게재하고 있다.

한편 선봉신문사에서는 1928년 5월부터 『로력녀자』라는 『선봉』 附刊을 1달에 1번씩 간행하였다. 그들은 고려여자들의 문화혁명을 위하여 이 신문을 간행하고자 하였으며, 어린애의 양육, 재봉 기술 등 여성과 관련된 것들을 다루고 있다.

또한 선봉에서는 계봉우의 글인 『고려문전과 나의 연구』를 1930년 11월 12일부터 동년 12월 7일까지 9회 연재하였으며, 이에 대하여 오창환은 『고려문전과 나의 연구를 읽고서』를 1930년 12월 17일부터 다음 해인 1931년 3월 7일까지 9회 연재하는 등 『고려문전』에 대한 활발한 연구와 비판을 보여주고 있다.

아울러 주목되는 것은 소수 민족에 대한 변화하는 정책과 그에 따른 숙청, 추방과정을 생생히 보여주고 있다. 특히 『선봉』에서는 1937년 8월 6일부터 「일본탐정부의 파탄적 사업」이라는 글을 쁘라우다지로부터 다수 인용하여 연재하고 있어 한인추방이 임박하고 있음을 암시해 주고 있다.

『연해주어부』는 1930년 7월 13일부터 블라디보스톡에 있는 식량직업회에서 한글로 간행되기 시작하였다. 면수는 모두 4면이다. 이 신문은 처음에는 해삼현 당간부와 식량직업회 당간부회 기관보로 발행되기 시작하였는데, 그해 말에 식량직업회 변강간부의 결정에 의하여 5일 간격으로 정기적으로 발행하게 되었다.

『연해주어부』는 1930년 7월 13일에 발행되어 1933년 4월 20일까지 약 3년 동안 5일 1간으로 총 161호가 발행되었다. 그러나 언제 폐간되었는지는 알 수 없다. 다만 『연해주어부』의 내용이 점차 『선봉』과 큰 차이가 없어지면서 폐간된 것이 아닌가 짐작된다.

주필은 한 블라지미르이며, 제2호(1930.7.20)부터 주필 대리로 리설송이 일하기도 하였다. 그 외에 이문현이 제12호(1930.9.15)부터 주필 대리로 일하기도 하였으며, 제37호(1931.3.29)부터는 서제욱이 주필 대리로, 제44호(1931.5.15)부터는 한 블라지미르가 다시 책임주필로, 제56호(1931.7.14)부터 다시 이문현이 주필 대리로 일하였다. 그리고 발간 당시에는 신문 기자가 거의 없었으나 1930년말 제1차 노동기자대회때에는 노농기자가 50여 명이었으며, 1932년에는 노농기자가 1,500명으로 증가

되었다고 한다.

『연해주어부』는 1933년 10월 전동맹볼세비크공산당 해삼시위원회 비서부의 결정 「연해주어부의 사업에 대하여」에 따라 시당간부의 기관지로 변화하였다. 그 결과 제135호(1932년 10월 20일)부터 『연해주어부』는 어업관련 사항뿐만 아니라 시의 방침에 따라 구역 노동자들의 사회주의 건설에 관한 기사도 다수 싣고 있다. 아울러 발행기관도 해삼시 당간부로 바뀌었다.

『연해주어부』 창간호에는 「연해주어부」라는 제목하에 "우리는 어업로동자들을 위하여 고려말로서 우리 신문을 발행하기 시작한다"고 하고, 원동의 어업의 경우 1930년도 전체 어업 생산계획량의 27%를 차지하고 있으며, 원동수출량의 75%를 차지할 정도로 대단히 중요한 위치를 차지하고 있다고 밝히고 있다. 그리고 『연해주어부』에서는 어업의 생산량 증대를 이루는 것이 사회주의 건설 및 오개년 계획의 성공과 밀접한 관련을 가지고 있으므로, 한유, 태만, 부주의 등과 투쟁해야 한다고 강조하고 있다. 아울러 어업의 오개년 계획에 있어서 목표를 초과 달성해야 하므로 모두 고기잡이를 위한 투쟁을 전개해야 한다고 호소하였다.

1면에서는 주로 정치적인 내용을 다루고 있으며, 2, 3, 4면에서는 연해주 지역의 어민들을 독려하여 어업생산량을 증대시키는 내용이 주종을 이루고 있다. 특히 연해주에 정어리가 많이 잡히는 관계로 정어리 잡이에 대한 기사가 자주 보이고 있다.

그 외 『연해주어부』에는 재소한인관련 기사도 다수 게재하고 있다. 특히 한국관련 각종 기기념일에 일본제국주의를 비판하는 기사와 더불어 제국주의 타도, 사회주의 국가건설 등을 호소하고 있다.

1931년 들어 『연해주어부』는 문맹퇴치운동에 대하여도 관심을 기울이고 있다. 즉 제63호(1931.8.18)에서는 문화전선란을 통하여 「해삼시 고려인 문맹퇴치사업에 대하여」, 「고려 꼴호즈니크 건조에 대한 해삼문맹퇴치 참모부의 활동」 등을 다루고 있는 것이다. 그리고 제93호(1932. 1.21)에서도 문화건설에서 문맹퇴치 사업에 대하여 집중적으로 언급하고 있다.

3. 『레닌기치』－1937년 강제이주 이후 대표적 한인신문

1937년 강제이주시 1930년대 간행되었던 한글 신문들은 모두 폐간되었고, 다만 『선봉』만이 그 명맥을 유지하였다. 이 신문은 제호를 변경하여 『레닌의긔치』라는 이름으로 카자흐스탄 크질오르다에서 1938년 5월 15일 그 첫호가 간행되었다. 신문의 규격은 A4, 페이지수는 4면이었다.

초기 발행부수는 약 6천부였다. 신문의 초대 주필은 서재욱이었다. 1940년 3월 21일부터는 주신문이라는 지위를 얻었으나 신문의 크기와 주기, 횟수는 예전 그대로였다. 다만 1955년에 와서야 공화국신문, 1961년부터 '공화국간 공동신문'이란 지위로 발간됐다. 1955년부터는 주 5회, 규격은 A3, 4면으로 발간되었다. 부수도 많이 늘어 50년대 말에 가서는 1만부 이상에 도달했다.

그 후 1978년 카자흐의 수도 알마아타로 신문사를 이전하였으며, 신문의 내용은 소련공산당에 대한 선전내용들이 주류를 이루었다. 신문의 내용은 엄격한 검열이 있었기 때문에 중앙 『프라우다』신문, 『카자흐스탄스카야 푸라우다』, 『프라우다워스토크』(우즈베키스탄 공산당 기관지)에 입각하여 그 한계 내에서만 이러저러한 정치적 술어, 주제, 문제설정을 취급할 수 있었다.

『레닌기치』는 신문의 목표를 소련공산당과 정부의 결정을 독자에게 알리고, 국내 및 외국 소식을 전달하고, 국민들로 하여금 정부의 공식 결정사항을 수행하도록 독려하고 소련의 여러 민족들의 생활양식을 소개하는 일들에 두고 있다. 소련의 다민족 간의 생활문제는 주요한 관심 대상이고, 애국적 측면에서 「나의 조국－위대한 소련」난이 약 한달에 한번씩 지속적으로 다루어지고 있다.

개방 이전 참고할 만한 기사 중 주목되는 것은 다음과 같다. 1961년 1월 6일자 「조선어 철자법」, 1978년 9월 8일자 김브루트 기자의 「그가 걸어온 길」, 1981년 10월 9일자 「쏘베트 조선극장 예술의 자랑찬 50년」 등이 그것이다.

1987년까지만 해도 소련신문을 보는 느낌이었다. 그러나 개방정책에 따라 1988년부터 소련의 고려사람이 겪어온 여정, 문화적 문제점들이 자유로이 다루어지고 있다. 특히 장편 소설 홍범도와 계봉우의 장자아비의 낡은터, 그리고 서재욱의 「레닌기치 쉰해를 맞이하여」에 대한 글들이 실리고 있다.

한편 『레닌기치』는 1990년대 소련이 개방화되면서, 1991년초부터 신문제호를 『고려일보』로 개칭하고 오늘에 이르고 있다.

Ⅲ. 구소련 몰락 이후 러시아 동포 언론의 현황과 활동상황

1991년 1월 1일부터 『레닌기치』는 『고려일보』로 개칭되어 카자흐스탄 알마아타에서 간행되었다. 신문의 발행인은 당대 전소련 고려인 문화중앙부회장직에 있던 허웅배였고, 조영환이 사장이었다. 부총주필은 정성도, 문화예술부 부장은 양원식, 사회경제부 및 외신부 부장은 김기원이었다. 『고려일보』로 되면서 한글판 신문 주기를 1주 3번으로 줄이고, 그 대신 노어판 부록 한부를 만들어 1주 4번씩 신문을 간행하였다.

『고려일보』에서는 개방정책 이후 보다 적극적으로 고려인의 역사를 조명하기 시작하였다. 우선 간첩협의로 1938년 4월 1일에 총살당한 작가 조명희에 대하여 조망하였다. 『고려일보』 1991년 1월 16일 「작가 조명희와 그에 대한 회상」이 그것이다. 아울러 민족의 정체성 회복을 위하여 민족의 얼과 친족관계에 대하여도 주목하고 있다. 1991년 1월 25일에는 「민족의 얼 부활을 위하여」를, 2월 8일자에서는 「가족, 친척들을 부르는 말」을 전제하고 있다. 아울러 러시아에서의 한인독립운동에 대하여도 주목하고 있다. 1991년 2월 14일자의 「한인 빠르찌산 26용사의 합장묘」, 그리고 최재형(『고려일보』 1991년 6월 26일, 1991년 6월 27일, 1991년 6월 28일), 민긍호(1993년 2월 6일), 김승빈(1995년 7월 8일) 등에 대한 기사는 그 대표적인 것들이다.

한편 구소련이 무너진 후 우즈베키스탄 고려인들에게는 자기 신문을 만들어야 한다는 절박한 문제가 대두되었다. 1997년 9월 20일 우즈베키스탄에 거주하는 고려인 강제이주 60주년 기념행사에 맞추어 참가자들에게 고려신문 창간호가 제공되었다. 이 신문은 우즈베키스탄에 거주하는 고려인의 민족어와 문화, 전통, 및 풍습의 유지와 발전을 도모하는 우즈베키스탄에서 수행하는 개혁경과와 역사, 민속학과 우즈베키스탄에 거주하는 다민족의 현대생활 모습을 독자들에게 소개하며, 한국의 뉴스와 해외한민족 협회에 대하여 독자들에게 소개하고 한국 및 우즈베키스탄의 정치, 경제의 보도, 문화와 인문, 과학의 협력을 목적으로 하였다.

이 신문은 1998년 7월 1일까지 24호가 발간되었고, 그 후에는 부채의 증가로 신문 발행을 중지하였다. 1998년 말까지 30호를 발간하였다. 199년 7월에 고려문화협회의 도움으로 신문을 월간으로 재발행하였다. 2002년 2월 중순에 다시 어려움이 있어 발간이 중지되었다. 2001년 1월부터는 신문사가 완전히 고려문화협회로 이관되었으며, 현재 『고려신문』은 월간 천부씩 16쪽 규격 A3로 명목상 발행되고 있다.

Ⅳ. 맺음말

러시아지역에서의 한인언론은 구한말부터 1917년 혁명 이전까지는 민족주의 계열의 항일언론으로 그 역사적 역할을 다하였으며, 혁명의 와중에는 공산주의 사상의 선전과 일본제국주의의 타도를 그 기치로 삼았다. 그리고 1922년 혁명이 수행된 이후 특히 1928년 이후에는 소련 사회주의 건설의 목표하에 생산량의 증대와 공산주의 사상의 고취를 위하여 노력해 왔다고 할 수 있다. 특히 소련의 제1차, 2차 경제개발 5개년 계획이 추진되던 시기인 1930년대 간행된 한글 신문과 잡지는 소련당국의 철저한 정치적 의도에 의해서 간행되었던 것이다.

1937년 강제이주 이후 중앙아시아 지역에서 간행된 대표적인 신문은 『레닌기치』이다. 구소련이 몰락할 때까지 이 신문은 민족적 특성을 보여주기 보다는 소련공산당과 정부의 결정을 독자에게 알리고, 국내 및 외국 소식을 전달하고, 국민들로 하여금 정부의 공식 결정사항을 수행하도록 독려하고 소련의 여러 민족들의 생활양식을 소개하는 일들에 두고 있다.

구소련이 붕괴된 이후 1991년 초부터 신문제호를 『고려일보』로 개칭하면서 자발적이고 적극적으로 고려인의 역사를 조명하기 시작하였다. 즉 고려인이 발간한 신문들을 개방이후 오늘날에 이르러서야 비로소 정부 주도적인 선전지를 벗어나 자신의 삶과 역사를 자유롭게 이야기하고 있는 것이다.

러시아지역에 살고 있는 우리 동포들은 구한말부터 현재에 이르기까지 끊임없이 신문과 잡지들을 간행하여 왔다. 이 신문과 잡지들은 재러 한인들의 가장 가까운 벗으로서 생사고락을 함께 하였던 것이다. 독립을 위하여, 사회주의 건설을 위하여, 개방을 위하여 한인들이 화두로 삼았던 문제들을 항상 고뇌하며 그들의 애환의 장이 되었던 것이다. 아울러 시대적 과제들을 해결하기 위하여 진력하였고 상당한 성과 또한 거두어 왔다.

이제 러시아 및 중앙아시아 지역에 살고 있는 우리 동포들은 변화와 격동의 시대를 맞이하여 다시 그들의 정체성 확립과 미래를 위하여 새로운 청사진을 마련해야 할 시점에 와 있다. 러시아지역 한인언론이 가야 할 길을 새롭게 모색해야 할 시점이 아닌가 한다.

찾아보기

ㄱ

ㄴ

ㄷ

ㄹ

ㅁ

ㅂ

ㅅ

ㅇ

ㅈ

ㅎ

박 환 朴桓

경북 청도 출생
서강대학교 사학과 졸업(문학박사)
수원대학교 사학과 교수
한국민족운동사학회 회장
E-mail: hwpark@suwon.ac.kr

◩ 주요 저서

『박환교수의 러시아 한인 유적 답사기』, 국학자료원, 2008.
『시베리아 한인 민족운동의 대부 최재형』, 역사공간, 2008.
『경기지역 3·1독립운동사연구』, 선인, 2007.
『식민지시대 한인아나키즘운동사』, 선인, 2005.
『잊혀진 혁명가 정이형』, 국학자료원, 2004.
『대륙으로 간 혁명가들』, 국학자료원, 2003.
『박환의 항일유적과 함께 하는 러시아기행』1, 국학자료원, 2002.
『박환의 항일유적과 함께 하는 러시아기행』2, 국학자료원, 2002.
『20세기 한국근현대사 연구와 쟁점』, 국학자료원, 2001.
『만주지역 항일독립운동답사기』, 국학자료원, 2001.
『재소한인민족운동사』, 국학자료원, 1998.
『러시아 한인 민족운동사』, 탐구당, 1995.
『나철 김교헌 윤세복』, 동아일보사, 1992.
『만주 한인 민족운동사 연구』, 일조각, 1991.

러시아지역 한인언론과 민족운동 값 23,000원

2008년 7월 29일 초판 인쇄
2008년 8월 5일 초판 발행

저 자 : 박 환
발 행 인 : 한 정 희
발 행 처 : 경인문화사
편 집 : 한 정 주
서울특별시 마포구 마포동 324-3
전화 : 718-4831~2, 팩스 : 703-9711
이메일 : kyunginp@chol.com
홈페이지 : 한국학서적.kr / www.kyunginp.co.kr
등록번호 : 제10-18호(1973. 11. 8)

ISBN : 978-89-499-0571-6 94910